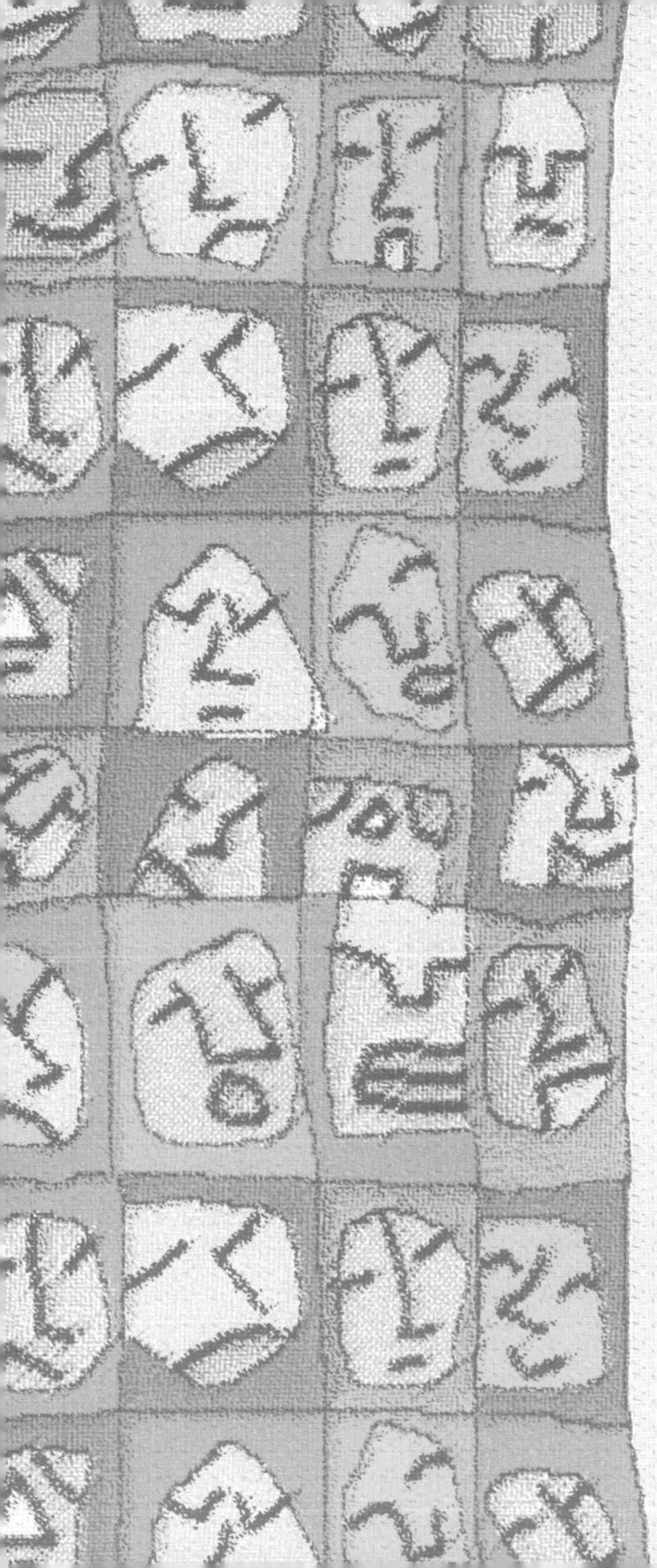

새로 쓴 심리학

김태형 지음

세창출판사

새로 쓴 심리학

펴낸날 | 2009년 2월 5일 초판 발행
2016년 10월 1일 초판 2쇄 발행
지은이 | 김태형
펴낸이 | 이방원
펴낸곳 | 세창출판사
주 소 | 서울시 서대문구 경기대로 88 냉천빌딩 4층
전 화 | 723-8660 팩 스 | 720-4579
E-mail | sc1992@empal.com
Homepage | www.sechangpub.co.kr
신고번호 | 제300-1990-63호

값 22,000원

잘못 만들어진 책은 바꿔 드립니다.

ISBN 978-89-8411-236-0 03180

새로 쓴 심리학 / 지은이: 김태형 지음. — 서울 : 세창출판사, 2009
p. ; cm

참고문헌과 색인 수록
ISBN 978-89-8411-236-0 03180 : ₩22000

심리학[心理學]

180-KDC4
150-DDC21 CIP2009000160

•서 문•

한국사회에서 심리학에 대한 대중적 관심은 꾸준히 높아져 왔다. 그것은 자기 자신에 대해 더 많이 알고 싶어서 혹은 정신적으로 힘들어서, 그것도 아니면 처세술을 배우고자 하는 요구 때문일 수도 있다. 어쨌든 심리학의 인기에 힘입어 요즘에는 '무슨무슨 심리학'이라는 이름을 붙인 책들이 많이 나오고 있다. 그런데 이런 책들에 만족하지 못했거나 반대로 심리학에 흥미를 느끼게 된 독자들은 심리학 전반을 개괄한 '심리학 개론'에 과감하게 도전하기도 한다. 그렇지만 안타깝게도 심리학 개론을 읽은 일반인들의 반응은 그리 신통치 않다. 책을 끝까지 읽은 경우도 드물지만 많은 이들이 심리학 개론은 읽기에 까다롭고 재미도 없다고 말한다. 아마 이런 반응은 심리학 이론을 알기 쉽게 그리고 현실과 결부시켜 설명할 수 있는 저자들의 집필역량과도 관계가 있을 것이다.

그러나 더 근본적인 원인은 심리학 자체에도 있다고 생각한다. 심리학 개론을 읽은 사람들 중에는 '동물의 왕국을 본 것 같다.'라든가 '심리학 개론이 무슨 생물학 교과서 같다.'는 불평을 하는 이들이 적지 않다. 그런데 이런 불만을 대중적 편견이라며 그저 무시할 수만은 없을 것 같다. 왜냐하면 심리학을 전공하는 학생들조차 그와 비슷한 의문을 품고 있기 때문이다. 미국의 권위 있는 심리학 개론의 저자인 글라이트만(Gleitman)은 강단에 있을 때 학생들로부터 '자기 자신 및 자신의 삶과 관련된 것에 대해 배웠으면 한다.'는 소리를 때때로 들었다고 한다. 한국의 대학생들 중에도 '심리학이 도대체 나를 이해하는 데 어떤 도움을 주느냐?'는 반응을 보이는 이들이 많다.

사람을 연구하는 심리학이 나를 그리고 나의 인생을 이해하는 데 별로 도움이 안 된다? 왜 이 같은 반응이 나오는 것일까? 이런 의문에 대해 일부 심리학자들은 '심리학은 구체성이 아니라 보편성을 연구하는 과학이기 때문이다.'라고 그럴듯한 답변을 하지만 아무래도 그런 해명은 궁색한 감이 있다. 학문이 보편성을 다루는 것은 맞지만 보편은 구체로부터 출발하는 것이므로 구체적 현상을 설명할 수 있어야 하기 때문이다.

이 문제에 대한 해답을 구하기 위해 좀 도식적인 예를 하나 들어보기로 하자. 넉넉하게 인심을 써서 사람의 행동 중에 70% 정도가 사회적인 원인에 의한 것이라면 30% 정도는 생물학적인 원인에 의한 것이라고 가정을 해보자. 즉 사람의 행동은 대부분 사회적인 행동이라는 것이다. 그런데 대다수의 심리학 개론서들은 현실과는 반대로 70% 정도를 생물학적 내용에 대한 설명에 할애한다. 인간행동의 원인을 규명하는 '동기' 분야만 보더라도 목마름, 배고픔, 성욕 등의 생물학적 욕구에 대해서는 아주 상세하게 설명하는 반면 사회적 욕구에 대해서는 슬쩍 언급하는 정도에 그치고 있다. 그러나 사람의 행동과 인생에 순수한 생물학적 욕구가 영향을 미친대야 얼마나 미치겠는가?

사정이 대체로 이러하기 때문에 심리학, 특히 생물학주의에 경도된 심리학은 현실 속의 사람을 제대로 설명하지 못하는 한계를 가진다. 일반인들과 전공자들이 느끼는 당혹스러움, 즉 심리학 이론이 '나와는 별로 관련이 없다.'는 놀라움은 바로 여기에 기인하는 것이다.

나는 이런 문제의식을 배경으로 일반인들이 읽기 쉽고 사람들의 삶에 진정으로 도움이 되는 심리학 개론서를 집필하게 되었다. 나는 심리학이 현실에서 살아 숨 쉬는 인간을 이해하고 설명할 수 있어야 한다고 굳게 믿기 때문에 생물학적 존재가 아니라 '사회적 존재'로서의 인간을 규명하기 위해 노력했다. 그 결과 다른 개론서들과는 달리 생리, 학습 같은 영역은 많이 축소된 반면 사회적 욕구, 의식과 무의식, 사회심리학 등의 영역은 상당히 보강되었다.

물론 이 책은 심리학계에서 비중 있게 취급되는 중요한 이론들은 대부분 소개하고 있다. 따라서 심리학을 처음 접하는 사람들, 그리고 심리학을 공부하는 이들은 이 책만으로도 주요한 심리학 이론들을 대부분 접할 수 있을 것이다. 그러나 나는 기존의 심리학 이론들을 있는 그대로 소개하는 데 그치지 않고 그 이론들에 대해 나름대로 평가와 비판을 추가하였다. 나아가 각 분야에 대한 나의 이론적 견해와 입장도 명백하게 제시하였다. 이 부분에 대해서는 앞으로 심리학계 내에서 활발한 평가와 논의가 있었으면 한다.

이 책을 읽고 나서 독자들이 자신 그리고 자신의 인생을 이해하는 데 도움이 되었다는 평가를 해준다면 나로서는 소기의 목적을 달성한 게 되므로 무척이나 기쁠 것 같다. 그리고 욕심을 좀더 부리자면 이 책이 심리학계에 건강한 논쟁점과 시사점을 던져주었으면 좋겠고 나아가 심리학 발전에 조금이라도 기여하게 되기를 바란다.

2008년 5월 28일

심리학자 김 태 형

●차 례●

제3장 나는 온몸으로 느낀다 _감정

제4장 무엇이 나를 행동하게 만드는가 _동기

제5장 나는 생각하고 말할 줄 안다 _사고와 언어

제6장 나를 지배하는 것은 의식인가 아니면 무의식인가 _의식과 무의식

제7장 나는 왜 잠을 자고 꿈을 꿀까 _잠과 꿈

제8장 나는 어떻게 성장해왔나 _발달

제1장

내 마음을 알고 싶다

— 심리학이란 무엇인가

원시사회에 뒤이은 고대 노예제국가의 출현은 노예노동에 기초한 생산력의 발전을 가져왔고 육체노동과 정신노동의 분리를 가능하게 해주었다. 그 덕에 지배계급들은 먹고 사는 걱정에서 해방되었다. 동서를 막론하고 이때를 즈음해 등 따뜻하고 배부르면서 생각이 많은 사람들은 턱을 고이고 먼 하늘을 쳐다보며 중얼거렸다.

'이 세계란 무엇일까? 나는 무엇일까?'

이렇게 하여 인류역사에 철학이 탄생하게 되었다.

전통적으로 철학자들의 주요한 관심은 객관세계와 사람을 향했는데, 이는 서구철학에서는 물질과 의식이라는 범주를 중심으로 하는 철학적 사유로 나타났다. 이렇게 정신이나 의식에 대한 탐구는 오랜 기간 동안 철학이 담당해왔다. 그러던 것이 정신에 대한 실험적 연구가 발전하기 시작한 19세기 중엽에 심리학은 철학으로부터 독립해 개별과학으로 등장하게 되었다. 따라서 심리학의 관심은 그 시작부터 객관세계가 아니라 '사람' 특히 정신과 의식에 집중되었다.

이렇게 심리학은 사람을 연구하는 학문이기는 하지만 그것이 사람을 연구하는 유일한 학문분야는 아니다. 사람은 철학, 인류학, 생물학, 의학, 윤리학 등과 같은 다른 개별과학들의 연구대상으로도 되기 때문이다. 그렇다면 심리학은 사람을 연구하는 다른 학문들과 어떻게 다를까?

1. 심리학이란 무엇인가

(1) 정말로 궁금한 것은 내 마음

사람을 연구하는 개별과학들은 서로 관심사가 다르다. 예를 들면 생물학은 사람을 진화적 발생발전의 견지에서 연구하고 의학은 생리적 측면에서 그리고 윤리학은 도덕생활의 측면에서 연구한다.

그렇다면 심리학은? 일찍이 프로이트가 심리학을 "정신에 관한 과학(Freud, 1924)"이라고 명명한 데서 알 수 있듯이 대부분의 심리학자들은 심리학이 정신 혹은 마음을 연구대상으로 한다는 점에 동의해왔다.

그런데 이러한 전통적인 견해에 수정을 가하게 만드는 한 가지 흐름이 등장했는데, 그것은 사람의 정신에는 별로 관심이 없고 자극에 대한 반응으로서 나타나는 행동에만 주로 초점을 맞추는 '행동주의'였다. 이때부터 심리학에 대한 정의에는 '행동'이라는 개념이 들어가기 시작했다. 예를 들면 심리학을 '마음의 과학, 행동의 과학' 혹은 '인간의 행동을 연구하는 학문'으로 정의하기 시작했다. 이들은 사람을 과학적으로 연구하려면 직접적인 관찰이 불가능한 마음이 아니라 연구자의 눈에도 보이고 측정이 가능한 행동을 연구해야 한다고 주장한다. 즉 심리학은 행동을 연구하는 과학이라는 것이다.

이들의 주장이 옳은지 틀린지를 확인하기 위해 다음과 같은 한 가지 예를 고려해보자. 어떤 심리학자가 사람들 앞에서 새로운 이론을 발표하며 이렇게 말했다. '정부에 불만을 가진 한 70대 노인이 우리나라의 국보인 숭례문에 불을 질렀습니다.' 청중들은 귀가 솔깃해 그 다음 말을 기다렸다. 그런데 그 심리학자는 청중을 향해 꾸벅 절을 하고는 퇴장해버렸다. 그러자 일순간 당황했던 청중들은 일제히 야유를 퍼붓는다. 그들은 왜 야유를 퍼부었을까? 그는 숭례문에 불을 지른 행동을 연구하고 그것을 설명했을 뿐인데…. 청중들이 야유를 한 것은 아마 누구라도 그러하듯이 그들도 사람의 행동 그 자체가 아니라 그런 행동을 하게 만든 마음, 정신이 궁금했기 때문일 것이다.

다소 극단적으로 묘사되기는 했지만 이 예에서 알 수 있듯이 심리학의 목적은 단순히 행동을 기술하고 연구하는 데 있지 않다. 만약 그것에만 국한된다면 심리학은 학문으로서의 가치를 상실할 것이다. 물론 특정 행동은 이러저러한 마음의 표현이므로 행동을 연구하는 것은 마음을 알 수 있게 해주는 중요한 수단임이 분명하다. 그러나 그것은 하나의 수단일 뿐이지 목적은 아니다. 이런 점에서 심리학을 정의할 때 굳이 '행동'을 포함시킬 필요는 없다고 생각한다. 마음을 연구하기 위해서는 필연적으로 사람의 행동을 연구할 수밖에 없기 때문이다.

게다가 같은 행동이라도 그 기저에는 다른 마음이 있을 수 있으므로 행동에 대한 연구는 곧바로 마음에 대한 이해로 연결되지 않는다. 어떤 어른이 아이를 때리는 행동을 했을 때 그것은 아이의 잘못을 고쳐주려는 마음에서 비롯된 체벌일 수도 있고, 공격적인 마음의 분출일 수도 있다. 총을 쏘는 군인의 행동 또한 나라를 지키려는 애국적인 마음에서 비롯된 것일 수도 있고 적에 대한 적개심 혹은 죽을지도 모른다는 공포심에서 비롯된 것일 수도 있다. 이렇게 여러 가지 마음이 동일하거나 비슷한 행동으로 표출되는 경우는 흔하므로 행동에 대한 관찰결과는 신중히 해석되어야 하며 그것에는 반드시 과학적인 분석이 뒤따라야 한다.

또한 마음을 알기 위해 행동을 연구할 경우에는 사람의 여러 행동들 중에서 어떤 행동을 연구할 것인가 하는 문제도 중요하다. 즉 기침, 구토, 하품, 지나가는 사람 쳐다보기와 같은 단순한 행동을 연구할 것인가 아니면 경제활동, 정치활동, 사회문화생활 같은 복잡한 행동을 연구할 것인가 하는 문제이다. 사실 일반인들이나 심리학자들이 궁금해 하는 것은 단순한 행동이 아니라 복잡한 사회적 행동인데, 실제로 그것이 인간행동의 거의 대부분을 차지한다. 그러나 이런 복잡한 행동들은 실험실에서 연구하기가 곤란하다. 이런 이유로 행동주의자들은 동물의 행동을 포함해 비교적 단순한 인간행동을 연구하는데, 이렇게 실험실에서 주로 연구되는 협소한 단순행동들은 그 생리적, 심리적 원인을 추론하는 게 그리 어렵지 않다. 그러나 정치활동이나 노동, 과학연구나 예술행위 같은 복잡한 사회적 행동들은 실험실에 집어넣을 수도 없을뿐더러 그 밑에 놓여 있는 마음을 추측하기가 상당히 까다롭다. 이런 간격을 억지스럽게 좁히려다가 일부 심리학자들은 실험실에서 조작 가능한 단순행동들을 연구해 그것을 복잡한 사회적 행동에 기계적으로 적용하는 심각한 오류를 범하기도 한다. 따라서 복잡한 사회적 행동을 야기하는 심층적인 마음을 알기 위해서는 단순행동에 대한 연구에만 머물러서는 안 될 것이다. 심리학의 목적은 어떤 행동을 하게 만드는 마음을 아는 데 있다는 점을 다시 강조하고 싶다.

행동주의와 더불어 생물학주의가 세를 넓히자 이번에는 심리학의 연구대상에 '동물'을 포함시키는 심리학자들이 나타났다. 심리학을 '인간과 동물의 행동을 연구하는 학문'이라고 과감하게 정의한 힐가드(Hilgard)가 대표적인 예가 될 것이다. 그러나 동물의 심리를 연구하겠다는 사람들을 굳이 말릴 생각은 없지만 심리학에 동물심리까지 포함시키는 것은 잘못이라고 생각한다. 동물심리를 통해 사람의 마음을 연구하겠다는 것은 결국 그 바탕에 '동물과 사람이 본질적으로 같다'는 가정을 깔고 있는데, 이는 명백한 오류이기 때문이다(이 문제는 제2장에서 자세히 논의할 것이다). 따라서 참고자료로 활용하기 위해 동물을 연구할 수는 있겠지만 동물연구를 심리학에 포함시킬 이유는 없다. 동물심리는 동물을 연구대상으로 하는 동물학 쪽에 넘겨주는 게 타당할 것 같다. 사람의 심리를 연구하기에도 바쁜 심리학이 동물의 심리까지 들여다봐야 할 여유는 아직 없지 않은가?

지금까지의 논의를 정리해보면 심리학은 사람의 마음, 즉 심리현상을 연구한다는 것을 알 수 있다. 물론 이를 위해서는 필연적으로 행동을 연구해야 하고 동물심리도 참조할 수 있다.

그런데 사람의 심리현상은 매우 복잡하고 다양하며 각 개인마다 차이가 있기 때문에 모든 심리현상을 연구할 수는 없다. 심리학의 기본목표는 한 개인에게만 통용되는 이론을 세우는 것이 아니라 인류 모두에게 해당되는 심리현상과 법칙들을 파악하는 것이다. 그렇기 때문에 심리학도 다른 과학들과 마찬가지로 다양한 심리현상의 기저에 작용하는 '일반원리'나 '법칙'을 탐구한다. 융의 표현을 빌리자면, 한 개인이 다른 개인과 전적으로 다르다면 과학으로서의 심리학은 존재할 수 없을 것이므로 심리학은 "마음의 보편성을 연구"해야 하는 것이다(Jung, 1935). 따라서 심리학은 심리의 본질과 구조, 심리현상의 생리적 기초, 심리현상과 사회와의 관계, 특정 심리가 형성되고 발전해나가는 합법칙성, 심리현상의 발현과 작용 등을 연구한다.

이제 심리학에 대한 최종적인 정의를 내려보기로 하자. 보편적인 마음의 법칙을 연구하는 학문으로서의 심리학은 '사람의 심리현상을 연구하는 과학' 혹은 '마음의 법칙을 연구하는 과학'으로 규정할 수 있을 것이다.

(2) 심리학은 과학인가

자연과 사회에 대한 지식의 체계인 과학은 기본적으로 다음과 같은 세 가지 요소를 포함한다. 독자들의 이해를 돕기 위해 행동주의자 스키너의 도구적 조건화 이론을 하나의 예로 들겠다.

첫째, 경험적인 지식이다. 여기에는 일상적인 생활지식이나 관찰과 실험 등의 과학적 방법을 통하여 얻은 지식 등이 모두 포함된다. 경험적 지식은 과학적 연구를 위한 자료로 활용된다. : 스키너는 실험을 통해 쥐가 단추를 누를 때마다 먹이를 주면 그 쥐는 죽어라고 단추를 눌러댄다는 것을 반복적으로 확인한다.

둘째, 이론적 지식이다. 이론은 부분적인 사실들을 전체적으로 설명하고 경험적인 자료 속에서 법칙들을 발견하여 그것을 하나의 체계로 종합하는 역할을 한다. 이론적 지식이 되어야 비로소 경험적 자료들은 과학이 될 수 있다. : 스키너는 쥐가 단추를 누르는 자기 행동과 강화물로 먹이가 주어진다는 결과 사이의 관계를 학습했다고 보고 이를 '도구적 조건화'라고 이론화한다.

셋째, 과학적 이론에 대한 철학적, 세계관적 해석이다. 과학에는 각 해당 분야의 법칙에 대한 철학적 일반화와 결론이 포함된다. 철학이나 세계관을 가지고 있지 않은 과학자는 없기 때문에 그들은 자신이 발견한 이론에 대해서 이러저러한 철학적 해석을 하게 된다. 이때 과학이론의 일반화수준이 높으면 높을수록 그 이론은 보편적 성격을 띠게 된다. 어떤 과학자들은 이렇게 말하기도 한다. '나는 철학에는 관심이 없고 그것이 과학연구에 꼭 필요하다고 생각하지도 않는다. 그러니 나에게 세계관 같은 것은 없다.' 그러나 철학에 관심이 없다는 것, 철학이 필요 없다는 것은 실증주의 철학의 기본입장이므로 그것 또한 하나의 철학이고 세계관이다. 따라서 철학 전공자만이 아니라 철학공부를 별로 하지 않은 과학자나 일반인들도 모두 다 암묵적으로는 이런저런 철학적 세계관을 소유하고 있다. 그리고 이 세계관은 자기 이론을 해석하는 데 필연적으로 영향을 미치게 된다. : 스키너는 동물과 사람은 근본적으로 같다는 철학을 가지고 있다. 따라서 그는 모든 인간행동이 '조건화'와 같은 학습원리에 의해 설명될 수 있다고 주장했다(물론 이것은 잘못된 세계관에 근거한 비과학적 해석이다).

결국 심리학 연구에서는 객관적인 경험적 자료를 수집하는 과정과 이를 연구 · 분석하여 이론화하는 과정 그리고 그 이론을 해석하여 일반화하는 과정 모두가 올바르게 이루어져야 진정한 과학으로서의 가치를 가진다고 할 수 있을 것이다.

① 과학에 대한 편협한 이해

그런데 '과학'에 대한 잘못된 편견을 가진 심리학자들도 일부 존재한다. 과학에 대한 그들의 입장을 좀 단순화시켜 말하자면 '내 눈으로 직접 볼 수 없으면 과학이 아니다.'라는 것이다.

예를 들면 행동주의자 왓슨(Watson, 1878~1950)은 막연한 개념을 토대로 하는 과학이란 있을 수 없기 때문에 "과학으로서의 심리학은 객관적인 관찰이 가능하고 측정할 수 있는 행동만을 다루어야 한다."고 주장하기도 했다. 이런 입장을 가진 심리학자들은 의식, 무의식, 정신, 사랑 같은 개념들은 중세의 낡은 유물일 뿐이라며 심리학에서 추방해야 한다고 외쳐댔다. 즉 추상적 개념은 눈으로 볼 수 없으니 '비과학적'이라고 주장한 것이다. 이런 맥락에서 그들은 수량적 측정, 통계적 방법, 수학적 모형화 등의 연구방법을 강조한다.

이들의 과격한 주장을 접했을 때 프로이트는 얼마나 슬펐으랴. 그는 "과학적 사고에 익숙한 사람들은 우리 발견의 정당성을 증명해보라고 경멸조로 요구하기도 합니다."라고 말하며, 그들은 "육안으로 확인하고 현미경을 통해 검사하기를 좋아한다."고 한탄했다(Freud, 1910). 그리고 프로이트는 "언어가 사랑이라는 낱말에 수많은 쓰임새를 통합한 것은 지극히 적절하며, 이것을 과학적 논의와 해설의 토대로 삼는 것이 상책"이라며 과학으로서의 심리학은 추상적 개념을 사용해야 마땅하다고 강조했다(Freud, 1921).

물론 '추상적 개념'을 적대시하는 행동주의자들은 '사랑'이라는 개념에 몸서리를 칠 것이다. 그런데 사실 행동주의자들이 즐겨 쓰는 '행동', '자극', '반응', '환경' 같은 개념들도 '사랑'만큼이나 추상적인 개념이다. 그렇다면 행동주의자들은 추상적 개념을 버젓이 사용하면서 왜 다른 심리학자들이 추상적 개념을 입에만 올려도 쌍심지를 켜며 반대할까? 그들은 아마 이렇게 말할 것이다. '우리들은 자극이나 행동 같은 추상적 개념을 실험상황에서 눈으로 확인하기 위해 구체적, 조작적으로 정의한다.'라고. 예를 들면 '자극'은 구체적인 빨간색 전깃불로, '행동'은 쥐가 앞발 중의 하나를 사용해 단추를 누르는 것으로 구체적으로 정의하는 식이다. 그렇지만 행동주의자들은 자신들의 실험결과로 '빨간색 전깃불이 켜지면 쥐가 앞발로 단추를 누른다.'는 구체적이고 협소한 이론을 증명하는 데에만 만족하지는 않는다. 오히려 그들은 그 실험결과와 실험 속에서 사용된 구체적, 조작적 개념을 일반화하고 추상화함으로써 '자극-반응 사이의 연합', '조건화', '학습' 같은 추상적 개념과 원리들을 만들어낸다. 그리고는 그것을 활용해 '고전적 조건형성'이나 '도구적 조건형성' 이론 같은 추상적 이론을 창조한다.

따라서 그들의 주장을 듣다 보면 이런 의문이 생긴다. 왜 행동주의자들은 자신들의 연구방식대로 '사랑'이라는 추상적 개념을 '뽀뽀하는 행동'이라고 구체적이고 조작적으로 정의해 '아빠가 볼에 뽀뽀를 해주면 아이는 웃는다.'는 실험을 하고는 그것을 일반화해 '아버지의 사랑은 아이를 기쁘게 한다.'는 일반법칙을 만들지 않을까?

이런 점을 고려해볼 때 행동주의자들의 말과 행동은 확실히 모순적인 것 같다. 추상적 개념이 진정으로 싫다면 그들이 선호하는 방식대로 '사랑' 같은 개념들을 구체적, 조작적으로 정의해 실험상황에 활용하면 되지 않을까? 만약 그것이 싫다면 그들은 '조건형성', '학습이론' 같은 추상적이고 일반적인 이론을 주장하지 말고, 그저 '100볼트의 전기충격을 발바닥에 흘려주면 쥐는 25센티미터 뛰어오른다.'는 식으로 구체적, 조작적인 이론만 만들어야 하지 않을까?

심리학이 추상적인 개념을 배제해야 한다는 극단적인 발상은 눈으로 보기 힘들거나 수량적으로 측정하기 어려운 개념들인 의식, 무의식, 시간, 공간, 사랑, 성격, 발달, 학습 등을 모두 배제시키자는 무지몽매한 주장에 불과하다.

이 세상에는 눈으로 보기 힘든 것들이 수없이 많다.

우선 특정한 형태를 가진 '사물'은 눈으로 쉽게 볼 수 있지만 '현상'들은 그렇지 않다. '번개' 같은 자연현상은 특정한 시점에서만 볼 수 있으며, '혁명' 같은 사회현상도 흔하게 볼 수 있는 것이 아니다. 그러나 쉽게 눈으로 볼 수 없다고 해서 '번개'나 '혁명'이라는 현상이 존재하지 않는 것은 아니다. 또한 '속성'도 눈으로 쉽게 볼 수 없다. 속성은 다른 사물현상들과의 관계를 통해 나타나므로 어떤 사람이 '이타성'이라는 속성을 가지고 있다면 그 속성은 그가 이타적인 말이나 행동을 했을 때에만 볼 수 있다. 따라서 현미경으로 그의 몸을 샅샅이 들여다봐도 이타성이라는 속성이 보이지는 않는다. 그리고 추상적 개념 등도 눈으로 직접 볼 수 없다. 우리는 구체적인 앞집 개, 뒷집 개를 볼 수 있을 뿐 추상적 존재로서의 '개'는 볼 수 없다. 그렇다고 해서 이 세상에 '개'가 존재하지 않는다고 말한다면 아마 개도 웃을 것이다. 추상은 눈에 보이는 구체 속에 존재하기 때문이다.

결국 추상적 개념을 배제한다는 것은 눈으로 볼 수 없으니 'FM전파'는 존재하지 않는다거나 컴퓨터에 저장된 영화를 찾겠다며 현미경으로 하드 디스크를 샅샅이 조사해보고는 디지털 신호밖에 안 보인다고 투덜대는 것과 같은 주장일 뿐이다.

어떠한 경우에도 추상적 개념을 배제한 과학이란 있을 수 없다. 편협하고 무지한 과학관을 가진 심리학자들은 다음과 같은 프로이트의 주장을 진지하게 경청해볼 필요가 있을 것이다.

> "과학활동의 올바른 출발은 여러 현상들을 기술하고, 그 다음에 그 현상들을 분류 · 배열하고 서로의 상관관계를 밝히는 데 있다. 그런데 현상을 기술하는 단계에서 이미 우리는 해당 재료에 어떤 추상적인 개념들을 적용하지 않을 수 없게 된다. … 그리고 그런 개념들은 해당 재료를 더 깊이 연구해 감에 따라 더더욱 없어서는 안 될 개념으로 자리를 잡게 된다(Freud, 1915)."

심리학은 추상적 개념을 포함하되 그것을 과학적이고 논리적인 방식으로 다뤄야 한다. 그리고 추상적 개념은 구체적인 경험적 자료를 통해 뒷받침되어야 할 것이다.

② 진리의 기준

과학적인 이론이나 가설은 참일 수도 있고 거짓일 수도 있다. 즉 그것은 진리일 수도 있고 허위일 수도 있는 것이다. 이때 진리인가 허위인가 하는 것은 객관적 현실을 정확히 반영했는가 그렇지 않은가에 달려 있다. 예를 들어 '지구는 태양 주위를 돈다.'는 객관적 현실을 정확히 반영한 '지동설'은 진리가 되지만 그것을 엉터리로 반영한 '천동설'은 허위가 되는 것이다.

그렇다면 진리의 기준은 무엇인가?

첫째, 진리의 기준은 실천이다. 실천은 이론과 객관적 현실이 일치하는가 일치하지 않는가를 검증할 수 있게 해준다. 따라서 객관적 현실을 반영한 결과로서의 지식이나 이론은 실천에 적용되어 생활력이 발휘될 때 진리로 확증된다. 예를 들어 어떤 심리학자가 인터넷 중독에 대한 이론을 정립해 그것을 실제로 치료에 응용했을 때 커다란 효과가 나타났다면 진리로 확증될 수 있는 것이다. 일반적으로 사회과학에서 진리의 검증기준이 실천이라면 자연과학에서 진리의 검증기준은 실험이라고 할 수 있다. 심리학은 실천과 실험을 모두 이용할 수 있다.

둘째, 진리는 논리적 증명에 의해서도 검증될 수 있다. 만약 진리를 증명하는 기준에서 논리적 추론을 부정한다면 인류의 지식은 반토막이 날지도 모른다. 지구가 태양 주위를 돈다는 자연현상은 실험으로는 증명할 수 없다. 실험실에 태양과 지구를 집어넣을 수는 없지 않은가? 그러나 '지동설'은 인류가 진리로 검증한 여러 법칙과 명제들을 기초로 추론함으로써 확실히 입증될 수 있다. 즉 실천에 의하여 검증된 명제들을 논거로 하여 논리적 법칙의 요구에 맞게 논증한다면 이론의 진리성을 확인할 수 있는 것이다.

사람이 살아가는 데는 생활지식도 필요하고 예술도 필요하고 과학도 필요하다. 생활지식이 지혜를 주고 예술은 감동을 준다면 과학은 법칙을 줌으로써 인류에게 봉사한다. 개별적이고 구체적인 것을 통해 보편적이고 추상적인 것을 표현하는 예술과는 달리 과학은 보편적이고 일반적인 것을 추상적, 논리적 형태로 개념, 공식, 범주 등을 통하여 표현한다.

심리학 역시 과학이므로 개별적이고 구체적인 자료들을 통해 추상적, 논리적 법칙들을 탐구하고 그것을 개념, 공식, 범주 등으로 정의함으로써 사람에 대한 이해에 기여한다.

2. 심리학의 연구대상과 방법

심리학은 여러 학문분야와 밀접한 연관을 맺고 있다. 특히 세계관을 주는 학문인 철학은 심리학에 커다란 영향을 미친다. 철학은 심리학자의 관심대상과 가설의 정립과정, 연구방법론의 선택을 규제할 뿐 아니라 이론을 해석하고 일반화하는 데 중요한 영향을 미친다. 실증주의철학과 행동주의 심리학, 기계론적 유물론과 생물학주의 심리학, 철학적 현상학과 현상학적 심리학은 떼려야 뗄 수 없는 밀접한 관계를 가지고 있다. 이 외에도 심리학은 물리학, 생물학, 생리학, 의학, 전산학, 인류학, 언어학, 정치학, 경제학, 문학예술 등 여러 자연과학과 사회과학 분야와 밀접한 연관을 맺고 있다.

심리학은 연구대상의 범위에 따라서 생리심리학, 인지심리학, 발달심리학, 성격심리학, 사회심리학 등의 이론심리학 분야와 임상심리학, 교육심리학, 산업심리학 등의 여러 가지 응용심리학 분과로 구분된다. 심리학의 세분화는 구체적인 분야에 대한 지식이 심화된다는 긍정적인 결과로 이어지기도 한다. 그러나 여기에는 어느 정도 부정적인 그림자도 드리워져 있다. 만일 대다수의 심리학자가 '전체로서의 인간'에 대한 관심을 잃고 세분화된 지식탐구에만 몰두할 경우 심리학은 사람에 대한 전체적이고 포괄적인 이론을 주는 학문이 아니라 파편화된 실용학문 수준으로 전락할 수도 있다. 또한 사람에 대한 온전한 이해가 가능하려면 심리학 외의 다른 학문들도 어느 정도까지는 알아야 한다. 왜냐하면 정치활동을 하는 존재, 경제생활을 하는 존재, 사회적 관계를 맺고 다양한 사회생활을 하는 존재, 정신문화적 욕구를 가진 존재인 사람의 마음이나 행동을 심리학이 단독으로 설명한다는 것은 불가능하기 때문이다. 이러한 점에서 "(사회)심리학은 이런 류의 중요한 물음에 분명한 답을 할 수 없다. 답을 하려 하는 것조차 지나치게 주제넘은 것일 수 있다. 그 이유는 이러한 문제들은 반드시 모든 사회과학 즉 인류학, 경제학, 역사학, 정치과학, 사회심리학, 사회학 등의 결집된 노력을 필요로 하기 때문이다."라는 글라이트만(Gleitman, 1995)의 겸손한 학자적 충고는 그저 스쳐지나갈 수가 없다.

심리학은 과학이므로 당연히 그 연구방법도 과학적이어야 한다. 물론 과학적 방법론 자체가 진리성의 기준이 될 수는 없지만 비과학적인 방법으로는 의미 있는 이론이나 가설을 얻을 수 없다. 따라서 심리학은 반드시 객관적이고 타당한 과학적 연구방법을 사용해야만 한다.

심리학의 연구방법에는 관찰방법, 실험방법, 조사방법, 자료분석법, 사례연구법 등 여러 가지 방법들이 있다. 이러한 방법들은 각각 장단점이 있기 때문에 어느 한 가지 방법만을 절대시해서는 안 되며 상황과 조건에 맞는 방법을 사용하고 때에 따라서는 여러 가지 방법들을 적절히 결합시켜야 한다.

조사방법은 질문지나 검사지 등을 이용하는 것이고 자료분석법은 연구에 관련된 여러 자료들을 수집해 과학적, 논리적으로 분석 · 종합하는 것이다. 또한 사례연구법은 개인사나 중요한 의의를 갖는 사례를 집중적으로 연구하는 것을 말한다.

여기에서는 관찰방법과 실험방법만 간단히 살펴보도록 하자.

① 관찰방법

관찰이란 사물현상을 의도적으로, 계획적으로 파악하는 것을 말한다. 연구자는 현실을 적극적으로 인식하는 과정에서 사물현상의 상태나 결과, 그 본질과 합법칙성을 파악할 수 있는 자료를 얻을 수 있다. 관찰은 과학적인 연구 · 분석을 목적으로 의도적으로 진행하는 것이므로 목적의식적이며 계획적인 특징을 가진다.

관찰에는 전면적 관찰과 선택적 관찰이 있다. 일정한 기간 동안 관찰대상을 하나도 빠짐없이 구체적으로 관찰하는 것을 '전면적 관찰'이라고 한다. 최근에는 캠코더와 같은 영상기록장치의 발전으로 전면적 관찰을 하기가 한결 쉬워졌다. 이와는 달리 일정한 시간 동안 관찰대상의 이러저러한 개별적 측면만을 관찰하는 것을 '선택적 관찰'이라고 한다. 예를 들면 아이들을 관찰할 때, 언어적 행동만을 집중적으로 관찰하는 것을 말한다.

관찰을 잘하기 위해서는 관찰대상을 분명하게 정해야 하고 과업을 구체적으로 세워야 하며 관찰대상에 대한 사전정보에 기초해 관찰계획을 치밀하게 짜야 한다. 또한 관찰한 내용을 객관적이고 구체적으로 기록하여 분석해야 한다.

② 실험방법

간단히 말하면 한 가지 변인을 변화시켰을 때 어떤 결과가 나타나는지를 연구하는 방법이다. 예를 들어 실험용 쥐를 가지고 스트레스를 받을 때 위장에 어떤 변화가 나타나는지를 연구한다고 해보자. 실험을 위해서는 기본적으로 동일하다고 간주될 수 있는 두 집단을 준비해야 한다. 그리고 두 집단을 한 가지 변인(스트레스를 주기 위한 전기충격)을 제외하고는 모든 조건이 동일한 환경 속에 놓는다. 이때 전기충격을 받는 쥐들의 집단을 '실험집단'이라고 하며, 전기충격을 받지 않는 쥐들의 집단을 '통제집단'이라고 한다. 그리고는 일정한 기간 동안 실험집단의 쥐들에게 전기충격을 준 다음 두 집단의 위장을 조사해본다. 만약 통제집단의 쥐들은 아무렇지도 않으나 전기충격을 받은 실험집단에 속해 있는 쥐들의 위장에는 구멍이 뚫려 있다면 '전기충격과 위장의 구멍 사이에는 유의미한 상관관계가 있다.'는 결론을 내리게 된다. 그리고 이것을 일반화해 '스트레스는 위장에 나쁜 영향을 미친다.'는 등의 이론을 만든다.

실험방법에서 효과를 연구하기 위해 사용되는 변인을 '독립변인'이라고 하고 독립변인의 조작에 의해 나타나는 효과를 '종속변인'이라고 하는데, 위의 예에서는 전기충격이 독립변인이며 위장의 구멍이 종속변인이 된다.

심리학에서 실험방법은 점점 더 많이 이용되는 추세에 있다. 그 결과 실험기법들이 크게 발전했고 실험방법은 생리심리학이나 인지심리학의 틀을 벗어나 사회심리학과 같은 분야에서도 폭넓게 활용되고 있다. 그러나 한편 하나의 연구방법론일 뿐인 실험방법만을 절대화하는 실험맹신주의와 그에 대한 암묵적 지지분위기, 그리고 잘못된 철학적 세계관에 기초한 실험결과에 대한 왜곡된 해석과 일반화는 심리학을 병들게 하는 하나의 중요한 원인으로도 작용하고 있다(이에 대해서는 제10장에서 좀더 자세히 살펴볼 것이다).

제2장

나는 그저 동물일 뿐인가

— 사람과 동물의 차이

사람이 동물과는 분명히 다른 존재라는 것을 모르는 사람은 없을 것이다. 또한 거의 모든 심리학자들은 사람이 '사회적 존재'라는 것을 인정한다. 따라서 상식적인 입장에서 볼 때 사람과 동물의 차이를 언급하는 것은 참으로 무가치한 일로 여겨진다.

그런데 심리학자들은 이 뻔한 문제를 두고 지금까지 지루한 논쟁을 계속해왔으며 그것은 지금까지 심리학의 발전에 상당한 혼란과 장애를 낳는 기본원인으로 되고 있다. 이런 이유 때문에 사람과 동물의 공통점과 차이점을 명확히 규정하는 것은 심리학이론을 올바로 전개하는 데 있어서 매우 중요한 이론적 가치를 가진다.

1. 사람은 사회적 존재

(1) 나도 동물이기는 하다

사람도 동물과 마찬가지로 유기체를 가진 생물학적 존재이다. 생물학적 존재란 '생명을 가진 물질'을 지칭하는 개념으로서 그것은 물질적 존재, 자연적 존재이지만 생명활동을 하는 물질을 의미한다. 생물학적 존재라는 개념은 특히 사회적 존재인 사람과 구별되는 생명물질 일반을 표현하는 데 사용되기도 한다.

생물학적 존재는 오랜 기간에 걸친 진화의 결과로 등장하게 되었는데, 자체 동화능력과 자기 자체를 갱신하는 능력을 본질적 속성으로 하며 생물학적 운동을 하는 존재라는 점에서 다른 모든 자연적 존재와 구별된다. 사람도 생명을 가진 생물학적 존재이므로 스스로 신체의 항상성을 유지하며 자체의 유전적 프로그램에 기초해 성장해나가고 생식을 통해 자신을 재생산한다.

심리학에서 관심을 가지는 것은 금붕어나 악어 같은 동물들이 아니라 최

상위 단계의 동물인 고등 포유류 특히 유인원이므로 '동물과 인간'의 비교는 이를 중심으로 진행할 것이다.

① 모든 길은 뇌로 통한다

고등생물에게 특징적인 것은 모든 신체기관이 생명활동의 중심인 '뇌'의 지배를 받는 구조를 가지고 있다는 점이다. 바로 이 뇌가 마음의 생리적 기초이다.

뇌는 셀 수 없을 만큼 많은 신경세포인 뉴런(neuron)을 가지고 있는데, 이 뉴런들은 서로 복잡하게 연결되어 신경계를 형성한다. 신경계는 비유적으로 말하자면 연락을 위해 존재하는 전화선과도 같다. 만약 우리 손이 바늘에 찔리면 그 자극은 손가락에서부터 뇌까지 이어져 있는 연결망을 따라 뇌에 도착하여 '손가락이 아프다.'는 걸 알려준다. 그러면 뇌로부터 내려진 '피하라.'는 명령이 연결망을 따라 내려와 손의 운동근육들을 움직임으로써 손가락을 구부리게 한다. 이렇게 모든 것은 뇌로 들어가고 뇌로부터 나온다. 단, 극히 단순한 조건반사의 경우에는 뇌를 경유하지 않는 경우도 있다.

뇌는 또한 신경계뿐만 아니라 내분비계를 통해 여러 가지 호르몬을 조절 통제함으로써 유기체의 생명활동을 지휘하고 통제한다. 기분이 좋을 때 혹은 스트레스를 받을 때에는 각기 다른 호르몬을 방출하는 식이다.

② 뇌의 편재화

뇌는 각 영역에 따라 서로 다른 기능을 가지고 있다. 일반적으로 좌반구는 언어와 사고, 우반구는 공간을 다루는 데 더 우수하다. 소뇌는 복잡하고 빠른 운동을 조절하며 변연계는 감정이나 기억에 주로 관여하는 식으로 뇌의 각 영역들은 특정한 기능과 관련된다. 그리고 대뇌피질(cerebral cortex)은 뇌를 둘러싸고 있는 3mm 두께 정도의 뉴런의 세포체로 된 층을 말하는데, 비록 두께는 얇지만 깊은 주름과 굴곡이 있기 때문에 전체 인간 뇌 세포의 대부분을 포함한다. 이 대뇌피질은 고등정신과정을 담당한다.

다양한 동물들의 공통점이 '뇌를 생명활동의 중심'으로 갖고 있는 점이라면, 동물들 간의 질적인 차이는 주로 대뇌피질의 차이에서 기인한다고 할 수 있다. 어류는 아예 대뇌피질이 없으며, 파충류와 조류는 대뇌피질이 매우 빈약하다. 그리고 같은 포유류라 할지라도 고급한 생물일수록 대뇌피질이 더 발달되어 있다. 쥐와 같은 하등 포유류의 대뇌피질은 비교적 주름이 적고 밋밋한 반면 고등 포유류일수록 대뇌피질은 양적으로도 증가하고 주름도 더 많아지고 깊어진다.

사실 유기체적 구조를 기준으로 볼 때 동물과 사람은 별다른 차이가 없는 것처럼 보인다. 단지 차이가 있다면 대뇌피질의 발달수준에서만 차이가 있을 뿐이다. 따라서 해부학적 입장에서 볼 때 유인원과 사람의 차이란 대뇌피질의 주름 차이일 뿐이라고 말할 수도 있다.

사람과 동물이 본질적으로 차이가 없다고 주장하는 심리학자들은 아마도 이런 해부학적 측면에 지나치게 집착하는 것 같다. 생물학주의자들은 사람과 침팬지의 유전자가 99%나 똑같고, 사람과 침팬지의 유기체적 구조가 본질적으로 같으니 사람과 동물은 본질적인 차이가 없다고 주장한다. 그들에게 있어서 동물과 인간의 유일한 차이란 대뇌피질의 주름 차이일 뿐이다.

만일 생물학주의자들의 주장이 옳다면 놀랍게도 대뇌피질의 주름 차이가 오늘날의 인류문명을 만든 것이다. 자연을 개조하고 사회를 발전시키며 문화를 창조해온 인류역사가 모두 다 대뇌피질의 주름 때문이라니. 뭔가 좀 미심쩍지 않은가?

(2) 나는 단순한 동물이 아니라 사회적 존재이다

사람은 단순한 생물학적 존재가 아니라 사회적 존재이다. 동물들은 객관세계에 종속되어 그에 순응하면서 생존을 유지하지만 사람은 목적의식적으로 사회적 관계를 맺고 세계를 지배하고 개조한다. 사람이 생물학적 존재임을 거부할 수 없는 것과 마찬가지로 사람은 태초부터 사회적 존재였다. 이는 사람에게 있어서는 피할 수 없는 숙명이다.

① 사회적 존재라는 거부할 수 없는 숙명

사람은 동물이 가지고 있지 못한 속성을 수없이 많이 가지고 있다. 대부분의 심리학자들이 동의하듯이 그런 속성들 중 하나는 바로 '언어능력'이다. 사람과 거의 비슷한 유기체와 유전자를 가지고 있는 유인원들도 언어를 가지고 있지는 않다.

사람이 언어를 가지게 되는 과정은 곧 동물로부터 인간으로 전환되는 과정이기도 했다. 먼 옛날 유인원 무리들 중 일부는 상대적으로 수준이 높은 사회를 형성해나가기 시작했는데, 그것은 자연의 지배로부터 벗어나 자연을 개조하려는 요구를 낳았다. 그런데 그 요구를 실현하기 위해서는 유인원 사회의 수준을 한층 더 높여야만 했다. 왜냐하면 자연개조는 한 개인이 할 수 있는 것이 아니라 잘 조직화된 사회적 집단만이 할 수 있었기 때문이다. 따라서 유인원들은 목적의식적으로 가일층 발전된 사회를 형성하기 시작했는데, 이를 위해서는 구성원들 상호간의 의사소통이 반드시 필요했다. 언어는 이런 요구를 반영하여 발생·발전하게 되었다. 자연개조에 대한 요구수준이 높아지는 데 따라 사회와 언어가 발전되었고, 사회와 언어의 발전은 다시 유인원들의 요구수준을 높여주었다. 이렇게 사람이 동물계에서 분리되는 것은 '사회의 형성과 발전', '자연개조에 대한 요구가 높아짐', '언어의 발생·발전'이 동시적으로 진행되는 과정을 통해 이루어졌던 것이다. 이런 점에서 '사람은 태초부터 사회적 존재였다.'고 말할 수 있다.

동물로부터 사람으로의 질적 전환은 곧 '사회역사의 등장'과 일치한다. 자연계에 인류가 등장한 이후부터 모든 사람은 사회 안에서 생존하고 생활해왔다. 그렇기 때문에 어떤 사람이라도 사회집단을 떠나서는 생존이 원천적으로 불가능하다. 생물학적 존재로서의 생명을 유지하는 데 사람의 육체가 절대적으로 필요하다면 사회는 사회적 존재로서의 생명을 유지하는 데 절대적으로 필요하기 때문이다.

사람은 사회역사 속에 태어나 사회역사의 영향을 받으며 살아가고 그것을 새롭게 발전시켜 다음 세대에 물려준다. 그 어떤 인간이 이 숙명을 거부할 수 있겠는가?

② 사회는 사람의 몸에 어떤 흔적을 남겼나?

인류가 태초부터 사회를 이루고 사회적 존재로서 살아왔다면 그것은 인간이라는 종의 유기체에만 고유한 어떤 특징들을 남기지는 않았을까? 아직까지 규명된 것이 많지는 않지만 지금까지의 심리학 연구결과에 따르면 이와 관련된 몇 가지 증거들을 확인할 수 있다.

첫째, 사람은 다양한 사회적 속성들을 체득할 수 있는 생리적 기초를 가지고 태어난다. 대표적인 게 언어습득 능력인데, 다른 종들은 아무리 훈련을 시켜도 언어를 배울 수 없다. 왜냐하면 언어를 습득할 수 있는 생득적 기초가 없기 때문이다. 미심쩍은 이들은 집에서 키우는 개나 고양이에게 언어를 한번 가르쳐보기 바란다.

둘째, 유아는 생득적인 '사회적 상호작용 기제'들을 가지고 태어난다. 예를 들면 모든 아기는 사회적 미소를 지을 줄 안다(울음도 마찬가지이다). 여기서 '사회적 미소'란 혼자 즐거워 웃는 웃음이 아니라 타인과의 소통을 위해 짓는 미소를 말한다. 우리 식으로 말하자면 부모의 애간장을 녹이는 미소이다. 이 미소는 부모로 하여금 아기를 사랑하고 돌봐주고 싶은 강렬한 충동을 야기하므로 이는 그야말로 무력한 아기들이 가진 비장의 무기라 할 수 있다. 이 미소를 짓는 능력은 타고나는 것 같다. 왜냐하면 모방이나 학습이 불가능한 시각 장애 아이들도 미소를 짓기 때문이다. 또한 유아는 사람의 얼굴을 쳐다보려는 생득적 성향을 가지고 태어난다는 증거들도 있다. 태어난 지 9분밖에 안 된 유아도 다른 형상보다는 사람의 얼굴을 닮은 형상을 더 선호한다.

셋째, 사람은 상당히 긴 의존기간을 가지도록 유전적으로 설계되어 있다. 다른 포유류들과 비교해볼 때, 인간의 유아는 참으로 무기력하다. 송아지나 사슴 같은 동물들은 태어나자마자 걷기 시작하고 짧은 시간이 지나면 생존과 관련된 문제들을 스스로 해결해나간다. 그리고 대부분 육체적 자립능력이 갖춰지면 부모로부터 바로 독립한다. 물론 원숭이처럼 똑똑한 동물들은 생애 초기의 의존기간이 좀더 길기는 하지만 그것은 인간의 의존기간에 비교할 만큼은 못 된다. 유아는 분명히 긴 시간을 부모에게 의존하도록 설계되어 있는데, 그 하나의 예가 바로 뇌 발달이다. 거의 모든 포유류의 새끼들은 태어날 때 거의 완전하게 발달된 뇌를 가지고 있다. 그러나 원숭이들은 뇌가 미완성인 채로 태어나며 인간은 아주 시원찮은 뇌를 가지고 태어난다. 신생아의 뇌는 어른의 뇌와 비교해볼 때 23% 정도의 능력만 가지고 있으며, 2살 반이 지났을 때에도 75%에 불과하다.

왜 진화는 인간의 유아가 긴 의존기간을 가질 수밖에 없도록 만들어놓았을까? 가장 합리적인 대답은 아마도 '사회적 생존능력'을 습득하는 긴 시간이 필요했기 때문이라는 설명일 것이다. 동물들은 육체적 생존능력만 획득하면 되지만 사람에게는 육체적 생존능력만이 아니라 사회적 생존능력도 반드시 필요하다. 그런데 '사회적 생존능력'의 습득은 부모 혹은 양육자 등 사회 속에서 살아가는 사람과의 긴 상호작용 과정을 반드시 필요로 한다(그러니 유아의 양육을 원숭이나 늑대한테 맡기면 절대 안 된다). 게다가 사회생활을 제대로 하기 위해 배워야 할 것들은 또 얼마나 많은가? 따라서 이전 세대의 인류가 축적한 지식과 창조물을 이용하고 그것을 새롭게 발전시키며 살아야 하는 인간에게 있어서 긴 의존기간은 필수적일 수밖에 없다. 이런 이유로 인해 인간의 유기체는 긴 의존기간을 가지도록 진화했을 것이다.

인류의 사회적 삶이 인간유기체에 남긴 흔적은 이 외에도 아주 많을 것이다. 사회는 인간유기체로 하여금 인간만이 가진 사회적 속성을 획득할 수 있는 생리적 기초를 선물했을 뿐만 아니라 사회적 욕구의 맹아를 포함하게끔 만들기도 했다(사회적 욕구의 생득적 맹아에 대해서는 제4장에서 살펴볼 것이다).

2. 양적 차이인가, 질적 차이인가

지금까지의 논의를 통해 우리는 사람이 단순한 생물학적 존재가 아니라 '사회적 존재'임을 확인했다. 그러면 사람과 동물의 차이와 관련된 모든 문제가 다 해명되었는가? 유감스럽게도 전혀 그렇지 않다. 사람이 사회적 존재임을 부정하는 심리학자는 없지만 그것을 인정한다고 해서 사람은 동물과 '질적으로 다른 존재'라는 사실까지 자동적으로 인정하는 것은 아니기 때문이다. 따라서 이제 초점은 사람과 동물의 차이가 아니라 그 차이가 '양적인 것인가 아니면 질적인 것인가' 하는 문제로 이동해야 한다.

상당히 많은 심리학자들은 사람과 동물의 차이를 단지 양적인 것으로만 보고 있다. 대표적으로 생물학주의자들은 사람과 동물의 차이는 단지 양적인 것일 뿐이라고 주장한다. 즉 원숭이와 사람의 차이는 악어와 원숭이의 차이와 별반 다르지 않다는 것이다. 예를 들면 생물학주의 연구자들은 침팬지가 초보적인 언어를 습득할 수 있는 능력이 있다는 사실을 강조하며 인간과 영장류 간에는 질적인 차이가 없으며 단지 정도에서만 차이가 있을 뿐이라고 주장한다. 그런데 침팬지의 초보적인 언어습득은 언어를 배울 동기를 전혀 가지고 있지 않은 침팬지에게 엄청난 시간과 인력과 돈을 투자하고 바나나를 미끼로 해서 억지스럽게 얻어낸 결과이다. 따라서 자연상태의 침팬지가 스스로 초보적인 언어능력을 가질 가능성은 거의 제로이다. 어쨌든 이들의 주요 논거는 앞에서 살펴본 대로 원숭이와 사람의 유전자는 95~99%나 같으며, 둘은 대뇌피질의 주름에서만 차이가 있을 뿐 신체적 구조가 기본적으로 동일하다는 데 있다.

극히 소수이기는 하지만 사람과 동물의 차이는 질적인 것이라고 보는 심리학자들도 존재한다. 그러므로 심리학은 크게는 두 가지, '사람은 동물과 양적으로만 다르다.'는 입장과 '사람은 동물과 질적으로 다르다.'는 입장으로 대립된다. 생물학주의, 행동주의 등이 전자의 입장이라면 일부 심리학자들은 후자의 입장을 가진다. 두 가지를 기계적으로 조합한 애매한 절충주의적 입장도 아주 많은데, 대부분의 미국 심리학자들이 여기에 속한다(절충주의는 겉으로는 중립을 표방하나 내용적으로는 대부분 전자의 입장에 기울어 있다).

'질'이란 한 사물현상을 다른 것이 아니라 바로 그것으로 되게 하는 그 사물현상에 객관적으로 고유한 규정성이다. 따라서 질이 변하면 그 사물현상은 필연적으로 다른 사물현상으로 변하게 된다. 예를 들면 생물학적 존재의 질을 규정하는 것은 '생명'이라는 속성이므로 그것이 없어지면 그 존재는 더 이상 생물학적 존재가 아니다.

'양보다 질'이라는 말이 보여주듯 질은 차원이 다르다는 것을 의미한다. 물의 경우 온도가 양이라면 고체, 액체, 기체라는 존재방식은 질로 볼 수 있다. 양의 변화는 일정한 수준까지는 질의 변화를 일으키지 않지만 한정량을 넘어서면 질의 변화를 일으키는데, 액체상태의 물은 온도가 영하로 내려가면 고체가 되고, 100도를 넘어가면 기체가 된다. 또한 집고양이와 들고양이의 차이가 양적 차이라면, 고양이와 호랑이의 차이는 질적 차이라고 말할 수 있다. 그리고 마차와 우차의 차이가 양적 차이라면, 마차와 자동차의 차이는 질적 차이가 된다. 이런 식으로 양적 차이는 대부분 본질적인 차이가 아닌 반면 질적 차이는 한 급 혹은 한 차원이 다른 존재를 특징짓는 본질적인 차이를 의미한다.

이제 사람이 동물과 질적으로 다르다는 것을 두 가지 측면을 통해 살펴보자.

(1) 운동적 측면에서 본 질적 차이

'운동'은 세계에서 일어나는 변화 일반을 표현하는 개념이다. 운동은 물질의 본질적 속성이며 존재방식이다. 그러므로 세상만물은 모두 운동한다. 어떤 어리석은 사람이 세상에는 운동하지 않는 존재도 있다는 것을 보여주겠다며 꼼짝 않고 자리에 앉아 있다고 가정해보자. 그 사람의 몸은 움직이지 않고 있을지 몰라도 그의 몸속에 있는 심장은 펄떡펄떡 뛰며 피를 온 몸으로 순환시키고, 위에서는 위산을 분비해 음식물을 녹이고 있다. 그뿐인가. 그의 몸은 지구가 자전하는 데 따라 지구와 함께 조금씩 돌고 있으며 동시에 태양 주위도 돌고 있다. 이처럼 운동은 피할 수도 없앨 수도 없다.

물론 사물현상은 상대적 정지의 계기를 가지고 있다. 그러나 거대한 바위도 조금씩은 변화하듯이 세상에 운동하지 않는 존재란 없기 때문에 철학자들은 '운동은 영원하며 정지는 일시적이다.'라고 말하는 것이다.

운동의 기본형태는 다음의 [표 2-1]과 같다.

여기에서 보다 높고 복잡한 고차적 운동형태들은 보다 낮고 단순한 저차적 운동형태로부터 발생했으나 그와는 질적으로 구별된다. 즉 질은 운동형태와 관련된다. 운동형태가 달라지면 질도 달라지는 것이다. 예를 들면 물리화학적 운동을 하는 무생물과 생물학적 운동을 하는 동물은 질적으로 다르다.

또한 고차적 운동형태는 저차적 운동형태를 종속적이고 부차적인 것으로 포함하고 있으며 저차적 운동형태에는 없는 자기에게만 고유한 특성을 가진다. 화학적 운동의 경우 물리적인 과정과 화학적인 과정의 유기적 통

[표 2-1] 운동의 기본형태

운동형태	내 용	예
역학적 운동	사물의 공간에서의 위치변화	나뭇잎이 떨어짐
물리적 운동	분자 및 원자, 소립자, 빛의 운동	전자의 운동, 분자 이동
화학적 운동	원소들의 결합과 분해에 의한 사물의 질적 변화	식물의 엽록소 생산
생물학적 운동	자기갱신으로 특징지어지는 생명물체의 운동	발달, 생식활동 등
사회적 운동	사회관계와 사회현상들의 변화, 사람의 모든 사회적 활동	경제활동, 정치운동 등

일로 이루어져 있는데, 화학적 과정은 물리적 운동에는 없고 화학적 운동에만 고유하다. 동물의 경우에는 자체 내에 물리적 운동과 화학적 운동을 포함하고 있으며 생물학적 운동을 자신의 고유한 운동형태로 가진다. 따라서 동물과 같은 생명유기체는 물리화학적 운동만 하는 존재들과는 질적으로 다르다.

그러면 사람은 어떤 운동형태를 고유한 것으로 가지는가? 사람은 물리화학적 운동, 생물학적 운동을 자체 내에 포함하고 있으면서도 자신에게만 고유한 사회적 운동형태를 가지고 있다. 따라서 사람은 생물학적 존재와는 질적으로 다른 사회적 존재일 수밖에 없다. 그런데 이때 사람이 가지고 있는 물리화학적, 생물학적 운동형태는 사회적 운동형태에 대해 종속적이고 부차적인 관계에 놓여 있다는 점을 잊어서는 안 된다. 예를 들어 숲 속의 사슴이 한가롭게 풀을 뜯고 있을 때, 사슴의 몸속에서는 물리화학적 운동이 진행된다. 즉 사슴의 소화기관은 풀을 분해해 영양분을 섭취하느라 열심히 운동한다. 이를 위해서는 사슴이 제 자리에 얌전히 있는 게 좋을 것이다. 그런데 이때 맹수가 나타나면 사슴의 물리화학적 운동은 생명유지를 목적으로 하는 생물학적 운동의 요구에 밀려 그 활동이 억제된다. 사슴의 모든 신체조직은 맹수로부터 달아나기 위한 목적을 향해 복무하고 사슴은 죽을힘을 다해 뛰어간다. 이 예에서 알 수 있듯이 물리화학적 운동으로 구성되는 유기체의 생리적 활동은 생물학적 운동의 목표를 실현하기 위해 복종한다. 운동선수나 군인들이 부상을 당해도 고통을 느끼지 않다가 경기가 끝나거나 후방으로 온 뒤에야 비로소 통증을 느끼는 것도 같은 이치이다.

사람은 사회적 운동을 하는 존재이므로 다른 모든 운동은 사회적 운동의 요구에 복종한다. 생물학적 존재의 최고목표는 '생명 유지'이다. 만약 유기체적 생명 유지를 포기한다면 그것은 이미 생물학적 존재가 아닐 것이다. 그런데 지구상에 존재하는 생물학적 존재 중 유일하게도 사람은 때로는 유기체적 생명을 스스로 포기하기도 하는데, 그 이유는 사람의 최우선적인 목표가 사회적 운동이기 때문이다. 죽음 따위는 전혀 두려워하지 않았던 이순신 장군이나 죽을 줄 뻔히 알면서도 원수를 응징하기 위해 떨쳐나선 안중근, 윤봉길 의사 그리고 자신의 정치적 신념을 지키기 위해 죽음을 무릅쓰고 단식을 하는 사람들은 고장 난 생물학적 존재들이 아니다. 그들은 사람의 본성에 맞게 사회적 운동을 했던 정상적인 사회적 존재들이었던 것이다.

비단 역사적 위인들만이 아니라 모든 사람은 사회적 운동을 한다. 사람에게 있어서는 생물학적 운동을 위해 소비하는 시간보다 사회적 운동을 위해 소비하는 시간이 훨씬 더 많다. 또한 사람의 몸속에 포함된 생물학적 운동은 사회적 운동의 요구에 복종하고 그를 위해 복무한다.

결론을 위해 다시 한 번 정리하자면, 모든 사물현상은 자기의 고유한 운동형태를 가지며 그것으로 인해 자체의 고유한 질을 가지게 됨으로써 그 사물로 존재할 수 있게 된다. 각 운동형태들은 밀접한 연관 속에 통일되어 있는데, 고차적 운동형태에는 저차적 운동형태들이 포함되어 있고 고차적 운동은 저차적 운동을 지배한다. 사회적 운동은 생물학적 운동, 물리화학적 운동, 역학적 운동을 자체 내에 포함하고 있으며 이들 운동은 모두 사회적 운동의 지배를 받는다. 따라서 사람은 사회적 운동을 하는 유일무이한 사회적 존재이므로 동물들과는 질적으로 다르다.

(2) 구조적 측면에서 본 질적 차이

'구조'란 대상을 이루는 구성요소들의 배열상태와 그것들의 연관과 결합방식의 총체를 말한다. 이 세상에 구조를 가지지 않은 존재란 없다.

구조는 질과 밀접하게 연관되어 있다. 즉 구조의 근본적인 변화는 대상의 질적 변화를 가져온다.

식물과 동물의 구조를 살펴보면 동물의 구조가 훨씬 더 복잡하고 정교하다. 또한 어류나 파충류보다는 포유류의 구조가 훨씬 더 복잡하다. 어류, 파충류, 포유류가 가지는 구조의 근본적인 차이는 질의 차이를 낳기 때문에 어류, 파충류, 포유류는 질적으로 다르다고 말할 수 있다. 물론 구조적으로 보다 완성되고 복잡한 존재가 보다 고차적인 질과 기능을 가진다. 앞에서 살펴보았듯이 고등 포유류의 경우 연락을 주요임무로 하는 신경계가 뇌를 중심으로 복잡하게 연결되어 있고 대뇌피질이 매우 발달된 구조를 가지고 있다.

그렇다면 대뇌피질의 발달정도, 좀 단순하게 말해 대뇌피질의 주름 차이를 사람과 동물 사이의 질적 차이를 낳는 근본적인 구조의 차이라고 말할 수 있을까? 내 생각에는 이를 근본적인 구조적 차이라고 보기에는 어려울 것 같다. 이 말을 들으면 생물학주의자들이 무척 기뻐할 것 같은데, 다음 얘기도 마저 들어보길 바란다.

발달된 대뇌피질을 근본적인 구조적 차이로 볼 수는 없지만 대뇌피질의 독특한 기능은 사람으로 하여금 새로운 구조에 의해 탄생하는 속성을 가질 수 있게 해준다. 발달된 대뇌피질 덕분에 사람은 다른 생물학적 존재들로서는 도저히 흉내 낼 수 없는 고차적인 정신능력 즉 뛰어난 인식, 사고, 언어능력 등을 가질 수 있다. 그런데 바로 이 고차적인 정신능력이 새로운 구조에 의해 형성되는 사회적 속성을 가질 수 있게 해준다. 누구나 알고 있듯이 사람은 사회적 구조 속에서 살고 있다. 사회는 저차원적인 동물무리와는 전혀 다른 고차원적 구조를 가지고 있으며 이 구조는 사회가 발전함에 따라 계속 변화 · 발전한다.

그렇다면 사람을 구성요소로 하는 사회라는 '질적으로 새로운 구조'는 어디에 반영되어 어떤 속성을 탄생시켰을까? 간단하게 답을 말하자면 사회는 사람의 정신에 반영되어 사회적 속성을 탄생시켰다. 사람의 정신, 생리학적으로 표현하자면 고도로 발달된 뇌는 세계를 담을 수 있는 능력을 가지고 있다. 따라서 사회적 구조가 만들어내는 속성들은 사람의 신체에서 근본적인 구조적 변화를 일으킬 필요가 없었다. 단지 대뇌피질만 발달시키면 충분했던 것이다.

뇌 중심의 유기체적 구조를 유일한 밑천으로 살아가는 생물학적 존재와 사회구조를 만들고 그것을 이용하고 개조하면서 살아가는 사회적 존재는 질적으로 다른 존재이다. 유기체적 구조가 생물학적 속성을 담보한다면 사회적 구조는 개인의 사회적 속성을 창조하는 것이다. 따라서 사람의 사회적 속성을 유기체적 구조로부터 찾으려는 시도는 완전히 초점을 잘못 맞춘 셈이다.

사회로부터 완전히 격리되어 야생동물에게 사육되었던 늑대소년이 수많은 노력에도 불구하고 끝내 사회적 존재로서의 속성과 능력을 획득하지 못했던 것은 바로 이런 이유 때문이다. 이런 점에서 볼 때 타잔은 완전한 허구이지만 로빈슨 크루소는 과학적이다. 로빈슨 크루소는 무인도에서 혼자 살았지만 그의 머리 안에는 여전히 세계가 존재했다. 그는 육체적으로는 인류와 분리되었지만 정신적으로는 여전히 인류와 연결되어 있었던 것이다. 이렇게 구조적 측면에서 보더라도 동물과 사람은 질적인 차이를 가진다. 사회는 유기체적 구조와는 완전히 차원이 다른 수준 높은 고차원적 구조를 가지고 있고 사람의 정신 속에는 그것이 오롯이 담겨져 있기 때문이다.

고차적인 구조는 저차적인 구조를 자체 내에 포함하고 지배하므로 고차적인 구조와 연관된 속성은 저차적인 구조와 연관된 속성을 지배한다. 생물학적인 존재가 가지는 뇌를 중심으로 하는 유기체적 구조는 저차적인 분자구조나 세포구조 등을 자체 내에 포함한다. 그러나 이때 분자구조나 세포구조는 뇌 중심의 유기체적 구조에 종속되며 그의 지배를 받는다.

태초부터 사회역사 속에서 살아온 사람이 사회관계나 문화 등의 영향을 받아 사회적 속성을 가지게 된다는 사실을 부정하는 것은 반과학적인 편견이고 억지일 뿐이다. 생물학주의자들과 행동주의자들을 비롯해 사람과 동물은 양적으로만 차이가 난다는 믿음을 가지고 있는 학자들이 하루라도 빨리 자신의 비과학적 주장을 철회하기를 기대해본다.

3. 사회적 속성과 생물학적 속성의 관계

사람과 동물이 '질적 차이'를 가진다는 것을 인정한다면 이제 사회적 속성과 생물학적 속성 간의 관계를 규명해야 한다. 심리학은 기본적으로 사람을 연구대상으로 하고 있으므로 사회나 생물 그 자체가 아니라 그것이 사람에게 체현되어 나타나는 속성이나 심리현상을 연구해야 하기 때문이다. 그렇다면 생물학적 속성과 사회적 속성은 어떤 관계에 있을까?

(1) 꼼짝 마라! 생물학적 속성

우리는 앞에서 고차적인 운동이 저차적인 운동을 지배하며, 고차적인 구조와 연관된 속성이 저차적인 구조와 연관된 속성을 지배한다는 점을 확인했다. 즉 철학에서 흔히 언급되는 '고차적인 질이 저차적인 질을 지배한다.'는 법칙에 대해 간단히 살펴보았다. 이런 법칙에 기초해볼 때 우리는 사회적 속성이 생물학적 속성을 지배한다는 결론을 내릴 수 있을 것이다.

그렇다면 생물학적 속성은 아무런 역할도 하지 못하는 것인가? 이와 관련된 논의를 진전시키기 위해 다시 구조의 문제를 간략히 언급하겠다.

고차적인 구조를 가진 존재는 크게 두 가지 특징을 가진다.

첫 번째 특징은 '뇌'를 중심으로 정교하게 위계화된 구조를 가진다는 점이다. 뇌를 포함한 다양한 구조들 간에는 질서정연한 위계질서가 있다. 상위중추는 하위중추를 지배 · 통제하고 그 하위중추는 자기보다 더 낮은 하위중추를 지배 · 통제한다. 즉 뇌를 정점으로 모든 신경계통이 위계적으로 조직되어 있다. 이는 마치 군대조직이나 정부조직과 유사하다.

두 번째 특징은 각 구성요소들이 상대적 자율성을 가진다는 점이다. 심장은 위기상황 등 중요한 순간에는 뇌의 통제를 받기는 하지만 평소에는 자율적인 활동을 한다. 즉 심장 같은 신체의 각 구성요소들은 자기 영역에 할당된 일은 자기가 알아서 하는 것이다. 뇌는 여러 신체기관들의 자율적인 활동까지 일일이 통제하지는 않는다. 두 가지만 예를 들어보자. 전투부대에 공격명령을 내린 지휘관은 소대장에게 소대원들에게 내릴 자세한 내용까지 밝히지는 않는다. 상관이 어떤 명령을 하면, 하급자들의 보다 세부적인 명령이 뒤따른다(Gleitman, 1995). 국가과제를 수행해야 하는 중앙정부는 지방정부에 모든 세부적인 것까지 자세히 지시하지는 않는다. 각 시 · 도청에 기본적인 과업을 할당하면 그 다음 일은 시 · 도청이 알아서 하고, 시 · 도청은 구청 · 군청에 구청 · 군청은 동 · 면사무소에 일을 맡긴다. 이런 식으로 신체의 각 구성요소들은 자기의 고유한 영역을 책임지며 때로는 자율적으로 활동하고 때로는 뇌의 지시에 복종하는 활동을 한다. 그러나 이때 구성요소의 자율성은 '상대적 자율성'이므로 어떤 경우에도 뇌의 명령을 어길 수는 없다.

사회적 속성과 생물학적 속성의 관계도 이와 비슷하다. 즉 사회적 속성이 생물학적 속성을 지배하지만 생물학적 속성은 상대적 자율성을 가진다.

생물학적 속성은 없앨 수도 없고 없애서도 안 된다. 그것은 육체적 생명을 유지하기 위해서 반드시 필요한 속성이기 때문이다. 그러나 생물학적 속성은 그 자체가 독립성을 가지지는 못한다. 뇌의 명령을 어기면서 심장이나 방광이 자기 멋대로 활동할 수 없듯이 사회적 속성의 지배와 통제를 받지 않는 생물학적 속성의 독자성이란 있을 수 없기 때문이다.

사회적 속성이 생물학적 속성을 지배·통제하기 때문에 사람은 발정기 때마다 달을 쳐다보고 울부짖지도 않으며, 배가 고프다고 해서 옆집 닭을 잡아먹지도 않는다. 사람은 자신의 생물학적 속성을 사회문화적 규범에 따라 적절히 조절·통제하며, 그것이 자신의 명령을 듣지 않고 날뛰는 것을 용납하지 않는다. 만약 생물학적 속성을 제대로 조절·통제하지 못한다면 그 사람은 심하게 고장 난 사회적 존재일 것이므로 반드시 치료를 받아야 한다. 그래서 우리 조상들은 자신의 생물학적 속성을 제대로 통제하지 못하는 사람을 '짐승 같은 놈'이라고 욕하며 경멸했던 것이다.

(2) '상호작용' 개념의 의의와 한계

심리학자들이 아주 많이 애용하는 개념 중의 하나가 바로 '상호작용'이다. 상호작용은 철학적으로는 사물현상들이 서로 연관되어 있다는 것을 뜻하는데, 심리학에서는 보통 어떤 결과를 낳기 위해 두 개 이상의 요인이 모두 영향을 미친다는 의미로 사용된다. 예를 들면 '지능은 유전적 요인과 환경적 요인의 상호작용의 결과이다.'라는 식이다.

심리학 영역에서는 '선천성-후천성', '유전-환경', '성격-상황', '사람-환경' 중에 무엇이 더 중요하냐를 두고 끊임없는 논쟁이 이어져왔다. 그리고 그런 논쟁의 결론은 대개 '상호작용'이라는 개념으로 봉합되곤 했다. 그러니 상호작용이라는 개념은 매우 폭넓은 용도를 가진 유용한 개념임에는 틀림없다.

그러나 동시에 상호작용이란 개념에는 두 요인 간의 관계를 정확히 알 수 없다는 '무지함'도 담겨 있다. 관계에는 여러 가지가 있다. 하나가 다른 하나를 지배하는 '규정적 관계', 하나가 다른 하나의 원인이 되는 '인과관계', 하나가 다른 하나로 전화해나가는 '상호전화 관계', '양적 관계', '질적 관계' 등등. 그런데 심리학자들은 이런 관계의 본질을 명확히 모를 때 상호작용이라는 개념을 쓰는 경우가 많다. 따라서 상호작용이란 개념을 많이 사용하면 할수록 그것은 그만큼 아직도 모르는 것, 연구해야 할 것이 많다는 것을 의미하기도 한다.

과학적 연구의 부족 때문에 상호작용이란 개념을 사용하는 것은 어쩔 수 없는 일이다. 그렇지만 어느 정도 관계의 본질이 드러났는데도 상호작용이란 개념을 사용한다면, 그것은 잘못될 경우 학문적 양심을 저버리는 행위가 될 수도 있다.

예를 들면 어떤 심리학자가 '친구 선택에는 상대방이 가진 신체적 매력, 취향, 성격, 나이, 계급 등의 요인이 서로 상호작용한다.'는 이론을 만들었다고 해보자. 이런 결론은 본의 아니게 자본주의사회의 모순을 은폐하는 역할을 할 수도 있다. 과연 신체적 매력이나 취향, 성격, 나이 등의 변수가 '계급'적 차이를 뛰어넘을 수 있을까? 강남의 부유층에서 태어난 대학생이 신체적 매력이 있고 취향이나 성격, 나이 등이 비슷하다고 해서 공장에서 일하는 청년을 친구로 선택할 수 있을까?

또한 일부 심리학자들은 마약중독의 원인에 대해 "약물중독은 화학적인 문제이고 자유의지와 책임감, 강박과 결핍과의 관계 그리고 우리가 그것을 창의적으로 보상하느냐 못 하느냐와 접점을 이루고 있다(Slater, 2004)."는 식으로 여러 요인들의 상호작용 때문이라는 어중간한 결론을 내리기도 한다. 그러나 베트남전에 참여하는 과정에서 헤로인을 복용했던 미군 중에서 90%가 전쟁이 끝난 뒤 별다른 어려움 없이 마약을 끊은 데서 알 수 있듯이 마약중독의 기본원인은 사회적 요인에 있다. 따라서 이런 경우에도 상호작용 개념은 사회적 모순을 은폐하는 역할을 하게 된다. 심리학자들은 이렇게 상호작용 개념이 때로는 중요한 사회문제를 은폐하는 역할도 할 수 있음을 항상 염두에 두어야 할 것이다.

사회적 속성이 생물학적 속성을 지배하고 통제하며 생물학적 속성은 상대적 자율성밖에 가질 수 없다는 것이 명백히 밝혀졌으므로 우리는 사람의 심리현상이나 행동을 설명할 때 '생물학적 속성과 사회적 속성 간의 상호작용의 결과이다.'라는 식의 애매모호한 절충주의적 표현을 해서는 안 될 것이다. 왜냐하면 사회적 속성과 생물학적 속성 간의 관계문제는 본질적으로 사람과 동물 간의 관계문제이기 때문이다. 따라서 생물학적 속성과 사회적 속성이 상호작용한다는 기계적 절충주의는 '사람을 사회적 존재로 볼 것인가 아니면 동물과 같은 존재로 볼 것인가?', '동물과 사람은 질적인 차이를 가지고 있는가 아니면 양적인 차이만 가지고 있는가?'라는 질문에 대해 후자의 입장을 취하는 것과 다를 것이 없다. 생리학적 차원에서는 '언어표현은 대뇌피질, 성대, 입술, 뉴런들의 상호작용의 결과이다.' 라는 식의 결론을 거의 내리지 않는 심리학자들이 사회적 차원에서는 지나치게 '상호작용'이라는 표현을 남용하는데, 여기에는 분명히 뭔가 미심쩍은 배후의 동기들이 있는 것 같다.

모든 생물학주의자들은 뇌와 하위중추들 간의 위계적 질서를 인정한다. 그들 중 그 누구도 뇌와 하위중추들이 병렬적으로 존재한다고 말하지 않는다. 고차적인 유기체일수록 생명의 중심인 뇌의 유일무이한 지배력과 그것의 지배를 받는 하위중추들의 상대적 자율성은 너무나 분명한 자연법칙으로 나타나기 때문이다. 부디 그들이 이런 법칙성에 대한 이해를 사회적 속성과 생물학적 속성 간의 관계에도 일반화시킬 수 있는 능력과 용기를 가지기 바란다.

우리는 지금까지의 논의를 통해 사람은 가장 발전된 생명유기체에 기초해 사회적 속성을 가지고 사회역사적 운동을 하는 '사회적 존재'임을 확인했다. 이 책은 바로 이런 확고한 입장을 출발점으로 하여 구성되어 있다.

4. 심리학에 있어서 '환원주의'의 문제

동물과 사람 간에는 양적 차이밖에 없다고 보는 생물학주의나 행동주의는 필연적으로 '환원주의'로 귀결될 수밖에 없다. 환원주의는 고차적인 법칙을 저차적인 법칙으로, 전체를 부분으로 환원해 설명하는 것을 의미한다.

환원주의는 기계론적 세계관과 밀접하게 연관되어 있다. 16~17세기경 자연과학이 급속히 발전하여 복잡한 기계들이 만들어지자 이에 크나큰 감명을 받은 일부 철학자들은 '아! 바로 이거다.'라며 탄성을 질렀다. 원래 무식한 사람이 용감한 법이다. 코끼리를 잘 아는 사람은 함부로 코끼리한테 덤비지 않지만 코끼리 다리만 만진 사람은 겁도 없이 코끼리한테 덤비듯이 용감무쌍한 기계론자들은 '기계를 통해 세계를 이해하고 설명할 수 있다.'고 굳게 믿었다. 기계론은 끈질기게 생명을 유지해오다가 컴퓨터가 발명된 후에는 '컴퓨터를 통해 정신을 이해할 수 있다.'고 주장하는 현대판 기계론으로 이어지고 있다. 어쨌든 고전적인 기계론이란 자연과 사회의 다양하고 복잡한 운동형태를 가장 단순한 역학적 운동법칙들만 가지고 설명하는 이론인데, 기계론자들은 다종다양한 운동형태와 그 변화 · 발전 법칙들 사이의 질적 차이를 무시하고 모든 운동을 역학적 운동법칙으로 설명할 수 있다고 주장한다. 기계론은 물리 · 화학적 운동, 생물학적 운동, 사회적 운동 등 다양하고 복잡한 운동형태들을 가장 단순하고 낮은 운동형태인 역학적 운동으로 환원함으로써 세계의 질적 다양성과 발전의 상승성을 부정하고 사물현상들의 양적인 차이만을 인정하게 되는 문제점을 가진다. 최근에는 기계론을 좀더 넓은 의미로 사용하고 있다. 즉 역학적 운동법칙만이 아니라 저차적인 운동법칙으로 고차적인 운동을 설명하는 방식과 이론을 모두 기계론에 포함시키고 있다. 생명현상을 양자역학의 법칙으로 설명하거나 사회적 운동을 생물학적 법칙으로 설명하는 것 등이 여기에 해당된다.

심리학의 경우 극단적인 경험주의에 기초한 행동주의가 전형적인 기계론적 입장을 가지며 생물학주의도 넓은 의미에서 기계론적 입장을 가진다. 이 외에도 심리학 이론 중에서 요소와 부분을 통해 전체를 알 수 있다는 입장이나 고차적인 현상을 저차적인 법칙으로 환원해 설명하려는 입장 등이 모두 '환원주의'에 포함된다.

환원주의자들의 공통된 입장은 상당히 단순하다. 아무리 '복잡한 전체'도 궁극적으로는 '단순한 부분'으로 구성되어 있으므로 부분을 열심히 연구하고 그것들 간의 관계를 규명하다 보면 언젠가는 전체를 알 수 있다는 것이다.

'부분, 요소를 통해 전체를 알 수 있다.' 혹은 '부분 간의 관계를 탐색하다보면 언젠가는 전체에 도달할 것이다.'라는 환원주의자들의 소박한 꿈은 과연 이루어질 수 있을까? 만약 베토벤이 하나하나의 음을 가지고 작곡을 하다가 우연히 합창교향곡을 작곡하게 되었다면 또 다빈치가 하나하나의 점들을 보기 좋게 연결해가다가 어느 날 문득 모나리자를 그리게 되었다면 그들의 주장이 맞을 것이다. 그러나 그들의 희망과는 반대로 베토벤이 교향곡의 전체 구조와 뼈대를 먼저 설계하고 부분적인 음들을 그것에 맞게 배치했다면 그리고 다빈치가 모나리자의 전체 이미지를 먼저 염두에 두고 세부적인 부분들을 묘사해나갔다면 그들의 노력은 완전히 헛수고로 끝나게 될 것이다. '전체는 부분의 단순한 합이 아니다.'라는 게슈탈트 학파의 주장처럼 부분은 전체와의 관계에 의해서만 비로소 의미를 가지기 때문이다.

환원주의자들이 몹시 좋아하고 경배해 마지않는 진화론도 '부분의 합이 전체를 만든다.'는 주장이 잘못임을 보여준다. 돌고래는 포유류인 주제에 왜 물고기 같은 몸을 가지게 되었을까? 돌고래는 자기 몸이 조금씩 조금씩 부분적으로 물고기처럼 변해서 할 수 없이 물에 들어간 걸까? 아니면 물에 들어가 살기 위해 몸이 부분적으로 조금씩 변했던 걸까? 진화론은 후자가 정답임을 말해준다. 돌고래의 몸은 물에 들어가기 위해 물고기처럼 변한 것이고, 코끼리의 코와 기린의 목은 나무열매를 따먹기 위해 길어진 것이다. 즉 전체(돌고래, 코끼리, 기린)의 요구에 부응하기 위해 신체의 각 부분이 변화했던 것이다. 적어도 고등 동물계에서는 부분이나 요소가 우연적으로 결합하다가 전체를 형성하는 경우란 없다. 반대로 전체의 요구에 따라 부분이 규정된다. 사람 또한 스스로의 사회적 요구에 부응하는 방향으로 생명유기체적 구조가 변화되어왔고 생물학적 속성이 그 본원적인 힘을 잃은 것이다.

그러면 심리학에서 나타나는 환원주의를 몇 가지만 짚어보기로 하자.

(1) 생리학적 환원주의

뇌과학을 포함해 생리학은 매우 흥미롭고 유익한 학문임이 분명하다. 특히 뇌과학은 심리학에 많은 자료와 영감을 주는 분야이므로 앞으로도 많은 발전이 있어야 한다. 그러나 생리학은 심리현상의 생리적 기초를 밝혀줄 수 있을 뿐 그 이상은 설명할 수 없다. 만일 생리학이나 뇌과학이 사람의 사회적 행동이나 심리를 자신의 잣대로 설명하겠다고 나선다면 그것은 참으로 주제넘은 짓이 될 것이다.

생리학적 환원주의에 대해서는 많은 심리학자들이 비판의 목소리를 내왔다.

프로이트는 심리학이 "생리학적 연구영역까지 깊숙이 들어가는 것은 순수한 심리학적 탐구의 범위에서 벗어나는 일(Freud, 1914)"이라고 우려하며 뇌 연구는 "기껏해야 의식과정의 정확한 장소를 제공하는 것이지 의식과정의 이해를 위해서는 아무 것도 기여하는 바가 없다(Freud, 1940)."고 단언했다. 또한 그는 정신질환을 '신체적, 해부학적 또는 화학적 장애원인들로 소급'시키는 것을 두고 이렇게 말하기도 했다. "유물론적인 혹은 더 정확히 말하자면 기계주의적인 시대에서 의학은 대단한 진보를 이루기도 했지만, 그것은 또한 좁은 소견으로 삶의 문제들 중에서 가장 중요하고도 어려운 문제를 인식하지 못했던 것이다(Freud, 1924)."

글라이트만의 말도 들어보자. "한 역사학자가 나폴레옹은 왜 영국을 침입하지 않았는가라는 의문을 제기했다고 가정해보자. 만일 나폴레옹의 신경원과 시냅스 연결이 답으로 제출되었다면 우스꽝스럽기 짝이 없는 답일 것이다. … 심리학적 설명이란 신경학적 설명보다는 다른 수준(말하자면 보다 상위수준)에서 주어져야 한다(Gleitman, 1995).”

그러나 안타깝게도 여러 심리학자들의 우려에도 불구하고 생리학적 환원주의는 여전히 기승을 부리고 있다.

(2) 생물학적(동물) 환원주의

생물학적 환원주의란 사회적 존재인 사람의 행동과 심리를 생물학적 속성이나 법칙으로 설명하는 것을 말한다.

① 사회생물학(sociobiology)과 행동주의

사회생물학은 인간의 사회행동을 동물의 행동을 가지고 설명한다. 예를 들면 로빈새는 독수리 같은 맹금류가 다가오면 동료 새들을 향해 피신하라는 경고신호(alarm call)를 보내는데, 이렇게 생명을 위협하는 무서운 동물이 접근할 때 많은 종의 동물들이 본능적으로 경고신호를 낸다. 그런데 경고신호를 낸 동물은 천적의 주의를 끌 가능성이 높기 때문에 죽을 위험도 그만큼 커진다. 따라서 그 동물들은 자기가 죽을 위험을 무릅쓰고 종족을 보존하기 위해 거룩한 ‘이타행동’을 한 것이다. 이 장면을 보고 어찌 감동받지 않을 수 있으랴! 그러나 사회생물학자들은 동물의 왕국에서 인간세상으로 나오지 말았어야 함에도 불구하고 동물의 이타행동과 사람의 이타행동이 본질적으로 똑같다고 주장한다. 그들에 따르면 남자가 바람을 피우는 것은 종족번식을 본연의 사명으로 하는 수컷 본능에 따른 당연한 행위이며, 남자들이 젊은 여자를 선호하는 것은 씨뿌리기가 성공할 확률이 높기 때문이다. 또한 예수나 붓다 같이 자기희생을 감수하며 타인의 행복을 위해 살았던 수많은 이타주의자들은 모두 다 자기 종족을 보존하기 위해 자기도 모르게 무의식적 본능에 따라 그런 행동을 하다가 우연히 칭송받게 된 사람들일 뿐이다. 즉 예수와 붓다는 인간판 로빈새에 불과하다.

이런 사회생물학자들의 주장에 대해 글라이트만은 다음과 같이 비판했다.

"인간의 이타주의를 이해하기 위해서는 우리 자신의 사회적 용어를 가지고 이해할 수밖에 없다. … 똑같은 견해가 자기희생에도 적용된다. 고대 로마인들은 싸움에 졌을 때 그들 형제의 유전자를 지키기 위해서가 아니라 자신의 명예를 지키기 위해 자신의 칼로 스스로 목숨을 끊었다. 초기 기독교인들은 특정한 유전자를 공여하기 위해서가 아니라 자신의 종교적 신념 때문에 죽음에 도전했다. 명예라는 개념을 알지 못하고는 고대 로마인들을 이해할 수 없으며, 내세에 대한 믿음을 고려하지 않고는 초기 기독교인의 순교를 설명할 수 없다(Gleitman, 1995)."

행동주의 또한 동물과 사람이 뭐가 다르냐고 외치면서 동물실험을 통해 학습한 이론을 사람에게 기계적으로 적용한다. 지극히 단순한 감각적 연합에 불과한 '조건화'가 누적되다 보면 인간의 고차적인 정신이 탄생한다는 그들의 주장은 그야말로 부분으로 전체를 설명하는 환원주의의 전형이라 할 수 있다.

겉보기에 비슷하다고 해서 속까지 비슷한 것은 아니다. 곰이 때때로 앞발을 드는 행동을 한다고 해서 사람과 똑같이 직립보행을 하는 존재라고 주장할 수는 없고, 앵무새가 때때로 멋진 말을 한다고 해서 사람과 똑같은 언어능력을 가졌다고 말할 수는 없지 않은가. 단지 외관이 비슷하다고 해서 캥거루를 큰 쥐로, 펭귄을 살찐 제비로, 호랑이를 대형 고양이라고 우겨대서는 정말 곤란하다.

② 본능 환원주의

모든 것을 생물학적 본능으로 환원해 설명하려는 경향을 말한다. 불행하게도 생리학적 환원주의와 행동주의를 날카롭게 비판했던 프로이트주의가 여기에 해당된다.

프로이트이론에 따르자면 인류의 찬란한 문화는 모두 '본능'이 날뛰지 못하게 막기 위해 어쩔 수 없이 만들어진 것이다. 즉 동물적 본능을 그대로 놔두면 모든 사람은 짐승이 될 수밖에 없기 때문에 이를 방지하기 위해 '문화'가 창조되었다는 것이다. 뛰어난 과학적 통찰력을 가졌던 프로이트가 본능 환원주의적 견해를 가질 수밖에 없었던 것은 사람이 '사회적 존재'임을 정확히 이해하지 못한 데 기인한다. 즉 프로이트는 기본적으로 생물학적 속성이 사람을 지배한다고 믿었기 때문이다.

융은 프로이트의 성욕설을 "심혼의 최고의 추구를 계속 자궁으로 환원시켜 설명하고 그 가치를 평가절하"한다며 거칠게 비판했다(Jung, 1921). 그러나 아이러니하게도 융 또한 본능 환원주의적인 이론을 전개했다. 그는 프로이트의 '성욕'을 '원시인'(집단무의식)으로 교체하고는 "원시인들에게서 우리는 방해 없는 소명을 완전히 실현하여 경외심을 느낄 수밖에 없는 정신적 주체들을 만난다."며 본능에 충실했던 원시인을 경배하기까지 했다(Jung, 1925).

인문학적 심리학을 주장했던 프로이트와 융이 결국에는 생물학적 환원주의에 머무르게 된 사실은 사람과 동물의 질적 차이 그리고 생물학적 속성과 사회적 속성 간의 관계를 정확히 규명하는 것이 참으로 중요하다는 것을 다시 한 번 되새기게 해준다(프로이트와 융의 견해에 대해서는 제6장에서 좀더 다룰 것이다).

(3) 개인(심리) 환원주의

사회적인 현상을 개인 혹은 개인의 심리로 환원하는 것을 말한다. 이것 또한 본질적으로 부분을 통해 전체를 규명하는 것이므로 환원주의에 해당된다.

심리학자들 중에는 나치독일의 유대인 학살이나 광주학살(1980년 광주에서의 민간인 학살) 등을 '개인의 복종심리'(자세한 내용은 제10장을 참조할 것)로 환원해 설명함으로써 인류가 범한 극악한 사회범죄에 대한 책임을 모두 개인들에게 덤터기 씌우는 이들이 있다. 그들의 견해에 따르자면 개인의 나쁜 심리가 모이다 보면 인종학살 같은 큰 재난이 일어날 수 있으니 인류가 평화롭게 살아가려면 개개인이 자기 마음을 열심히 갈고 닦아야 한다는 식의 결론을 내리게 된다. 그러나 나중에 다루겠지만 인종학살 같은 사회적 문제는 절대로 심리학이 독자적으로 다룰 수 있는 사안이 아니다. 히틀러의 유대인 학살에는 이윤을 위해 제국주의적 해외팽창을 추구한 독점자본가집단의 야망과 그들의 이익을 대변하는 극단적인 극우 정치집단의 등장, 건전한 비판세력의 정치세력화 실패와 절멸, 대중의 경제적 궁핍과 좌절 등이 필수적으로 개입되어 있다. 여기에 심리적 요인이 결합하는 것이지 그 반대가 아니다.

홀로코스트나 광주학살의 책임은 일차적으로는 그 범죄를 지시한 지배집단에게 있지 그들의 명령을 현장에서 집행한 힘없는 말단 병사에게 있지 않다. 따라서 그런 학살극이 재발하지 않도록 하려면 무엇보다도 극단적인 정치세력의 등장을 막아야 한다. 개개인들이 잘못된 명령에 복종하는 심리를 고치기 위해 자기수양을 하는 것은 그 뒤의 일이다. 마찬가지로 베트남 전쟁에 투입된 미군들을 마약중독에서 벗어나게 만드는 가장 빠른 방법은 침략전쟁을 중지하는 것이지 한 사람 한 사람의 미군들에게 도를 닦으라고 권유하거나 심리치료를 받게 하는 데 있지 않다.

각 학문은 모름지기 자기 분수를 알아야 한다. 생리학으로 인간심리를 설명하는 것이 주제넘은 일이듯이 중요한 사회현상을 개인심리로 환원하는 것 역시 겸손하지 못한 행동이다. 심리학의 가치는 사회현상을 개인심리로 억지스럽게 환원하는 데 있는 것이 아니라 사람에 대한 완전한 이해를 위해 다른 학문들만으로는 결코 메워질 수 없는 이론적, 지적 공백을 빈틈없이 채우는 데 있다. '벼는 익을수록 고개를 숙인다.'는 옛 말의 교훈은 우리 심리학자들에게도 무척 소중하다.

제3장

나는 온몸으로 느낀다

— 감정

'이퀄리브리엄(Equilibrium, 2002)'이라는 미국영화에는 감정에 대한 독특한 심리학적 견해를 가진 독재자가 등장한다. 그 독재자는 감정이야말로 인간세상의 모든 비극을 낳는 원천이라고 생각하고는 모든 사람들이 감정을 억제하는 약을 복용하도록 강요한다. 좀 단순하게 말하자면 컴퓨터는 인간보다 훨씬 더 똑똑하지만 감정이 없기 때문에 타인을 괴롭히거나 죽이지도 않고 전쟁을 일으키지도 않으니 얼마나 좋으냐는 게 그 독재자의 생각일 것이다. 그래서 그가 만들어낸 미래는 감정이 없는 사람들이 로봇처럼 일만 하는 썰렁한 세상이다. 이 영화가 지적한 대로 컴퓨터나 로봇은 감정이 없다. 그것이 사람과 로봇의 중요한 차이임은 분명하다. 그러나 감정이 모든 인간사의 죄악과 비극을 탄생시키는 산파역할을 한다는 발상은 참으로 어이없는 착각이다. 이런 황당한 착각을 한 대가로 영화 속 독재자는 민중봉기에 의해 권좌에서 쫓겨난다.

감정은 무엇이고 그것은 사람에게 있어서 어떤 의미를 지닐까? 정말 감정이 없어지면 인간세상의 비극도 끝나게 될까? 로봇도 감정을 가질 수 있을까? 이런 궁금증들을 한번 풀어보자.

1. 감정이란 무엇인가

'감정'이란 태도에 기초해 형성되는 신체적 변화를 수반하는 주관적 체험이다.

감정은 무엇보다도 객관세계의 사물현상들에 대한 사람들의 태도를 반영하는 심리현상이다. 사람은 자신의 태도에 근거해 주위세계의 사물현상에 대한 주관적인 체험을 하게 되는데 그것은 기쁨, 만족, 사랑, 미움, 증오, 불만, 슬픔, 자책감, 부끄러움, 수치심 등 다양한 느낌을 통해 나타난다. 이 외에도 감정의 표현형태들은 아주 많다.

태도를 좌우하는 것은 우선 사람의 욕구이므로 감정은 사람들의 욕구에 기초해 형성된다. 지식이 사물현상들의 속성이나 연관들을 반영한다면 감정은 사람의 욕구와 대상과의 관계를 반영한다. 어두운 동해바다를 뚫고 솟아오르는 장엄한 태양을 보았을 때, 사람들은 온 몸으로 희열감을 느낀다. 이때 우리는 머리로 생각하기 전에 먼저 온 몸으로 느끼는 것이다. 그런데 일출을 볼 때, '흠! 태양은 동쪽에서 뜨는군.'이라며 태양과 동쪽이라는 방향 간의 연관을 반영하는 게 지식이라면, '아! 어두운 내 삶과 이 세상에 밝은 희망의 빛이 비춰주었으면….' 하는 욕구에 기초해 어둠을 불사르는 태양을 보며 '희열'이나 '환희'를 느끼는 걸 감정이라고 할 수 있다. 이렇게 사람은 자신의 욕구와 지향에 부합되는 사물현상이나 대상을 보면 기쁨이나 만족감, 사랑과 같은 긍정적인 감정을 느낀다. 반대로 자신의 욕구와 지향에 반대되는 것을 보면 불만이나 증오, 불쾌감과 같은 부정적인 감정을 체험한다.

태도를 좌우하는 것은 또한 사상이나 신념, 가치관, 문화 등이다. 예를 들면 도덕적 가치관이 다를 경우에는 같은 현상을 보고도 다른 감정을 체험한다. 미국문화에서는 아들이 아버지를 보고 '존!'이라고 이름을 부르더라도 대부분 문제가 안 된다. 그러니 아들의 이런 행동을 보더라도 미국인은 전혀 불쾌한 감정을 느끼지 않겠지만 한국에서는 사정이 전혀 다르다. 아들이 아버지한테 '영철아!' 하고 불렀다가는 큰일이 난다. 감정은 이렇게 동일한 현상에 대해서도 사상, 신념, 가치관, 문화 등에 근거해 형성되는 태도의 차이에 의해 서로 다르게 체험될 수 있다.

태도를 좌우하는 것은 또한 개인의 고유한 취향이나 심리적 특성들이다. 사람들은 자기만의 독특한 취향과 심리적 특성에 근거해 태도를 결정한다. 그렇기 때문에 사물의 개별적 속성들을 반영하는 색깔, 냄새, 맛 같은 감각들도 감정을 일으킨다. 자장면을 좋아하는 사람과 싫어하는 사람에게 자장면 냄새는 분명히 다른 감정을 체험하게 할 것이다.

이렇게 감정은 아무런 근거 없이 생기는 것이 아니라 사물현상이나 대상에 대한 태도에 기초해 형성된다. 감정은 또한 신체적 변화를 수반한다.

(1) 감정체험의 생리적 기초

사람들은 보통 '머리로 생각하고 마음으로 느낀다.'고 말하지 '머리로 느끼고 가슴으로 생각한다.'고 말하지는 않는다. 아마 '머리로 생각한다.'고 말하는 것은 뇌가 머리에 있기 때문일 것이다. 그러면 '마음 혹은 가슴으로 느낀다.'는 표현은 왜 하게 되었을까? 감정체험을 하는 특수한 기관이 가슴 부근에 있어서인가 아니면 심장이 감정을 느끼는 기관이기 때문인가?

이와 관련된 해답을 찾으려면 감정체험의 생리적 기초를 살펴봐야 한다. 스탠리 샥터(Stanley Schachter)는 '각성-인지 이론'을 통해 감정에는 신체적 각성과 인지적 해석이 함께 포함되어 있다고 주장했다. 그 이론에 따르면 감정을 일으키는 자극은 우선 신체적 반응을 불러일으킨다. 먼저 몸이 반응한다는 것이다. 그리고 신체적 각성상태에 대한 인지적 해석이 뒤따른다. 어두운 밤에 산길을 걷다가 나뭇가지에 걸려 흔들거리고 있는 흰 천을 봤다고 해보자. 그것을 본 순간 심장이 뛰고 온 몸에 식은땀이 나면서 손이 떨리기 시작한다. 그러면 이런 신체반응을 감지한 뇌는 인지적 해석을 시도한다. '저것이 귀신인가 아니면 흰 천 쪼가리인가?' 만일 전자로 해석하면 신체반응은 더욱 격렬해지고 우리는 냅다 도망을 치거나 기절하게 된다. 반대로 후자로 해석하게 되면 신체반응은 서서히 가라앉고 우리는 심호흡을 하며, '휴, 십년 감수했네. 천 조각 주제에.'라고 투덜댄다.

옛날 옛적에 프로이트도 본질적으로 샥터와 동일한 견해를 표명했다. 그는 본능충동이 의식에서 표상과 결합되어야만 비로소 "그 표상에서부터 감정 발달이 계속 이루어질 수 있으며" "대체표상의 속성이 무엇이냐에 따라 감정의 질적 성격이 결정"된다고 주장했다(Freud, 1915). 여기에서 '본능충동'은 '신체변화' 그리고 '표상과의 결합'은 '인지적 해석'과 거의 같은 뜻이므로 본질적으로 샥터의 '각성-인지 이론'은 프로이트 감정이론의 현대판 버전인 셈이다.

어쨌든 '각성-인지' 이론은 감정체험을 위해서는 두 가지가 필수적임을 말해주는데, 그 하나는 '신체변화'이고 나머지 하나는 '인지적 해석'(프로이트 식으로 말하면 감정의 질적 성격을 결정하는 것)이다. 그런데 이때 두 가지 중에 무엇이 먼저일까? 심리학자들 중에는 신체반응이 먼저라고 주장하는 사람도 있고 인지적 해석이 먼저라고 주장하는 사람도 있다. 이 문제를 엄밀히 따지다 보면 신체반응이 시간적으로 먼저 일어난다고 단정하기는 좀 어려운 것 같다. 왜냐하면 최초의 신체반응을 일으킨 것이 바로 '뇌'이기 때문이다. 즉 감정을 일으키는 어떤 대상을 봤을 때 뇌는 어떤 식으로든지 1차적인 판단을 내렸음이 분명하다. 그렇지 않으면 신체반응이 일어나지 않았을 것이다. 물론 기쁨, 만족, 공포, 두려움 등으로 감정을 구체적, 질적으로 정의하는 수준까지는 아니겠지만 뇌는 적어도 포괄적인 차원, 예를 들면 '쾌-불쾌'(快-不快), '호-오'(好-惡)의 차원에서는 판단을 내린다. 그러면 여기에 따라 신체반응이 촉발되고 뇌는 이를 다시 특정한 '감정'으로 구체적, 질적으로 정의한다고 봐야 한다. 이때 구체적인 '인지적 평가나 해석' 즉 2차 감정판단은 매우 빨리 순간적으로 내려질 수도 있지만 경우에 따라서는 시간이 오래 걸리거나 아예 인지적 해석을 못 할 수도 있다. 그렇지만 후자의 경우에도 뇌는 이미 기본적인 1차 판단을 내렸으므로 그에 기초해 신체변화는 일어날 것이고 이를 느낀 개인은 자신의 감정을 구체적으로 정의하지는 못해도 그 감정이 좋은 것인지 아니면 나쁜 것인지 정도는 대부분 알 수 있다.

어쨌든 한 가지 확실한 것은 감정체험이 신체적 반응을 동반한다는 사실이다. 감정체험은 대뇌피질의 통제를 받는 피질하신경과정과 연관되어 있는데, 이 과정을 간단히 정리해보기로 하자. 감정을 일으키는 대상은 대뇌피질에 신경흥분을 일으키고 이 흥분은 다시 피질하에 작용한다. 이때 피질하에 도착한 신경흥분은 자율신경계와 내장기관들의 활동을 통제하는 중추에 작용하여 다양한 생리적 변화를 일으킨다. 즉 심장, 혈관, 호흡기관의 활동, 골격근육의 상태와 활동에 변화를 일으킨다. 그 결과 혈액순환의 속도와 호흡, 내분비선의 활동에서도 변화가 일어난다. 부끄러울 때 얼굴이 붉어지는 것이나 화가 났을 때 음성까지 변하는 것은 바로 감정이 신체변화를 동반하기 때문이다.

물론 일반적인 인식과정에도 신체변화가 동반될 수는 있겠지만 그것의 강도는 무시할 수 있을 정도로 약하다. '1+1=2'라는 지식을 습득할 때 약간의 신체변화가 나타난다고 한들 감정체험에 비길 바는 못 되는 것이다.

일부 심리학자들은 감정체험에는 얼굴표정도 영향을 미친다고 주장한다. 그들에 따르면 사람이 감정을 일으키는 대상을 보면 진화에 의해 결정된 얼굴표정이 자동적으로 나타나고 이것이 감정을 해석하는 데 영향을 준다고 한다. 이들의 주장까지 포함해 감정을 체험하는 과정을 도식화해 보면 다음과 같다.

감정을 일으키는 대상 → 뇌의 포괄적 감정판단(1차 해석)
→ 신체변화 + 얼굴표정 반응 → 포괄적인 감정체험
→ 뇌의 구체적, 언어적 평가와 해석(2차 해석) →
구체적인 특정 감정을 경험(감정의 질이 결정됨, 감정의 분화발전)

신체변화는 포괄적인 감정체험을 가능하게 해주지만 그것만으로는 구체적인 특정 감정을 체험하지 못한다. 신체변화에 대한 '뇌의 2차 해석'이 뒤따를 때, 우리는 비로소 구체적인 감정을 체험할 수 있는 것이다.

지금까지의 논의를 통해 미루어 짐작할 수 있겠지만 구체적으로 느낄 수 있는 감정의 수에 비교해볼 때 신체변화의 가짓수는 그보다는 훨씬 적은 것 같다. 즉 200가지 감정이 있다고 가정할 때 200가지의 각기 다른 신체변화가 있지는 않다는 것이다. 분명히 감정의 가짓수보다는 신체변화의 종류가 더 적을 것이다. 이런 점에서 구체적인 감정체험에는 역시 '해석'이 매우 중요함을 알 수 있다. 예를 들면 동일한 신체변화를 어떻게 해석하느냐에 따라 그것은 '슬픔'이 될 수도 있고 '자책감'이 될 수도 있는 것이다.

논의의 초점을 약간 빗나가는 것 같기는 하지만 '만약 신체변화에 대한 인지적 평가나 해석을 못 할 경우에는 어떻게 될까?'라는 궁금증도 한번 풀어보자. 자신의 몸은 신체변화를 일으키는데 그것을 인지적으로 해석할 수가 없다면 일반적으로 사람들은 당황스러워할 것이다. 그러나 그것이 단기 상황이라면 별 문제가 되지 않는다. '뭔지 모르지만 참으로 이상한 느낌이었어.'라며 대수롭지 않게 그냥 넘어가거나 한참 뒤에 '지금 생각해보니 그건 사랑이었다네.'라고 노래하면 그만인 것이다. 그러나 장기간에 걸쳐 반복적으로 누적되는 감정체험에 대해 인지적 해석을 하지 못하면 그것은 정신장애의 원인이 될 수도 있다. 프로이트가 방점을 찍으며 주목했던 대목이 바로 이것이다. 인지적 해석의 실패로 인해 정상적으로 발달되지 못하거나 제대로 해소되지 못한 누적된 감정은 심리적 질병의 중요 원인이 된다는 것이다. 따라서 감정체험이 반복됨에도 불구하고 이에 대한 정확한 원인파악과 인지적 해석이 이루어지지 않는 것은 임상적으로 볼 때 매우 나쁜 결과를 낳는다고 말할 수 있을 것이다.

감정은 대뇌피질의 통제를 받으므로 사람은 필요에 따라 능동적으로 자기의 감정을 의식적으로 조절 · 통제할 수 있다. 예를 들면 사람은 화가 났을 때, 본인의 결심 여하에 따라 그 화를 폭발시킬 수도 있고 가라앉힐 수도 있는 것이다. 만약 사람이 감정통제를 하지 못한다면 이 세상은 그야말로 요지경 난장판이 될지도 모른다.

마지막으로 한 가지만 더 짚고 넘어가겠다. 한국 심리학에서는 '정서'라는 개념이 '감정'이라는 개념과 비슷한 의미로 혼용되어 사용되고 있다. 사실 대다수의 심리학 서적들은 지금 여기에서 사용되고 있는 '감정'이라는 개념 대신 그것과 똑같은 맥락으로 '정서'라는 개념을 사용한다. 그 이유는 아마도 영어권 심리학에 등장하는 단어인 'emotion'을 정서로 번역했기 때문인 것 같다. 그러나 내 생각에는 한국어의 사용법을 고려해볼 때 적어도 심리학이 다루는 감정이론의 영역에 있어서는 영어의 emotion을 감정으로 번역하는 것이 맞는 것 같다. 미국 심리학자들은 'emotion'을 구체적인 감정체험을 지칭하는 데 사용한다. 즉 그것을 기쁨, 즐거움, 만족, 희열, 환희, 슬픔, 우울, 분노, 공포 등 구체적으로 체험되는 감정을 표현할 때 사용하는 것이다. 그런데 한국어에서 감정이라는 개념은 '불쾌한 감정을 드러내더군.', '슬픈 감정을 꾹 누르고.', '기쁜 감정을 주체하지 못하며.'처럼 구체적인 감정체험을 표현할 때 주로 사용한다. 즉 감정은 막연한 기분에서부터 세분화된 구체적인 느낌이나 기분까지를 모두 포괄하는 개념이다. 반면에 한국인들은 '정서'를 다음과 같은 식으로 사용한다. '그 사람 참 정서적이더군.', '봄밤의 애틋한 정서', '정서가 메말랐군.', '도무지 정서생활을 못하겠어.' 등. 이렇게 정서는 구체적인 기분이나 느낌을 지칭하기보다는 '감정이 깔려 있는 혹은 감정을 유발하는 막연한 분위기나 느낌' 등을 묘사하는 데 주로 사용된다. 즉 다소 막연하고 모호한 감정적 분위기를 지칭할 때 사용하는 것이다. 이 문제에 대해서는 한국의 심리학자들 사이에 더 많은 토론이 있어야 할 것 같다. 어쨌든 미국 심리학자들의 emotion 이론을 소개하는 심리학 서적들을 제외한다면 한국에서는 기쁜 정서, 환희의 정서, 분노 정서, 공포 정서라는 표현은 거의 사용하지 않는다. 따라서 조상 대대로 사용해왔고 지금도 사용하고 있는 '감정'이란 개념이야말로 현재의 논의에 적합한 표현이라고 생각한다. 모쪼록 독자들은 여기에서 사용되는 '감정'이라는 개념이 다른 심리학 서적들에서는 대부분 '정서'로 표현되고 있음을 유념하시길 바란다.

(2) 감정의 종류와 개인차

감정은 몇 가지 기준에 따라 구별할 수 있다.

감정을 체험되는 내용에 따라 나누면 정치적 감정, 도덕적 감정, 미적 감정, 지적 감정 등으로 나눌 수 있을 것이다.

또한 감정은 그 '세기'와 '지속성'에 따라 크게 세 가지로 나눌 수 있다.

① 기 분

비교적 오랫동안 지속되는 그리 강하지 않은 감정이다. '우울한 기분', '슬픈 기분'처럼 기분은 길게 가는 대신 격렬하지는 않다. 기분은 사람들이 생활 속에서 일상적으로 체험하고 있는 감정이라 할 수 있다.

② 격 정

폭발적으로 일어나며 비교적 짧은 시간 내에 체험되는 감정이다. 즉 짧고 강하게 체험되는 감정상태로 환희, 감격, 분개, 격노, 공포, 절망 등이 포함된다. 기분은 외부에 잘 드러나지 않지만 격정은 외부에 뚜렷이 나타난다. 격정은 강한 신체변화를 동반하므로 맥박, 호흡, 얼굴표정 등에 선명하게 나타난다. 격정상태에서 사람들은 격정을 일으킨 대상에 주의를 집중하며 감정에 따라 말하고 행동하게 된다. 물론 그렇다고 해서 사람이 자신의 격정상태를 통제하지 못하는 건 아니다. 격정도 의식적으로 조절·통제할 수 있다.

③ 열 정

장기간에 걸쳐 지속되는 비교적 강렬한 감정이다. 열정은 미시적인 대상과 관련해 단기간에 일어나기보다는 거시적인 대상과 관련해 긴 시간동안 지속되는 경우가 많다. 열정은 때로는 이성에 대한 지속적이고도 열렬한 감정을 표현하는 데 사용되기도 한다. 그러나 일반적으로는 정치운동이나 환경운동에 대한 열정, 음악이나 미술에 대한 열정, 교육에 대한 열정, 애국적 열정처럼 강하면서도 지속성이 긴 감정상태를 의미한다. 열정은 비교적 강렬한 감정이지만 그 강도가 항상 일정하게 유지되지는 않는다. 한동안 잦아들었다가 다시 격해지는 식으로 파도처럼 오르락내리락

하는 과정을 반복하며 목표를 실현할 때까지 완강히 유지되는 특징을 가진다. 열정은 사람들을 자신의 장기적인 목표를 실현하는 데로 이끄는 중요한 역할을 한다.

감정은 객관적이면서 주관적이다.

감정이 객관적이라는 것은 감정체험을 일으키는 원인이 객관적으로 존재한다는 걸 의미한다. 극히 일부의 사람을 제외한다면 위대한 화가의 그림이나 음악가의 작품은 대부분의 사람들에게 이러저러한 긍정적인 감정을 체험하게 할 것이다. 즉 감정은 아무런 외부적 원인도 없이 제멋대로 일어나는 것이 아니며 반드시 객관적인 원인을 가진다는 것이다.

감정이 주관적이라는 것은 각 개인에 따라 체험하는 감정의 종류와 강도가 다르다는 걸 의미한다. 그림을 좋아하고 감상에 조예가 깊은 사람은 위대한 화가의 그림을 보면 희열을 느낄지 모르지만, 그림을 별로 좋아하지 않거나 문외한인 사람은 똑같은 그림을 보더라도 '진짜처럼 그리기는 했군.' 하며 담담한 느낌만 받을 수도 있다. 이런 식으로 사람들은 감정체험에서 개인차를 드러낸다.

감정체험에서 개인차가 생기는 것은 개인마다 욕구와 지향, 사상과 신념, 가치관, 정신문화적 수준, 심리적 특성 등이 다르기 때문이다. 이러한 개인차는 사람마다 정치적 감정, 도덕적 감정, 지적 감정, 미적 감정 등의 발전정도에서 차이를 낳는다. 따라서 감정의 발생속도, 세기 및 지속성에서는 필연적으로 개인차가 나타나게 된다. '뇌물'을 받았을 때 어떤 이는 기쁨을 느끼지만 다른 이는 '노여움'을 느끼기도 하는 것은 바로 이런 이유 때문이다.

2. 기본감정과 감정발달

감정 능력은 선천적일까? 아니면 학습되는 것일까? 사람들에게 있어서 최소한 몇 가지 감정의 맹아는 선천적인 것 같다. 왜냐하면 감정표현은 선천적인 시각 장애나 청각 장애 아동에게서도 관찰되기 때문이다. 그러나 생득적인 감정의 맹아는 그리 다양하지도 구체적이지도 않다. 대부분의 감정은 사회 속에서 형성되고 발전된다.

유아의 감정은 자신의 이해관계와 욕구에 근거해 발달하기 시작한다. 유아는 자신에게 이롭거나 욕구를 충족시켜주는 대상에 대해서는 '쾌, 호'의 감정을, 자신에게 해롭거나 욕구실현을 방해하는 대상에 대해서는 '불쾌, 오'의 감정을 갖게 된다. 아마도 이 '쾌-불쾌' 혹은 '호-오'의 감정이 모든 감정발달의 출발점이 되는 것 같다. 생애 초기에 유아의 감정은 울거나 신경질을 내는 것에서 표현되듯이 매우 포괄적이고 막연하다. 대략적으로 단지 좋은 감정, 나쁜 감정으로만 구분될 뿐이다. 그러다가 이러한 포괄적이고 막연한 감정은 점차 눈물 흘리기, 울상 짓기 같은 표현에서 드러나듯이 좀더 섬세하고 구체적인 감정들로 분화되기 시작한다. 따라서 이 시기의 유아들은 어떤 대상을 무서워하는 공포감정, 욕구가 좌절되거나 방해될 때 느끼는 분노감정, 사랑과 관심의 결여에서 비롯되는 결핍감이나 질투감정 등을 표현할 수 있다.

심리학에서는 다양한 감정으로 분화해나가는 뿌리가 되는 원초적인 감정을 '기본감정' 혹은 '일차감정'이라고 한다. 이 기본감정의 종류와 수에 대해서는 학자마다 의견이 분분한데, 기본감정의 수가 매우 적다는 데에는 대부분 의견이 일치한다. 그 수를 가장 많이 잡은 경우에도 그것은 열 개를 넘지 않는다.

이 일차적인 '기본감정'은 인류의 생존가능성을 높이고 인류가 사회적 관계를 맺는 데 크게 기여하는 것이었기 때문에 아주 오래 전에 개발되었고 일부는 유전적으로 전달되기까지 하는 것 같다. 예를 들면 독이 든 열매를 먹고 죽을 고생을 한 원시인이 그 열매의 모양이나 맛과 관련된 불쾌한 감정을 개발했을 수 있는데, 그것은 이후에 위험한 열매를 또 다시 먹을 위험을 자동적으로 피하게 해줄 수 있다. 동시에 그런 감정표현은 다른 사회 성원들에게 그 열매가 위험하다는 것을 알려주는 사회적 신호의 역할도 했을 것이다. 이런 식으로 생존적 가치와 사회적 요구에 따라 발생·발전했을 것으로 추정되는 일차감정은 모든 인간의 발달과정 초기부터 발견되고 모든 문화권에 공통적으로 존재하며 특징적인 얼굴표정을 가진다.

그러면 기본감정에는 어떤 것이 있을까? 이자드(Izard)는 기쁨, 흥미, 흥분, 놀람, 슬픔, 분노, 혐오, 경멸, 두려움, 창피함, 죄책감이라는 10가지 기본감정을 제안했다. 이자드에 따르면 나머지 감정들은 이 기본감정 혹은 일차적 감정들의 결합과 세분화에 의해 만들어지는 이차적 감정이다. 예를 들면 사랑은 기쁨과 흥미 그리고 흥분이 결합된 감정이고, 질투는 공포와 분노의 혼합이며 불안은 공포, 죄책감, 슬픔, 수치심의 조합이라는 것이다. 기본감정이 존재하며 그것에 기초해 나머지 감정들이 발달한다는 주장은 타당한 것 같다. 그러나 기본감정이 무엇인지, 그리고 그것들이 어떻게 나머지 감정으로 발달하는지에 대해서는 분명히 앞으로 좀더 많은 연구가 있어야 할 것이다.

기본감정은 모든 인류에게서 동일하지만 그것으로부터 파생된 이차적 감정의 종류와 그 표현방식은 문화권에 따라 차이가 있다. 얼굴표정 같은 감정적 신호들조차 출생 후 인위적으로 학습되거나 변경될 수 있으므로 이차적 감정들이 특정한 사회문화 속에서 형성되고 개발된다고 보는 것은 매우 합리적인 견해인 것 같다.

3. 감정의 기능

이 세상에 존재하는 모든 것들이 다 나름대로 어딘가에는 필요해 생겨났듯이 감정도 분명히 쓸모가 있으니 생겨났을 것이다.

그렇다면 감정은 어떤 기능을 가지고 있고 사람에게 어떤 식으로 도움을 줄까?

(1) 가치판단의 기능

'판단'은 판단기준에 따라 크게 두 가지로 구분할 수 있다. 그 하나는 객관적 기준에 따라 '참-거짓', '긍정-부정' 등을 결정하는 '진위판단'이다. 예를 들어 '수력발전은 전기에너지를 만들어낸다.'는 명제에 대해 객관적 지식을 기준으로 '맞다, 참이다.'라고 긍정하는 것을 말한다. 다른 하나는 욕구를 포함하는 주관적 기준에 따라 '호-오(好-惡)' 등을 결정하는 '가치판단'이다. 전기를 필요로 하는 사람의 욕구에 근거해 '수력발전'은 전기에너지를 주므로 그것에 대해 '호(好)'라는 판단을 내리는 것이다. 비록 판단을 내리는 주체는 항상 사람이지만 진위판단에는 원칙적으로 사람의 욕구나 요구가 포함되지 않는다. 그것은 사람이라는 변수, 즉 주관을 최대한 배제하고 객관적 기준만으로 판단을 내리기 때문이다.

그러나 가치판단에는 반드시 사람이 개입되어야 한다. 그것은 사람과 어떤 대상과의 관계에 따라 결정되기 때문이다. 만약 어떤 사람이 '이 컴퓨터는 최신형의 CPU와 대용량 하드디스크를 가지고 있으므로 매우 우수한 제품이다.'라고 말했다면 그것은 컴퓨터 자체가 가진 객관적 특징을 기준으로 한 판단이므로 '진위판단'에 속한다고 할 수 있다. 반면에 '이 컴퓨터는 비록 하드디스크가 좀 작기는 하지만 가격이 아주 착하니까 정말 좋다.'라고 말했다면 그것은 소비자의 구매욕구와 경제적 능력을 주요기준으로 한 판단이므로 '가치판단'에 속할 것이다. 이 두 가지 판단은 밀접히 결합되어 같이 사용되기도 하는데 대표적인 예가 바로 물건을 구매할 때 따지는 '가격대 성능비'이다. 이는 가능한 한 돈을 적게 지출하려는 소비자의 욕구와 물건 자체가 가지는 객관적인 성능을 동시에 고려하는 것이기 때문이다.

감정은 태도, 특히 자신의 욕구에 기초해 형성되므로 어떤 대상에 대한 감정은 가치판단의 원초적 기준으로 작용한다. 환경보호를 아주 중시하는 사람에게는 화력발전소가 별로 달갑지 않을 수 있다. 이런 이유로 그 사람은 화력발전소에 대한 불쾌한 감정을 가지게 될 수 있는데, 감정은 한번 공고하게 형성된 뒤부터는 자동적으로 나타나므로 그 사람은 화력발전소를 볼 때마다 짜증이 날지도 모른다. 이 경우 그 사람의 감정은 화력발전소에 대해 자동적인 가치판단을 하게 해주는 역할을 한다.

이렇게 처음에는 요모조모를 따져보는 과정을 통해 서서히 형성되더라도 일단 감정이 공고해지면 그것은 이후에 자동적으로 가치판단을 하도록 해준다.

감정의 가치판단 기능은 상당히 효율적이다. 감정은 사람들이 어떤 대상에 대해 매번 가치판단을 하기 위해 들여야만 하는 노력을 크게 줄여주기 때문이다. 감정이 한번 굳어지면 매번 화력발전소를 볼 때마다 온갖 지식을 다 동원해 다시 가치판단을 할 필요가 없어지는 것이다. 감정은 그것을 유발한 대상에 대한 지식이 사라져도 그대로 유지되는 경향이 있다. 따라서 사람들이 화력발전소와 관련된 지식을 모두 잊어버리더라도 그에 대한 감정은 여전히 남아 있으므로 그들로 하여금 '화력발전소는 나쁘다.'는 판단을 계속 내릴 수 있게 해준다.

물론 감정의 가치판단 기능은 때로는 부정적으로 작용하기도 한다. 감정은 한번 형성되면 잘 바뀌지 않는 특성을 가지고 있기 때문이다. 따라서 '한번 나쁜 놈은 영원히 나쁜 놈'이 될 수도 있다. 지식의 변화는 비교적 유연하게 빠른 속도로 이루어지지만 감정의 변화는 다소 완고하게 천천히 이루어지므로 이 불일치로 인해 손해를 보기도 하는 것이다. 한번 미워하게 된 사람을 다시 좋아하기 어려운 것이나 지역감정을 없애기 어려운 것도 이런 감정의 특성과 일정부분 관련이 있다.

(2) 유기체를 준비시키는 기능

감정은 신체를 각성시키고 활성화시킨다. 행군해가던 군인들이 '적이다.'라는 고함소리를 들을 경우 그들의 머리가 뭔가를 생각하기 전에 몸이 먼저 각성되어 즉각적인 반응을 일으키게 한다. 군인들은 순간적으로 엄폐물에 몸을 던져 바짝 엎드린 채 총구를 내밀고는 주위를 살펴볼 것이다. 신체적 각성이 큰 도움을 주는 이런 조건반사적 행동은 당연히 군인들의 생존가능성을 높여준다. 만약 '적이다.'라는 외침을 듣고도 몸이 전혀 반응하지 않아 '저게 무슨 의미일까? 적이 나타났을 때는 어떻게 행동하라고 했더라?' 하고 생각하며 제 자리에 멀뚱멀뚱 서있다가는 총 맞아 죽기 십상일 것이다.

감정은 유기체의 생존가능성을 높이기 위한 목적에서 만들어진 것이기도 하므로 그것은 특정한 상황에 대해 적절하게 대처하도록 유기체를 준비시키는 기능을 한다. 즉 감정은 그 감정을 일으킨 대상에게로 유기체가 주의를 돌려 그 대상을 인식하고 그에 적합한 대응행동을 하도록 만들어 주므로 매우 유용하다.

(3) 사회적 관계를 촉진하는 기능

오후 5시까지 집으로 들어오라는 지시를 어기고 밤늦게까지 밖에서 놀다 들어온 아이는 우선 어머니의 안색부터 살핀다. 그 얼굴이 평안하다면 아이는 '죄송해요. 좀 늦었어요.'라고 착한 목소리로 말하며 어머니에게 살며시 접근할 것이다. 그러나 어머니의 얼굴이 험악하게 일그러져 있고 눈가의 근육이 씰룩거리고 있다면 그 아이는 어머니 발밑에 팍 엎어지며 '어마마마, 죽을죄를 지었나이다.'라고 눈물로 읍소해야만 할 것이다.

사회관계에서 말보다 훨씬 더 많은 정보를 전달하는 것이 바로 감정이다. 사람들은 상대방의 감정을 파악함으로써 자신이 다음에 무엇을 해야 하는지를 가늠하게 된다. 이 경우 감정은 매우 중요한 '사회적 신호'의 역할을 하게 되는 것이다. 특히 감정은 사람들의 내면적인 동기를 알 수 있게 해주므로 대인관계에서 아주 중요하다.

사실 감정을 배제한다면 언어란 참으로 모호하고 쓸모없는 것이 될 수도 있다. '그래, 정말 잘했군.'이란 말을 한번 생각해보자. 만약 웃는 표정을 지으며 높은 톤으로 이 말을 하면 칭찬이 된다. 그러나 다소 쌀쌀맞은 얼굴을 하고는 빠른 속도로 이 말을 하면 샘을 내는 것이다. 그리고 험악한 인상을 지으며 부들부들 떨리는 굵은 음성으로 이 말을 하면 그건 무척이나 화가 많이 나서 하는 역설적인 표현이다. 따라서 그 뒤에 엄청난 분노의 폭발이 기다리고 있을지도 모른다. 만약 상대방의 감정을 파악할 능력이 없는 값비싼 로봇이 세 번째 경우임에도 불구하고 '분에 넘치는 칭찬 매우 감사합니다. 앞으로 더 열심히 하겠습니다.'라고 말했다가는 주인의 망치에 의해 산산이 부서질 수도 있다.

얼굴표정, 눈빛, 숨소리, 몸짓, 말소리의 속도와 억양과 높낮이, 전후맥락 등을 제외하고는 사람들 간의 소통과 관계란 생각할 수조차 없다. 아직 말도 못하는 영·유아도 얼굴 표정 하나만으로 부모들의 적합한 돌보기 행동을 귀신같이 유도해내고 부모들과 웬만한 의사소통은 거뜬히 다 해내지 않는가. 이렇듯 감정은 상대방에게 자신의 의도와 내면상태에 대한 정보를 제공함으로써 사람들 간의 사회적 관계와 유대를 증진시키는 역할을 한다. 이런 점에서 감정이야말로 대인관계의 핵심이라고 말할 수 있을지도 모른다.

(4) 심리적 에너지의 기능

심리적 에너지는 인간활동의 근원이 되는 힘이라고 말할 수 있다. 그런데 이 심리적 에너지는 밥만 잘 먹는다고 생기는 게 아니다. 왜냐하면 심리적 에너지는 사람의 욕구와 요구에 기초해 세워진 '목표'가 있을 때 비로소 발생하기 때문이다. 뜨거운 사막을 걷다가 너무나 지쳐 손가락 하나도 꼼짝할 수 없게 된 사람이 오아시스를 발견하고는 벌떡 일어나 달려가는 사례, 혹은 죽을병에 걸려 오늘내일 하던 사람이 20년 전에 잃어버린 혈육을 만나자 자리를 훌훌 털고 일어나 10년이나 더 살았다는 일화 등은 심리적 에너지와 목표와의 관계를 잘 보여준다.

그렇다면 심리적 에너지의 정체란 무엇일까? 골골대던 사람이 벌떡 일어서는 걸 보면 분명히 그 사람의 몸에서 어떤 변화가 일어났음을 알 수 있다. 우리는 앞에서 이러한 몸의 변화를 일으키는 것이 바로 감정임을 누누이 지적해왔다. 따라서 심리적 에너지의 정체는 바로 감정이라고 봐야 할 것이다. 다시 말해 심리적 에너지는 본질적으로 감정 에너지라고 할 수 있다. 물론 심리적 에너지에는 다른 요인들도 포함될 수 있겠지만 분명히 그 핵심은 감정이라고 생각된다.

물질의 에너지가 양적 속성을 가지듯이 심리적 에너지, 감정 에너지도 양적 속성을 가진다. 즉 심리적 에너지는 많고 적음 혹은 강하고 약함으로 표현되는 양적 측면을 가지며 양적으로도 축적된다. 축적된 에너지의 양이 많을수록 그것은 더 큰 활동을 일으킬 것이고 그 양이 적다면 미약한 활동만 일으킬 것이다.

심리적 에너지는 반드시 방출되거나 사용되어야 한다. 즉 심리적 에너지는 지속적으로 사용됨으로써 활동을 통해 소진되고 다시 생겨나는 과정을 반복해야 하는 것이다. 이때 심리적 에너지, 감정 에너지의 발산이나 해소는 사람에게 즐거움이나 편안함을 준다. 이 감정 에너지의 적절한 방출을 프로이트는 '정화(카타르시스)'라고 부르기도 했는데, 이는 정신분석적 치료의 중요한 수단이기도 하다. 사람들이 롤러코스터나 번지점프, 공포영화 등을 즐기는 것도 마찬가지 이유에서일 것이다. 긴장을 통해 서서히 감정을 축적시켰다가 일시에 방출하는 것은 크게는 '카타르시스'를 적게는 '즐거움'을 줄 것이기 때문이다.

심리적 에너지는 질적 차이도 가진다. 심리적 에너지는 크게 긍정적인 에너지와 부정적인 에너지로 나눌 수 있는데, 대표적인 긍정적 에너지는 '사랑'이며 대표적인 부정적 에너지는 '분노'라고 할 수 있다(내 생각에는 프로이트가 인간의 본성을 성욕과 공격성이라고 주장한 것도 아마 이와 관련이 있을 것 같다). 사랑의 감정을 많이 축적한 사람은 자연스럽게 그 에너지를 인류를 향해 나눠줄 수 있겠지만 마음속에 분노 감정을 잔뜩 모아놓은 사람은 그 파괴적 에너지를 타인들에게 무자비하게 퍼부을 수도 있다. 즉 사랑의 감정이 축적되는 것은 이타주의자를 탄생시키는 데 기여하지만 분노 감정의 누적은 이 세상에 잔인한 괴물을 풀어놓을 수도 있는 것이다. 또한 긍정적인 감정 에너지는 신체에 좋은 영향을 주어 건강한 몸과 마음을 만드는 데 기여한다. 즐거울 때 분비되는 엔돌핀이 대표적인 예가 될 것이다. 반대로 부정적인 감정 에너지는 몸과 마음을 병들게 하는 주범이다. 나쁜 감정이 좋은 신체변화를 수반할 리 없지 않은가.

이런 맥락에서 볼 때 감정의 누적, 그것도 원인을 알 수 없는 나쁜 감정의 누적이 심리적 질병의 기본원인이라고 주장한 프로이트의 견해는 매우 타당하다. 그는 일찍이 "인지가 질의 문제라면 감정은 양의 문제"라며 심리적 병을 일으키는 범인으로 감정을 지목했었다(Freud, 1915).

감정은 이렇게 스스로의 욕구와 요구를 신념화하게 해주고 그것을 실현하게끔 사람에게 힘을 주는 심리적 에너지로서의 역할을 한다. 자기 목표에 대한 정당성을 마음속 깊이 확신함으로써 가슴 벅찬 희열감에 넘쳐 있는 사람의 에너지는 하늘을 찌르고 땅을 뒤흔드는 법이다. 백삼십 척이 넘는 적선과의 전투를 앞에 두고 '신(臣)에게는 아직도 열두 척의 배가 남아있나이다.'라고 말한 이순신 장군의 기개는 이를 잘 보여준다. 반드시 실현해야 할 정의로운 목표가 있었기에, 반드시 지켜내야 할 조국이 있었기에 장군은 자신의 심리적 에너지를 최고조로 끌어올릴 수 있었던 것이리라.

지금까지 살펴보았듯이 감정은 사람에게 반드시 필요하며 기본적으로 유익한 것이다. 생물학적 욕구도 사회적 요구도 없는 로봇은 절대로 감정을 가질 수 없지만 사람은 감정을 가질 수 있기에 사회적 관계 속에서 자신의 인생목표를 향해 열정적으로 뛰어갈 수 있다. 따라서 진정으로 중요한 것은 어떻게 하면 사람들이 아름답고 건강한 욕구와 요구를 가질 수 있는가 하는 문제일 것이다. 때로는 잘못된 감정이 인간사의 비극을 낳기도 했지만 인류가 이룩한 모든 위대한 업적 밑에는 고상한 감정의 땀방울이 깊숙이 스며들어 있음을 잊지 말자.

제4장

무엇이 나를 행동하게 만드는가

— 동기

살인사건을 수사하던 베테랑 형사가 두 손으로 머리를 감싸 쥐고 한탄한다.

'아! 모든 증거들은 분명히 그 녀석이 범인이라고 말해주는데, 도대체 동기를 모르겠어!'

왜 이 형사는 증거가 있는데도 '동기'를 찾으려고 애를 쓸까? 그것은 아마도 판사를 포함해 대부분의 사람들은 증거가 있더라도 살인동기가 없을 경우 '그것 참 이상하군! 도대체 살인을 할 이유가 없지 않은가?'라며 고개를 갸우뚱할 것이기 때문이다.

'동기(motivation)'란 유기체로 하여금 특정한 행동을 하도록 만드는 원인을 말한다. 즉 살인동기는 살인을 하게 만들고 학습동기는 공부를 하도록 만드는 것이다.

그렇다면 사람에게 동기로 작용하는 것은 무엇이 있을까? 그것은 크게 볼 때 욕구와 요구라고 할 수 있다. 이때 욕구는 다시 생물학적 욕구와 사회적 욕구로 구분된다.

우선 욕구에 대해 살펴보기로 하자.

'욕구'란 무엇을 하고자 하거나 간절히 바라는 데에서 표현되는 지향성을 의미한다. 이것은 사람의 활동과 생활에서 나서는 요구와 필요를 반영한 지향성의 하나로서 주관적으로는 희망, 소망, 충동 등의 형태로 체험된다.

욕구는 무엇보다 유기체로 하여금 목표를 설정하게 만든다. 예를 들어 어떤 사람이 자동차를 사고 싶다는 욕구를 가지게 되면 그에 따라 '자동차 구입'이라는 목표가 세워진다. 그러면 그 사람의 활동은 이 목표를 지향하게 되고 그의 주의는 자동차에 관련된 정보들에 집중되며, 그의 욕구가 강하면 강할수록 강한 충동을 느끼게 되는 것이다. 욕구는 지각을 비롯한 인식과정에도 영향을 미쳐 사람들이 '선택적 지각'을 하도록 만들기도 한다. 좀 속된 표현이기는 하나 '개 눈에는 똥만 보인다.'는 우리 속담처럼 자동차를 구입하고 싶은 충동에 휩싸인 사람의 눈에는 자동차밖에 안 보이는 것이다.

이렇게 욕구는 목표를 설정하게 하고 사람의 인식과 실천활동이 그것을 향하도록 방향성을 규정하며 활동강도를 규제한다. 사소하고 작은 행동부터 중요하고 큰 행동까지 사람의 모든 행동은 욕구실현과 밀접히 관련되어 있다. 즉 배가 고프면 밥을 먹고 목이 마르면 물을 마시며 필요한 물건을 걸어가 손으로 집어오는 모든 사소하고 작은 행동들도 거의 다 욕구를 실현하기 위한 행동이다. 또한 돈을 벌기 위해 일을 하고 자기 권리를 실현하기 위해 정치활동을 하며 지적으로 발전하기 위해 공부를 하는 사회적인 활동들도 대개는 욕구에 따른 것이다. 그러므로 욕구를 빼고는 인간행동을 이해할 수 없다고 해도 과언이 아닐 것이다.

그러면 욕구는 어떤 특징을 가지는가?

첫째, 욕구는 인위적으로 없앨 수 없다. 일부 욕구들은 생득적인 맹아를 가지고 있고 또 다른 욕구들은 후천적으로 획득되는 것 같다. 그러나 생득적 맹아를 가지고 있는 욕구라 하더라도 그것은 기본적으로 사회 속에서만 형성·발전될 수 있다. 이는 사람이 언어능력을 습득하는 과정과 유사하다. 오직 사람만이 언어를 습득할 수 있는 능력을 유전적으로 타고 난다. 따라서 인간사회가 갓 태어난 원숭이를 유아와 똑같이 대하며 아무리 정성스럽게 키우더라도 그 원숭이는 절대 언어능력을 가지지 못한다. 원숭이에게는 고급언어를 습득할 수 있는 생득적 기초가 없기 때문이다. 인간유아도 사회 속에서 성장하지 못하면 정상적인 언어능력을 가지지 못한다. 제인이 제아무리 이뻐해줘도 청소년기를 지난 후에야 인간을 만났기에 타잔은 정상인처럼 언어를 구사할 수가 없는 것이다. 욕구의 생득적 맹아 혹은 기초도 이와 같아서 일부 생물학적 욕구들을 제외한 나머지 모든 욕구는 사회 속에서 성장한 사람만이 가질 수 있다. 즉 대부분의 욕구는 기본적으로 사회가 만드는 것이다. 어쨌든 모든 욕구들은 사람이 사회적 존재로서 살아가기 위해 반드시 필요하기 때문에 사회 속에서 형성·발전되는 것이므로 인위적으로 없앨 수 없으며 없애서도 안 된다.

둘째, 욕구는 심리적 에너지를 동반하므로 반드시 실현되어야 한다. 제3장에서 상세히 살펴보았듯이 욕구는 감정을 불러일으키는 기본원인이다. 욕구는 사람들에게 강한 충동을 느끼게 하거나 소망과 희망을 품게 한다. 그런데 충동이나 소망에는 감정 에너지가 동반되므로 사람은 욕구를 실현함으로써 그 에너지를 방출해야 한다. 욕구가 실현되어 에너지가 정상적으로 방출되면 사람들은 즐거움과 기쁨을 느끼지만 욕구가 좌절되어 에너지가 해소되지 않으면 불쾌한 감정이 쌓여 심리적 병을 야기하게 된다(물론 심리적 병은 육체도 병들게 한다). 다시 간단하게 정리하자면 모든 사람들은 욕구실현을 강력히 바라며 그것이 좌절되면 심리적으로 병들게 된다는 것이다. 욕구좌절이 구체적으로 어떤 심리적 병으로 이어지는지는 각각의 욕구를 다룰 때 살펴볼 것이다. 여기서 우리는 '욕구좌절은 심리적 병의 원인이 된다.'는 사실만 분명히 기억하고 넘어가도록 하자.

셋째, 욕구는 무의식적이다. 일반적으로 욕구는 사람이 특별히 자각하거나 의식하지 않아도 자동적으로, 무의식적으로 발생하고 작용한다. 즉 '부모님의 사랑을 받아야겠다.'고 목적의식적으로 생각하지 않더라도 아이들은 마냥 부모님의 사랑을 갈구한다는 것이다. 이런 식으로 욕구는 한번 형성되면 특별히 의식되지 않은 채 사람을 동기화시키는 작용을 한다. 물론 이 말은 사람이 자신의 욕구를 의식할 수 없다는 걸 의미하지는 않는다.

넷째, 사람은 자신의 욕구를 조절·통제할 수 있다. 감정과 마찬가지로 욕구도 사회적 규범에 적합한 방식으로 제기되고 실현된다. 또한 사람은 자신의 욕구를 의식적으로 조절·통제할 수 있다. 정도의 차이는 있겠지만, 기본적으로 자기 욕구를 조절·통제하지 못하는 사람을 '정상적'인 사회적 존재로 보기는 어렵다.

1. 생물학적 욕구

생물학적 욕구는 생물학적 존재가 가지는 욕구를 말한다. 이 욕구는 동물도 가지고 있으며 선천적으로 가지고 태어난다. 그러나 동물은 전적으로 생물학적 욕구의 지배를 받지만 사람은 그렇지 않다. 사람에게 있어서 생물학적 욕구는 육체적 생존을 위해서 반드시 충족되어야 하지만 그것의 실현방식과 강도는 사회문화적 규범에 따른다. 즉 생물학적 욕구는 날것으로 통째로 실현될 수 없다는 것이다. 또한 생물학적 욕구는 사회적 욕구와 요구의 지배와 통제를 받으며 그를 위해 복무한다.

(1) 생리적 욕구

주로 '신체 항상성' 유지와 관련된 욕구들을 말한다. 신체 항상성을 유지하기 위해 제기되는 체온유지, 목마름, 배고픔 등의 욕구들이 이에 포함된다. 신체 항상성이란 신체가 자율적으로 일정한 상태를 유지하기 위해 작동하는 것을 말하는데, 유기체는 어느 정도까지는 스스로 신체의 항상성을 유지할 수 있다. 예를 들어 체온이 떨어지면 몸 자체가 체온을 일정 정도 끌어올리는 식이다. 그러나 신체가 스스로 체온을 끌어올리는 데는 분명히 한계가 있으므로 유기체는 다른 장소로 이동하거나 불을 피우거나 옷을 껴입는 등의 행동을 통해 체온을 유지하려고 한다.

수면욕이 신체 항상성을 위한 욕구인지는 분명하지 않으나 이것 역시 생물학적 욕구의 하나로 간주된다.

이 외에 일부 심리학자들은 뇌에 존재하는 쾌 중추(pleasure center)의 존재를 근거로 쾌락추구도 하나의 생물학적 욕구라고 주장하기도 하는데 이는 잘못이다. 쾌락은 욕구충족의 결과이지 원인이 아니기 때문이다. 사람들이 원하는 것은 어떤 구체적인 욕구를 실현함으로써 느끼는 쾌락이지 '쾌 중추'에 대한 전기충격에 의해 유발되는 이유 없는 쾌락은 아니다.

⑵ 생명유지 욕구

유기체의 생리적 욕구, 즉 신체 항상성을 유지하고자 하는 욕구는 생물학적 생명유지 욕구에 종속되고 이를 위해 복무한다. 호랑이가 다가오는데도 체온을 유지하겠다며 제 자리에 가만히 앉아 있는 토끼는 상상할 수 없다.

모든 유기체는 본능적으로 생명을 유지하려고 하며 이를 담보하기 위해 '안전'해지고 싶어 하는 욕구를 갖는다. 자기를 위협하는 존재나 위험이 없는 안전한 상황에 있는 것은 안전에 대한 욕구가 실현된 상태이므로 유기체에게 편안함, 안정감 등의 만족스러운 기분을 느끼게 해준다. 반대로 생명을 위협하는 대상과의 조우는 분노나 공포 같은 감정을 불러일으켜 신체를 각성시킴으로써 유기체로 하여금 고전적인 두 가지 대응방식 중 하나를 선택하게 한다. 싸울 것이냐 아니면 도망칠 것이냐? 이처럼 공포는 악어나 뱀처럼 특정한 대상과 관련해 비교적 짧고 강한 강도로 체험되는 감정이다. 이와는 달리 안전하다고 느껴지지 않는 상황은 불안한 감정을 유발한다. 불안은 나쁜 일 혹은 공포스러운 일이 일어날 것이라는 막연한 예감에 기초한 부정적인 감정이다. 불안은 공포에 비해 지속 시간은 길지만 강도는 비교적 약한 감정형태이다. 이런 맥락에서 불안은 '만성화된 공포'라고 말할 수 있다.

유기체는 또한 자기를 재생산하기 위한 욕구인 성욕 혹은 번식욕을 갖는다. 그런데 사람에게 있어서 성욕은 그 근원적인 동물적 의미를 대부분 상실했다. 한 마디로 고전적인 성욕이 퇴화한 것이다. 보노보 원숭이만 하더라도 성욕은 원숭이들 간의 친밀한 관계를 증진시키는 새로운 기능으로 변화하게 되었는데 인간에게는 오죽하겠는가. 인간에게는 발정기도 없어졌고 후손을 대량생산하고 싶은 욕구도 사라졌다(물론 소량생산에 대한 욕구는 존재한다). 그 대신 성욕은 다른 사회적 욕구나 요구 등을 실현하기 위한 하위수단으로 기능하게 되었다. 예를 들면 성욕은 사랑에 대한 욕구, 미적 욕구, 소유욕, 복수심, 오락 등과 밀접히 결합되어 작용한다. 특히 사랑에 대한 욕구는 성욕을 지배하고 통제하는 결정적인 욕구라고 할 수 있다.

생명유지 욕구는 생리적 욕구를 지배하고 통제하는데, 이 두 가지의 생물학적 욕구는 사회적 욕구의 지배와 통제를 받으며 그를 위해 복무한다.

2. 사회적 욕구

사회적 욕구는 사회적 존재인 사람만이 가지고 있는 욕구이다. 사회적 욕구는 장구한 기간 동안 사회역사 속에서 살아온 인류가 사회적 존재로서 살아가는 데 필요하기 때문에 개발하고 발전시켜온 욕구이다.

일부 사회적 욕구들은 동물들에게서도 비슷한 맹아가 관찰되기도 하지만 그것과 사람의 욕구는 질적으로 다르다. 사회적 욕구는 사회 속에서 성장하고 살아가는 과정을 통해서만 획득할 수 있으며, 그것을 가질 수 있는 생리적 기초는 사람에게만 있기 때문이다. 사회적 욕구는 생물학적 욕구보다 더 강력하며 생물학적 욕구를 자체 내에 포함하고 그것을 지배하고 통제한다. 때로는 극심한 굶주림을 강요하는 비극적인 상황에서처럼 생물학적 욕구의 실현이 전면에 부각되는 경우도 있고, 생물학적 욕구를 우선시하는 동물과 같은 수준에 머물러 있는 사람이 존재할 가능성도 있기는 하다. 그러나 기본적으로 생물학적 욕구는 항상 사회문화적 규범의 지배와 통제를 받으며 사회적 욕구 실현을 위해 복무한다. 배불리 밥 먹고 등 따뜻하게 지내며 대량번식을 위해서만 살아가는 인간이란 상상할 수조차 없지 않은가?

인본주의 심리학자 매슬로(Abraham Maslow: 1908~1970)는 사회적 욕구의 중요성을 강조했다. 그는 여러 욕구들을 제시하고 그 욕구들 간에는 위계가 있다고 주장했기 때문에 그의 이론을 '욕구위계(need hierachy) 이론'이라고 부르기도 한다. 매슬로는 인간을 '자극에 반응하는 빈 깡통'으로 간주하는 행동주의자들 그리고 인간을 '문화의 탈을 쓴 짐승'으로 이해하는 생물학주의자들을 향해 다음과 같은 상식을 힘차게 외쳤다.

"심리학자들이 사람을 제대로 이해하려면 결핍욕구 이상의 동기를 고려해야 한다!"

아래의 [표 4-1]은 매슬로의 욕구위계를 보여주고 있다. 상위욕구일수록 그것을 실현하는 사람이 점점 적어지기 때문에 매슬로의 욕구위계 표는 보통 피라미드 모양으로 그리지만 여기에서는 해설을 붙이기 위해 일반적인 사각형 표로 대치했다.

말년에 자기 견해를 일부 수정하기는 했지만, 한동안 매슬로는 하위욕구가 충족되어야만 상위의 욕구가 유발된다고 주장했는데 이는 물론 잘못이다. 일반적으로 하위욕구가 심하게 결핍될 경우 상위욕구를 가지기 힘든 것은 사실이다. 극단적인 가난 속에서 허덕이는 사람에게 미적 욕구란 먼 나라의 꿈같은 이야기처럼 들릴 테니까. 그러나 한편 인류역사는 하위욕구의 극단적 결핍에도 불구하고 상위욕구를 실현하기 위해 살아간 인물들

[표 4-1] 매슬로의 욕구위계(아래의 욕구가 충족되어야 상위의 욕구를 추구한다고 주장함)

욕구의 질	욕구위계	비 고
사회적 욕구	자아실현 욕구(자신의 잠재력 실현)	자아실현의 기준이 모호함
	심미적 욕구(대칭, 질서, 아름다움)	정신문화적 욕구
	인지적 욕구(지식, 이해)	
	자기존중 욕구(유능감, 인정, 존경)	사회적 존재로서의 가치와 관련
	소속감과 사랑의 욕구(관계, 교류, 수용, 소속감)	사회적 존재가 되기 위한 최소한의 조건
생물학적 욕구	안정·안전의 욕구(생존, 편안함, 안전, 공포로부터의 해방)	유기체적 생존과 관련
	생리적 욕구(배고픔, 갈증, 수면, 성욕 등)	주로 신체 항상성과 관련

이 존재함을 명백히 증명해주고 있다. 살을 에는 혹한과 굶주림을 묵묵히 감내하며 나라의 독립을 위해 싸웠던 수많은 항일독립투사들, 자신을 돌보기조차 버거웠을 엄혹한 가난 속에서도 넉넉한 마음으로 힘없고 가난한 노동자들을 위해 자기 한 몸을 불태웠던 전태일 같은 인물들이 없었다면 오늘의 한국도, 오늘의 우리도 없었을 것이다. 이렇게 인간은 수십 년간 독방에 갇혀 주먹밥 한 덩이로 연명하면서도 정성스럽게 난초를 키우고 이름 모를 새들에게 자기 밥을 나눠줄 줄 아는 존재이기도 하다. 고상한 사회적 욕구에 자신의 생물학적 욕구를 복종시킨 사람은 대중의 존경을 받으며 사회발전에 기여하지만 생물학적 욕구에 자신의 사회적 욕구를 복종시킨 사람은 사회발전에 해악을 끼쳐 사람들한테 돌팔매를 당하는 법이다. 변강쇠의 힘을 부러워하는 철없는 인간들도 변강쇠를 마음속 깊이 존경하지는 않는다. 그렇지 않은가?

사회적 욕구는 사회적 존재라면 누구나 가지고 있으며 인간에게 있어서 가장 강력한 욕구이므로 이를 '사회적 본능'이라고 불러도 무방할 것이다.

그러면 사회적 욕구에는 어떤 것이 있는지 한번 살펴보자. 먼저 한 가지 지적하고 싶은 것은 여기에서 제시된 기본적인 사회적 욕구들 외에도 또 다른 욕구들이 있을 수 있다는 사실이다. 또한 그것들은 매슬로가 주장했던 사회적 욕구를 일부 포함하기도 하고, 비록 동일한 개념을 사용하더라도 내용적으로는 서로 다르기도 하다는 점을 독자들은 유념하시기 바란다.

(1) 사 랑

'사랑'이란 어떤 대상을 귀중히 여기고 아끼는 마음이다. 사랑의 대상은 무작위로 선정되지 않는다. 사람은 자신의 요구와 지향에 부합되며 가치를 가지는 대상만을 사랑하기 때문이다.

사랑은 호감과 우의, 애정과 애착 등의 정서적 체험으로 나타난다. 사람은 사랑하는 대상에 대해서는 유사감을 느끼게 되며 그 대상에 접근하고 그 대상과 결합하려고 한다. 또한 그 대상을 위해 헌신하려고 하며 그 대상과 정신적으로 혹은 육체적으로 자주 접촉하며 결합하려 한다. 동시에 사랑하는 대상에 해로운 모든 것을 증오하게 된다.

사랑의 범위는 개인의 인격수준이 높아지는 데 따라 점차 넓어진다. 즉 사랑은 주위사람에 대한 사랑이나 가족에 대한 사랑으로부터 동료들에 대한 사랑, 여러 공동체에 대한 사랑, 나라와 민족에 대한 사랑 나아가 인류에 대한 사랑으로까지 넓어질 수 있다.

나는 사랑과 관련해 두 가지를 특히 강조하고 싶다. 그것은 우선 사랑이 강력한 심리적 에너지의 집중을 낳는다는 사실이다. 사랑의 대상은 곁에 있든 이역만리에 떨어져 있든 사람의 심리적 에너지를 온통 빼앗아간다. 사랑은 완강하고 끈질긴 관심을 동반하기 때문이다. 그래서 흔히 사랑의 반대는 증오가 아니라 무관심이라는 말을 하는 것이다. 또한 사랑은 건강한 사회적 관계를 끈끈하게 이어주는 접착제 역할을 한다. 부부간의 사랑, 부모-자식 간의 사랑이 없는 가족관계를 상상할 수 없듯이 건강한 사회적 관계는 그 구성원들 사이의 사랑에 의해서만 형성 · 발전될 수 있다. 공상적 사회주의자들이 사랑을 사회적 관계 형성의 기초라고 주장했던 것은 이런 점에서 나름대로 일리가 있다. 하지만 불행하게도 사랑이 없는 사회적 관계도 있고 적대적인 사회관계도 있다. 물론 건강한 사회적 관계에만 국한시켜 본다면 별 문제가 없을 것이다.

공상적 사회주의

착취와 압박이 없이 모두가 평등하게 사는 이상사회를 공상적으로 그려낸 사회주의학설이다. 19세기 생시몽, 푸리에, 오웬 등에 의해 이론화되어 알려지게 되었다. 그들은 자본주의사회에서 나타나는 착취와 압박, 사회적 불평등과 무권리, 기아와 빈궁을 강력하게 비판했다. 그리고 생산수단에 대한 사회적 소유와 평등한 분배, 도시와 농촌, 정신노동과 육체노동 간의 대립의 폐지, 아동에 대한 전반적인 사회적 교육제도의 실시 등을 주장했다. 그들에 따르자면 모순과 불의로 가득 찬 자본주의사회는 '이성'과 '정의'가 지배하는 이상사회인 '사회주의사회'로 교체되어야 한다. 그러나 공상적 사회주의자들은 자본주의사회의 모순과 사회악이 우둔하고 어리석은 대중들 때문에 생겨났다고 보았다. 따라서 그들은 지식을 보급하고 대중을 계몽하며 자본가들을 잘 설득하면 사회주의를 건설할 수 있다고 생각했다. 이에 대해 마르크스는 자본가계급의 선의에 호소해 사회주의를 건설하겠다는 것은 비과학적 '공상'에 불과하다며 이들의 이론을 '공상적 사회주의' 이론이라고 비판했다.

사랑은 사회적 존재인 사람이 갖는 원초적인 욕구이다. 왜냐하면 사랑은 사람에게 있어서 사회적 존재로 '수용'되고 '인정'받는다는 것을 의미하기 때문이다. 부모의 사랑을 받지 못하는 아이는 자신을 '다리 밑에서 주워온 아이'일 뿐 가족의 한 구성원이라고 느끼지 못한다. 자기를 진심으로 사랑해주는 사람이 단 한 명도 존재하지 않는다고 느끼는 사람은 사회가 자신을 수용하고 인정한다고 믿을 수 없다. 즉 자기를 사랑해주는 사람, 자신이 사랑할 수 있는 사람의 존재야말로 사회로부터 수용되고 사회로부터 인정받는 최소한의 필요조건인 것이다. 허다한 정신병들이 사랑하고 사랑받는 대상의 결핍과 그에 따른 사회적 고립에서부터 시작되는 이유가 바로 여기에 있다.

이쯤에서 독자들은 '사랑이 그렇게도 중요하다면 그 욕구가 좌절되면 큰일이 나지 않겠는가?' 하고 걱정하기 시작할 것이다. 불행하게도 그 걱정은 사실이다. 모든 사회적 욕구의 좌절이 그렇기는 하지만 특히 사랑에 대한 욕구의 결핍은 심각한 심리적 병으로 귀결된다. 사실 애정결핍이야말로 '심리적 만병의 근원'이라고 말해도 결코 지나치지 않을 것이다. 몇 가지 예만 들어보겠다.

애정결핍은 우선 세상에 대한 신뢰감을 심각하게 손상시킨다. 푸치니의 오페라 〈토스카〉의 여주인공 토스카는 분명 어릴 때 제대로 사랑을 받지 못했던 것 같다. 뛰어난 미모와 재능을 지녔음에도 그녀는 애인이 다른 여자와 정분이 날까봐 계속 의심하고 마구 질투심을 폭발시키는 어리석은 행동을 하다가 결국은 자기 애인과 그의 동료인 정치범이 체포당하게 만든다. 애인을 총살할 수 있는 권한을 가진 독재자는 토스카에게 흑심을 품고 자기와 하룻밤 동침하면 애인을 살려주겠다고 거짓말을 한다. 아둔한 토스카의 머리는 그 독재자의 간교한 말에 속아 넘어갔으나 천만다행으로 그녀의 마음속에 있던 '대인불신감'은 강력하고도 지독한 일관성을 가지고 있었다. 자기 애인조차 불신하고 그와도 건강한 관계를 맺지 못했던 토스카가 어찌 추악한 독재자 따위에게 선심을 쓸 수 있었겠는가? 토스카는 기분이 들떠 방심하고 있던 독재자를 칼로 찔러 죽이고는 희망에 부풀어 애인에게 달려갔으나 그는 총살당하고 상심한 토스카도 자살한다. 생애 초기에 어머니의 사랑을 제대로 받지 못한 아이는 사람과 세상을 좀처럼 믿지 못한다. 아름답고 낭만적인 음악의 물결 속에서 동분서주하는 어리석은 토스카의 모습은 애정결핍이 자기 혼자만이 아니라 여러 사람 잡을 수도 있다는 걸 잘 보여주고 있다.

애정결핍은 또한 자기과시형 인격을 탄생시킨다. 사랑을 제대로 받지 못한 사람은 타인의 관심을 끄는 데 목숨을 건다. 이런 사람은 남들의 시선을 확 끄는 헤어스타일과 옷차림을 하고는 분위기를 가리지 않고 앞에 나서 사람들을 피곤하게 한다. 그러나 이들은 자기 행동을 통제하기가 힘들다. 왜냐하면 이들은 타인의 시선과 관심을 얻는 걸 사랑을 받는 것으로 믿기 때문이다. 뜨기 위해 물불을 가리지 않는 사람, 인기에 목숨을 거는 사람, 히스테리성 인격도 모두 같은 계열이다. 이들은 사랑을 받기에만 급급하므로 진정한 사랑을 할 수 없다. 하나를 쟁취했다고 생각하면 곧바로 관심은 다른 사람에게로 넘어간다. 그러니 힘과 기술만 좋다고 카사노바가 되는 것은 아니다. 애정결핍을 피눈물 나게 경험한 사람만이 진정한 카사

노바가 될 수 있는 것이다.

애정결핍은 또한 지독한 이기주의자를 탄생시키기도 한다. 애정결핍이 심한 사람은 자기를 사랑하기에도 바쁘기 때문에 타인을 배려할 마음의 여유를 가질 수 없다. 이런 사람들은 자기 마음에 드는 술안주만 시키고, 자기 입장만 내세워 기어이 그것을 관철시키고 타인의 양보를 유도하는데, 이것은 어린 시절 떼를 써서 부모를 꺾은 경험을 반복하거나 아이다운 어리광을 부려보지 못한 결핍을 어른이 되어 타인으로부터 보상받으려는 데서 비롯된 행동이다. 즉 이런 행동은 부모로부터 제대로 받지 못한 사랑을 다른 사람에게서 확인받으려는 처절한 몸부림인 셈이다. 애정결핍을 물건이나 재물을 통해 충족시키려 할 경우 지독한 수집광이나 수전노가 될 수도 있다. 따라서 애정결핍이 심한 사람은 그의 지적인 능력, 계급적 이해관계와 처지, 신념 등과 상관없이 자기중심적이고 이기적이며 권력지향적인 인간이 될 가능성이 크다(김태형, 2007). 게다가 이곳은 개인들 간의 무한경쟁이 높이 찬양되는 신자유주의가 휩쓸고 있는 한국 땅이 아닌가!

이 외에도 애정결핍은 자신감과 자존감, 정서적 안정감 등에도 결정적인 악영향을 미친다. 사정이 이러하니 사랑의 욕구를 실현하는 것이 얼마나 중요한지는 새삼스럽게 강조하지 않아도 될 듯하다. 오죽하면 생물학주의의 함정에서 끝내 빠져나오지 못했던 프로이트조차 “개인의 경우와 마찬가지로 인류 전체의 발전에서도 오직 사랑만이 이기주의에서 이타주의로의 변화를 가져온다는 의미에서 인류를 문명화하는 요인으로 작용한다(Freud, 1921).”고 말했겠는가.

⑵ 양 심

‘양심’이란 사람이 도덕적 원칙과 규범에 맞게 행동하도록 조절 · 통제하는 도덕감정과 도덕의식의 총체이다. 양심은 자기 행동의 결과나 과정, 동기에 대한 자각에 기초해 자신을 스스로 평가하도록 이끈다. 즉 도덕규범을 준수했는지, 마음속에 못된 괴물은 없는지를 스스로 평가하고 검열하는 것이다. 양심의 욕구가 실현되면 사람들은 자부심과 만족감, 뿌듯함 등을 느끼지만 그것이 좌절될 경우에는 수치심, 죄책감, 후회의 감정 등을 체험한다.

양심을 구성하는 것은 우선 도덕감정이다. 도덕감정도 다른 감정들과 마찬가지로 '쾌-불쾌'와 같은 원초적 감정으로부터 발달되기 시작한다. 따라서 생애 초기에 양육자와의 적절한 관계를 통해 '쾌-불쾌', '호-오' 감정을 확실히 개발하지 못한 아이는 이후 도덕감정을 정상적으로 발달시킬 수 없다. 이 경우 아이가 성장해 도덕의식을 가지게 되더라도 그 아이의 양심은 불구가 된다. 즉 아이의 머리에는 도덕규범을 지키지 않는 것이 잘못이라는 지식은 들어 있지만 그것을 지키지 않더라도 마음이 아프지는 않게 되는 것이다. 이런 도덕감정과 도덕의식의 불균형을 융은 이렇게 묘사했다.

> "양심의 전형적인 특징, 즉 죄의식(conscientia peccati)이 없다. 따라서 양심의 가책이라는 특수한 감정의 색조가 없다(Jung, 1958)."

도덕감정은 또한 공감능력의 발달과 관련된다. '공감(empathy)'이란 다른 사람의 감정을 느끼는 것이며, 공감능력이란 타인의 기쁜 감정이나 고통스러운 감정을 이해하고 자신도 그것을 느낄 수 있는 능력이다. 앞에서 지적했듯이 원초적인 감정이 제대로 발달되지 않았을 경우에는 공감능력을 가지기 힘들다. 자신의 감정조차 정상적으로 느끼지 못하면서 상대방의 고통을 제대로 이해하거나 체험할 수는 없기 때문이다. 따라서 공감능력은 무엇보다도 자신의 감정이 잘 발달되고 그것을 섬세하게 느끼는 능력이 정상적으로 개발되는 과정이 전제되어야 한다. 여기에 기초해 주로 대인관계를 통해 획득하는 민감한 사회적 감수성과 상호작용 능력이 추가되면 우수한 공감능력을 가지게 되는 것이다. 그런데 공감능력은 어느 정도까지는 생물학적 맹아가 있는 것 같다. 상당수의 동물은 다른 동물의 고통스러운 감정에 대한 반응양식을 선천적으로 가지고 있는데, 예를 들면 다른 원숭이가 고통 받는 것을 본 원숭이가 식사를 거부했다는 보고도 있다. 또한 추측건대 사람도 어둠에 대한 공포감처럼 '피에 대한 거부감'이나 '살인행위에 대한 고통스런 감정반응'을 선천적으로 타고 날 가능성도 완전히 배제할 수는 없을 듯하다. 기나긴 인류역사 속에서 피는 상처와 아픔, 살인은 크나큰 상실과 고통을 뜻한다는 것을 반복적으로 체험한 선조들이 이에 대한 원초적인 감정반응을 유전자 속에 남겨놓았을 가능성이 있기 때문이다.

어쨌든 도덕감정은 착한 생각이나 행동을 하면 긍정적인 감정으로 보답하고 나쁜 생각이나 행동을 하면 고통스런 감정으로 응징하는 역할을 한다. 유전적으로 전해지는 공감능력의 존재를 부정한다 하더라도, 도덕감정으로서의 양심은 정상인이라면 모두가 가지고 있으므로 그 누구도 죄를 짓고는 마음 편하게 발 쭉 뻗고 잠들지 못한다. 만약 천벌이라는 게 존재한다면 바로 이를 두고 하는 말일 것이다.

양심을 구성하는 것은 또한 '도덕의식'이다. 도덕의식이란 올바른 신념과 추상적 판단능력 등에 기초해 내면화된 도덕적 원리를 말한다. 사실 도덕감정 하나만으로도 양심은 상당히 훌륭한 인과응보(因果應報)적 기능을 수행하지만 복잡다단한 사회가 정상적으로 유지되고 발전하기 위해서는 도덕의식이 필요하다.

도덕의식은 보편성과 특수성을 가진다. 보편적인 도덕의식이란 시대를 초월해 인류의 거의 모든 문화권에서 공통적으로 나타나는 도덕원리나 규범들을 말한다. 이런 보편적인 도덕의식에는 어떤 규범을 어길 때면 예외 없이 심한 마음의 고통이 유발되는 뿌리 깊은 도덕감정에 기초해 형성된 것들이 포함된다. 살인범들을 가장 괴롭히는 것은 체포될지도 모른다는 두려움이 아니라 '살인행위에 뒤따르는 극심한 고통'이라고 하지 않던가. 보편적 도덕의식에는 또한 기나긴 인류역사를 통해 확고히 정착되어 이제는 그 누구도 거부할 수 없는 도덕적 원리와 규범들이 포함된다. '살인하지 말라.', '다른 사람을 해치지 말라.', '도둑질하지 말라.', '사람 나고 돈 났지 돈 나고 사람 났냐.' 등을 예로 들 수 있을 것이다.

이렇게 도덕의식은 보편성이 있지만 그것은 또한 시대나 사회제도 등에 따른 특수성도 가진다.

우선 도덕의식은 시대에 따라 그 내용이 달라진다. 노예제시대의 도덕, 봉건제시대의 도덕, 자본주의시대의 도덕은 각기 다르다. 즉 노예제시대에 사람을 노예로 소유하거나 봉건제시대에 사람을 신분적으로 차별하더라도 도덕적으로 문제가 되지 않지만 자본주의사회에서 그것은 심각한 비도덕적인 행위로 된다.

도덕의식은 또한 사회제도에 따라 달라진다. 물론 동일한 사회제도라 하더라도 사회계급적 처지에 따라 그 구성원들은 서로 다른 도덕의식을 가질 수 있다. 봉건제시대에 어떤 농민이 지주의 논에서 10가마의 벼를 수확하는 경우를 생각해보자. 지주는 8가마를 소작료로 받아내도 '내 땅에서 난 수확이므로 도덕적이다.'라고 생각할지 모르지만 농민은 '내가 뼈빠지게 일해서 수확했으니 적어도 내가 7가마는 가져야 도덕적이다.'라고 생각할 수 있다. 그러나 이런 식으로 사회계급적 처지에 따라 사회구성원들이 서로 다른 도덕의식을 가질 수는 있으나 대개는 지배계급의 도덕이 해당 사회를 지배한다. 그러므로 자본주의사회처럼 지배계급인 자본가들이 개인이기주의를 노골적으로 권장하는 사회에서는 도덕도 개인이기주의적인 성격을 띤다. 따라서 사회제도가 다르면 도덕의식의 내용이 달라질 수밖에 없다.

도덕의식은 또한 개인적으로도 차이가 난다. 개인마다 사상이나 신념, 가치관 등이 다르기 때문이다. '이 세상은 약육강식의 법칙이 지배한다.'는 신념이나 '돈을 최고로 치는 가치관'을 가진 사람의 도덕의식이 어떤 모양일지는 굳이 설명하지 않아도 될 것이다. 진보적인 사상을 가진 사람과 보수적인 사상을 가진 사람의 약자에 대한 도덕기준 또한 분명히 다를 것이다.

양심은 도덕감정과 도덕의식의 통일로 구성되어 있다. 도덕의식은 도덕감정에 기초해 발생하고 발달하며 도덕감정은 도덕의식에 의해 현실성을 가지게 되고 구체화되며 견고해진다.

양심적 욕구를 실현하면 사람들은 '자부심'을 갖게 된다. 자신감이 대개는 어린 시절의 경험과 관련된다면 자부심은 주로 철이 든 이후의 인생경험과 관련된다. 사람은 끊임없이 자신이 살아온 삶을 평가하는데, 이때 가장 중요한 평가기준이 바로 양심이다. 지적인 수준의 부족이나 판단 잘못으로 범한 실수는 남들도 용서해주고 스스로도 용서가 되지만 양심에 반한 행동은 용서가 안 된다. 게다가 자기가 한 나쁜 짓과 생각은 남들은 모르더라도 스스로는 알게 마련이다. 따라서 양심을 굳건히 지키며 그 요구대로 살아온 사람의 자부심은 그 무엇으로도 꺾을 수 없다. '죄의식이 없는 고통'은 견뎌낼 수 있기 때문에 자부심이 강한 사람은 고문이나 폭력도 무서워하지 않는 것이다.

이와는 반대로 양심적 욕구가 좌절되면 사람들은 죄의식과 죄책감을 가지게 된다. 물론 죄를 짓더라도 이후에 반성하고 참회하면 괜찮다. 평생동안 티끌만큼도 죄를 짓지 않는 사람은 이 세상 어디에도 없을 테니까. 그러나 죄를 짓고도 반성하지 않는 사람은 제법 많이 있다. 어쨌든 반성을 하지 않으면 죄의식이 해소되지 못하는데, 이때 그 죄의식과 죄책감은 어디 마땅히 도망갈 곳이 없으므로 모두 마음속에 쌓이게 된다. 그 결과 해소되지 못한 죄의식의 누적은 반드시 마음의 병으로 귀결된다. 죄의식은 천벌을 받거나 보복당할지도 모른다는 두려움을 그림자처럼 끌고 다니기 때문에 죄의식이 심한 사람은 만성적인 공포와 불안에 시달린다. 이들은 자기가 지은 죄가 탄로날까봐 항상 노심초사하므로 매사에 자신감이 없고 쓸데없는 피해의식에 시달리기도 한다(나쁜 짓을 많이 한 아이들은 어른의 눈도 제대로 못 쳐다본다). 그리고 때로는 죄의식을 방어하기 위해 지나친 과잉행동을 하기도 한다. 아마도 이들에게 제일 나쁜 소식은 죄의식이 심한 사람은 심리치료를 아주 싫어하고 설사 치료에 응하는 경우에도 치료에 지독하게 비협조적이라 거의 치료가 안 된다는 사실일 것이다. '죄의식 누적증'을 치료할 수 있는 유일한 치료약은 반성뿐인데, 불행히도 그들은 이 약을 아주 싫어한다. 아마 미국인과 일본인들의 뿌리 깊은 무의식적 죄의식과 불안도 아마 이와 관련이 있을 것이다. 두 나라는 모두 자기가 한 나쁜 짓을 반성하지 않는다는 공통점을 가지고 있다. 미국은 인디언학살과 흑인노예에 대한 착취, 무수하게 자행한 제국주의적 침략행위에 대해 반성하지 않았다. 일본 또한 임진왜란은 제쳐두고라도 20세기 들어 저지른 아시아지역에 대한 침략과 야만적인 행위에 대해 진심으로 반성하지 않고 있다. 그러니 두 나라 지배층과 그들의 영향을 받는 국민들의 집단심리가 건강하다면 그것이 오히려 이상한 일일 것이다.

우리는 양심이 매우 중요한 사회적 욕구 중의 하나라는데 대해 살펴보았다. 지금부터는 도덕의식과 관련된 콜버그(Kohlberg)의 이론과 양심에 대한 프로이트의 이론을 간략히 검토해보기로 하자.

콜버그는 도덕추론 단계에 대한 이론을 통해 도덕의식의 발달을 설명했다. 그가 제시한 도덕추론 단계는 다음의 [표 4-2]와 같다.

콜버그가 말한 '전 인습적 도덕성'이란 처벌을 피하고 이익을 얻으려는

[표 4-2] 콜버그(Lawrence Kohlberg)의 도덕적 추론단계 이론

큰 단계	하위 단계	도덕판단 기준
전 인습적 도덕성	1단계	처벌 회피
	2단계	이익 추구
인습적 도덕성	1단계	타인의 인정을 받고 비난을 받지 않으려 함
	2단계	'법과 규범'에 의해 판단
후 인습적 도덕성	1단계	법 위에 도덕이 있다
	2단계	자기 자신의 내면적 도덕기준에 입각해 판단

원시적인 욕구에 기초한 도덕성을 말한다. '병든 아들을 그대로 죽게 놔두면 이웃들한테 혼난다.'와 같은 판단을 예로 들 수 있을 것이다. '인습적 도덕성'이란 '무단횡단을 하면 사람들이 나를 비난할 것이다.'라는 판단처럼 사회적 인습이나 법을 기준으로 하는 도덕성이다. 그리고 '후 인습적 도덕성'은 자신만의 내면적인 도덕적 원리에 기초한 도덕성이다. '악법은 올바른 법이 아니므로 감옥에 가는 한이 있더라도 그것을 지키지 않겠다.'는 판단에 기초한 도덕이 여기에 해당된다. 콜버그는 마하트마 간디나 마틴 루터 킹 같은 소수의 사람들만이 최고단계에 도달할 수 있다고 주장했다.

그러나 콜버그의 도덕적 추론단계 이론에는 논쟁점이 있다.

그것은 첫째, '강제성'을 도덕판단 기준으로 포함할 수 있는가 하는 문제이다. 도덕과 법의 차이는 자발성과 강제성에 있다. 그런데 콜버그 이론에서 언급되는 처벌이나 비난 등을 피해야 한다는 판단기준은 자발성과는 거리가 멀다. 만일 외부에서 강요된 기준에 근거해 처벌을 피하기 위해 수동적으로, 비자발적으로 도덕의식이 형성된다면 그것은 처벌이나 비난이 없는 상황에서는 더 이상 지켜지지 않을 수도 있다. 그렇다면 과연 그것을 도덕의식으로 볼 수 있을까? 물론 부모나 사회의 비난이 내면화되어 그것이 하나의 확고한 판단기준으로 자리 잡으면 혼자 있는 상황에서도 그 기준을 계속 지킬 수는 있다. 그러나 그것은 처벌이나 비난이 무서워서가 아니라 본인 스스로가 옳다고 믿기 때문에 자발적으로 받아들인 기준과는 질이 다르다. 전자의 기준은 내면화되더라도 여전히 강제성을 띠고 있으므로 그것을 지키지 않으려고 하면 처벌받을지도 모른다는 공포와 두려움이 생기며, 그것을 지키면 처벌을 피하게 되었다는 안도감을 느낄 뿐이다. 즉 프로이트가 지적했듯이 강요된 기준은 기본적으로 정신건강에 해롭다. 그러나 후자의 기준은 자발성을 가지므로 그것을 지키지 않으려고 하면 양심의 욕구를 실현할 수 없을지도 모른다는 좌절감을 체험하며, 그것을 지키면 할 바를 했다는 뿌듯한 기쁨을 느낀다. 물론 이런 자발적인 기준은 정신건강에 무척 이롭다. 한 마디로 강요된 기준이 두려움과 결부되어 있다면 자발적 기준은 행복감과 한 몸인 것이다. 이런 맥락에서 보면 콜버그가 외적 강요에 의한 기준들을 도덕추론 단계에 포함시킨 것은 논란의 여지가 있을 수 있다. 따라서 아이들이 자라나면서 처음에는 부모나 선생님한테 혼나지 않기 위해 조심하고 후에는 사회규범이나 법을 위반해 처벌을 받지 않으려고 주의하는 것은 엄밀한 의미에서 도덕적 판단이 아니라 규범적, 법적 판단이라고 봐야 할 것이다. 또한 '이러이러한 행동을 하면 경찰한테 잡혀가거나 처벌을 받는다.'는 생각은 도덕의식이 아니라 사회규범이나 법에 대한 지식과 관련된다. 반면에 처벌에 의해 촉발된다고 하더라도 부모, 선생님, 사회, 국가 등이 요구하는 규범이나 규칙을 본인이 옳다고 판단해 자발적으로 수용한다면 그것은 도덕의식이 될 수 있다. 이런 점에서 도덕판단은 자발적인 기준만을, 그리고 도덕의식은 당사자가 스스로 수용하고 받아들인 내용들만으로 형성된다고 보는 것이 옳을 것 같다. 도덕의식은 도덕감정을 필수적으로 동반하지만 법 지식 등은 일반적으로 도덕감정을 동반하지 않는다.

둘째, '후 인습적 도덕단계'에 도달할 수 있는 사람이 소수라는 주장은 잘못이다. 일반인들도 모두 다 자기만의 내면적인 도덕기준을 가지고 있다. 돈이 없다는 이유로 병에 걸린 사람을 문전박대한 병원 얘기를 들었을 때, '법대로 했으니 그 병원은 아무 잘못도 없다.'고 생각할 사람이 과연 몇이나 되겠는가? 물론 이 혼탁한 세상에서 자신의 내면적인 도덕적 신념을 끝까지 비타협적으로 지키며 사는 사람은 흔치 않다. 따라서 그런 삶을 산 사람은 존경받아 마땅하다. 그러나 대부분의 사람들은 매서운 세파를 헤쳐나가며 자신의 내면적인 도덕원칙을 끝까지 지켜낸 인생이 아름답고 고귀한 것임을 잘 알고 있다. 왜냐하면 최고수준의 내면적인 도덕원리를 깨닫기가 그리 어려운 게 아니기 때문이다. 최고수준의 내면적인 도덕이란 어떤 면에서는 매우 단순하기조차 하다. 신자유주의가 뭔지는 몰라도 사람을 돈의 노예로 만드는 세상은 틀렸다는 것, 한창 때의 청년들이 직업을 갖지 못해 빈둥빈둥 놀게 해서는 안 된다는 것, 아무리 자유경쟁이 좋다고 해도 대다수의 국민을 88만원 인생으로 전락시키는 사회는 정의롭지 못하다는 것, 어떤 화려한 미사여구로 위장하더라도 개인의 이익만을 위해 사는 인생은 부도덕하다는 것 등을 알기 위해서 고도의 지적 능력이 요구되지는 않는다. 즉 개인이기주의가 나쁘며 이타주의가 옳다는 기준만 있다면 공부를 많이 한 지식인만이 아니라 누구라도 그런 도덕적 원리들을 파악할 수 있다. 인류는 아주 오래 전부터 그것을 알고 있었기 때문에 공통적으로 '이상사회'를 꿈꿔왔던 것이다. 기독교의 천국, 불교의 극락, 한국의 후천개벽세상과 이어도 등 인류가 꿈꿔온 '이상사회'의 영상에는 동서고금을 관통하는 공통된 내용들이 존재한다. 즉 먹고 사는 걱정으로부터의 해방, 지배계급이나 착취계급의 부재, 사람들 사이의 갈등과 다툼이 원천적으로 존재할 수 없는 착한 마음씨 등이 바로 그것이다. 인류가 태고 적부터 아주 비슷한 이상사회를 동경해왔다는 사실은 대다수의 사람들이 고차적인 도덕적 원리를 마음속에 품고 있었음을 의미한다. 우리 한국인들도 조선왕조의 시조인 이성계가 아니라 횡령죄를 덮어쓰고 억울하게 처형당한 최영 장군을, 권력자들에게만 민감했던 원균이 아니라 나라를 위해 백의종군의 길을 걸었던 이순신 장군을, 부귀영화의 단 맛에 금방 쉬어버린 신숙주가 아니라 반역자로 몰린 성삼문을, 일본의 법을 잘 지켰던 이완용이 아니라 테러리스트인 안중근 의사를 존경해왔다. 민중의 내면적인 도덕기준이 이 정도면 충분하지 않은가?

콜버그가 도덕의식과 관련되는 도덕판단 기준과 그에 따른 도덕추론 단계에 관심을 기울였다면 프로이트는 '양심' 그 자체에 대해 연구했다.

프로이트는 양심을 초자아(superego)라고 부르기도 했는데, 그는 양심을 하나의 정신기관으로 이해했다. 프로이트이론에 근거해 양심이 탄생하는 과정을 좀 단순화시켜 설명해보겠다. 아이들은 부모로부터의 처벌을 사랑을 잃는 것으로 여기기 때문에 그것을 몹시 두려워한다. 게다가 아이들은 아직 지적 발달이 성숙되지 않아 부모가 자기의 마음속을 들여다보지 못한다는 것도 알지 못한다. 그래서 아이들은 마음속으로 나쁜 생각만 떠올려도 처벌을 받을까봐 전전긍긍한다. 왜냐하면 부모가 자신의 나쁜 마음을 알고 있을 거라고 믿기 때문이다. 그 결과 아이들은 처벌을 피하기 위해 즉 부모의 사랑을 잃지 않기 위해 부모를 자기 마음속에 내면화시켜 스스로를 감시하게 된다. 이런 식으로 '내면화된 부모' 혹은 외적 권위가 바로 양심이다. 일단 양심이 형성되면 그것은 계속 마음을 감시하고 검열하는 경찰관의 역할을 수행한다.

양심에 대한 프로이트의 이론은 몇 가지 문제점을 가진다.

첫째, 양심이 강제로 주입될 수 있다는 주장은 잘못이다. 프로이트이론에 따르자면 권위적인 부모 밑에서 큰 아이가 '가장 비판적인 양심'을 가져야 한다. 그러나 호프만(Hoffman, 1970)의 연구는 정반대 결과를 보여준다. 강한 처벌을 했던 부모 밑에서 자란 아이들일수록 자신을 보는 사람이 없다고 생각되면 상을 받기 위해 남을 더 많이 속였고, 나쁜 행동을 하고도 죄책감을 덜 느꼈으며, 그것을 잘 자백하지도 않았다. 이 연구결과는 양심은 외적인 힘과 강요에 의해서가 아니라 오로지 당사자의 자발적인 수용에 의해서만 형성되고 발전한다는 걸 보여준다. 부모가 제시하는 도덕규범의 수용 여부는 주로 부모관계의 성격에 의해 좌우된다. 부모와의 관계가 좋은 아이는 별다른 거부감 없이 부모가 요구하는 규범을 자신의 도덕의식 속에 받아들일 것이다. 반대로 부모와의 관계가 나쁜 아이는 부모가 요구하는 규범에 반발하며 그것을 수용하지 않을 것이다. 콜버그의 이론을 평가하면서도 지적했지만 도덕의식은 외적 강요에 의해서는 형성될 수 없다는 점을 다시 한 번 강조하고 싶다. 따라서 자기 의사에 반해 강압적으로 주입된 외적 기준은 법이나 규범에 대한 지식은 될 수 있을지언정 도덕의식 혹은 양심은 아니다.

둘째, 양심이 부모의 처벌이 개시되는 시점부터 발달하기 시작한다는 주장도 잘못이다. 앞에서 논의했듯이 도덕감정의 맹아는 생득적이라는 증거들도 있으며, 도덕감정은 이미 유아기 때부터 차근차근 발달하기 시작한다. 도덕의식은 도덕감정의 발달에 기초해 아이의 지적 능력이 성숙되어

감에 따라 내용적으로 발달하게 된다. 따라서 양심은 부모의 처벌이 본격화되는 시점보다 더 일찍 형성되기 시작한다고 봐야 할 것이다.

셋째, '양심'을 도덕에 대한 지식과 비슷한 것으로 이해한 것도 문제이다. 도덕에 대한 지식과 도덕의식은 똑같지 않다. 일반적으로 도덕의식이라고 하면 도덕과 관련된 사회의식 전반을 의미한다. 그러나 개인의 의식을 기준으로 할 경우 도덕의식에는 당사자가 신봉하는 '도덕적 규범과 원칙들'이 포함되어야 한다. 즉 도덕에 대한 지식이 단지 '도덕이란 이러저러한 것이다.'와 관련된 의식이라면 도덕의식에는 도덕지식을 참고해 본인이 스스로 받아들인 '도덕적 규범과 원칙들'도 포함되어야 한다는 것이다. 따라서 개인의 도덕의식은 주로 도덕에 대한 지식, 그리고 스스로 믿고 있는 도덕적 규범과 원칙들로 구성된다. 결론적으로 말해 사회의식의 하나로서 도덕의식을 논하지 않고 개인을 기준으로 도덕의식을 논할 때에는 자발성 문제가 매우 중요하다는 것이다. 또한 양심은 도덕의식과 도덕감정의 통일로 이루어진다. 두 가지 중 하나가 없다면 그것을 정상적인 양심이라고 볼 수 없다. 왜냐하면 도덕의식이 없는 도덕감정은 원시성과 모호함을 면할 수 없으며 도덕감정이 없는 도덕의식은 활동성과 힘을 가질 수 없기 때문이다. 이런 점에서 '감정이론의 대가'인 프로이트가 양심을 주로 외부로부터 주입된 도덕규범으로만 간주해 그것을 도덕의식의 견지에서만 고찰한 것은 참으로 아쉽다.

(3) 운명통제

운명통제 욕구란 한 마디로 말해 자기 운명의 주인이 되고자 하는 욕구를 말한다. 이것은 자신의 몸과 주변 환경을 통제하려고 하는 기초적인 욕구에서부터 사회적 존재로서의 자기 운명을 스스로의 힘으로 개척하려는 욕구까지를 모두 포괄한다.

운명통제 욕구도 생득적 맹아가 있는 것 같다.

우선 '학습된 무기력(learned helplessness)'에 대한 셀리그만(Seligman)의 실험을 한번 살펴보자. 동일한 전기충격을 받지만 A 그룹의 개들은 특정 장치를 건드림으로써 그것을 정지시킬 수 있었다. B 그룹의 개들은 스스로는 전기충격을 멈출 수 없었지만, A 그룹의 개들이 장치를 건드리면 B 그룹의 개에게 가해지는 전기충격도 멈췄다. 따라서 A, B 그룹의 개들은 완전히 똑같은 전기충격을 받았다. 단지 A 그룹의 개들은 그것을 스스로 멈출 수 있었으나, B 그룹의 개들은 그렇지 못하다는 차이만 있을 뿐이었다. 그런데 이후에 학습수행에서 두 그룹의 개들은 확연한 차이를 드러냈다. 전기충격을 피할 수 있는 장치에 개들을 집어넣고 전기충격을 주었을 때, A 그룹의 개들은 어렵지 않게 장애물을 뛰어넘어 피하는 것을 학습했다. 그러나 B 그룹의 개들은 처음에는 으르렁대고 날뛰었으나 곧 모든 것을 포기하고는 제 자리에 앉아 전기충격을 고스란히 받았다. 그들은 전기충격을 회피하거나 도피하려는 시도 자체를 포기하였다. 즉 B 그룹의 개들은 충분히 전기충격을 피할 수 있는 조건에 놓여 있었고 그런 능력을 가지고 있었음에도 '학습된 무기력'으로 인해 '날 잡아 잡수시오.' 하는 태도를 갖게 된 것이다. 이 실험결과는 동물들도 환경을 통제할 수 없다는 걸 알게 되면 완전히 무력감에 빠져 그 후부터는 아예 주변 환경을 통제하려는 시도조차 하지 않게 된다는 사실을 보여준다.

개들조차 어느 정도는 가지고 있으니, 당연히 운명통제 욕구는 유아에게서도 관찰될 것이다. 왓슨(Watson)은 유아들에게 간단한 실험을 실시했다. 그는 두 그룹의 아이들에게 동일한 모빌을 보여주었는데, A 그룹의 아이들은 머리를 움직임으로써 모빌을 잠깐 동안 빠르게 회전시킬 수 있었다. 반면에 B 그룹의 아이들에게 제시된 모빌은 A 그룹의 아이들이 보는 모빌과 똑같은 빈도로 회전했지만 이 아이들은 모빌의 회전을 전혀 통제할 수 없었다. 그 결과 A 그룹의 아이들은 부지런히 머리를 움직여 모빌을 회전시키고는 이를 보며 즐거워했지만, B 그룹의 아이들은 모빌에 대해 금방 흥미를 잃어버렸다. 이 실험은 2개월밖에 안 된 유아들조차 자신의 운명을 스스로 통제하고 싶어 한다는 것을 보여준다!

운명통제 욕구가 어느 정도 생득적 맹아를 가지고 있기는 하지만 그것은 역시 사회 속에서만 정상적으로 발달할 수 있다. 사람이 만약 단순한 생물학적 존재라면 자신과 주변 환경을 통제할 수 있다는 것만으로도 만족할지 모르겠지만 사람은 사회적 존재이므로 더 많은 것을 통제하고 싶어 하기 때문이다. 그런데 사회적 존재로서의 자기 운명을 통제하려면 무척이나 많은 것들이 필요하다. '자신의 운명을 통제하려면 어떻게 해야 하는지'에 대한 지식도 있어야 하고, 자신의 운명을 통제할 수 있는 '사회적 능력과 힘'도 가져야 한다. 그리고 '힘 있는 사회집단'을 만들거나 그런 집단에도 결합할 수 있어야 한다. 왜냐하면 사회적 존재로서의 개인의 운명은 사회를 개조하지 않고서는 통제할 수 없는데, 사회개조는 개인의 힘만으로는 절대로 할 수 없기 때문이다. 노예나 백정의 신분으로 태어난 사람, 가난한 비정규직 노동자로 태어난 사람이 개인의 힘만으로 자기 운명을 통제할 수 있을까? 조그마한 가게를 운영하는 자영업자가 자본주의경제의 무정부성을 조절함으로써 자신의 운명을 통제할 수 있을까? 불구덩이 같은 입시지옥과 취업지옥에서 불구가 되어가는 젊은이가 학습기계로 전락한 자기 운명을 바꿀 수 있을까? 자기 운명을 통제하려는 처절한 개인적 소망은 그 개인들이 사회적 집단으로 뭉쳤을 때에만 실현가능하다. 노예나 백정은 민중의 힘을 결집해 신분제를 철폐하기 위해 투쟁해야만 자유인이 될 수 있으며, 파산의 공포에 시달리는 영세업자는 자본주의적 모순의 피해자들과 단결해야만 잔인한 자본주의의 무정부성에 제동을 걸 수 있다. 또한 꿈과 희망을 포기한 채 밥벌이만을 위해 살아갈 것을 강요당하고 있는 청년들은 하나의 집단적 힘으로 뭉쳐 잘못된 세상과 맞서야만 가치 있는 삶을 되찾을 수 있다. 이렇듯이 사회적 존재인 사람이 자신의 운명을 통제하려면 건강하고 힘 있는 사회적 집단이 반드시 필요하다.

운명통제 욕구를 실현하는 과정에서 사람들은 강한 자신감과 힘을 가지게 되며 그것은 또다시 사람들로 하여금 더 높은 욕구를 제기하고 실현하게끔 이끈다. 반대로 운명통제 욕구가 좌절되면 사람들은 심한 우울감과 무기력감, 의존심을 갖게 된다. 주변 환경을 통제하지 못했던 경험 때문에 개조차도 우울해지는데 사람이야 오죽하겠는가. 일반적으로 사람들은 아무리 노력해도 자신의 운명을 통제할 수 없게 되면 우선 잘못된 세상을 탓한다. 이런 태도는 기본적으로 타당한데, 왜냐하면 실제로 그들의 운명이 마구 난도질당하는 기본원인은 대부분 부정의한 세상에 있기 때문이다. 그러나 슈퍼맨도 아닌데 한 개인에게 세상을 바꿀 힘이 있을 리 만무하다(민중이 정치세력화되어 있을 경우에는 사정이 다르다). 그 결과 세상을 향한 분노는 개인으로서는 도저히 넘을 수 없는 거대한 벽에 부딪혀 방향을 틀게 되어 이제 자신의 무기력함을 비난하게 된다. 그런 비난과 공격이 반복되면 자아가 심각하게 손상되기 때문에 결국은 우울증에 걸리게 된다. 따라서 민중이 공동의 욕구와 요구를 실현하기 위해 하나의 단결된 사회적 힘으로 조직되지 못할 경우 우울증의 만연은 피할 수 없는 사회현상이 될 것임을 어렵지 않게 예측할 수 있다.

그런데 우울증의 발병에는 개인차도 많이 작용한다. 즉 병든 사회일수록 사회구성원들이 대부분 우울해진다는 점에는 의심의 여지가 없으나 특별히 우울증에 취약한 개인들도 있다는 것이다. 특히 자신이 가진 실제적인 통제력에 비해 상대적으로 저평가된 '통제감'을 가진 사람들은 우울증에 매우 취약하다. 여기서 통제감이란 자신에게 통제능력이 있다는 주관적인 믿음이나 느낌을 말한다. 또한 자아를 부정적으로 평가하는 경향이 있거나 분노를 밖으로 표현하지 않고 마음속에 쌓아두는 내향감정형(IF)의 성격을 가진 사람들도 우울증의 단골손님이다(제11장 참조).

운명통제 욕구가 좌절되면 사람들은 의존심을 갖게 되기도 한다. 자기 힘으로는 도저히 자신의 운명을 통제할 수 없다는 절망에 빠질 경우 사람들은 다른 누군가가 자신을 구원해주었으면 하는 간절한 열망을 가지기도 하기 때문이다. 이들은 부모나 가까운 동료에게 의존하거나 전지전능한 신에게 의존하기도 하며, 특정한 사회적 환경이 조성될 경우에는 카리스마가 있는 독재자에게 매달리기도 한다. 여기서는 독재자에 대한 의존만 간단히 살펴보기로 하자. 군중심리의 견지에서 볼 때, 극심한 고통과 좌절을 겪는 시기에 군중은 카리스마가 있고 다소 독선적인, 즉 강한 이미지를 가진 대상에게 의존하려는 경향을 드러내기도 한다. 여기에는 어린 시절에 체험했던 강력한 힘의 소유자인 아버지와 동일시되는 존재에 대한 무기력한 어린아이의 의존심이 깔려 있다. 즉 성인들이 유아기 심리로 되돌아감으로써 어린 시절에 체험했던 '약한 아이-힘센 아버지 관계'를 되풀이하는 것이다. 나는 이를 '퇴행형 의존심'이라고 규정한 바 있다(이 문제에 관한 좀더 상세한 논의는 「의존심의 극복을 향해」(김태형, 월간 말 2008년 2월호)라는 글을 참조하기 바란다). 그러나 타인이나 어떤 대상에 의존을 하면 할수록 자아는 점점 더 약해지고 무기력해지므로 의존심은 더 심해지고 그것은 결국 심각한 정신장애로 이어질 가능성이 많다.

우울증이나 의존심의 극복에는 자신의 통제력을 믿고 작고 사소한 일에서부터 실천을 함으로써 그것을 계속 검증하고 확인하는 게 도움이 된다. 랑거와 로딘(Langer & Rodin, 1976)의 연구는 이를 잘 보여주는 하나의 예이다. 그들은 양로원 노인들을 두 그룹으로 나눠 통제감과 행복감과의 관련성을 연구했다. 두 그룹의 노인들은 동일한 환경에서 생활했으나 A 그룹의 노인들은 원하는 꽃을 키우고 시간계획표를 스스로 짜는 등 자신의 생활을 어느 정도 통제할 수 있었다. 그러나 B 그룹의 노인들은 그런 통제력을 행사할 수 없었다. 결과는 뻔하다. 통제력을 행사했던 A 그룹의 노인들은 B 그룹의 노인들에 비해 더 활동적이었고, 삶을 행복하게 여겼다. 그리고 이런 차이는 실험이 끝나고 1년 반이 지난 후에도 여전히 유효했다. 이 연구는 작고 사소한 것이라 할지라도 통제력을 행사하는 것이 우울증이나 의존감에서 벗어나는 데 매우 중요하다는 것을 말해준다. 그러므로 우울하다고 해서 사회생활을 포기하고 집에 틀어박혀 있어서는 절대 안 된다!

결론적으로 말해 운명통제가 가능하려면 자기 자신, 미시적인 주변 환경, 거시적인 환경인 사회를 모두 통제할 수 있어야 한다. 이때 앞의 두 가지는 개인의 힘만으로도 어느 정도까지 통제할 수 있지만 사회는 사회적 집단의 힘으로만 통제할 수 있다. 마지막으로 한 가지만 더 언급하고 싶은 것은 '사회적 집단의 힘'에 대한 강한 신뢰와 믿음이 놀라운 통제력을 낳는다는 사실이다. 민중이 강력한 사회적 힘으로 조직화되지 못한 조건에서도 뛰어난 선구자들은 발군의 통제력을 발휘하는 경우가 많다. 그런데 이때 그들이 가진 통제감 혹은 통제력은 작게는 자기가 속한 조직에 대한 믿음, 크게는 계급이나 민족의 힘에 대한 굳은 신뢰에서 비롯된다. '나는 우리 민족의 힘과 잠재력을 믿는다. 하여 나는 한 알의 밀알이 되고 한 점의 불씨가 되기를 진정으로 바랄 뿐이다.'라는 신념을 가진 인물이 운명통제 욕구를 포기할 리는 없을 것이다. 그러니 적어도 민중, 민족에 대한 비관론보다는 민중, 민족이 역사의 주체임을 굳게 믿는 낙관론이 정신건강에는 훨씬 더 좋을 것 같다.

(4) 정신문화

모든 사람은 정신문화적 욕구를 가지는데 여기에는 지적인 욕구, 심미적 욕구, 정서생활에 대한 욕구 등이 포함된다. 이 정신문화적 욕구는 태초에는 운명통제 욕구로부터 파생된 것 같다. 사람이 자신의 운명을 통제하려면 세계에 존재하는 법칙들을 파악하고 이용해야 하므로 그것은 끊임없는 지적 탐구활동을 이끌었을 것이고 이러한 과정에서 고차원적인 정신이 탄생했을 것이기 때문이다. 그러나 사람의 정신능력이 고도로 발전함에 따라 그것은 점차 상대적 독립성을 가지게 되었고 그에 따라 정신문화적 욕구가 독자적으로 발생한 것으로 추정해볼 수 있을 것 같다.

지적 욕구를 대표하는 것이 호기심인데, 일부 동물들도 이 호기심을 약간은 가지고 있다. 그러나 동물의 호기심은 생물학적인 욕구 실현의 범위를 벗어나지 못하지만 사람의 호기심은 그야말로 무궁무진하다. 서양에는 'Curiosity kill the cat(호기심이 고양이를 죽였다).'이란 말이 있는데 이는 호기심 많은 고양이가 위험한 곳을 여기저기 얼쩡대다가 잘못하다간 죽기도 한다는 뜻이다. 이 말처럼 고양이를 비롯한 동물의 호기심은 별스런 결과를 내놓지 못하지만 사람의 호기심은 찬란한 문명을 탄생시켰다. 사람의 호기심은 옆집의 젓가락이 몇 개인지 궁금해 하는 것에서부터 시작해 우주의 끝까지 끝을 모르고 뻗어나가기 때문이다. '못 배운 게 한이다.'라는 말 또한 사람이 가진 지적 욕구가 얼마나 크며 그것이 실현되지 못했을 때 얼마나 가슴 아파 하는지를 잘 보여준다.

사람들은 문화적 욕구도 가진다. 문화란 사람들의 정신적 욕구를 충족시키며 그들의 자질과 능력을 표현하고 담보하는 가치 있는 역사적 창조물의 총체를 말한다. 이 정의에서 알 수 있듯이 문화는 사람들의 정신적 욕구를 충족시키기 위해 만들어졌으며 그것을 위해 존재하는 것이다. 따라서 문화는 사람의 정신적 욕구에 부응하기 위해 계속 새롭게 창조되면서 발전한다. 인류가 발전함에 따라 문화도 끊임없이 발전하고 풍부해지는 것이다.

심미적 욕구에는 질서, 아름다움, 대칭의 추구 등이 포함된다(아마도 이것들은 고차적인 사고과정에서 요구되는 일관성, 논리성 등과 밀접한 연관을 갖고 발생한 것 같다). 사람들은 누구나 추한 것을 싫어하고 아름다운 것을 좋아한다. 그러나 아름다움에 대한 기준이 절대적이지는 않다. 그것은 보편성을 가지고 있기는 하지만 시대, 사회, 집단, 개인차 등에 따라 달라진다. 예를 들면 옛날에는 여성을 다산(多產)능력을 기준으로 평가했기 때문에 풍만한 여성이 미인이었으나 요즘에는 늘씬하다 못해 좀 마른 여성들이 미인으로 인정받는다. 또 과거 한국에서는 달덩이 같은 얼굴을 예쁘다고 했으나 요즘에는 미국문화의 영향을 받아 갸름하고 서구적인 얼굴이 인기이다. 이렇게 아름다움 혹은 미의 기준은 시대나 문화에 따라 달라진다. 또한 그 기준은 사회계급적 처지에 따라 달라지기도 한다. 요즘 사람들은 대부분 이집트의 피라미드나 로마의 콜로세움을 아름답다고 느끼겠지만 당시에 그것을 만드는 데 강제로 동원되었던 노예들의 눈에는 그것들이 그리 아름답게 보이지 않았을지도 모른다.

사람은 배만 부르다고 해서 행복감을 느끼는 존재가 아니다. 사람은 가난보다 문화적 빈곤을 더 못 견디는 존재이기도 하기 때문이다. 배고픈 목동이 풀피리를 불고 집 없는 김삿갓이 천하를 주유하며 시를 읊은 것을 보면 필시 사람에게는 생물학적 욕구보다는 정신문화적 욕구가 더 중요한 듯하다. 그러기에 김구 선생도 다음과 같은 말을 하지 않았겠는가.

> "나는 우리나라가 세계에서 가장 아름다운 나라가 되기를 원한다. 가장 부강한 나라가 되기를 원하는 것은 아니다. 내가 남의 침략에 가슴 아팠으니, 내 나라가 남을 침략하는 것을 원치 않는다. 우리의 부력(富力)은 우리의 생활을 풍족히 할 만하고, 우리의 강력(强力)은 남의 침략을 막을 만하면 족하다. 오직 한없이 가지고 싶은 것은 높은 문화의 힘이다. 문화의 힘은 우리 자신을 행복하게 하고, 나아가서 남에게 행복을 주기 때문이다."

(5) 자존감

'자존감'이란 자신의 사회적 가치에 대한 자각에 기초해 형성되는 스스로를 존중하는 마음이다. 자신이 사회적 존재임을 일차적으로 긍정해주는 것이 사랑이라면, 자신이 사회에 반드시 필요한 존재임을 적극적으로 확신하게 해주는 것이 바로 자존감이다. 이런 점에서 '사랑'이 사회적 존재가 되기 위한 다소 '소극적인 욕구'라면, 자존감은 사회적 존재가 되기 위한 '적극적인 욕구'라고 할 수 있다. 사람은 단순히 사회의 한 구성원으로 수용되고 인정받는다고 해서 그것에 만족하지 않는다. 사람이라면 누구나 다 자신이 사회적으로 가치 있는 존재이기를 바라기 때문이다.

자존감은 건강한 인격과 밀접하게 관련되어 있다. 매일 도둑질할 궁리나 하고 감옥을 제집 드나들듯 하는 사람이 자존감을 가질 수는 없지 않은가. 건강한 인격을 가진 사람은 스스로 그리고 사회로부터 좋은 평가를 받고 존경도 받게 되므로 높은 자존감을 가지게 된다. 또한 자존감을 가지려면 사회적 자질과 능력수준도 높아야 한다. 아무리 선한 마음을 가지고 있더라도 마음만으로는 사회를 위해 가치 있는 일을 할 수 없다. 물론 사회에 기여하겠다는 마음을 가진 사람은 자신의 자질과 능력을 높이기 위해 열심히 노력하므로 두 가지는 대개 일치하는 경향이 있다. 그러나 선량하지만 가난하고 못 배웠다는 것 때문에 열등감을 가진 사람들도 존재하는데 그들은 전반적으로 자존감이 높지 못하다. 동시에 비상한 재주를 가지고 있음에도 그것을 나쁜 데만 사용하는 사람들도 있는데 그들 역시 자존감이 낮다. 즉 높은 자존감은 건강한 인격 그리고 높은 자질과 능력이 겸비될 때에만 가질 수 있는 것이다.

자존감의 형성에는 부모, 자기 자신, 사회가 영향을 미친다. 자존감의 형성에는 무엇보다도 어릴 때 부모로부터 받은 사랑, 지지와 격려 등이 결정적인 영향을 미친다. '집에서 대접받지 못한 사람은 밖에서도 대접받지 못한다.'는 말이 잘 보여주듯이 부모로부터 냉랭한 대접을 받고 비난받으며 자란 사람은 나중에 훌륭한 인격과 능력을 소유하게 되더라도 만성적인 자신감 부족과 저평가된 자존감을 갖게 되는 경우가 많다. 세상 사람들이 칭찬을 많이 해주더라도 그는 감정적으로는 좀처럼 자신감과 자존감을 느낄 수 없기 때문이다. 즉 머릿속으로는 '나는 가치 있는 사람이다.'라고 생각하지만 심리적 에너지가 그것을 뒷받침해주지 못해 자존감이 위태위태하게 흔들리는 것이다. 자존감의 형성에는 또한 스스로가 내린 자아에 대한 평가가 영향을 미친다. 부모로부터 평가절하된 자아를 아이가 스스로 높게 평가할 가능성은 거의 없지만 그래도 인생살이를 통해 자아에 대한 재평가를 할 수는 있다. 어쨌든 사람들은 자아를 평가한 결과에 따라 그것을 수용함으로써 자신을 사랑하게 되기도 하고 반대로 그것을 거부함으로써 자신을 증오하게 되기도 한다. 이때 성공적인 자아 수용은 자존감을 낳지만 자아 수용에 실패하면 열등감을 가지게 된다. 자존감에는 또한 사회의 평가가 영향을 미친다. 세상 사람들의 칭찬과 존경, 사랑은 자아 평가의 중요한 기준으로 작용한다. 건강한 인격을 소유하고 자질과 능력도 뛰어난 사람은 사회적 존재로서의 가치가 매우 높다. 따라서 이들은 사회적으로 존경을 받게 되고 그 결과 높은 자존감을 갖게 된다.

자존감 욕구의 실현은 돈으로는 절대로 살 수 없는 뿌듯한 행복감과 보람을 느끼게 해주고 그것은 다시 자신감과 자존감을 강화함으로써 사회를 위해 더 많은 기여를 하겠다는 결심을 다지게 해준다. 사회적 약자들을 위해 헌신하거나 여러 가지 자원봉사활동 등에 참가하는 사람들이 가슴 벅찬 보람과 기쁨을 체험하는 것도 이와 관련된다.

반대로 자존감 욕구의 실현이 좌절되면 열등감을 가지게 된다. 열등감에는 '나는 마음씨가 나쁜 사람이다.', '나는 평생 동안 돈과 권력만 좇아 다녔다.'와 같은 도덕적 평가에 기초한 열등감과 '나는 능력이 없다.', '나는 못 배워서 너무 무식하다.'와 같은 자질과 능력의 평가에 기초한 열등감도 있다. 또한 '내 인생은 날품팔이 인생이다.', '나한테는 전세방 하나 없는데 저놈들은 집을 성냥갑 모으듯 하는구나.', '우리 식구는 언제가 되어야 백화점에 마음 놓고 한번 가볼 수 있을까?' 등과 같은 사회계급적 처지에 기초한 열등감도 있다.

열등감만큼 사람을 힘들게 하는 것도 없다. 열등감이 심하면 매사를 삐딱하게 보게 되므로 결국에는 마음속이 온통 비비 꼬여버리게 된다. 열등감이 심한 사람에게서 공정함, 겸손함, 아량, 사랑 등을 발견하기는 백사장에서 바늘 찾기만큼이나 어렵다. 열등감이 심한 사람은 악착같이 권력과 부를 추구하기도 하고, 자기보다 잘난 사람을 눈엣가시처럼 여겨 끈질기게 발목잡기를 시도하기도 한다. 한 마디로 자기보다 잘난 놈을 참지 못하고 남 잘되는 꼴을 보지 못하는 것이다. 그리고 열등감이 심한 사람은 전혀 화를 낼 만한 상황이 아닌데도 벌컥벌컥 화를 내기도 하고, 남들이 모여 무슨 얘기라도 할라치면 자기 욕을 한다는 피해망상에 사로잡혀 괜히 이를 갈기도 한다. 이들은 또한 도무지 타인의 의견을 받아들이지 않는다. 왜냐하면 그들에게 있어서 다른 견해를 인정하는 행동은 자신이 열등하다는 걸 인정하는 것으로 여겨지기 때문이다. 여기에 더해 열등감이 심한 사람은 열등감을 만회하고 그것을 위장하기 위해 입만 열면 자기자랑을 하기도 하고 심하게 자기과시적인 행동을 하기도 한다. 이 외에도 열등감의 폐해는 아주 많으나 지금까지의 사례들만으로도 열등감이 얼마나 나쁜지는 충분히 전달되었으리라 믿는다. 사실 인류역사에 있었던 크고 작은 비극적 사건들의 배후에는 열등감의 화신이 또아리를 틀고 앉아 있는 경우가 허다했다.

그런데 열등감은 객관적인 원인에 근거하고 있는 것들도 있지만 심리적 불건강성에 의해 심각하게 부풀려진 것들도 있다. 예를 들면 사회적 빈부격차에 따른 열등감 등은 객관적인 사회적 원인에 근거하고 있으므로 그 원인을 제거하면 그리 어렵지 않게 해소될 수 있다. 그러나 어린 시절 부모로부터 사랑받고 존중받지 못해 형성된 열등감처럼 '심리적 불건강성'에 기초한 열등감은 치유하기가 매우 어렵다. 왜냐하면 그것은 열등감의 객관적 근거가 사라지더라도 대부분 그대로 지속되는 경향이 있기 때문이다.

열등감을 해소하기 위해서는 무엇보다 자기 자신을 있는 그대로 수용하고 사랑할 수 있어야 한다. 즉 '나는 남들에 비해 부족한 점도 많이 가지고 있지만 남들에게는 없는 나만의 장점도 있다.'는 진실을 깨닫는 것이다. 다음으로는 열등감을 유발하는 객관적 원인을 없애기 위해 노력해야 한다. 마음이 불량하면 반성을 통해 마음을 정화하고, 능력과 자질이 부족하면 열심히 노력해 그것을 끌어올려야 한다. 그런데 이때 한 가지 주의할 점이 있다. 예를 들면 자신의 얼굴이나 체형이 못났다고 생각하면서 성형수술을 통해 그것을 극복하려는 사람들이 있는데, 그것은 열등감의 원인을 잘못 진단한 것이다. 이 경우 열등감의 진짜 원인은 본인의 얼굴이나 체형에 있는 것이 아니라 인간의 몸을 상품화하는 잘못된 사회에 있기 때문이다. 따라서 잘못된 사회에 메스를 대지 않고 자꾸 자기 얼굴에만 메스를 대다가는 엉뚱한 피해를 입을 수도 있다. 왜냐하면 성형수술을 통해 얼굴을 개조한다고 해서 외모 콤플렉스를 극복할 수 있는 것은 아니기 때문이다.

오히려 그것은 '지금의 내 얼굴은 단지 조각품일 뿐이야.'와 같은 변형된 열등감이나 '내 본래 얼굴을 사람들이 알게 되면 어쩌지?', '왜 내 얼굴은 엄마하고 다르냐고 아이가 물어보면 어쩌지?' 등과 같은 우려들 때문에 새로운 불안을 낳을 수도 있다. 즉 그것은 자존감에 손상을 주거나 정서적 안정을 해칠 수도 있다는 것이다(이런 점에서 볼 때 성형사실을 세상만방에 공개하는 게 정신건강에는 더 유리하다). 따라서 더 큰 피해로 귀결될 수도 있는 소모적인 노력을 하지 않기 위해서라도 열등감의 원인을 아주 정확히 진단해야 할 것이다. 나아가 있는 그대로의 자기를 수용함으로써 자신을 사랑하고 존중하는 것의 중요성을 다시 한 번 강조하고 싶다.

자존감이 아주 낮은 사람은 스스로를 학대하는 경향이 있으며 자신의 권리를 포기하는 데에도 매우 익숙하다. 통속적 표현을 빌리자면 자기 몸뚱아리를 함부로 굴려대며 노예처럼 비굴하게 사는 것이다. 그 결과 이들은 자포자기의 심정으로 사회적으로 기피되는 직업에 자원하기도 하고 마조히즘(피학대)적 관계에 빠져들기도 하는데 그것은 또다시 자존감을 손상시킨다. 그야말로 자존감이 완전히 바닥날 때까지 악순환이 계속되는 것이다. 반면에 자존감이 높은 사람은 스스로를 존중하기 때문에 자신을 잘 보살피고 대접하며 자기 권리를 당당하게 행사하려고 한다. 나아가 주눅 들지 않고 당당하게 세상과 맞서 나가며 자기 자신과 사회의 발전을 위해 계속 노력한다.

자존감 욕구의 최고표현은 자아실현이다. '자아실현'이란 인류에게 봉사하기 위해 자신의 잠재력을 최대한으로 개발하고 실현하는 것을 의미한다. 인본주의 심리학자들은 자아실현을 사회와 분리해 개인적인 문제로 고찰하는데 이는 심각한 잘못이다. 세상 밖에 뚝 떨어져 고립되어 있는 사람이 존재할 수 없는 것처럼 세상과 분리된 개인만의 자아실현이란 있을 수 없기 때문이다. 어떤 사람이 자아를 실현하겠다며 깊은 산속에 들어가 도를 닦는다고 해보자. 만약 그것이 사회 속에서 활동을 하다가 잠시 사색을 하고 자신을 재충전하기 위한 것이라면 전혀 문제될 게 없다. 그러나 그것이 세상이 이리 되든 저리 되든 내 알 바 아니라는 식으로 주야장천 산에만 파묻혀 있는 것이라면 얘기가 달라진다. 왜냐하면 그것은 자아실현과는 아무런 인연도 없는 '세상으로부터의 도피'일 뿐이기 때문이다. 인류의 고통과 세상의 부조리에 눈과 귀를 틀어막고 앉아서 닦는 '자기수양'이란 도대체 무엇이고 그렇게 해서 실현하는 '자아'에는 도대체 무엇이 들어앉아 있는 것인가? 모름지기 세상과 격리되어 자기만의 세계에 몰입하는 것은 분명 사이비 종교인과 정신병자의 공통된 자아실현 방식일 것이다.

예수는 헐벗고 굶주리고 병든 밑바닥 인생들 속으로 들어가 그들을 위해 그들과 함께 살았지 동굴 속에 틀어박혀 있지 않았다. 붓다 또한 득도를 한 뒤 진리를 전하기 위해 세상 속으로 뛰어들었다. 붓다는 수행을 하면서 제자들에게 마을을 돌아다니며 밥을 공양 받도록 했는데, 만약 민중들이 붓다 일행에게 밥을 안 주면 꼼짝없이 굶어야만 했다. 이는 밥을 직접 해먹기 싫어서가 아니라 자신이 깨달은 진리가 세상에 도움이 되는지 안 되는지를 붓다가 민중들로부터 심판받으려 했다는 것을 의미한다. 즉 자신의 수행이 세상에 전혀 도움이 안 되는 공염불에 불과하다면 민중들의 심판을 받아 깨끗이 굶어죽겠다는 강력한 의지의 표현인 것이다. 예수와 붓다가 많은 사람들에게 지금까지 존경받는 것은 그들이 동굴 속에 자리를 깔고 앉아 독야청청했기 때문이 아니라 단 한 순간도 세상을 외면하지 않고 가난한 민초들과 함께 울고 웃으며 자아를 실현했기 때문이다. 그러니 사회와는 무관한 고고한 자아실현이란 결국 비겁하고 이기적인 삶을 가리기 위한 공허한 자기기만일 뿐이다.

지금까지 우리는 여러 가지 사회적 욕구들에 대해 살펴보았다. 이것은 사회적 존재인 사람이라면 누구나 가지는 뿌리 깊은 욕구이며 그것의 실현이 좌절될 경우 심리적 병을 앓게 되는 본능적인 욕구들이다. 사람은 이런 욕구를 구태여 애써서 자각할 필요조차 없다. 그 욕구들은 자동적으로, 무의식적으로 작동하기 때문이다. 이제부터는 본능적인 '욕구'가 아닌

'요구'에 대해서 살펴보자.

3. 사회적 요구와 의식적 목표

사람이 가진 욕구들은 인위적으로 제거할 수 없으며 무의식적, 자동적으로 작동하므로 '본능'이라고도 할 수 있다. 즉 생물학적 욕구는 '생물학적 본능' 그리고 사회적 욕구는 '사회적 본능'이라고 할 수 있는 것이다. 그런데 사람은 사회적 '요구'도 가진다. 한국어에서 요구는 보통 두 가지 의미로 쓰이는데 그 하나는 '생리적 요구', '생활의 요구'에서처럼 '필요'라는 의미이고 다른 하나는 '정치적 요구', '대중의 요구'에서처럼 '원한다, 요구한다'는 의미이다. 이 장에서 사용되는 '요구'의 의미는 후자이다.

요구는 욕구와는 달리 생득적 맹아를 전혀 가지고 있지 않다. 즉 그것은 동물이나 유아에게서는 흔적조차 찾아볼 수 없다. 이런 점에서 요구는 순수하게 사회적인 것이라 할 수 있다. 요구는 또한 자동적, 무의식적으로 작동하기보다는 대부분 의식적으로 작동하며 의식적인 과정을 거쳐 형성된다. 그러나 요구와 욕구는 한 가지 공통점을 갖고 있는데, 그것은 두 가지 모두 사람을 '동기화'시킨다는 것이다. 즉 요구와 욕구는 모두 사람으로 하여금 목표를 설정하게 함으로써 사람의 활동방향을 규정하고 심리적 에너지를 발동시키며 활동강도를 규제한다.

그렇다면 사회적 요구에는 무엇이 있을까?

(1) 사회집단의 요구

사람은 누구나 이런저런 사회집단에 속해 있다. 사회집단은 가족, 친족, 학교, 마을, 동호회, 회사, 군대, 직업집단, 연령집단, 계급계층, 민족 등 아주 다양하다. 세상에 태어난 아이는 어른으로 성장해 사회생활을 하게 되면서부터 필연적으로 특정 사회집단들에 소속된다. 따라서 사회생활을 하는 정상인이면서 어떤 사회집단에도 소속되지 않은 개인이란 있을 수 없다.

그런데 각각의 집단들은 서로 이해관계가 다를 수 있다. 예를 들면 한반도 대운하라는 정부정책은 건설회사나 땅투기꾼에게는 이익이 되지만 환경재앙을 일으킨다는 등의 이유로 인해 다수의 국민들에게는 해로울 수 있다. 이럴 경우 사회집단들은 각각의 이해관계에 따라 서로 다른 요구를 내세우게 된다. 건설회사들과 '땅사모'(땅을 사랑하는 부자들의 모임)는 대운하를 빨리 뚫으라고 요구할 테지만, 다른 사회집단들은 대운하를 뚫지 말라고 요구할 것이다. 이런 식으로 사회집단들은 이해관계에 따라 서로 다른 요구를 가지게 된다.

사회의 지배계급은 자신의 요구를 선전하고 관철할 수 있는 권력과 재력을 가지고 있다. 그렇기 때문에 일반적으로 지배계급이나 집단의 요구가 해당사회를 지배한다. 자본주의사회의 경우 지배계급인 자본가계급의 이윤추구 요구(이것은 자본가들에게 깊이 체질화되어 무의식적으로 작동하므로 자본가계급의 본능이라고 해도 될 것이다)가 전 사회를 지배하게 되는 식이다. 이에 따라 실제로는 실현불가능하지만 개개인들에게도 무제한적인 이윤추구가 장려되고 그 결과 사회구성원들 간에는 '남을 죽여야만 내가 산다.'는 강박관념에 기초한 처절한 경쟁이 벌어진다. 이렇게 특정한 시기, 특정한 사회에는 지배계급의 요구가 보편화되고 전면화되므로 그것은 모든 사회구성원들에게 결정적인 영향을 미치게 된다.

일정한 사회집단에 소속되어 있는 개인이 그 집단의 요구에서 자유로울 수는 없다. 따라서 일반적으로 개인들은 그가 소속되어 있는 집단의 요구를 자신의 요구로 가지게 된다. 즉 사회집단의 요구를 내면화하는 것이다. 그러나 개인이 소속된 집단과 개인의 내면화된 요구가 무조건 일치하지는 않는다. 회사의 해고에 맞서 파업을 하는 노동자들을 생각해보자. 회사에서 간부직책을 맡고 있거나 관리직인 사람들은 전반적으로 파업을 반대할 것이다. 그러나 그들 중에도 '파업은 노동자의 정당한 권리'라고 생각하는 사람이 있을 수 있다. 반대로 노동자들은 대부분 파업을 지지하겠지만 일부 노동자들은 회사 편이 되어 파업을 파괴하기 위해 맹활약하기도 한다. 즉 이것은 사회집단과 개인의 요구가 100% 일치하지는 않는다는 것을 말해준다.

사람은 고급스러운 정신능력 덕분에 몸은 이 집단에 속해 있지만 마음은 저 집단에 둘 수가 있다. 즉 개인은 자신이 속한 집단이 아닌 다른 사회집단의 요구를 내면화할 수도 있다는 것이다. 지주 출신이면서 농노해방과 토지개혁을 지지했거나 부유층 출신이면서 노동운동을 지도했던 사람들의 존재가 이를 잘 보여준다.

또한 어느 사회집단을 기준으로 판단하느냐에 따라 개인들이 내면화하는 사회적 요구의 내용은 크게 달라진다. 예를 들어보자. 지구온난화를 막기 위해 공해방지 장치를 설치하는 경우 그것은 단기적으로 이윤을 줄이므로 기업들에게는 해롭다. 그러나 지구온난화를 막지 못하면 기업집단을 제외한 나머지 사람들만 피해를 입는 게 아니라 모든 인류가 전멸할 수도 있다. 따라서 기업인들이 기업집단이 아니라 인류라는 집단을 기준으로 판단하면 공해방지 장치를 설치하는 것은 궁극적으로 자신에게도 이익이 된다는 점을 알 수 있다. 자본가계급이 지배하는 유럽의 자본주의 나라들이 지구온난화를 막기 위해 나선 것이나, 미국의 일부 부호들이 사회를 위해 재산을 내놓기도 하는 것도 협소한 자본가집단이 아니라 전체 인류나 사회를 기준으로 생각을 할 수 있었기에 가능했을 것이다. 이렇게 어느 사회집단을 기준으로 놓고 판단하느냐에 따라 사회적 요구는 달라진다.

(2) 사상과 신념의 요구

집단의 요구에 기초를 두면서도 그것으로부터 일정한 독립성을 가진 요구가 있는데, 그것은 사회구성원들에게 영향력을 가지는 사상이나 신념 등이 제기하는 요구이다.

특정 종교를 신봉하는 사람, 특정 사상을 지지하는 사람은 그 사상이나 신념의 요구를 자신의 요구로 받아들이게 된다. 그리고 그 사상이나 신념을 신봉하는 정도가 강하면 강할수록 그것은 집단의 요구보다 더 중요한 의미를 가지게 된다. 자신이 속한 사회집단보다 종교적 신념에 기초한 요구를 더 중요하게 여기는 것이 하나의 예가 될 것이다.

인류역사에서 진보-보수, 좌익-우익, 기독교-이슬람교 등의 대립과 충돌이 끊이지 않았던 것도 사상과 신념의 요구가 개인과 사회에 얼마나 큰 영향을 미치는지를 잘 보여준다. 개인은 자신이 가진 사상과 신념에 따라 잔인한 독재자도 테러리스트도 될 수 있으며 박애주의자도 환경운동가도 될 수 있는 것이다.

사회적 요구는 개인에게 자동적으로 내면화되지 않는다. 특히 지배계급이 아닌 사회집단에 소속된 사람들은 해당사회를 뒤덮고 있는 지배계급의 요구로 인해 자신이 속한 집단의 요구를 깨닫기가 무척 힘들다. 따라서 이들이 그 요구를 정확히 파악하고 내면화하기 위해서는 일정한 의식화 과정이 필요하다. 사회집단의 요구는 적절하게 교육되고 선전되기만 한다면 그 집단에 소속된 개인들에게 깊이 내면화될 개연성이 매우 크다. 왜냐하면 사회집단의 요구가 실현되면 그 집단에게 이익이 되고 그 결과 집단에 소속된 개인들에게도 이익이 되기 때문이다. 그러나 앞에서 살펴보았듯이 사회집단의 요구와 그 구성원의 요구가 완벽하게 일치하지는 않는다.

내면화된 사회적 요구는 개인의 인생에 지대한 영향을 미친다. 한평생을 일관되게 살았던 인물들은 거의 다 특정한 사회적 요구를 내면화하고 그것을 실현하는 데서 삶의 가치와 행복을 찾았던 사람들이다.

4. 욕구와 요구들 간의 관계

욕구는 사람에게 주로 자동적, 무의식적으로 영향을 미치는 반면 요구는 주로 의식적으로 영향을 미친다. 물론 요구도 개인에게 깊숙하고 강렬하게 내면화되어 체질화되면 무의식적으로 작동할 수 있다. 그러나 적어도 요구의 내면화는 사람의 의식적인 수용과정을 반드시 필요로 한다는 점에서 욕구와는 구별된다. 욕구와 요구는 모두 사람으로 하여금 목표를 설정하게 하는데, 통상적으로 욕구는 '무의식적 목표'로 요구는 '의식적인 목표'로 나타난다.

사람의 활동은 목표를 실현하기 위해 발생하고 목표가 가리키는 방향을 따라 진행된다. 우선 욕구와 요구는 그것을 충족시켜주는 대상 혹은 목표에 대해 사람들이 민감하게 반응하도록 유도한다. 또한 그것은 표상, 감정, 의지와 같은 심리현상들을 동반하며 특히 심리적 에너지를 강하게 발동시킨다. 욕구와 요구가 강하면 강할수록, 목표실현에 대한 열망이 크면 클수록 의지는 굳세어지고 심리적 에너지의 양은 더 커진다. 욕구와 요구는 이렇게 목표를 실현하도록 사람을 강하게 동기화하기 때문에 그것들은 사람을 행동하게 만들고 그 행동의 성격을 규제하는 기본원인이 되는 것이다.

그렇다면 욕구와 요구는 서로 어떤 관계에 있을까?

첫째, 사회적 요구는 사회적 욕구를 지배하며 사회적 욕구는 생물학적 욕구를 지배한다. 1592년 일본군대가 쳐들어오자 이 땅의 애국자들과 민중은 전국 방방곡곡에서 의병을 조직해 침략자와 맞서 싸웠다. 민족적 독립을 지켜내야 한다는 사회집단의 요구를 실현하기 위해 모두가 한 마음이 되어 궐기한 것이다. 이때 사랑, 양심, 운명통제 등의 사회적 욕구들은 모두 이 사회적 요구에 종속되었고 그 지배를 받았다. 민족을 지켜내지 못하고서는 개인의 사회적 욕구는 아무 의미도 없기 때문이다. 생물학적 욕구야 구태여 말할 필요도 없을 것이다. 항쟁자들은 끼니를 굶으면서도 싸웠고 전투할 때는 화장실이 급해도 참았다는 정도만 말하면 충분하지 않을까? 1960년의 4 · 19혁명, 1980년의 광주민주화운동, 1987년의 6월 항쟁 등도 같은 맥락에서 이해할 수 있을 것이다. 아마 일부 사람들은 이런 의문을 제기할 수도 있을 것이다. 사회적 요구가 그렇게도 강력하다면 생물학적 욕구와 사회적 욕구들은 무슨 의미가 있는가? 이런 의문에 답하기 위해 좀 단순하게 정리를 해보겠다. 생물학적 욕구가 주로 인간의 단기적이고 부차적이며 협소한 행동, 예들 들어 물을 먹거나 식당으로 가는 등의 행동과 관련된다면 사회적 욕구와 요구는 장기적이고 근본적이며 광범위한 활동과 관련된다. 즉 생물학적 욕구가 일상적이지만 인생에는 그리 큰 의미가 없는 사소한 행동을 만들어낸다면 사회적 욕구와 요구는 긴 시간에 걸쳐 인생에 매우 중요한 사건들을 써나가는 것이다. 다만 여기에서 사회적 욕구가 개인적인 행동과 좀더 많이 관련된다면 사회적 요구는 사회적, 집단적 행동과 좀더 많이 관련된다고 말할 수는 있을 것 같다.

둘째, 욕구와 요구들은 서로 밀접히 연관되어 사람의 행동에 영향을 미친다. 여러 욕구와 요구가 독불장군처럼 독자적으로 홀로 작용하는 경우는 거의 없다. 그것들은 서로 밀접한 연관 속에서 상호간에 영향을 줌으로써 사람이 가지는 수많은 욕구와 요구들을 탄생시킨다. 예를 들어 '탐욕'을 한번 살펴보자. 탐욕은 여러 가지 욕구와 요구들의 결합에 의해 만들어진다. 우선 탐욕에는 자본주의사회의 지배계급인 자본가집단의 '이윤추구 요구'가 결정적인 영향을 미친다. 또한 자본주의사회는 패배자와 낙오자에게 매우 가혹하기에 경쟁에서의 탈락은 생존권 박탈과 직결된다. 따라서 사람들은 너나없이 공포에 질려 돈에 강박적으로 집착하게 되므로 탐욕에는 생물학적 욕구인 '육체적 생존 욕구'도 결합된다(자본주의의 모순을 완화시키기 위한 사회적 장치들이 있는 나라들에서는 그 정도가 덜하다). 여기에 더해 사회가 병들어가는 데 따라 같이 병들어가는 가족은 많은 아이들을 애정결핍에 시달리게 한다. 만약 이 아이들이 자라나서 결핍된 사랑을 재물에 투사하면 돈을 모으는 데 집착하게 될 수도 있다. 그러면 탐욕에는 사회적 욕구의 하나인 사랑에 대한 욕구도 영향을 미치게 된다. 또한 자존감의 욕구가 좌절될 때 생겨나는 열등감 등도 탐욕에 영향을 미칠 수 있다. 이런 식으로 여러 욕구와 요구들은 다양한 방식으로 결합해 새로운 욕구나 요구들을 만들어내는 것이다.

탐욕심 = 자본가집단의 이윤추구 요구(사회적 요구)
+ 육체적 생존 욕구(생물학적 욕구)
+ 사랑에 대한 욕구, 자존감의 욕구 등(사회적 욕구)

셋째, 사람들의 욕구와 요구의 수준은 계속 높아진다. 사회가 발전하고 사람의 수준이 높아질수록 사람은 더 광범위하고 깊은 욕구와 요구를 가지게 된다. 물론 반대의 경우도 성립할 것이다. 그런데 이때 대부분의 사람들에게 있어서 물질적 욕구는 어느 정도 충족된 후에는 그 기대치가 가파르게 상승하지는 않는다. 생계 걱정, 자식 걱정, 노후 걱정 등이 사라지면 물질적 욕구에 목숨 거는 사람은 그리 많지 않다는 것이다. 그러나 사회적 욕구와 요구들은 그렇지 않다. 예를 들어 살 만한 세상이 되면 오히려 사상, 정치, 과학, 기술, 문화 등과 관련된 사람들의 정신문화적 욕구는 더 강해지고 높아질 것이다. 따라서 오늘날의 인류가 위기를 잘 극복한다면 인류역사는 물질적 풍요가 아닌 정신문화적 풍요를 누리는 방향으로 계속 발전해나갈 것이다.

우리는 지금까지 사람을 동기화시키는, 즉 목적지향적으로 활동하게 만드는 욕구와 요구들을 살펴보았다. 인간행동의 원인에 단지 욕구와 요구만 있는 것은 아니겠지만 그것들이 가장 결정적이고 중요하다는 데에는 의심의 여지가 없다. 사람은 항상 자신의 욕구와 요구를 중심에 두고 그것을 실현하는 방향으로 활동을 전개하고 인생을 개척해나간다.

우리는 욕구들이 정상적으로 잘 실현되는 것이 매우 중요하며, 그것이 좌절되면 심리적 병으로 이어진다는 사실을 확인했다. 또한 사람은 건강

[표 4-3] 욕구와 요구

수 준	내 용	특 징	실현(만족)	좌절(불만족)	비 고
사회적 요구	사상과 신념의 요구	집단의 요구에 기초함. 그러나 독립성을 가짐	만족, 기쁨, 환희	분노, 절망, 한(恨)	사회역사 속에서 형성되고 발전함
	사회집단의 요구	자신이 소속되어 있거나 소속되기를 원하는 집단			
사회적 욕구	자존감	가치 있는 사회적 존재가 되고자 하는 욕구	자존감, 자신감, 행복감	열등감, 왜소함, 자기비하와 경멸	자아실현과 관련
	정신문화	정신적 발전, 미(美)와 문화에 대한 욕구 등	즐거움, 행복감, 만족감	안타까움, 답답함, 좌절감	운명통제 욕구와 연관
	운명통제	자기 운명의 주인이 되고자 함	기쁨, 자신감과 자아의 힘 상승	우울감, 무기력감, 의존심	생득적 기초 존재 / 심리적 병의 주요 원인
	양심	도덕감정과 도덕의식에 맞게 살고 싶은 욕구	자부심, 보람	죄의식, 죄책감, 불안·공포	
	사랑	사회적 존재가 되고자 하는 원초적 욕구	행복감, 기쁨, 소속감과 유대감	애정결핍감, 고립감, 소외감, 불신감, 불안	
생물학적 욕구	생존 욕구	육체적 생존을 위한 욕구	안도감, 편안함, 안정감	죽음에 대한 두려움, 공포	좌절될 경우 육체적 생존이 위협받음/사회적 욕구와 요구의 지배를 받음
	결핍 욕구	배고픔, 목마름, 번식욕 등의 생리적 욕구	만족감, 쾌감	배고픔, 목마름 등의 육체적 고통	

한 사회적 요구를 가져야만 가치 있는 인생을 살 수 있다는 것도 알게 되었다. 아마 독자들은 이 시점에서 다음과 같은 중요한 질문들을 할지도 모르겠다.

'사람들의 욕구가 좌절되지 않고 정상적으로 실현되는 사회란 어떤 사회일까? 사람들이 건강한 사회적 요구를 갖게 하려면 어떻게 해야 할까?'

사실 이런 질문들에 명쾌하게 답을 하는 것은 심리학의 범위를 벗어난다. 그러나 그것을 핑계 삼아 심리학이 그런 질문들을 마냥 외면해서는 곤란할 것이다. 적어도 심리학자라면 자신 있게 다음과 같은 주장은 할 수 있어야 하지 않을까? 바람직하고 건강한 사회를 규정하는 데에는 '사람의 욕구와 요구가 정상적으로 실현될 수 있는가'라는 기준이 반드시 포함되어야 한다고. 나아가 심리학은 다른 학문들과 힘을 합쳐 인류의 행복을 위한 사회발전 모델을 수립하는 데 기여하기 위해 최선을 다해야 할 것이다.

제5장

나는 생각하고 말할 줄 안다

— 사고와 언어

일반인들은 뛰어난 과학자들을 보면서 '야! 정말 대단해. 어떻게 저런 생각을 다 했을까.' 하고 감탄한다. 그리고는 천재적인 과학자나 이론가들은 보통 사람들과는 뭔가 다른 놀라운 정신능력을 가진 사람들일지도 모른다고 생각한다. 그러나 적어도 사고능력에 한해서는 평범한 사람들과 천재들 사이에는 질적인 차이란 존재하지 않는다고 말할 수 있다. 다만 정도의 차이, 양적인 차이만 존재할 뿐이다. 즉 사람은 동물로서는 도저히 따라갈 수 없는 질적으로 다른 고차원적 사고능력을 가지고 있지만 사람들 사이에는 그러한 질적 차이가 존재하지 않는다는 것이다. 정신적 장애가 있는 특수한 경우를 제외한다면 모든 평범한 사람들도 다 과학자와 질적으로 똑같은 추상적이고 논리적인 사고를 할 수 있으며 실제로도 하고 있다. 물론 천재는 단순히 사고능력만으로 될 수 있는 게 아니므로 다른 영역에서의 타고난 재능이나 피눈물 나는 노력도 없이 공짜로 천재가 될 수 있다는 뜻은 아니다.

어쨌든 사고능력만을 놓고 볼 때 사람들은 평준화되어 있는데, 오래전부터 철학은 논리학이나 인식론 등을 통해 사람이 가진 특유한 사고능력과 그것에 작용하는 법칙들에 대해 연구해왔다. 심리학적 연구들은 이러한 철학적 성과들을 기초로 하면서도 그것을 과학적으로 새롭게 확증하거나 심화·발전시키는 데 나름대로 기여하고 있다. 우리는 여기에서 오랜 기간에 걸쳐 축적된 철학적 성과를 배경으로 사고와 언어에 대한 심리학적 연구들을 살펴보기로 하자.

1. 인식과 사고

'인식'이란 사물현상에 대한 인간의 능동적인 파악이다. 사람은 인식활동의 주체로서 인식의 목적과 대상 그리고 인식의 방법과 수단을 결정한다. 사람의 뛰어난 지적 능력은 본질적으로 인식능력이라고 볼 수 있다.

왜냐하면 사람은 인식을 통해 객관세계에 대한 지식을 획득하고 그것에 기초해 더 높은 인식활동을 하는 식으로 자신의 지적 능력을 지속적으로 발전시켜왔기 때문이다.

사람이 과학적 사고를 할 수 있는 것도 인식의 도움 없이는 불가능하다. 예를 들면 논리적인 '인과(因果)법칙'은 사람이 선천적으로 가지고 태어난 신비로운 논리나 범주가 아니라 인식활동의 산물이다. 호박꽃 씨가 떨어진 곳에서는 호박꽃이, 가지꽃 씨가 떨어진 곳에서는 가지꽃이 자라나는 것과 같은 자연현상들을 반복적으로 관찰하고 그것을 일반화한 것이 바로 '원인과 결과' 사이의 연관에 대한 인과법칙인 것이다. 이런 식으로 모든 논리법칙들은 객관세계에 존재하는 법칙을 사람이 인식함으로써 획득한 것들이다.

인식은 능동적이다. 객관세계는 마치 거울에 물건이 비치는 것처럼 사람의 의식에 수동적으로 반영되지 않는다. 그러므로 인식이란 객관적 현실의 주관적 반영이라고 말할 수 있다. 이때 객관세계가 어떻게 반영되는가 하는 것은 사람들의 적극적 활동에 의존한다. 초기 인류는 원시적인 수렵활동이나 채취생활에 대한 의존에서 벗어나 스스로 농사를 지으며 살기를 간절히 원했다. 그래서 자연에서 자라던 벼나 보리 등을 인공적으로 키우기 위해 끈질기고 다양한 시도를 되풀이하였고 그 결과 농사법을 알게 되었다. 이렇게 진리란 그것을 간절히 원하는 자가 실천을 통해 깨닫는 것이다. 객관세계의 반영은 또한 사람의 준비정도에 따라 달라진다. 사람의 수준이 높을수록 현실을 정확하고 깊이 있게 그리고 폭넓게 인식할 수 있다. 즉 사람은 자기가 아는 것만큼 보고 듣고 느끼게 되는 것이다. 누군가가 이 세상에 전혀 알려지지 않은 새로운 종류의 새를 보았다고 해보자. 그것을 본 사람이 조류학을 연구하는 과학자라면 그는 그 새를 학계에 보고함으로써 인류의 지식발전에 기여할 것이다. 그러나 만일 그것을 본 사람이 새에는 전혀 문외한인 일반인이었다면 '그것 참 특이하게 생긴 새로군.'이라고 말하며 그냥 스쳐지나갔을 가능성이 크다. 이렇게 똑같은 사물현상일지라도 사람의 수준에 따라 그것은 서로 다르게 반영된다.

그렇다면 인식과 사고는 어떤 관계에 있을까? 결론부터 말하면 인식과 사고는 밀접히 결합되어 하나로 통일되어 있다. 이성적인 사고의 내용과 법칙은 모두 인식의 결과로 획득한 지식에 기초하며, 이성적인 사고는 결국 세계에 대한 인식의 심화로 귀결된다. 이런 이유 때문에 철학에서는 인식의 높은 단계인 이성적 인식을 '이성적 사유(思惟)'라고 부른다. 즉 고차원적인 인식과 사유를 본질상 같은 것으로 보는 것이다. 심리학에서는 철학에서 사용하는 '사유'라는 개념 대신 주로 '사고'라는 개념을 사용하는데, 이 둘은 내용적으로 같다.

인식과 사고는 목적성과 논리성을 가진다. 인식과 사고는 모두 목적 실현을 지향하는 방향성을 가진다. 즉 인식과 사고는 욕구와 요구를 실현하거나 문제를 해결하는 등의 목적을 가지며 그것을 향하게 되는 것이다. 또한 인식과 사고는 체계적이고 논리적이다. 목적은 주먹구구의 방법으로는 절대로 실현할 수 없다. 왜냐하면 목적을 실현하려면 하위목표들과 방법론을 정확히 규정하고 그에 기초해 체계적으로 실천을 해야 하기 때문이다. 따라서 목적 실현을 지향하는 인식과 사고 활동 또한 체계적인 방식으로 논리적인 법칙에 따라 진행된다.

인식과정은 낮은 단계인 '감성적 인식'으로부터 시작해 '이성적 인식'으로 심화 · 발전한다. 여기에 대한 이해를 돕기 위해 '코끼리'를 인식하는 과정을 하나의 단순한 예로 들어보겠다.

2. 감성적 인식

우선 감성적 인식과 이성적 인식이 어떻게 다른지 살펴보도록 하자. 감성적 인식이 사물현상의 속성이나 외적 측면에 대한 생생한 직관을 말한다면 이성적 인식은 사물현상의 일반적이고 본질적인 속성들에 대한 추상적, 논리적 인식을 의미한다. 감성적 인식이 객관적 사물현상들을 생생하게 직접적으로 반영한다면 이성적 인식은 그것들을 추상적으로, 간접적으로 반영한다고 할 수 있다.

감성적 인식은 감각기관들을 통해 사물현상들의 형태, 크기, 색깔, 냄새, 소리, 굳기 등과 같은 외적이며 우연적이며 비본질적인 속성들을 직접 반영하는 인식의 첫 단계이다. 사람은 감성적 인식을 통해 외부세계와 직접적으로 연계를 맺으므로 만약 감성적 인식이 없다면 사람은 외부세계와 그 어떤 연계도 맺을 수 없게 된다. 그러나 감성적 인식단계에서는 생동한 직관을 통해 대상의 외적 측면만이 반영되기 때문에 인식의 심화 · 발전을 위해서 그것은 반드시 이성적 인식단계로 나아가야 한다.

감성적 인식의 세 가지 기본형태는 감각, 지각, 표상이다.

(1) 감 각

'감각'이란 객관적인 사물현상의 개별적 속성이 감각기관을 통하여 직접적으로 반영된 의식형태를 말한다. 감각은 가장 단순한 의식형태이며 모든 지식의 원천이 된다. 즉 감각은 감성적 인식의 다른 형태들인 지각과 표상 그리고 이성적 인식에 자료를 제공한다. 따라서 감각이 없다면 사람은 사물현상을 전혀 인식할 수 없을 것이다. 사람은 감각을 통해 사물현상의 빛깔, 소리, 냄새, 맛, 온도, 굳기 등과 같은 외적 징표, 개별적이고 구체적인 속성을 알게 된다.

동물의 감각은 순수 생물학적, 본능적 욕구에 따라 주위세계에 맹목적으로 순응하는 과정에서 만들어진 것일 뿐이다. 그러나 사람의 감각은 동물계로부터 분리되어 인간이 되는 사회역사적 실천과정 속에서 형성된 사회역사적 산물이다. 따라서 사람의 감각은 동물에 비해 매우 풍부하고 다양하며 섬세하고 구체적이다.

감각과정이란 객관세계의 사물현상이 만들어낸 자극이 의식으로 전화되는 과정을 말하는데 이를 간략히 살펴보면 다음과 같다. 사물현상의 자극은 물리적, 화학적 에너지를 발생시키고 그것이 사람의 감각수용기에 도달하면 신경흥분이 발생한다. 이때 수용기에서 발생한 신경흥분이 신경섬유를 따라 이동해 뇌에 도착하면 감각이 발생하는 것이다. 이 과정을 도식화하면 다음과 같다.

사물현상의 자극(토끼 출현)
→ 자극의 물리적, 화학적 에너지(토끼의 생김새가 만들어내는 시각적 에너지)
→ 감각수용기의 신경흥분
→ 신경흥분은 신경섬유를 따라 뇌로 이동
→ 신경흥분이 뇌에 도착 : 감각 발생(큰 귀, 짧은 꼬리, 흰 털, 빨간 눈 등)

코끼리가 나타나면 사람의 시감각은 굵은 다리, 넓적하고 커다란 귀, 길쭉한 코, 희고 길게 휘어진 상아 등에 대한 정보를 뇌에 전달한다. 또한 청감각은 '뿌우' 하는 소리를 그리고 후감각은 초식동물의 냄새를 뇌에 전달한다. 이후에 이 정보들은 지각의 재료로 활용된다.

감각수용기들은 신체의 외부와 내부에 분포하고 있다. 이때 신체 표면에 분포되어 있는 수용기들에 의해 발생하는 감각인 시각, 청각, 미각, 후각, 피부감각 등은 외부감각이다. 그리고 신체 내부에 있는 수용기들에 의해 생기는 감각인 장기 감각(배고픔, 갈증 등), 내장통각, 근육운동감각, 평형감각 등은 내부감각이다. 사람은 이러한 외부감각과 내부감각을 통해 사물현상들의 개별적, 구체적 속성을 알게 된다.

(2) 지 각

'지각'이란 사물현상들의 속성들을 '연관된 전체'로서 반영하는 인식현상을 말한다. 지각도 감각과 마찬가지로 객관적 사물현상이 사람의 감각기관에 직접 작용하여 발생한다. 그러나 지각은 감각과는 다른 자기만의 고유한 특성을 갖는데, 그것은 다음과 같다.

① 전체성

사물현상이 가지고 있는 속성, 측면들을 결합시켜 '하나의 전체'로 반영하는 특성을 말한다. 말단 감각기관인 눈이나 귀 등은 모두 신경활동의 아주 초기부터 차이는 강조하고 변하지 않는 것은 극소화시키는 것과 같이 능동적으로 입력자극을 변형시키는데, 이를 입력자극의 능동적 체제화라고 한다(Gleitman, 1995). 이런 체제화의 결과 사람은 자극들을 파편적으로가 아니라 통합된 '전체'로 지각하게 된다. 베르트하이머(Max Wertheimer: 1880~1943)가 주장한 형태지각에서의 '지각체제화(perceptual organization)' 법칙도 하나의 단순한 예가 될 수 있을 것이다. 그는 사람이 형태를 지각할 때 근접한 것, 유사한 것끼리 묶어 체제화, 전체화 한다고 주장했다. 예를 들면 다음의 여섯 선분을 지각할 때 사람들은 근접한 것끼리 묶어 세 쌍으로 지각한다는 것이다.

이런 식으로 사람은 개별적인 속성이나 측면들을 쪼개서 하나하나의 조각난 부분으로 지각하지 않고 그것들을 연관시키고 구조화시키고 체계적으로 통합해 가능한 한 '전체'로 지각한다.

② 의미성

지각과정은 사물현상이 단순히 뇌에 반영되는 과정이 아니라 사물현상을 이해하고 의미를 파악하는 복잡한 심리과정을 동반한다. 이런 점에서 지각이란 감각기관을 통해 수집된 정보를 기존의 지식에 기초해 해석하는 것이라고도 말할 수 있다.

감각을 통해 수집된 코끼리에 대한 각각의 정보들은 시각적인 전체로 통합되고, 청각적인 전체로 통합되며 그 모든 시각, 청각 정보들은 다시 해석이 가능한 '전체' 단위로 통합된다. 이렇게 감각정보에 기초해 해석을 하는 단계가 지각인데, 이때 지각은 두 가지 방식으로 이루어질 수 있다. 우선 코끼리에 대한 개념이 전혀 없는 경우를 상상해볼 수 있다. 이 경우에는 감각정보를 통합해 체제화함으로써 지금껏 전혀 보지 못했던 '거대한 동물'에 대한 전체적 상(像)을 갖게 된다. 이런 식으로 구체적인 감각자료에서 출발해 전체적 상을 지각하는 과정을 인지심리학에서는 '자료주도적 처리(bottom-up process)'라고 한다. 다음으로 코끼리에 대한 지식이나 개념을 이미 가지고 있는 경우를 고려해볼 수 있다. 이때는 부분적인 감각자료들이 전체로 통합되는 순간 머릿속에 저장되어 있던 코끼리라는 개념이 바로 튀어나온다. 따라서 사람들은 기존 지식에 기초해 순간적으로 '저건 코끼리다!'라는 판단을 내리게 된다. 이런 식으로 기존 지식 혹은 인식의 상위단계(표상, 개념, 판단, 추리 등)에서의 처리가 지각에 영향을 주는 것을 인지심리학에서는 '개념 주도적 처리(top-down processes)'라고 한다. 시각에서의 형태재인 등은 많은 경우 기존 지식이나 기대, 높은 단계의 사고과정 등의 영향을 받는데[이를 지각에서의 맥락효과(context effect)라고 부르기도 한다], 이것도 넓은 의미에서는 개념 주도적 처리에 포함된다고 할 수 있을 것이다.

어쨌든 코끼리를 한 번도 보지 못한 사람과 코끼리에 대한 개념을 가지고 있는 사람의 지각 결과는 전혀 다르다. 이는 지각 등의 인식과정은 인류가 축적해온 경험이나 지식 등과 분리해서는 존재할 수 없다는 것을 의미한다. 따라서 대개의 경우 사람의 인식은 이미 지각 단계에서 고차적인 사고를 동반함으로써 '의미성'을 획득한다.

③ **선택성**

사람은 많은 사물현상들 중에서 일정한 대상을 보다 똑똑하고 선명하게 반영한다. 이때 무엇에 주의(attention) 집중을 할 것인지를 결정하는 것은 크게 두 가지이다. 첫째는 목적의식성, 욕구와 흥미, 경험 등과 같은 주관적 요인들이 주의 집중에 영향을 미친다. 예를 들면 주의 집중은 식욕 같은 주관적 요인들에 의해서 생길 수 있다. 즉 배가 고프면 우리의 눈과 코가 온통 먹을 것만 좇아다니는 것이다. 둘째, 대상의 특성, 거리, 조명 등과 같은 객관적 요인들에 의해서도 주의 집중이 유발된다. 수백 명에 달하는 모든 아이들이 흰 체육복을 입고 있는데, 혼자만 붉은 체육복을 입고 있는 아이는 분명히 사람들의 시선을 끌 것이다.

이렇게 지각이 무차별적으로 아무 대상이나 향하지 않고 특정한 대상에 집중되는 것을 심리학에서는 '지각적 선택'이라고 한다. 물론 이때 감각기관이 다른 정보를 완전히 무시하는 건 아니다. 예를 들면 집주인이 손님과 얘기를 하느라 그와의 대화에 주의를 집중하고 있는 경우를 한번 생각해 보자. 이때 주인은 의식적으로는 손님의 말에 열중하느라 다른 소음을 거의 듣지 못한다. 그러나 갑자기 옆방에서 아내가 자기를 비난하는 말을 하면 남편의 주의는 바로 그곳을 향해 돌려진다. 이런 일이 가능한 것은 집주인의 주의는 손님을 향해 있었지만 그 사이에도 귀는 옆방의 소리까지도 듣고 있었기 때문이다. 아마도 감각기관들은 무의식적으로 거의 모든 정보들을 놓치지 않고 좇아다니지만 우리의 의식은 특정 자극에만 주의를 기울이는 것 같다. 지각적 선택 혹은 주의집중은 동시에 여러 대상을 향할 수 없기 때문에 이 대상에서 저 대상으로 순차적으로 옮겨간다.

지각적 선택은 지각과정의 능동성과 사회역사성을 보여주는 중요한 특징이다. 사람은 감각기관의 정보를 거울처럼 수동적으로 처리하지 않고 능동적으로 처리한다. 즉 기억은 정보의 능동적인 처리결과에 의해 형성되는 것이다. 또한 사람의 지각능력은 인류사를 통해 누적된 지식과 능력에 기초한다. 원시인과 현대 인류의 지각 결과는 질적으로 차원이 다를 것이며, 지식과 개념이 빈곤한 사람과 풍부한 사람의 지각 내용도 크게 다를 것이다.

지각은 감각기관의 종류에 따라 시지각, 청지각 등으로 나눌 수 있다. 또한 지각하는 대상의 특성에 따라 공간지각과 시간지각, 운동지각으로 나눌 수 있다. 공간지각이란 사물의 크기, 형태, 거리, 위치 등 공간적 속성에 대한 지각이다. 시간지각이란 사물현상의 지속성과 순차성과 같은 시간적 속성을 반영하는 지각이며, 운동지각은 운동의 형태, 크기, 속도, 방향 등을 반영하는 지각이다.

지각은 감각과 함께 감성적 인식의 한 형태인 표상과 이성적 인식을 위한 재료가 된다. 마지막으로 언급하고 싶은 한 가지 흥미로운 사실은 사람이 몇 가지 초보적인 지각능력을 선천적으로 가지고 태어나는 것 같다는 점이다. 예를 들면 시각절벽(visual cliff) 실험에서처럼 겨우 기어다니는 아이들도 자기 주위에 널려 있는 절벽들을 기가 막히게 잘 알아채고 피한다. 이것은 몇몇 지각능력들은 초보적인 차원에서나마 선천적으로 가지고 태어날 수도 있다는 것을 암시한다.

⑶ 표 상

'표상'이란 이미 감각하고 지각한 사물현상을 개괄해 되살린 주관적 형상이다. 이때 표상은 이미 지각한 사물현상들이 의식에 재현된 것일 수도 있고 과거에 지각한 적이 없는 사물현상들에 대한 것일 수도 있다. 그러나 어느 경우이든지 표상은 사물현상을 직접 대면해서가 아니라 감각, 지각을 통해 얻은 기존자료들을 개괄해서 얻어진 사물현상에 대한 형상이다.

표상은 이미 감각하고 지각한 사물현상에 근거해 그것을 머릿속에 되살린 것이므로 이성적 인식처럼 일종의 '간접적 인식'이라고도 할 수 있다.

그러나 비록 표상이 직접 반영되는 대상이 없어진 다음에 이루어지기는 하지만 그것은 어디까지나 감성적, 구체적 형상이므로 감성적 인식에 속한다.

표상의 특징은 다음과 같다.

첫째, 표상은 간접적 직관형식이다. 표상은 객관적 사물현상을 형상으로 반영한 것이기 때문에 직관성을 띤다. 또한 표상은 그것이 사람들의 머리에 새겨지고 보존되며 일정한 계기에 의해 되살아난 사물현상의 형상이므로 간접성을 띠며 감각, 지각보다 선명하지도 공고하지도 못하다. 그러나 감각, 지각은 사물현상이 사람의 감각기관에 직접 작용하는 동안만 나타나지만 표상은 사물현상이 없어진 다음에도 머릿속에 남아있고 되살아날 수 있으므로 '과학적 지식'의 한 형태가 된다. 따라서 표상은 감각, 지각에 비해 질적으로 한 단계 높은 인식형태라고 볼 수 있다. 피아제(Jean Piaget: 1896~1980)가 '심적 표상'을 매우 중시했던 것도 이런 표상의 특징과 관련된다.

둘째, 표상은 사물현상에 대한 어느 정도 일반화된 반영이다. 표상은 사물현상의 모든 속성과 특성들을 그대로 다 반영하는 것이 아니라 공통적이며 중요한 속성들을 반영한다. 즉 비슷한 사물현상들을 반복해 지각하는 과정에서 개별적이고 부차적인 속성들은 점차 사라지며 공통적이며 중요한 속성들만이 기억 속에 남게 된다. 그러므로 표상에 의해서도 사물현상들을 갈라낼 수 있다. 이것 또한 표상이 다른 감성적 인식형태들보다 높은 단계에 있다는 것을 보여준다.

앞의 예에서, 코끼리를 난생 처음 지각했던 사람은 코끼리가 사라진 후에도 '거대한 동물'에 대한 표상을 가질 수 있다. 이때 그 표상은 감각이나 지각처럼 선명하지는 않지만 코끼리의 공통적이고 중요한 속성들을 포함할 수 있다. 그리고 만일 코끼리를 반복해서 관찰하게 되면 그러한 속성들에 대한 반영은 점점 더 정확해질 것이다. 즉 코끼리는 고기가 아니라 풀을 먹는다, 육지동물 중에 제일 덩치가 크다, 코를 손처럼 사용한다 등등. 이러한 식으로 표상은 사물현상에 대한 일반화를 포함하므로 이성적 인식단계에서 '코끼리'라는 개념을 만드는 데 중요한 재료로 사용될 수 있다.

표상도 지각처럼 분석기의 차이에 따라 시각표상, 청각표상, 미각표상, 후각표상 등으로 구분할 수 있다. 그리고 무엇을 표상하는가에 따라 공간표상, 시간표상, 운동표상 등으로 나눌 수 있으며, 일반화의 수준에 따라 개별표상과 일반표상으로 나눌 수 있다. 개별표상은 개별적 사물에 대한 표상으로서 일반화수준이 낮은 표상을 의미하고 일반표상은 사물현상을 동일한 징표로 묶은 대상 전반에 대한 표상으로서 일반화수준이 높은 표상을 말한다.

표상은 사물현상의 외적 측면, 외적 속성을 일반화한 지식이므로 본질을 반영하는 개념형성의 기초로 된다. 사람은 개별적 현상들 속에 존재하는 일반적이고 공통적인 측면이나 속성을 파악하는 과정을 통해 본질에 접근하므로 현상의 일반화된 반영인 표상은 개념의 형성으로 나아가는 출발점이 될 수 있는 것이다.

지금까지 살펴본 감각, 지각, 표상 등의 감성적 인식은 객관세계를 생생하고 정확하게 반영하기는 하지만 단지 외적인 측면과 개별적인 속성, 현상에 대한 지식만을 준다. 사물현상의 일반적 속성, 그 내적 측면과 연관에 대한 지식은 이성적 인식을 통해 얻을 수 있다.

3. 이성적 인식(사고)

이성적 인식은 표상처럼 간접적 인식에 속한다. 즉 이성적 인식은 어떤 대상을 직접 상대하지 않고 과거에 인식한 내용들에 기초해 이루어진다. 이는 사고과정과 본질적으로 다르지 않기 때문에 이성적 인식은 '이성적 사고'와 같은 의미로 사용된다.

'이성적 인식(사고)'이란 사물현상의 일반적이고 본질적인 속성들에 대한 추상적, 논리적 인식을 의미한다. 사람은 이성적 인식단계에서 논리적, 추상적 사고를 통해 객관세계를 개념, 판단, 추리 등의 형태로 반영하게 된다. 이성적 인식은 감성적 인식에 비해 높은 단계이며 간접적 인식이다. 즉 이성적 인식에서는 감성적 인식의 자료들에 근거하여 사물의 우연적이고 개별적이며 비본질적인 징표들을 사상하고 필연적이고 일반적이며 본질적인 징표들을 추상화, 일반화하여 사물의 본질과 변화 · 발전의 합법칙성을 밝히는 추상적, 논리적 사고과정이 진행된다.

이성적 인식에 의해 대상에 대한 인식이 심화되고 지식의 폭은 넓어진다. 그러므로 감성적 인식으로부터 이성적 인식으로의 이행은 인식발전에서 비약이라고 말할 수 있다. 사람은 단순히 감성적 인식에만 머무르지 않고 사물현상들의 본질과 그 발전의 합법칙성을 능동적으로 반영하는 이성적 인식의 단계로 나아간다. 이런 식으로 생생한 직관에서 추상적 사고로 그리고 실천으로 나아가는 것이 진리인식의 일반적 노정이라 할 수 있다.

비록 감성적 인식과 이성적 인식단계가 질적으로 구별되기는 하지만 두 인식단계는 뗄 수 없이 연관되어 있다. 감성적 인식이 제공하는 감성적 자료가 없이는 그것을 추상화하고 일반화하는 논리적 사고가 진행될 수 없다. 동시에 이성적 인식은 감성적 인식을 담보한다. 즉 이성적 인식은 감성적 인식에 목적의식성을 부여하고 그것이 심도 있게 진행되도록 이끌어주므로 그것이 없이는 감성적 인식이 깊이 있게 이루어지지 못한다. 즉 사물의 본질과 그 변화 · 발전의 합법칙성에 대한 지식 없이는 대상의 속성과 측면들을 정확히 파악할 수 없다. 따라서 두 가지 인식단계의 연관을 무시하고 감성적 인식만 절대화하면 '경험론'에 빠지며, 이성적 인식만 절대화하면 '합리론'에 빠지게 된다.

이성적 인식의 세 가지 형태는 개념, 판단, 추리이다.

(1) 개 념

'개념'은 사물현상이 가지고 있는 일반적이며 본질적인 징표들을 파악하는 사고형식이다. 즉 여러 개의 개별적 사물현상들의 다양한 속성들 가운데서 그 사물현상에만 특수하거나 비본질적인 속성들을 버리고, 공통적이며 기본적인 속성을 뽑아낸 것이 개념이다. 예를 들면 '새'는 까마귀, 제비, 매, 독수리, 뻐꾸기 등에 있는 공통적이며 본질적인 속성을 표현하는 개념이다.

사람들은 사물현상의 속성을 감성적으로 파악한 다음에는 그것들 사이의 공통적이며 본질적인 속성들을 가려내는 추상적 사고를 하게 되는데, 이때 개념이 형성된다. 여기서 '추상화'란 사물현상의 일반적이며 본질적인 속성과 관계들을 끌어내는 사고과정을 말한다. 추상은 감성적 인식으로부터 이성적 인식으로, 대상의 현상에 대한 지식으로부터 본질의 파악으로 이끌어준다. 모든 이론과 학설들은 과학적 추상이 없이는 이루어질 수 없다. 따라서 추상은 인식과정에서의 비약이며 진리로의 접근을 가능하게 해주는 중요한 수단이라고 할 수 있다.

'사상'이란 비본질적인 징표들을 버리는 것인데, 이것은 추상과 동시에 진행되는 사고과정이다. 추상과 사상 외에도 개념의 형성에는 비교, 분석과 종합, 일반화와 같은 여러 가지 수법들이 이용될 수 있다.

코끼리의 얘기를 계속해보자. 감성적 인식의 마지막 단계에서 형성된 '덩치 큰 동물'에 대한 표상은 개념형성의 중요한 자료로 활용된다. 이 단계에서는 그 표상을 다른 동물들과 비교하는 등의 수법을 통해 '덩치 큰 동물'에게만 있는 본질적인 징표들을 파악해 '코끼리'라는 추상적인 개념을 만들어낸다(코끼리라는 이름을 붙인 걸 보면 아마도 코가 길다는 걸 핵심 징표로 본 것 같다).

개념은 상대적으로 공고하지만 고정·불변하는 것은 아니다. 왜냐하면 세계에 존재하는 사물현상이 끊임없이 변화·발전하기 때문이다. 그 결과

시대에 따라 개념의 내용이 달라지기도 하고 없던 개념이 새로 만들어지기도 한다. 예를 들어 컴퓨터, 블로그, 계산기, 무선통신 등은 과거에는 없던 새로 생겨난 개념들이다.

(2) 판 단

'판단'이란 일정한 대상에 대해 무엇인가를 긍정하거나 부정하는 사고형식을 말한다. 이는 사물현상들이 어떤 특성을 가지고 있는가 없는가 등을 확정하는 논리적 사고의 기본형식 중 하나이다. 즉 판단은 일정한 대상에 어떤 징표가 귀속되어 있다든가 귀속되어 있지 않다는 것, 판단의 대상과 다른 대상과의 동일성과 차이성 등을 반영한 명제가 진리이거나 허위라는 것을 주장하는 사고형식이다. 앞의 단계에서 획득한 코끼리라는 추상적 개념을 기초로 '코끼리는 초식동물이다.', '코끼리는 가장 덩치가 큰 육상동물이다.'라는 등의 판단을 내리는 것을 말한다.

판단은 그 내용에서 개별적인 것과 일반적인 것의 통일로서의 사물현상을 반영한다. 예를 들어 '서울은 도시이다.'라는 명제는 서울이라는 '개별'과 도시라는 '일반'의 통일을 반영하고 있는 판단이 된다.

판단은 그 구성성분인 주사와 빈사의 수 및 그것들의 연결형태에 따라 여러 가지 형식과 종류로 나누어진다. 단순판단은 주사와 빈사가 각각 하나씩 있고, 복합판단은 주사와 빈사가 둘 또는 그 이상이다.

판단은 또한 그 기준에 따라 진위판단과 가치판단으로 나눌 수 있다. '진위판단'은 객관적 지식이나 법칙을 기준으로 긍정-부정, 참-거짓 등을 판단하는 것이다. '가치판단'은 사람을 기준으로 어떤 대상이 사람에게 이로운가 해로운가, 가치가 있는가 없는가, 좋은가 나쁜가 등을 판단하는 것이다.

판단은 문장과 밀접히 결합되어 있다. 판단은 언제나 문장형태의 언어를 통해 표현되며 문장은 판단에 담겨질 내용을 표현하는 물질적 형식이다. 그러나 판단과 문장이 똑같지는 않다. 판단에서의 주사와 빈사가 문장에서의 주어부, 술어부와 언제나 일치하지는 않으며, 판단의 구조와 문장의 구조도 언제나 일치하지는 않는다. 그리고 여러 가지 언어들의 문장구조는 서로 다르지만 '판단의 논리적 구조는 항상 같다.'는 것도 언어와 문장이 완벽하게 일치하지 않는 하나의 증거가 된다.

⑶ 추 리

'추리'란 이미 알고 있는 지식으로부터 새로운 지식을 끌어내는 사고형식을 말한다. 즉 이미 진리성이 검증된 하나 또는 그 이상의 판단으로부터 새로운 판단을 이끌어내는 것이다.

추리는 구조적으로 세 가지 부분으로 이루어져 있다. 첫째 부분은 새로운 판단이 그것으로부터 도출되는 출발적인 판단인데, 이를 '추리의 전제'라고 한다. 둘째 부분은 출발적인 명제로부터 이끌어진 판단 혹은 전제로부터 귀결된 판단인데, 이를 '추리의 결론'이라고 한다. 셋째 부분은 판단들을 연결시키는 '논리법칙'이다. 논리법칙이 필요한 것은 추리가 판단들의 단순한 집합이 아니라 일정한 법칙에 따르는 논리적 연결에 의해서만 이루어지기 때문이다.

추리는 구성형식에 따라, 즉 전제판단의 수에 따라 전제가 단 한 개의 판단으로 이루어진 '직접추리'와 전제가 두 개 또는 그 이상의 판단으로 이루어진 '간접추리'로 나누어진다. 여기서는 대표적인 간접추리인 귀납추리와 연역추리에 대해서만 간단히 살펴보겠다.

귀납추리(inductive reasoning)란 개별적인 또는 특수한 지식으로부터 보다 일반적인 지식을 끌어내는 간접추리를 말한다. 예를 들면 〈토끼는 발이 네 개다.〉, 〈돼지는 발이 네 개다.〉, 〈코끼리는 발이 네 개다.〉 등 여러 관찰결과들을 통해 얻어낸 개별적인 지식들을 전제로 해서 〈포유류의 발은 네 개다.〉라는 보다 일반적인 지식을 끌어내는 추리이다. 올바른 귀납추리에 의해 사람의 세계에 대한 인식은 개별적인 것으로부터 일반적인 것으로 심화 · 발전한다.

연역추리(deductive reasoning)란 일반적인 지식을 전제로 하여 개별적 지식을 끌어내는 간접추리를 말한다. 예를 들면 〈모든 포유류는 새끼에게 젖을 먹인다.〉와 〈코끼리는 포유동물이다.〉라는 두 개의 전제판단으로부터 〈따라서 코끼리는 새끼에게 젖을 먹인다.〉라는 결론판단을 끌어내는 것이다. 이때 연역된 결론이 타당한가 아닌가 하는 것은 처음의 주장들에 달려 있다. 연역추리의 고전적인 예가 삼단논법이다.

귀납과 연역에서는 모든 전제들이 진리이어야 결론도 진리가 된다. 그러나 전제들이 진리이더라도 연역에서는 결론이 확정적이지만 귀납에서는 결론이 개연적이다. 위의 예에서는 〈포유류 가운에 발이 네 개가 아닌 것도 있을 수 있지 않은가?〉 하는 의문이 생길 수 있으며 〈그러한 포유류는 없다.〉고 단언하지 못한다. 따라서 귀납추리에서 결론의 진리성은 전제판단의 수가 많을수록 높아진다. 특히 어떤 부류에 포괄되는 모든 대상을 고찰한 기초 위에서 그 부류에 대한 일반적인 지식을 결론으로 끌어내는 완전추리에서는 결론이 확실성을 가진다.

인식과정에서 귀납과 연역은 통일적 과정으로 진행된다. 귀납은 연역의 전제이고 연역은 보다 더 깊고 넓은 귀납을 위한 출발점이 된다. 연역추리는 귀납추리에 의하여 보충되지 않으면 자체의 출발적 전제를 가지지 못한다. 그리고 귀납추리에 의해서만 도출된 결론은 과학적 확실성을 가지지 못한다. 그러므로 귀납과 연역은 서로 뗄 수 없이 연관되어 있는 두 개의 연구방법을 이룬다.

이렇게 추리는 이미 알고 있는 기존명제, 기성지식으로부터 일정한 논리적 법칙에 따라 새로운 명제, 지식을 끌어내는 사고형식이다.

지금까지의 논의를 표로 정리해보면 다음과 같다.

[표 5-1] 감성적 인식과 이성적 인식(사고)

인식 단계	형 태	내 용	코끼리의 예(시각 기준)
감성적 인식	감각	사물현상의 개별적 속성이 감각기관을 통하여 직접적으로 반영	긴 코, 넓고 얇은 귀, 희고 초승달처럼 휘어진 상아 등
	지각	사물현상의 속성들을 '연관된 전체' 로서 반영	'덩치 큰 동물' 이라는 전체에 위의 속성들을 통합
	표상	이미 감각하고 지각한 사물현상을 개괄해 되살린 주관적 형상	'덩치 큰 동물' 이 사라진 뒤 주요특징들을 개괄해 머릿속에 떠올림
이성적 인식	개념	사물현상이 가지고 있는 일반적이며 본질적인 징표들을 파악하는 사고형식	'덩치 큰 동물' 이 가진 본질적 징표를 추출해 '코끼리' 라는 개념을 만듦
	판단	일정한 대상에 대해 무엇인가를 긍정하거나 부정하는 사고형식	'코끼리는 초식동물이다.', '코끼리는 코를 손처럼 쓴다.' 등의 판단을 함
	추리	이미 알고 있는 지식으로부터 새로운 지식을 끌어내는 사유형식	〈모든 포유류는 새끼에게 젖을 먹인다.〉, 〈코끼리는 포유류다.〉로부터 〈코끼리는 새끼에게 젖을 먹인다.〉는 판단을 추리해냄

4. 인식과 사고능력의 사회성

개인의 인식과 사고는 얼마나 정확할까? 그것에도 오류가 있지는 않을까? 여러 연구들은 사람의 인식능력이 기본적으로 매우 우수하지만, 거기에는 분명히 오류도 있다고 지적한다. 예를 들어 정지하고 있는 기차에 앉아 있을 때 옆 트랙의 기차가 서서히 움직이기 시작하면 우리는 마치 자신이 타고 있는 기차가 움직이는 것 같은 착각 속에 빠져들기도 한다. 일부 심리학자들은 이런 오류들을 근거로 사람의 인식능력에 회의를 표하기도 한다. 그러나 만약 사람의 인식능력이 기본적으로 부정확하다면 인류는 끊임없이 지식을 축적하지도 세계를 개조하지도 못했을 것이다.

그렇다면 부분적인 오류들에도 불구하고 인식과 사고의 정확성을 담보하도록 해주는 것들은 무엇일까?

첫째, 사람은 반복적인 인식과 실천을 한다. 비록 어떤 실험참가자가 인식능력을 측정하는 실험실에서는 몇 번 실수를 할 수도 있겠지만 일상생활에서는 그런 실수들을 교정할 수 있다. 일반적으로 사람은 한 두 번의 인식만으로 결론을 내리지 않고 반복적인 인식을 통해서 진리를 확증하기 때문이다. 앞의 예에서 기차에 탄 사람은 순간적으로 잘못 판단할 수 있지만 곧 그것이 착각이었음을 깨닫는다. 자신이 탄 기차에 진동이 없다거나 승강장의 기둥이나 물건들이 그대로 있다는 사실 등을 근거로 자신의 실수를 금방 알아채는 것이다. 이런 식으로 인식상의 오류는 반복적 인식 혹은 다른 단서에 대한 인식을 통해 시정될 수 있다. 또한 사람은 실천을 통해 자신이 인식한 내용들을 검증한다. 농사법을 인식한 농부는 실제로 농사를 지으면서 그것을 검증하며, 새로운 수학공식을 알게 된 학생은 그것을 문제풀이에 적용하면서 검증한다. 이렇게 인식한 내용들을 실천을 통해 일상적으로 검증하기 때문에 사람들은 자기의 지식이 옳다는 것을 대체로 확신할 수 있는 것이다.

둘째, 개인의 오류는 사회와 후세에 의해 교정될 수 있다. 하늘을 날아가는 까마귀를 보고 어떤 사람이 '야! 까치구나.'라고 말했다. 그러자 옆 자리에 앉아 있던 친구가 그의 뒤통수를 탁 치며 '눈이 어떻게 됐냐? 저건 까마귀잖아!'라고 말한다. 이런 식으로 개인의 인식 오류는 타인들에 의해 교정될 수 있다. 반대로 뛰어난 소수의 발견과 발명은 한 개인의 인식능력 향상에 머무르지 않고 전 사회적으로 확산된다. 즉 인식능력이 뛰어난 개인들의 지적 성취는 모든 사회구성원들에게로 전파되는 것이다. 물론 일정 시점에서는 사회집단의 인식도 부정확한 면을 가질 수 있다. 역사적 제한성으로 인해 사회 전체가 인식오류에 빠져 있는 경우도 존재할 수 있기 때문이다. 대부분의 사회구성원들이 천동설을 철석 같이 믿었던 중세를 생각해보라. 그러나 이런 경우에도 코페르니쿠스나 갈릴레오 같은 소수로부터 시작되는 인식오류 교정운동이 존재하므로 비록 시간이 걸리더라도 결국 대중의 인식은 정확하게 교정될 수 있다. 당대에 안 되면 그 다음 세대에, 그때도 안 되면 그 다음 세대에라도 잘못된 인식은 기어이 교정되는 것이다. 그렇기 때문에 인식능력은 상대성과 절대성을 갖는다고 할 수 있다. 즉 매개 역사적 세대의 인식능력은 사회역사적으로 제한되므로 인식능력은 '상대적'이다. 그러나 전체 인류의 인식능력은 무한히 발전할 수 있으므로 인식능력은 '절대적'이다.

인간만이 가진 차원 높은 사고능력은 단순한 진화의 산물이 아니다. 사고능력은 사회생활, 사회적 실천의 요구에 의해 탄생한 것이기에 그 발생과 발전에서부터 사회적 성격을 띠고 있다. 따라서 인식과 사고 능력은 사회적 존재로서의 사람이 가지는 사회역사적 능력이라고 봐야 할 것이다. 사회역사와 고립되어서는 그 어떤 개인도 현대 인류가 가진 인식과 실천능력을 획득하지 못한다. 그것은 오로지 사회적 실천과 교육을 통해서만 형성 · 발전될 수 있는 사람의 사회역사적 능력이기 때문이다.

인류의 어느 세대도 맨땅에서 맨주먹으로 인식과 실천 활동을 시작하지 않는다. 그들의 활동은 선행한 인류역사가 남겨준 값진 유산들을 밑천으로 해서 시작되기 때문에 항상 미래를 향해 더 멀리 나아갈 수 있다.

5. 피아제의 인지발달 이론에 대한 평가

개인의 사고능력은 어떻게 발달될까? 추상적, 논리적 사고능력을 처음부터 가지고 태어날까? 아니면 사회 속에서 커나가며 그것들을 획득하는 걸까? 이런 의문을 풀기 위해 스위스의 심리학자인 피아제의 인지발달 이론을 살펴보기로 하자(피아제 이론에서의 '인지'는 지금까지 논의해온 '사고'와 비슷한 개념으로 사용된다. 따라서 독자들은 두 가지를 같은 것으로 이해해도 무방하다). 여기서 인지발달(cognitive development)이란 유아기에서부터 성인기에 이르기까지 진행되는 사고능력의 성장을 의미한다.

피아제는 아이의 사고방식은 어른과는 본질적으로 다르다는 것을 밝혔다. 즉 성인이 가진 논리적이고 추상적인 사고능력은 생득적이지 않다는 사실을 증명한 것이다. 18세기의 경험론자들은 어린아이와 어른의 사고능력에는 질적인 차이가 없으며 단지 양적인 차이만 있다고 주장해왔다. 그러나 피아제의 연구는 어린아이와 어른의 사고능력에는 '질적인 차이'가 존재함을 보여준다. 그리고 사고능력의 성장은 우리가 앞에서 확인한 대로 구체적이고 개별적인 현상에 대한 인식으로부터 점차 추상적이고 일반적인 본질에 대한 인식으로 심화되고 발전해간다는 것을 확증해준다.

(1) 피아제의 인지발달이론

피아제는 질적으로 구분되는 일련의 인지발달 단계를 제안했다. 각 단계별로 피아제의 주장을 간단히 요약해보겠다.

① 감각-운동 지능단계(sensory-motor intelligence stage: 출생~만 2세)

갓 태어난 유아에게는 순간적이고 연관이 없는 감각정보와 운동반응의 연속이 있을 뿐이다. 즉 생후 처음 몇 개월 동안 유아의 심리세계에는 과거나 미래도 없고(시간개념의 부재), 사물들과 현상들 간의 구분이나 연관도 없으며(존재, 운동개념의 부재), 나와 세계와의 구분도 없다(자아개념의 부재). 그러다가 점차 사물현상들 간의 구분이 생겨나기 시작한다.

유아는 외부자극을 경험하면서 그것을 나름대로 해석하여 그에 맞게 자신의 사고를 변화시켜나간다. 즉 피아제의 표현에 따르자면 유아는 심적 스키마(schema)에 따라 환경을 해석(환경이 스키마에 동화함)하는데, 그 스키마는 유아가 주변 환경과 상호작용을 계속함에 따라 변화한다(스키마가 환경에 순응함). 이렇게 변화한 새로운 스키마는 새로운 변별을 가능하게 해준다. 이를 인식론의 개념을 통해 말하자면 유아는 감각자극들을 초보적으로 연관시켜 이를 '전체'로 지각하고 그것을 통해 새로운 연관 혹은 체제화 방식을 개발한다. 그리고 그에 기초해 감각자극들을 가일층 발전된 방식으로 연관시키고 체제화함으로써 '더 높은 단계의 지각'으로 나아간다는 것이다(지각이 사물현상들의 속성들을 '연관된 전체'로서 반영하는 인식형태라는 점을 상기할 것). 아래의 상자는 이 과정을 도식화한 것이다.

환경자극(감각자극)
→ 심적 스키마에 기초한 해석(초보적인 방식에 의한 전체화: 낮은 단계의 지각)
→ 환경과의 반복적인 상호작용(반복적인 지각)
→ 심적 스키마의 변화(전체화 방식의 변화발전)
→ 새로운 심적 스키마에 기초한 발전된 해석(발전된 방식에 의한 전체화: 높은 단계의 지각)

이런 식으로 유아는 부지런히 자신의 지각능력을 발전시킨다. 그러다가 18~24개월 경에 유아는 새로운 인식단계로 진입하게 된다. 즉 심적 표상(mental representation)이 출현하는 것이다.

표상적 인식이 가능해짐에 따라 유아는 사물현상들에 대한 과거의 경험을 머릿속에서 떠올릴 수 있게 된다. 이제는 눈에 보이지 않는 대상들에 대해서도 생각하기 시작하는 것이다. 그러나 이 단계의 표상은 특수표상이므로 그것은 그 표상과 연관된 구체적인 대상을 의미하는 상징으로만 기능한다. 주변 인물들, 장난감 인형이나 공에 대한 표상처럼. 유아는 표상능력이 생기는 생후 18개월쯤에 대상영속성(object permancence) 개념을 획득한다. 사물현상은 내가 보거나 듣거나 만지지 않아도 계속해서 스스로 존재한다는 개념을 알게 되는 것이다. 한국의 유아들에게서는 이 시기를 즈음해 '있다-없다'와 같은 단어가 나타난다는 보고도 있다(윤가현 외, 『심리학의 이해』, 180쪽에서 재인용). 대상영속성 개념이 없는 아이들은 눈앞에 있던 공이 없어져도 찾지 않는다. 그 공이 눈앞에서 사라지는 순간 머릿속에 반영된 공에 대한 지각도 같이 없어지기 때문이다. 그러나 대상영속성 개념이 있는 아이들은 그 공을 찾으려고 한다. 공은 없어졌어도 머릿속에는 공의 표상이 그대로 남아 있기 때문이다. 표상능력을 획득한 아이들은 또한 타인의 행동에 대한 표상도 가질 수 있으므로 소꿉놀이 등과 같은 지연모방(어떤 행동을 시간이 지난 뒤에 모방하는 것)도 할 수 있다. 이런 점에서 감각-운동 지능단계에서의 가장 중요한 성취는 표상능력의 획득이라고 할 수 있다. 감성적 인식을 설명하면서 표상이 중요하다고 강조했던 이유가 짐작될 것이다.

② **전 조작 단계**(preoperational stage: 2세~7세)

이 단계의 아이들은 '개념'을 가지고 있다. 뿐만 아니라 그 개념들을 나름대로 머릿속에서 체계화할 수도 있다. 즉 아이들의 사고능력은 감성적 인식단계에서 이성적 인식단계로 질적으로 비약하는 것이다. 피아제는 개념을 안정된 규칙체계에 따라 내적으로 처리하는 것을 '조작(operation)'이라고 불렀다.

그러나 이 단계의 아동들에게는 아직 보존개념이 없다. 예를 들면 이 단계의 아이들은 양과 수의 보존을 이해하지 못한다. 아이들이 보는 앞에서 A와 B라는 똑같이 생긴 컵에 같은 높이만큼 물을 붓는다. 그리고는 A 컵의 물을 A, B보다 가늘고 길쭉하게 생긴 C라는 컵에 붓고는 아이에게 B와 C에 담긴 물 중에 무엇이 더 많으냐고 물어본다. 그러면 아이들은 C의 물이 더 많다고 대답한다. C 컵은 가늘고 길기 때문에 물이 더 높게 차오르기 때문이다. 이것은 아이들이 물의 높이나 양과 같은 개별적인 속성들에는 각각 주의를 집중할 수는 있으나 그 속성들 간의 연관관계(높이와 양, 질과 양 등의 연관관계)는 정확히 이해하지 못한다는 것을 의미한다. 이런 식으로

이 단계의 아이들은 현상을 본질로 오해하는 경향이 있다. 또한 이 단계의 아이들은 비현실적이어서 모자에서 토끼가 나오는 마술사의 묘기가 왜 사실이 아닌지도 잘 이해하지 못한다.

전 조작 단계의 아이들은 개념들을 체계화하고 다룰 수 있는 자기 능력을 무척 즐기며 이에 대해 상당한 자신감을 가지는 것 같다. 하긴 드디어 이성적 인식단계에 들어섰으니 그 기쁨이 오죽하겠는가. 그러나 이 아이들의 사고능력은 아직은 불완전해서 일반적으로 개념들을 비논리적이고 주관적으로 다룬다. 이와 같은 전 조작 단계의 특징, 즉 이성적 인식단계에 도달함으로써 갖게 되는 과도한 지적 자신감과 그럼에도 불구하고 아직은 많이 부족한 사고능력이 합쳐져 강한 자기중심성(egocentrism)이 나타나게 된다. 간단히 말해 상당한 수준에 올라선 지적 능력에 대한 기쁨이 자기중심성을 낳는 것이다. 그 결과 '무식한 사람이 용감하다.'는 말처럼 이 단계의 아이들은 타인의 존재나 마음을 고려하지 못하고 매우 자기중심적으로 사고하고 행동한다. 그러나 어른의 자기중심성은 비난받을 일이겠지만 아이들의 자기중심성은 도덕적인 비난의 대상이 될 수 없다. 그것은 나쁜 마음에서 비롯된 것이 전혀 아니며, 오로지 무지의 소산일 뿐이기 때문이다.

③ **구체적 조작단계**(concrete operational stage: 7~11세)

이 단계에서 아이들은 여러 가지 현상적 변화(컵에 있는 물의 높이가 달라지는 것 등)에도 불구하고 본질은 변하지 않는다(물의 양은 일정하게 유지된다)는 사실을 인식할 수 있다. 그것은 이 단계의 아이들이 여러 요인들을 동시적으로 고려함으로써 부분을 전체로 통합할 수 있기 때문이다. 즉 사물현상의 개별적 속성에 집착하지 않고 여러 속성들을 동시적으로 고려할 수 있으며 그것을 통해 이 속성들 간의 연관관계를 파악할 수 있게 된다. 따라서 이 단계의 아이들은 외현적인 행동을 가역적 조작으로 내면화하여 마음속에서 물을 이리저리 붓거나 찰흙의 모양을 주물러 그것들을 마음대로 변형시킬 수 있다. 이러한 사고능력의 발달은 '수'나 '양'과 같은 사물현상의 본질적 속성들을 추출해낼 수 있게 해준다.

그러나 이 단계의 아이들은 자신이 획득한 정신적 능력을 일반적으로 구체적 사물현상이나 관계에만 적용할 수 있다. 즉 물이나 찰흙을 통해 알게 된 양의 보존법칙을 다른 추상적인 관계에는 잘 적용하지 못한다. 또한 6과 6+1, 8과 8+1이 각각 짝수와 홀수임은 알 수 있으나, 어떤 경우이든 짝수에다 1을 더하면 홀수가 된다는 사실은 결코 확신하지 못한다(Gleitman, 1995). 이 단계의 아이들은 아직 일반화 능력이 부족해서 하나를 가르치면 한두 개 정도밖에 모르기 때문이다.

④ **형식적 조작단계**(formal operational stage: 11세 이후)

형식적 조작단계에 들어서면, 아이들은 하나를 가르치면 열을 깨우칠 수 있는 능력을 갖게 된다. 예를 들면 이 단계의 아이들은 어떤 경우이든 짝수에다 1을 더하면 홀수가 된다는 사실을 확신할 수 있다. 아이들이 이런 능력을 획득하는 것은 구체적인 관계를 통해 배운 법칙을 추상적인 관계에도 일반화할 수 있기 때문이다. 이제 아이들은 구체적인 사물현상이나 속성들 간의 관계만이 아니라 추상적인 개념이나 법칙들 간의 관계까지도 능숙하게 다룰 수 있다.

피아제는 이런 논리적, 추상적 사고능력을 '형식적 조작'이라고 했는데, 그에 의하면 형식적 조작이 가능해야 아이들의 사고는 실제 세계와 추상의 세계를 모두 포괄할 수 있다. 또한 머릿속에서 여러 가지 가능성을 따져볼 수 있으며, 실재하지 않는 상상의 세계도 다룰 수 있게 된다.

이 단계에 도달한 아이들의 사고능력은 성인의 그것과 질적인 차이를 가지지 않으며 단지 양적인 차이만을 가질 뿐이다. 아이들은 마치 과학자처럼 가설에 기초해 적절하고 체계적인 실험계획을 세우고 일련의 검증작업을 수행하기도 한다. 게다가 이 모든 것을 머릿속으로만 진행할 수도 있다. 이들은 형식적 조작(추상적, 논리적 사고)을 할 수 있기 때문에 '한 가지 변인만 변화시키고 다른 것들은 일정하게 유지한다.'는 실험의 기본원리를 이해할 수 있는 것이다. 이 단계의 아이들은 정도의 차이는 있지만 모두 다 명탐정 셜록 홈즈처럼 판단하고 추리해나간다.

다음의 [표 5-2]는 피아제의 인지발달 이론을 요약, 정리한 것이다.

(2) 평 가

대부분의 심리학자들은 피아제의 이론을 대체로 수긍한다. 그의 이론이

[표 5-2] 피아제의 인지발달 이론

발달단계	기본 특징	내 용	인식형태	인식
감각-운동 지능단계 (0~만 2세)	심적 스키마의 발달	지각능력의 지속적인 발달	감각, 지각	감성적 인식
	심적 표상 출현	표상적 사고의 출현(18~24개월), 대상영속성 개념 획득(약 18개월), 지연모방 가능	표상	
전조작 단계 (2~7세)	개념 발달(개념들의 체계화)	현상적 인식(보존 개념 없음), 불가역적 사고, 자기중심성	개념(개별적 속성에 대한 집착)	이성적 인식
구체적 조작단계 (7~11세)	구체적 관계를 다루는 심리적 조작체계 획득	현상이 바뀌어도 본질은 변하지 않는다(보존 개념, 성 항상성 개념 등을 획득). 가역적 사고 가능, 개별적 속성들 간의 관계를 파악	(주로 구체적인 영역에서의) 개념, 판단, 추리	
형식적 조작단계 (11세 이후)	추상적 관계를 다루는 심리적 조작체계 획득	추상적이고 형식적인 관계들을 인식, 과학적 가설을 세우고 검증할 수 있다. 획득한 법칙을 폭넓게 일반화하는 능력	추상적, 논리적 사고	

모든 세부까지 정확하지는 않더라도 전반적으로는 옳다고 생각하기 때문이다. 그러나 몇몇 심리학자들은 피아제의 인지발달 이론에 대해 반론을 제기해왔다. 이에 대해 간단히 살펴보면서 피아제 이론을 평가해보자.

① 유아의 능력에 대한 과소평가

여러 연구들은 어른이 세계를 인식할 때 사용하는 주요범주들 예를 들면 공간, 대상, 수, 타인 개념들을 유아들이 초보적이나마 가지고 있다는 것을 보여주었다.

켈만(kellman, 1983; 1986) 등이 진행한 '중첩(occlusion)의 효과'에 대한 연구는 유아가 물리적 세계에 대한 초보적인 개념을 가지고 있음을 암시해준다. 유아에게 직사각형 모양의 블록 뒤에서 좌우로 움직이는 막대를 지겨워할 때까지 보여준다. 이때 막대는 블록에 가려져 있어 가운데 부분은 보이지 않는다. 그리고는 두 개의 장면을 보여주는데 A 장면은 온전한 막대가 좌우로 움직이는 장면이고, B 장면은 가운데가 잘려진 막대가 동시에 좌우로 움직이는 장면이다. 만일 유아가 처음에 보았던 막대를 일부가 가려져 있었음에도 불구하고 완전한 형태로 인식했다면 A는 앞의 자극과 똑같은 것이 되겠지만 B는 새로운 자극으로 간주될 것이다. 실험결과 유아는 B의 자극을 더 오래 쳐다보았다. 이는 물리적 사물에 대한 개념이 4개월 된 유아에게도 어느 정도는 존재한다는 것을 말해준다. 즉 유아는 물리적 존재가 부분적으로는 가려져 있더라도 눈에 보이는 각각의 부분들이 하나로 연결되어 있는 전체로서 존재한다는 개념을 가지고 있다는 것이다. 이 외에도 유아는 두 사물이 동시에 동일한 공간을 차지할 수 없다는 물리적 원리를 초보적으로 이해하고 있다는 증거도 있다.

또한 버터워스(Butterworth, 1980; 1991) 등의 '공유된 주의(shared attention)'에 대한 연구는 생후 12~18개월의 유아도 어머니가 무엇을 보고 있는지를 알고 있다는 사실을 보여주었다. 이 실험에서 어머니는 아이가 자신을 쳐다보고 있도록 아이의 얼굴을 붙잡은 채 그 아이의 뒤에 반원형으로 배열된 장난감들 중의 하나를 쳐다보았다. 아이는 어머니의 눈은 볼 수 있었지만 어머니가 보고 있는 장난감은 볼 수 없었다. 그리고 마침내 어머니가 아이의 얼굴을 잡고 있던 손을 놓자마자 그 아이는 머리를 뒤로 돌려 어머니가 조금 전에 보았던 인형을 쳐다보았다. 이 실험은 유아가 타인들도 자신과 동일한 물리적 환경 속에 살고 있으며 자신과 똑같이 보고 들을 수 있다는 사실을 어느 정도는 알고 있음을 시사해준다.

이러한 연구결과들은 갓 태어난 아이에게는 그 어떤 지적 능력도 존재하지 않는다는 피아제의 주장에 오류가 있다는 것을 보여준다. 이런 점에서 피아제는 유아의 인식능력을 과소평가했음이 분명하다. 하긴 장구한 시간에 걸쳐 인류가 획득한 중요한 인식범주나 능력들을 유전자를 통해 후세에게 전달한다고 가정하는 것이 그리 무리한 일만은 아닐 것이다. 그러나 동시에 그것들은 초보적인 능력에 불과하기 때문에 제대로 된 사고능력은 사회 속에서만 제대로 발달할 수 있다는 사실도 명백하다. 은행나무 씨앗에는 그것이 거대한 나무로 자라나도록 설계된 프로그램이 저장되어 있겠지만 그 씨앗이 실제로 거대한 나무로 자라려면 수많은 것들이 필요하다. 기름진 흙과 적절한 날씨, 제때에 내려주는 비 등이 있어야만 하는 것이다. 게다가 산불도 나면 안 된다. 사람의 사고능력도 이와 비슷할 것 같다. 인류의 유전자에는 사람이 고도로 발전된 사고능력을 가질 수 있게끔 잘 짜여진 프로그램이 저장되어 있을지 모르지만 사람이 그 능력을 실제로 가지려면 사회가 주는 수많은 자양분이 반드시 필요한 것이다.

② 질적 차이가 있는 단계

피아제는 각각의 단계가 완전히 질적으로 다르므로 높은 단계에서 나타나는 인지능력들은 낮은 단계에서는 나타나지 않을 거라고 주장했다. 그러나 이는 사실이 아니다. 보존개념이나 자기중심성의 극복 등과 같은 여러 가지 사고능력은 더 낮은 단계에서도 초보적으로나마 관찰되기 때문이다. 이런 점에 비춰볼 때 피아제는 질적 차이에 대해 잘못 이해하고 있었던 것 같다.

질적 차이를 어떻게 이해하느냐 하는 데서 형이상학적 입장과 변증법적 입장은 서로 대립된다. 형이상학은 사물현상을 고정불변하는 것으로 보며, A는 A일뿐 A 속에는 모순되는 요소가 포함될 수 없다고 본다. 그러나 변증법은 A가 A1, A2, B1 등의 많은 요소들의 통일로 이루어져 있으며 그 요소들 중 A1이라는 지배적인 요소가 A라는 존재의 질을 규정한다고 생각한다. 따라서 만일 A의 요소들 중 B1이 지배적인 것으로 되면 그 존재는 더 이상 A가 아니라 B가 된다. 이 과정을 도식화해 그림으로 살펴보면 아래와 같다.

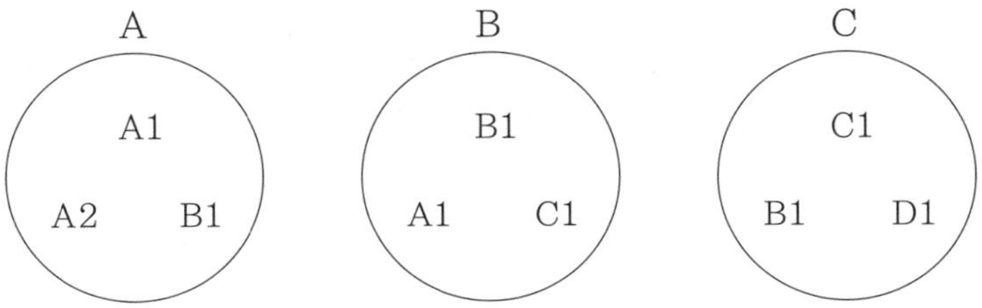

여기에서 A보다는 B가, B보다는 C가 더 높은 질을 가진 존재이다. 그리고 A의 질은 A1이, B의 질은 B1이, C의 질은 C1이 규정한다. 이때 B보다 낮은 존재인 A도 B가 가지고 있는 요소인 B1을 가지며, B는 자기보다 높은 존재인 C가 가지고 있는 요소인 C1을 가지고 있다는 점에 주목해야 한다. 즉 특정한 질적 단계에 있는 존재는 자신보다 낮은 단계의 요소들을 포함하고 있으며, 자신보다 더 높은 단계의 요소들도 포함하고 있다는 것이다. 예를 들면 자본주의사회는 이전 단계의 사회인 봉건제사회의 봉건제적 생산양식을 자체 내에 포함하고 있다. 반대의 경우도 성립된다. 봉건제사회는 자체 내에 더 발전된 사회인 자본주의적 생산양식을 포함할 수 있다. 그러나 봉건제사회에 있어서 자본주의적 생산양식은 봉건제사회의 질을 규정하는 속성이 아니다. 봉건제사회의 질은 봉건적 생산양식이 규정하기 때문이다. 그런데 만일 봉건제사회 내에서 자본주의적 생산양식이 지배적인 것으로 변화하면 그 사회는 봉건제사회가 아니라 질적으로 다른 자본주의사회로 이행하게 된다. 이런 식으로 특정한 질적 단계에 도달해 있는 사물현상은 자신보다 낮은 단계 그리고 높은 단계의 요소들을 자체 내에 포함한다.

변증법적 입장에서 피아제의 이론을 검토해볼 때 낮은 단계에서 질적으로 높은 단계의 특징들이 초보적인 형태로 발견되는 것은 매우 당연한 일이다. 동시에 낮은 단계에서 그것들이 발견된다고 해서 질적 단계가 없다고 주장하는 것 역시 잘못이다. 만일 피아제가 변증법적 입장에서 질적 단계나 차이를 고찰했다면 하위단계에서는 상위단계의 특징들이 전혀 나타나지 않는다는 기이한 주장은 하지 않았을 것이다. 마찬가지로 미국의 일부 심리학자들도 아둔한 형이상학적 편견에서 벗어날 수 있었다면 하위단계에서 상위단계의 특징이 일부 보인다는 사실을 근거로 '질적 단계가 없다.'는 무식한 소리는 하지 않았을 것이다. 물론 대부분의 현상들이 그런 것처럼 각 단계를 구분 짓는 경계선이 자로 잰 것처럼 아주 명확할 수는 없다. 그러나 그것이 사고능력의 발달에 질적으로 차이나는 단계들이 분명히 존재한다는 사실을 부인하는 근거가 될 수는 없다. 따라서 감성적 인식단계와 이성적 인식단계가 질적으로 확연히 구분된다는 사실뿐만 아니라 부분적인 오류에도 불구하고 피아제가 주장했던 단계에 대한 주장도 결정적인 반론이 제기되기 전까지는 인정받아야 할 것 같다. 이런 점에서 비록 변증법적 입장에 서지는 않았지만 다음과 같은 주장은 충분히 수긍할 수 있다.

"학령 전의 능력은 보편적으로 광범위하게 적용될 수 없는 단절된 지식의 덩어리로 나타난다. 7~8세 아동이 물리적, 수리적, 사회적 실체를 이해하는 것은 상당히 보편적이기 때문에, 그 이전에 출현했던 것과는 질적으로 다른 것으로 보인다(Gleitman, 1995)."

6. 사고와 언어

사고는 언어와 떼려야 뗄 수 없이 밀접하게 연관되어 있다. 언어는 사고의 물질적 껍질이며 사고는 언어의 관념적 내용이므로 사고는 언어와 결부됨으로써만 가능하기 때문이다. 언어는 단어와 문장을 통해 사고활동의 결과를 기록하고 객관화시켜 다른 사람들과 후세에 전달한다. 사고의 발전은 언어를 더욱 풍부하게 하고 발전시키며 언어는 사고의 발전을 적극 보장한다. 이렇게 언어와 결부되어 있다는 것이야말로 동물의 심리활동과 구별되는 인간사고의 특성이라고 말할 수 있을 것이다.

그러나 언어가 비록 사고의 물질적 형식이기는 하지만 언어의 형식과 규칙이 사고의 형식, 규칙과 완전히 일치하지는 않는다. 사고의 법칙은 모든 인류에게 동일하게 나타나지만 언어의 문장구조는 각각의 언어에 따라 다르다는 사실이 이를 잘 말해준다.

사람의 언어는 사회구성원들 사이를 이어주고 과거와 현재 그리고 미래를 하나로 이어준다. 사회와 언어의 동시적 출현 그리고 인류역사의 진보와 밀접히 연관된 언어의 발전과정은 언어가 그 태생에서부터 사회역사적인 것임을 확증해주고 있다.

(1) 언어능력은 타고나는 것일까

사람만이 언어를 습득할 수 있는 능력을 타고난다는 점은 재론의 여지가 없다. 사람의 유전자에는 언어습득을 위한 '생물학적 프로그램'이 있는 것이다. 하긴 꿀벌도 유전을 통해 벌집 짓는 능력을 물려주고, 철새도 후손들에게 제 집 찾아가는 능력을 물려주는데 사람이야 오죽하겠는가?

사람의 사회관계에 대한 욕구와 언어능력은 일찍이 그 모습을 드러낸다. 태어난 지 4일밖에 안 된 신생아는 낯선 소리보다는 자기 보호자의 말소리에 보다 많은 주의를 기울인다. 또한 태어난 지 얼마 안 되는 유아들은 이후의 언어학습에 결정적인 역할을 하는 소리들을 지각적으로 구분할 수 있다. 이처럼 아주 어린 유아조차 상당한 언어습득 능력을 드러내는 것은 언어능력의 생득적 기초가 확실히 존재한다는 중요한 증거로 간주될 수 있다.

행동주의자들은 언어가 단순한 학습이나 모방의 산물이라는 터무니없는 주장을 하기도 한다. 그러나 언어는 단순한 모방이나 학습으로는 도저히 습득할 수 없다. 이에 대한 증거들은 아주 많아서 대다수의 심리학자들은 행동주의자들의 주장을 거의 인정하지 않는다. 이 중 몇 가지만 예로 들면 우선 감각기능에 장애가 있는 사람들도 언어의 규칙과 의미를 획득하는 데 그리 큰 어려움을 겪지 않는다는 사실을 언급할 수 있다. 모방이나 학습을 하기에는 매우 불리한 신체적 조건을 가졌음에도 이들이 정상인과 대등한 언어능력을 습득할 수 있다는 사실은 언어능력이 단순한 모방이나 학습에 의존하지 않는다는 걸 의미한다. 또한 사람이 말할 수 있는 문장의 수는 엄청나게 많아서 어린아이 때부터 평생에 걸쳐 1초에 한 문장씩 외운다고 해도 그것을 도저히 따라잡지 못한다. 그럼에도 불구하고 모든 어린이들은 이전에 결코 들어보거나 말한 적이 없는 문장들도 말하고 이해할 수 있다. 이는 언어능력이 모방이나 학습이 아니라 언어의 원리와 규칙을 깨우침으로써 생겨난다는 사실을 명백하게 말해준다.

비록 생득적 기초가 존재하기는 하지만 언어능력은 사회와 고립되어서는 제대로 발달하지 못한다. 생애 초기 정상적인 사회관계로부터 장기간 고립되었던 비극적인 아동들의 사례가 이를 잘 보여준다. 야생동물에게 키워진 아이들이나 병적인 부모로부터 학대받으면서 감금당한 채 자라난 아이들은 성인이 되어도 정상적인 언어능력을 습득하지 못한다. 이는 언어능력의 발달은 사회적 존재에 의한 양육과정을 반드시 필요로 한다는 것을 의미한다. 따라서 언어능력 또한 사회적 존재가 가지는 대부분의 능력이나 속성들처럼 생득적 기초와 더불어 사회 속에서의 성장과정이 겸비되어야만 획득할 수 있다.

⑵ 언어는 사고를 표현한다

언어가 사고의 물질적 껍질이라는 것은 사고가 언어를 통해 표현된다는 의미이다. 만약 이 명제가 사실이라면 사고능력이 있는 사회적 존재는 반드시 언어를 필요로 할 것이라는 추정이 가능해진다. 실제로 여러 연구들은 이런 추정을 사실로 확인해주고 있다. 즉 정상적인 사고능력은 가지고 있지만 언어가 없을 경우 사람들은 자발적으로 언어를 만들어내기 시작했던 것이다. 물론 이 경우에도 다음과 같은 한 가지 전제조건은 필요하다. '정상적인 사회인이 아이에게 언어를 제공할 수 있어야 한다.'

청각 장애 아이들은 타인의 말을 들을 수 없기 때문에 언어를 말하지도 못한다. 그러나 이 아이들도 사고능력이 발달함에 따라 점차 타인에게 몸짓이나 표정 등으로 말하기 시작한다. 이런 신체 언어(body language)는 계속적으로 진보해 나중에는 타인들이 쉽게 이해할 수 있는 상당한 수의 팬터마임적 동작들을 만들어낸다. 그런데 이러한 자생적인 신체 언어의 발달과정은 정상적인 아동이 보여주는 언어발달 과정과 여러모로 비슷하다. 이런 사례들은 사고능력의 성숙이 필연적으로 언어 발달로 이어진다는 사실을 증명하고 있다. 사고능력이 있는 사람은 타인과의 소통을 위해 어떻게든 언어를 만들어내는 것이다.

그러나 특수한 조건에서 만들어지는 자생적인 언어들은 통상적인 언어의 수준에는 훨씬 못 미친다. 언어는 한두 명의 노력에 의해 하루아침에 만들어진 것이 아니라 수많은 사람들의 집단적 지혜가 합쳐져 기나긴 세월 동안 발전·풍부화된 것이기 때문이다. 그러므로 기본적으로는 '사고가 언어로 표현'되는 것이지만 동시에 언어가 사고능력을 보장해주고 그것을 이끌어주기도 한다는 점을 간과해서는 안 된다. 사람이 일단 언어를 습득한 뒤에는 '언어적 사고', '언어를 이용한 사고'를 하기 때문이다. 워프(Whorf)의 언어상대성(linguistic relativity) 이론은 언어가 사고능력이나 사고방식에 영향을 주는 측면을 지나치게 과장함으로써 오류에 빠지게 되었다. 그러나 그 이론은 적어도 언어가 사고에 영향을 미친다는 점을 지적했다는 점에서는 긍정성을 가지고 있다. 이 부분에 대해서는 앞으로 더 많은 연구가 있어야 할 것 같다. 어쨌든 언어가 어느 정도까지는 사고능력이나 사고방식에 영향을 미칠 것이라는 가정은 여전히 유효하다.

⑶ 언어의 기본 특징

① 사회역사성

언어는 본질적으로 사회적이다. 유아는 언어를 배우기 전에 사회성부터 배운다. 갓 태어난 유아는 비록 말은 못하더라도 나름대로 어머니의 생각, 감정, 사회적 행동 등과 접촉하는 방식을 빠르게 터득한다. 그래서 유아는 어머니와 눈을 맞추고, 팔을 뻗어 껴안고, 손으로 붙잡기 시작한다. 많은 심리학자들은 몸을 이용하는 이러한 사회적 소통방식이 후에 나타나는 언어 발달의 전조이자 길잡이라고 생각한다. 즉 몸짓이나 옹아리 등을 통한 타인과의 사회적 소통의 경험이 유아로 하여금 언어를 습득하게끔 강하게 동기화시킨다는 것이다. 그 결과 아이는 사회와의 소통을 위해 적극적으로 언어를 배우고 싶어 한다. 이것은 사람에게 있어서는 지적 능력보다 사회성이 우선하며, 언어의 본질이 '사회성'에 있음을 다시 한 번 확인시켜준다.

사실 언어능력은 단어를 외우고 언어규칙을 이해하는 데 국한되지 않는다. 타인과의 언어적 소통이 가능하려면 상대방의 신념, 지식수준, 태도, 능력, 동기, 감정, 자신과의 관계 등을 적절하게 평가할 수 있어야 한다. 이런 능력이 결여되면 이제 말문이 트인 아이에게 추상적인 철학적 용어로 대화를 하려 하거나, 슬픔에 잠겨 눈물을 흘린 사람에게 유쾌한 목소리로 '얼굴에 이상한 국물자국이 있네요.'라고 말하게 될지도 모른다. 적절한 언어능력은 타인의 심리상태나 맥락에 대한 이해능력 등을 배제하고서는 절대로 가질 수 없다. 따라서 언어능력의 습득은 반드시 사회성 발달에 의해 뒷받침되어야 한다.

언어는 타인과 사회 나아가 세계와의 소통을 위해 존재하는 것이다. 사람은 자신의 지식이나 감정, 동기 등을 언어로 전달하며, 언어를 통해 사회관계를 형성한다. 물론 앞에서 살펴보았듯이 언어가 사회적 소통을 가능하게 해주는 유일한 수단은 아니다. 사람은 표정이나 몸짓 등으로도 어느 정도의 소통은 할 수 있다. 그러나 사람들 간의 소통에 있어 그것들이 언어를 보조할 수는 있어도 언어를 대신할 수는 없다. 꿀 먹은 벙어리처럼 입을 꾹 다물고 있는 사람의 마음을 이해한다는 것은 좀처럼 쉽지 않으며 언어가 가진 추상성과 논리성을 비언어적 수단으로 전달하는 것은 거의 불가능하다. 이런 점에서 언어는 가장 위력적인 사회적 소통수단이라고 말할 수 있을 것이다.

언어는 또한 본질적으로 역사적이다. 언어는 장구한 역사적 기간을 통해 형성·발전되어왔으며, 언어에 의해 인류의 과거와 현재 그리고 미래는 서로 소통할 수 있다. 특히 문자는 인류의 지식창고를 끊임없이 채울 수 있게 해준 일등공신이다. 어린아이는 수많은 개념들을 혼자 낑낑대며 만들 필요가 없다. 선조들이 창조한 개념들을 습득하고 그것을 발판으로 삼아 새로운 개념들을 만들면 되기 때문이다. 이런 점에서 볼 때 사람의 언어 습득은 선조의 역사를 계승하는 과정이라고도 할 수 있다.

일부 개념이나 단어들에는 언어집단의 공통적인 역사적 경험에 근거한 특정한 감정이나 반응 등이 결부되어 있다. 예를 들면 서양에서는 보통 '보름달(full moon)'이란 단어에 불길한 감정이 결합되는 반면 한국에서는 '그믐달'에 그런 감정이 결부되곤 한다. 서양의 늑대인간은 보름달이 뜨면 출몰하지만 한국의 귀신은 그믐달이 뜬 밤에 돌아다니기 때문이다(서양의 공포영화를 유심히 보라. 영화 속의 밤하늘에는 항상 보름달이 떠 있다). 이외에도 언어집단이 공통적으로 체험한 역사적 경험들로 인해 특정한 개념이나 단어들은 같은 언어를 사용하는 사람들에게 동일한 감정이나 반응을 불러일으킬 수 있다. '단군', '광개토대왕', '한글', '식민지', '해방', '민주주의', '광주', '한(恨)', '사(四)' 등에는 가슴 뿌듯한 기쁜 감정이나 고통스러운 나쁜 감정 등이 결부되어 있는 것이다. 아마 시가 가지는 강한 정서적 호소력도 이런 언어의 특징과 무관하지 않을 것이다. 언어는 역사를 담고 있고 역사는 언어 속에서 도도히 흘러가기 때문에 언어는 본질적으로 역사적이다. 언어를 사회계약에 의해 생겨난 단순한 기호로 여기는 어리석은 학자들도 있기는 하지만 언어의 역사성은 결코 부정할 수 없다.

② 창조성

창조성(creativity)이란 언어가 무한대의 표현능력을 가지고 있다는 것을 의미한다. 앞에서 살펴본 것처럼 우리는 이전에 말했거나 들어보지 못한 문장들도 자유자재로 말하고 이해할 수 있다. 그것은 머릿속에 기억되어 있는 단어나 문장의 수는 유한하지만 언어의 형식과 규칙은 무한한 수의 문장을 새롭게 만들고 표현할 수 있게 해주기 때문이다. 즉 언어는 사람들로 하여금 제한된 수의 단어들을 규칙적으로 연관시킴으로써 무한대의 새로운 문장들을 창조할 수 있게 해준다.

언어가 이런 놀라운 능력을 가지는 것은 언어가 '법칙성'을 가지고 있기 때문이다. 단어들은 아무렇게나 제멋대로 연관되어 문장을 구성하지 않는다. 단어는 언어규칙에 맞게 연관이 맺어짐으로써 적절하게 위계화되고 구조화된다. 그러므로 어린아이가 하루빨리 획득해야 하는 것은 단어의 절대적인 숫자라기보다는 바로 이 단어를 질서 있게 연관시키는 언어의 법칙인 것이다. 이것을 깨달으면 무한한 수의 문장들을 기계적으로 외울 필요가 없다. 왜냐하면 언어의 법칙은 어떤 문장이라도 자유롭게 구성할 수 있게 해주기 때문이다.

③ 보편성

이 세상에는 약 4천 개에 달하는 언어가 있다. 그런데 이 언어들은 각각 다른 문법구조를 가지고 있지만 기본적으로는 '공통성'을 가진다. 왜냐하면 모든 인류가 가진 사고의 논리나 법칙이 기본적으로 동일하기 때문이다.

언어는 본질적으로 사고를 표현하는 것이므로 여러 언어들이 가진 형식과 법칙이 각기 다르다 하더라도 그것은 공통성을 가질 수밖에 없다. 모든 언어는 사고를 정확하게 표현하기 위해 단어와 문장을 일정한 규칙에 따라 연관시킨다. 이때 단어와 문장의 연관은 사고과정에서 이용되는 개념이나 판단들의 연관에 의존한다. 그렇다면 사고과정을 지배하는 논리적 연관은 어디에 기초하는가? 그것은 객관세계에 존재하는 사물현상들 간의 연관을 반영한다. 따라서 어떤 언어이든 그것이 가지는 법칙성은 근본적으로 '객관세계의 법칙성'에 뿌리를 박고 있기 때문에 모든 언어는 공통성을 가질 수밖에 없는 것이다. 객관세계의 법칙이 언어가 다르다고 해서 머릿속에 다르게 반영될 리는 없지 않은가?

언어의 문장이란 객관세계에 존재하는 다양한 사물현상들 간의 관계를 기술하는 것이다. 어떤 존재(주어)가 어떤 속성을 가지고 있다거나 그 존재가 이러저러하게 운동하고 있다(술어)는 것 등을 반영한 것이 바로 문장이고 명제들인 것이다.

언어의 공통성, 보편성은 서로 다른 언어집단들 간의 소통을 가능하게 해준다. 언어는 다르지만 사고가 같으며 본질적으로는 그들이 살고 있는 세계가 같기 때문이다. 이런 이유로 인해 우리는 다른 나라의 말과 글을 번역할 수 있고 이해할 수 있다. 즉 언어는 전 세계의 인류를 연결해주는 '보편성'을 가지고 있는 것이다.

(4) 언어발달

신체 언어를 배제한다면, 유아의 언어발달은 옹알이부터 시작된다고 할 수 있다. 그러다가 9개월이 넘어서면 아이는 '엄마', '맘마'와 같은 한 마디 말을 할 수 있게 된다. 그래서 이 시기의 유아를 '한 단어 아동'이라고 부르기도 한다. 이 시기의 아이들은 흔하게 과소일반화(undergeneralization)나 과잉일반화(overgeneralization)의 오류를 범한다. '과소일반화'란 곰이 단지 장난감 곰만을 의미하고 동물원의 곰은 포함하지 않는 식으로 개념을 지나치게 협소하게 사용하는 것을 말한다. 반대로 '과잉일반화'란 유아가 모든 남자어른을 '아빠'라고 부르는 것처럼 개념을 지나치게 일반화하는 걸 의미한다.

1살이 되면 아이들은 '엄마, 찌찌.', '아빠, 까꿍', '곰, 좋아.' 등과 같은 두 마디 말을 할 수 있다. 이런 두 마디 말은 '아버님, 위독'의 예처럼 흔히 전보를 칠 때 사용하므로 '전보식 문장'이라고도 한다. 아이의 전보식 문장은 매우 단순하기는 하지만 그 나름대로 규칙성을 가진다. 예를 들면 한국의 아이들은 대개 '아빠, 엄마, 누나, 맘마' 등과 같은 주어를 앞에다 놓고 '좋아, 싫어, 줘, 던져' 등과 같은 서술어를 뒤에 위치시킨다. 영어권에서는 당연히 그 순서가 반대이다.

2살이 넘어서면 아이들의 언어발달은 질적으로 도약한다. 어휘의 수가 급격하게 증가하고 규칙성이 있는 문장을 사용하며, 복잡한 문장형태와 의미를 이해하기 시작한다. 앞에서 살펴보았지만 이 시기는 '이성적 인식단계'로 진입하는 시점과 대체적으로 일치한다. 따라서 아이의 언어발달이 질적으로 도약하는 것은 사고능력의 발달에 따른 필연적인 결과로 이해할 수 있을 것이다.

2살 반 정도에는 '언어규칙의 과잉일반화'가 나타난다. 예를 들면 'held(hold의 과거형)'라고 제대로 말해오던 영어권의 아이가 'holded'라고 박박 우기는 것이다. 그 아이가 이런 행동을 하는 것은 과거형은 'ed'를 붙이면 된다는 법칙을 예외 없이 모든 것에다 적용하려고 하기 때문이다. 이 또한 지적 능력에 대한 지나친 기쁨이 불러온 '자기중심성'의 한 표현으로 간주할 수도 있을 것이다.

어린아이의 언어발달에서 특히 어휘의 습득과정은 참으로 놀랍다. 캐리(Carey, 1978)의 연구에 의하면 1년 3개월경에 25개 정도의 어휘만을 가지

[표 5-3] 언어발달

나 이	언어발달	예	비 고
9개월~1년	한 마디 말	엄마 / 아빠 / 맘마	명사로 구성 (부적절한 개념 사용)
1년~2년	두 마디 말(전보식 언어)	엄마, 찌찌 / 아빠, 맘마 / 곰, 싫어	명사 + 동사와 형용사
2년 이후	언어규칙에 맞는 문장	엄마 밥 줘! / 형! 이것 좀 봐	언어발달의 질적 도약 2살 반(언어규칙의 과잉일반화)

고 있던 유아가 5살이 되면 10,000~15,000개의 단어를 알게 된다고 한다. 이는 아이들이 매일매일 10개의 단어를 습득해야만 달성가능한 수치이다. 어린아이들은 모두가 천재임이 분명하다!

언어발달은 사고발달의 뒷받침을 받아야 하므로 그것 또한 전반적으로 감성적 인식과 이성적 인식이라는 인식단계를 따라 이루어진다고 추정할 수 있을 것 같다.

유명한 언어학자인 촘스키(Noam Chomsky)에 따르면 1년 3개월 된 유아의 어휘는 거의 다 명사로 구성되어 있다고 한다. 그 이유는 아마도 이 시기의 아이들이 엄마, 아빠, 개, 고양이, 토끼 등과 같은 '존재'를 인식하고 변별하는 데 주력하기 때문인 것 같다. 그런데 1년 8개월이 되면 유아의 어휘는 63%가 명사, 23%가 동사, 14%가 형용사로 구성된다. 이런 구성상의 변화는 이 시기의 아이들이 본격적으로 존재의 속성과 운동 그리고 사물현상들 간의 '연관관계'에 대한 인식을 하게 되고 이를 동사와 형용사 등으로 표현하기 때문인 것 같다.

언어를 획득하는 능력은 생물학적으로 설계되어 있기 때문에 언어발달 과정은 모든 인류에게서 동일하게 나타난다.

7. 사고와 학습

인간을 이해하는 데는 별로 도움이 되지 않지만 행동주의의 '학습이론'을 전혀 다루지 않을 수는 없을 것 같다. 좋든 나쁘든 그것은 지금까지도 심리학에 큰 영향을 미치고 있기 때문이다.

(1) 행동주의와 학습이론

학습이론이 무엇인지를 이해하기 위해 고전적 조건형성과 도구적 조건형성에 대해 간단히 살펴보기로 하자.

'고전적 조건형성(classical conditioning)'이란 간단히 말해 무조건자극과 조건자극을 연합하는 것이다. 파블로프(Pavlov)의 고전적인 실험을 예로 들어보자. 개에게 고깃덩이를 주면 개는 침을 흘린다. 이때 침을 흘리는 것은 학습되지 않은 생득적 반응이므로 무조건 반응(unconditioned response: UCR)이라고 하고 고깃덩이는 무조건 반응을 일으키는 자극이므로 무조건 자극(unconditioned stimulus: UCS)이라고 한다. 이제 종을 친 직후에 고깃덩이를 주는 과정을 반복하면 개는 나중에 종소리만 들어도 침을 흘리게 된다. 그 개는 종소리(CS)와 고깃덩이(UCS)를 연합한 것이다. 이때 무조건 자극에 짝지워진 종소리는 조건 자극(conditioned stimulus: CS)이 되고, 종소리에 대해 형성된 반응은 조건 반응(conditioned response: CR)이 된다.

'도구적 조건형성(instrumental conditioning)'이란 자기의 행동과 그 결과 사이의 관계를 연합하는 것이다. 스키너(Skinner)의 실험을 통해 이를 살펴보자. 쥐를 '스키너의 상자'라고 불리는 곳에 집어넣는데, 그 상자에는 먹이가 공급되는 구멍과 앞발로 누를 수 있는 작은 막대기(lever)가 달려 있다. 그래서 쥐가 막대기를 누르면 자동으로 먹이가 하나 주어진다. 이 과정을 몇 번 반복하면 쥐는 막대기를 누르는 자신의 행동과 먹이를 연합하게 되어 막대기를 열심히 눌러댄다. 이때 막대기를 누르는 행동은 먹이를 얻기 위한 도구로 간주되므로 이를 도구적 조건형성이라고 하는 것이다.

도구적 조건형성에서는 동물의 행동에 대해 강화(reinforcement)를 줄 수도 있고 처벌(punishment)을 할 수도 있다. 쥐가 레버를 누를 때마다 먹이를 줌으로써 그 반응을 더 많이 하도록 하는 것이 강화라면, 쥐가 레버를 누를 때마다 전기충격을 줌으로써 그 반응을 하지 않도록 하는 것이 처벌이다.

이 외에도 다양하고 세련된 기법들이 많은데, 행동주의자들은 이것들을 능숙하게 활용하면 동물들에게 놀라운 묘기도 가르칠 수 있다고 주장했다. 그런데 여기까지는 괜찮은데 행동주의는 이런 동물실험의 결과를 사람에게까지 무차별적으로 적용한다. 바로 이 지점에서 행동주의는 큰 이론적 결함을 가지게 된다. 행동주의자들은 인간의 모든 지적 능력과 고차적인 행동까지도 학습시킬 수 있다고 주장했는데, 물론 단 한 번도 그것을 실제로 증명한 적은 없다.

(2) 학습이론의 한계

학습이론은 인간에 대해 얼마나 설명할 수 있을까? 결론부터 말하자면 학습이론은 인간의 단순행동을 아주 약간은 설명할 수 있을지 몰라도 인간의 사회적 행동은 전혀 설명할 수 없다. 나아가 사람의 심리, 마음을 이해하는 데서는 18세기 경험론자들의 견해에서 단 한 발자국도 나아가지 못하고 있다. 행동주의 이론의 문제점을 몇 가지만 짚어보면 다음과 같다.

① 마음을 알 수 없다

행동주의는 외부에서 어떤 자극(stimulus: S)을 가했을 때 유기체가 어떤 반응(response: R)을 하는지에 대해서만 관심을 가지고 그것을 기술하려고 한다. 그 나머지, 즉 유기체의 내면에서 어떤 일이 일어나는지에 대해서는 별로 관심이 없을뿐더러 순전히 추측만 할 수 있다. 눈으로 보아야 직성이 풀리는 그들에게 안타깝게도 인간의 내면세계는 현미경으로도 보이지 않기 때문이다. 그러나 사람의 몸속이 텅 빈 깡통일 리는 만무하다. 따라서 행동주의자들의 생각과는 달리 어떤 자극을 받는 시점 그리고 인간유기체가 그에 대한 반응을 보이는 시점 사이에 마음속에서는 무슨 일인가가 분명히 벌어지고 있을 것이다.

비록 하급 동물이라 하더라도, 동물들조차 자극을 받으면 단순히 신경계에서 기계적 연결이 생기는 것이 아니라 초보적인 사고를 한다는 것이 밝혀졌다. 글라이트만(Gleitman, 1963)은 쥐들을 고가이동활차에 태워서 큰 방의 한쪽 끝에서 다른 쪽 끝으로 공중에서 이동시켰다. 쥐들은 그 동안 그 어떤 도구적 반응도 수행하지 않았으나 쥐들의 마음속에서는 뭔가가 일어났다. 즉 검사결과 쥐들은 그 방의 일반적 특징을 기억하고 있었음이 드러났다. 또한 톨만(Tolman) 등의 '잠재학습(latent learning)'에 대한 연구에서는 쥐가 아무런 보상 없이 미로를 10일 동안 달리게 했다. 그리고 11일째 되는 날 먹이를 목표지점에 놓으면, 바로 그 다음 시행에서 오반응이 급격히 감소했다. 이는 비록 보상이 제공되기 전에는 자신이 학습한 것을 드러내지 않았으나 쥐들이 이미 미로에 대한 인지도(cognitive map)를 가지고 있었음을 시사한다. 이렇게 동물들조차 단순한 연합이나 반응습득 혹은 신경계 연결에 의해서가 아니라 '인지적 표상능력' 등에 기초해 초보적인 사고를 할 수 있다. 이를 심리학에서는 인지학습(cognitive learning)이라고 한다. 이 외에도 좀더 고급동물인 원숭이는 가만히 앉아서 지켜보기만 하고는 나름대로의 '통찰'을 얻어 이를 행동에 바로 적용하기도 한다는 연구결과들도 있다. 이런 연구들은 행동주의자들의 막연하고 소박한 추측과는 달리 자극이 특정한 반응으로 나타나기까지 유기체의 마음속에서는 무슨 일인가가 활발하게 벌어지고 있다는 것을 증명하고 있다.

지금까지의 논의에 기초해 보면 인간유기체에 있어서는 훨씬 더 복잡한 정신현상이 수반될 것이라는 점은 충분히 예측할 수 있을 것이다. 시험에서 100점을 맞은 어린 학생의 학습동기를 높이기 위해 강화물로 과자를 한 봉지 주자 그 아이가 씩 웃었다고 해보자. 행동주의자들은 이런 반응을 보고는 아이의 행동이 강화되었으니 그 아이는 시험공부를 더 열심히 하게 될 것이라고 단순하게 생각할지도 모른다. 즉 나름대로 그 아이의 마음을 넘겨짚어 보는 것이다. 그러나 아이의 그 웃음은 '야! 과자다.'라는 기쁨의 웃음일 수도 있고, '장난하나? 겨우 과자 한 봉지라니.'라는 실망스러운 조소일 수도 있으며, '내가 강아지인 줄 아나? 과자 때문에 공부를 하게?'라는 허탈한 비웃음일 수도 있다. 어쨌든 행동주의자들도 자극과 반응 사이에 개재되어 있는 사람의 마음을 나름대로 추측해 설명하기는 하지만 그 해석은 기본적으로 생물학주의와 기계론적 세계관에 기초한 것이므로 지나치게 단순하고 천박하다. 아무래도 행동주의는 학습이라는 현상의 배후에 있는 마음의 법칙들을 파악하는 데는 별다른 도움이 되지 않는 것 같다.

② 사회적 행동을 설명할 수 없다

사람은 자신의 욕구와 요구를 실현하기 위해 고차적인 사고능력을 활용하는 사회적 존재이다. 이런 사람의 사회적 행동을 조건반사와 같은 저급한 이론으로 설명할 수는 없다. 물론 행동주의의 학습원리가 눈을 깜빡이거나 하품을 하거나 기침을 하는 등의 단순하고 협소한 인간행동들은 설명할 수 있을 것이다. 그러나 사람들이 진정으로 궁금해 하는 것은 또 심리학이 연구해야 하는 것은 그런 단순한 인간행동이 아니다.

인간을 이해하기 위해서는 무엇보다도 인간의 사회적 행동을 연구해야 한다. 즉 사람들의 정치경제적인 활동, 사회적 상호작용과 행동, 정신문화적 활동 등을 알아야 비로소 사람을 이해할 수 있는 것이다. 이런 점에서 행동주의는 사람의 고차적인 사회적 행동을 이해하는 데는 전혀 도움이 안 된다. 그러니 인간을 조금이라도 이해하고 싶은 이들에게는 행동주의 입장의 심리학 책보다는 사실주의적인 소설이 훨씬 더 많은 도움이 될 것이다.

③ 설명능력이 없는 개념들

행동주의자들은 실험실에서 조작할 수 없는 '추상적 개념'을 심리학에서 배제해야 한다고 주장해왔다. 그러나 실험실 밖으로 가지고 나오는 순간 행동주의 이론의 개념들이야말로 아주 포괄적이고 모호하고 추상적인 비과학적 개념으로 변질된다.

'자극'이란 개념을 하나의 예로 들어보겠다. 자극이란 개념이 실험실에서 사용되는 경우, 즉 구체적, 조작적으로 정의될 때는 그 개념이 가진 의미는 아주 명확하다. '빨간 전구의 불빛'이거나 '100볼트의 전기충격' 등을 뜻하는 것이다. 그러나 그 개념을 사회현상을 설명하는 이론영역으로 가지고 나오면 사정은 완전히 달라진다. 자극은 비행기나 삼성그룹과 같은 어떤 '존재'일 수도 있고 축구경기나 공황과 같은 어떤 '현상'일 수도 있다. 또한 자극은 칭찬이나 보람 같은 '정신적인 것'일 수도 있고 돈이나 자동차 같은 '물질적인 것'일 수도 있다. 게다가 이런 자극들은 개인의 사상이나 신념, 성격이나 흥미, 직업이나 나이 등에 따라 각기 다르게 작용한다. 채식주의자에게 고깃덩이는 절대로 정적 자극이 될 수 없는 것이다. 이런 식으로 실험실 밖의 사회에서는 자극이라는 개념이 지나치게 많은 내용을 모두 담아내는 매우 포괄적인 개념으로 변하게 된다. 반응, 행동, 학습, 강화, 처벌 등의 다른 개념들도 이와 마찬가지이다.

행동주의자들은 우리들만 추상적 개념을 사용하는 게 아니라며 반발할지도 모른다. 그 얘기는 맞다. 경제학에서도 수요, 공급, 이윤 등의 추상적 개념을 사용한다. 그러나 경제학의 개념들은 경제학의 영역에서만 사용되는 개념이지 실험실에서 사용되지는 않는다. 경제학은 실험상자에 모인 쥐들이 배고프다고 찍찍거리는 강도와 빈도를 측정하고는 그것을 음식물에 대한 '수요'라고 말하지는 않는다. 즉 '수요'라는 개념을 쥐 실험실로 가지고 들어가지는 않는다는 것이다. 사회현상을 설명하는 추상적 개념들은 사회이론의 영역에서 적절하게 그리고 일관성 있게 사용되어야 한다. 이와 똑같은 이치에서 다음과 같은 말도 성립한다. 실험실에서 취급되는 구체적인 개념은 함부로 사회현상을 설명하는 추상적인 개념으로 사용되어서는 안 된다.

이런 점에서 나는 실험실에서 다루는 구체적인 개념과 인간의 사회적 행동 혹은 사회현상을 설명하는 추상적인 개념을 가능한 한 분리해내고 그것들을 각각 다르게 규정해야 한다고 생각한다. '존재'나 '물질' 같은 추상적 철학개념을 실험실에 가지고 들어가는 것이 어리석은 일이듯이 '빨간 불빛'이나 '100볼트 전기충격' 같은 구체적이고 협소한 개념을 사회로 가지고 나오는 것 또한 어리석은 일이다. 실험실에서 H분자와 O분자로 H_2O를 합성하고는 그것을 물질과 물질을 합성해 물질을 만들었다고 말하는 것은 참으로 부질없는 일일 것이다. 이 세상에 구체적인 빨간 불빛도 의미하면서 동시에 모든 사물현상(인간에게는 모든 사물현상들이 자극일 수 있다)도 의미하는 과학적 개념이란 존재할 수 없다. 따라서 이 두 가지 모두를 자극이라는 하나의 개념으로 규정하는 행동주의 이론은 과학적이지 않다.

학습이론이 전혀 쓸모가 없는 것은 아니지만 그것이 인간이해에 기여하는 바는 그리 크지 않다. 또한 그 원리로 인간의 행동을 일부 교정하거나 통제할 수 있기는 하겠지만 행동주의 원리가 지배하는 세상은 결코 아름다운 세상이 될 수 없다. 그러므로 행동주의 이론을 실험실이나 동물원 밖으로 가져나올 때에는 참으로 많은 주의가 필요할 것 같다.

사람의 고차원적인 사고와 언어능력은 인류역사가 우리에게 준 크나큰 선물이다. 그러나 그 선물을 어떻게 사용하느냐 하는 것은 전적으로 우리들에게 달려 있다. 인류가 소유한 핵기술이 인류를 위한 에너지원으로 될지 아니면 인류를 전멸시키는 핵무기로 될지를 결정하는 것은 고차적인 사고능력이 아니다. 그것을 결정하는 것은 사람이 가진 욕구와 요구이다. 왜냐하면 사람은 자신의 욕구와 요구를 실현하기 위해 사고능력을 고도로 발전시키고 그것을 이용하기 때문이다. 따라서 국가 같은 거대한 사회집단이 건강한 요구를 가질 수 있게 노력함으로써 지금까지 인류가 축적해온 지적 능력이 인류의 행복을 위해 쓰이도록 해야 할 것이다.

21세기의 초입에 들어선 지금, 인류의 미래를 심각하게 우려하는 목소리들이 여기저기서 터져 나오고 위기감은 점차 피부 깊숙이 느껴지고 있다. 그러나 인류가 너무 늦지 않게 자신의 건강한 욕구와 요구를 자각할 수만 있다면 아직까지 우리에게는 기회가 있을 것이라 믿는다.

제6장

나를 지배하는 것은 의식인가 아니면 무의식인가

— 의식과 무의식

불과 몇백 년 전까지만 해도 우리를 지배하는 것이 의식이라는 전통적인 견해에 대해 반론을 제기하는 사람은 거의 없었다. 그러나 프로이트가 등장하고 무의식이라는 개념이 대중적으로 확산되면서부터는 사정이 많이 달라졌다. 점차 의식뿐만 아니라 무의식도 사람에게 영향을 미친다는 주장이 상당한 영향력을 얻어왔으며 심지어 사람은 무의식에 의해 지배당하는 존재라는 주장도 여전히 수그러들지 않고 있다. 그 결과 오늘날의 대중은 '내 안에 괴물이 있어.'라든가 '무의식적으로 그런 거야.'라는 말들을 아주 익숙하게 받아들인다. 그리고 때때로 혼란에 빠지기도 한다. '나를 지배하는 게 과연 의식인가 아니면 무의식인가?'라고 되뇌이며.

이러한 사정은 심리학에 있어서도 예외가 아니다. 사실 심리학자들에게 있어서 무의식(unconsciousness)은 하나의 뜨거운 감자라고도 할 수 있다. 그 존재를 딱히 부정하기도 어렵고 그렇다고 해서 무의식에 대한 명확한 의견일치가 있는 것도 아니기 때문이다. 무의식이란 개념은 이미 일반인들이 일상에서 흔히 쓰는 대중적인 용어가 되었지만 심리학에서는 그것을 두고 학자마다 의견이 분분하다. 즉 무의식의 존재를 부정하는 사람에서부터 무의식의 발견이야말로 심리학이 이룩한 최대의 업적이라고 주장하는 사람까지 그야말로 극과 극의 입장이 병존하고 있다. 이는 무의식에 관한 심리학 이론이 아직까지 많이 부족하고 상당히 불완전하다는 것의 반영일 것이다. 분명히 이 주제는 다루기가 몹시 까다롭다. 그렇지만 절대로 피해갈 수 없고 피해가서도 안 되는 문제라는 것도 확실하다. 그러므로 우리는 이 장에서 다음과 같은 질문에 대한 해답을 구하기 위해 열심히 노력해보도록 하자.

과연 무의식이라는 게 존재하기는 하는가? 만약 존재한다면 그것은 도대체 무엇이고 사람에게 어떤 영향을 미치는가? 그리고 의식과 무의식은 서로 어떤 관계에 있는가?

1. 무의식은 존재하는가

원래 철학적으로는 무의식이란 개념이 존재할 수 없다. 철학에서는 '의식(consciousness)'이 사람들의 머릿속에 있는 정신적, 관념적 현상의 총체를 표현하는 범주로 사용되기 때문이다. 따라서 철학은 무의식을 포함하는 전체로서의 의식 그리고 의식과 물질의 관계문제를 다루지 의식을 다시 하부단위로 분할해 연구하는 데는 관심이 없다. 즉 그것은 이미 철학의 영역을 벗어나는 것이다. 그러나 심리학은 철학과는 연구대상이 다르므로 의식과 물질의 관계가 아니라 의식 자체에 관심을 가진다.

사실 처음에는 대부분의 심리학자들도 무의식이란 존재를 따로 상정하지 않았다. 그러나 프로이트가 등장하면서부터 사정은 크게 달라졌다. 그는 무의식이 존재하며 그것이 사람을 지배한다는 파격적인 주장을 함으로써 세상을 깜짝 놀라게 하고는 무의식이란 개념을 대중적으로 퍼뜨려버렸다. 이후 한동안 무의식은 심리학자들의 첫째가는 관심사가 되어 뜨거운 조명을 받기도 했다. 하지만 너도나도 덤벼들어 무의식을 연구했건만 무의식의 정체는 좀처럼 뚜렷하게 밝혀지지 않았고 의견도 하나로 모아지지 않았다. 그 결과 무의식에 대한 관심은 조금씩 시들해져갔고 실험실 연구를 좋아하는 미국의 실증주의 심리학자들은 눈에도 보이지 않고 손에도 잡히지 않는 무의식을 아예 연구대상에서 배제하기 시작했다. 그 결과 최근에는 의식과 무의식의 문제는 심리학 개론에서 슬그머니 자취를 감추거나 구석의 쪽방으로 밀려나는 신세가 되었다. 하긴 무의식이 이렇게 푸대접을 받는 데엔 나름대로 이유가 있긴 하다. 왜냐하면 솔직히 말해 무의식에 대한 이론은 프로이트 이후 진전된 바가 거의 없다고 해도 과언이 아니기 때문이다. 이는 무의식에 대한 요즘 심리학자들의 설명이 대부분 프로이트의 이론을 그대로 계승하거나 아니면 약간 수정을 한 것에 불과하다는 사실에서도 잘 드러난다. 어쨌든 이런 사정으로 인해 프로이트를 빼고 무의식을 논의하기는 곤란하므로 우리도 어쩔 수 없이 프로이트의 주장부터 먼저 살펴봐야 할 것 같다.

(1) 의식과 무의식: 내용적 차이인가

무의식이 존재한다고 프로이트가 확신하게 된 것은 '히스테리 환자'를 치료하면서부터이다. 이 환자들 중 일부는 손발의 마비와 같은 부분적인 신체마비 증상을 보이고 있었는데, 의학적으로는 도무지 그 발병원인을 설명할 수가 없었다. 그러던 중 프로이트는 환자에게 최면술을 걸어 억압되었던 과거의 기억을 끄집어내자 신체마비 증상이 사라지는 것을 목격하게 되었다. 이는 그 환자가 도저히 의식할 수 없는 무엇인가가 의식 안에 숨어 있으면서 신체증상을 만들어내고 있다는 확실한 증거였다. 그래서 프로이트는 사람의 행동에 영향을 미치는 의식 안에 숨어 있는 의식을 표현하기 위해 '무의식'이란 개념을 도입하게 되었다. 즉 프로이트에 의하면 무의식이란 사람의 행동에 영향을 미치면서도 그 당사자에게 의식될 수 없는 정신현상인 것이다.

여기까지 진도가 나가자 프로이트에게는 새로운 의문이 떠올랐다. '왜 그런 기억이나 생각들을 의식할 수 없는 걸까?' 이 의문을 풀기 위해 프로이트는 자신의 환자들을 관찰하기 시작했는데, 그러자 답이 명백해지기 시작했다. 당시 프로이트의 환자들은 대부분 타락한 도시인 오스트리아의 수도 빈의 부유하고 지적인 상류층이면서 정신적인 문제가 있는 사람들이었다. 이러한 조건으로 인해 그 환자들은 쾌락추구에 상당히 집착하는 경향이 있었고 그 결과 상당수가 부적절한 '성적 욕망'을 가지고 있었기 때문에 그것을 의식에 떠올릴 수 없었던 것이다. 어쨌든 프로이트는 이 점을 간과한 채 자신의 임상경험에만 기초해 과감한 결론을 내렸다. 무의식에는 원시적인 본능, 특히 성적 본능이 거주하고 있어서 의식이 그것을 억압하는 것이라고. 그리고 이런 추정은 무의식의 내용을 '본능(특히 성적 본능)'이라고 규정하는 것으로 자연스럽게 이어졌다.

지금까지의 논의를 통해 우리는 프로이트가 의식에서 추방된 기억이나 생각들을 무의식으로 간주했으며, 그것들은 원시적인 본능의 표상들이기 때문에 의식의 탄압을 받을 수밖에 없다고 생각했음을 알 수 있다. 그런데 이것은 결국 의식과 무의식이 내용적으로 서로 다르다는 견해로 귀결된다. 의식에는 괴물이 올라올 수 없으니까 그 괴물은 무의식에만 살고 있어야 하기 때문이다.

그렇다면 의식과 무의식은 정말로 그 내용이 질적으로 다르기 때문에 서로 구분되는 것일까? 프로이트라면 당연히 그렇다고 대답할 것이다. 그러나 내 생각은 다르다. 결론부터 말하자면 의식과 무의식은 내용적으로 다르지 않다.

그 이유는 첫째, 설사 본능충동이 우선적으로 무의식에만 반영된다는 프로이트의 주장을 인정하더라도 그것이 의식화되지 않는다고 봐야 할 이유가 없기 때문이다. 성욕이나 식욕과 같은 본능적 욕구가 의식화되지 않는다면 사람이라는 종은 자식도 낳을 수 없고 밥도 먹을 수 없게 되어 결국 멸종될 것이다. 의식을 잃어 식물인간이 되면 자신의 본능적 욕구를 의식할 수도 없고 따라서 그것을 실현할 수도 없게 된다. 그런 사람은 남들이 돌봐줘야만 겨우 생명을 부지할 수 있는 것이다. 사람은 자신의 본능적 욕구를 반드시 의식해야만 그것을 충족시키기 위한 활동을 할 수 있고 그 결과 생존해나갈 수 있다. 그러므로 그 어떤 본능적 욕구도 원칙적으로 의식에 의해 억압되어서는 안 되며 반드시 의식화되어야 한다. 물론 프로이트가 지적했듯이 부도덕하고 파렴치한 성욕이라든가 마음에 깊은 상처를 준 사건 등에 대한 기억은 의식화되지 못할 수도 있다. 그러나 그 결과는 건강한 마음이 아니라 정신병리로 이어지지 않는가? 다시 말해 그 어떤 본능적 욕구나 생각도 의식화되는 것이 정상이며 그것들이 억압되면 정신병리로 이어진다. 대부분의 본능적 욕구는 의식되므로 그것들이 무의식에만 존재할 가능성은 없으며 따라서 의식과 무의식은 내용적으로 다르지 않다고 봐야 한다.

둘째, 한때는 의식되었으나 시간이 흘러 의식하지 못하게 된 기억들이 무의식에 아주 많이 있기 때문이다. 어린 시절의 사건들이나 과거에 공부했던 지식들 중 아주 많은 것들을 우리는 현재 의식하지 못한다. 이때 그것들 중 일부는 완전히 사라졌을 수도 있지만 나머지는 어딘가 저장되어 있다가 적절한 단서가 주어지면 다시 의식화될 것이다. 그렇다면 의식화되기 전까지 이런 기억들과 생각들은 어디에 저장되어 있을까? 아마도 무의식에 저장되어 있다고 가정하는 게 가장 합리적인 추측일 것이다. 프로이트도 이를 잘 알고 있었다. 그는 "어느 순간이든 의식은 아주 적은 양의 내용만을 담고 있으며, 따라서 우리가 의식을 통해 알고 있는 대부분은 어떤 경우든 장시간 잠재적인 상태, 바꾸어 말하면 정신적으로 무의식의 상태에 있다고 주장할 수 있다. 드러나지 않고 잠재해 있는 우리의 모든 기억들을 고려해본다면 어떻게 무의식의 존재를 부인할 수 있는지, 도무지 이해할 수가 없다."고 말하기도 했다(Freud, 1915). 그의 타당한 주장처럼 한때는 의식화되었던 수많은 내용들이 현재는 무의식에 저장되어 있을 것이므로 무의식은 의식과 내용적으로 동일할 수밖에 없다. 즉 무의식에 의식과는 질적으로 다른 내용이 저장되어 있다고 인정할 수 없다는 것이다. 이런 딜레마 때문이었는지 프로이트는 '전의식(preconsciousness)'이란 개념을 도입했는데, 전의식이란 현재 의식되지는 않으나 내용적으로는 의식과 같고 비교적 쉽게 의식화할 수 있는 의식을 말한다. 전의식이란 개념을 굳이 상정해야 할 이유는 없다고 생각하지만, 그 개념을 도입한다고 해서 결과가 달라지지는 않는다. 의식에서 사라진 내용들이 전의식에만 저장되고 무의식에는 저장되지 않는다고 주장할 근거가 없기 때문이다. 프로이트 또한 자기 입으로 대부분의 기억이 '무의식'에 있다고 힘주어 말하지 않았던가.

이렇듯이 의식과 무의식의 내용은 기본적으로 차이가 나지 않지만 예외도 있다. 무의식 깊숙한 곳에 자리 잡고 있으면서 좀처럼 의식화되지 않는 정신적 내용들이 있는데, 그것은 바로 '어린 시절의 기억'이다. 어머니의 뱃속에서부터 사람은 세계와 상호작용을 시작하며 그 경험들을 무의식 속에 저장해둔다. 그런데 이 시기의 경험들은 의식이 정상적으로 발달하기 이전, 즉 핵심적으로는 언어적 사고를 할 수 없는 상태에서 머릿속에 기록된다. 그러므로 정상적인 언어적, 논리적 사고능력이 없는 이 시기의 체험들은 감정적으로, 온 몸으로, 원시적인 방식으로 기억된다. 어린 시절의 기억을 이후에 질적으로 달라지는 발전된 의식의 언어로 번역하기 힘든 것은 바로 이런 이유 때문이다. 즉 어린 시절의 기억은 단지 시간적으로 아주 오래 전의 일이기 때문만이 아니라 그것이 성인의 의식이 사용하는 언어가 아닌 무의식적 방식으로 기록되어 있기 때문에 의식화하기 어려운 것이다.

고통스러웠던 어린 시절의 경험을 아이가 이해할 수 있는 만큼 언어적으로 설명하고 해석해주는 것이 언어습득 이전에 입은 심리적 상처를 치유하는 데 효과가 있는 것도 이런 이유에서이다. 예를 들면 감정통제를 잘 못하는 어머니가 짜증이 날 때면 갓난아이를 내동댕이치곤 했다고 해보자. 그것은 말도 하지 못하는 아주 어린 시절의 경험이지만 분명히 아이의 무의식 속에는 기록되어 있다. 비록 언어적이고 논리적인 의식의 언어로 기록된 것은 아니지만 아이의 무의식은 이미 모든 것을 알고 있는 것이다. 이럴 경우 대개 아이는 어머니에게 화가 나 있게 마련이고 이것은 아이와 어머니의 관계에 나쁜 영향을 미치게 된다. 따라서 아이가 말을 할 수 있게 된 후에, 어머니가 과거의 자기 잘못을 아이에게 언어적으로 설명해주고 사과하면 그것은 아이의 상처를 치유하는 데 상당한 효과가 있다. 그런 중요한 말을 들을 때면 아이들은 아주 놀라울 정도로 집중을 하는데, 그것은 어머니의 말이 자신의 비언어적 경험을 언어적으로 의식화시켜주기 때문이다. 그러므로 부모들은 아이가 말도 하지 못하는 시절에 저지른 잘못이라고 해서 어물쩍 넘어가지 말고 후에라도 그것에 대해 사과하는 것이 좋다. 아이의 무의식은 이렇게 말할 것이기 때문이다. '나는 어린 시절에 겪었던 모든 일들을 지금껏 기억하고 있어요.'라고.

우리는 지금까지의 논의에 기초해 다음과 같은 질문을 해볼 수 있다. '무의식에는 의식발달 이전의 기억들이 담겨져 있고 그것은 의식의 언어를 사용한 기록이 아니므로 의식화되기가 매우 어렵다. 그렇다면 이것은 의식과 무의식이 내용적으로 다르다는 하나의 증거가 아닐까?' 그러나 무의식에 저장된 언어습득 이전의 기억들이 의식의 내용들과 질적으로 다른 것은 아니다. 그것은 단지 저장되는 형식과 방식에 있어서만 차이가 날 뿐이다. 갓난아기 시절 어머니의 등에 업혀 있던 아련한 기억이 언어를 습득한다고 해서 갑자기 어머니의 머리 위에 앉아 있는 기억으로 바뀔 리는 없지 않은가. 말로 표현 못 하는 형상적 기억이든 언어로 표현하는 개념적 기억이든 내용적으로는 다르지 않은 것이다. 임상심리학에서 어린 시절의 고통스런 경험을 중시하는 것은 그 시절의 심리적 상처가 언어적으로 새겨져 있지 않아 그것을 의식화하기 힘들기 때문이지 무의식에 신비스럽고 색다른 내용이 들어 있어서는 아니다.

결론적으로 말해 의식과 무의식은 내용적인 차이에 의해 구분되는 개념이 아니다. 의식에는 천사가 살지만 무의식에는 악마가 산다거나 그와는 반대로 의식에는 악마가 거주하지만 무의식에는 천사가 숨어 있는 경우란 존재하지 않는다. 만약 의식에 천사가 산다면 그 천사는 무의식에도 있을 것이고, 의식에 악마가 있다면 그 악마는 무의식에도 존재할 것이다. 의식과 무의식은 기본적으로 동일한 내용을 담고 있기 때문이다.

(2) 의식과 무의식: 의식화의 문제인가

만일 의식과 무의식이 내용적 차이에 의해 구분되는 게 아니라면 의식과 무의식은 어떻게 다른 것일까? 먼저 프로이트의 말을 한번 들어보자.

"지금 나의 의식 속에 〈나타난〉 어떤 표상은 다음 순간 〈사라질〉 수도 있으며, 그러다 일정한 시간이 흐른 뒤 전혀 변화되지 않은 채, 우리 감각에 의해 새롭게 감지된 결과로서가 아니라 기억에 의해 〈다시 나타날〉 수도 있다. … 우리의 의식 속에 존재하면서 우리가 인식할 수 있는 표상을

〈의식적〉이라고 부르고, 이것을 〈의식적〉이라는 용어의 유일한 의미로 간주하자. 그리고 잠재적인 표상에 대해서는, 만일 그 표상이 정신 속에 존재한다고 가정할 만한 충분한 근거가 있다면 그 잠재적 표상에 〈무의식적〉이란 표현을 사용하도록 하자(Freud, 1912).”

프로이트는 여기서 의식과 무의식을 의식화되느냐 의식화되지 못하느냐 하는 기준에 따라 구분하고 있다. 즉 내용적인 차이에 따라 의식과 무의식을 구분하지 않고 '의식적 사고'와 '무의식적 사고'처럼 의식이 아느냐 모르냐에 따라 두 가지를 나눈 것이다.

이것은 의식과 무의식을 규정하는 하나의 타당한 기준이 될 수 있다. 즉 의식과 무의식은 어떤 공간적 차이 혹은 내용적 차이에 근거한 개념이 아니라 '자각의 유무'와 관련된 구분이라고 볼 수 있는 것이다. 의식할 수 있는가 없는가 하는 문제는 크게 두 가지로 나누어 생각해볼 수 있다.

첫째, 정신현상이 사람에게 영향을 미치는 과정을 의식할 수 있는가 없는가 하는 측면이다. 프로이트는 사람의 행동에는 영향을 미치지만 의식화되지는 않는 생각들, 의식적 노력 없이 순간적으로 떠오른 생각들, 놀라운 지적 결론을 내렸지만 그 과정을 의식할 수는 없는 것, 어떤 계기에 의해 불현듯 간밤에 꿨던 꿈이 기억나거나 완전히 잊어버렸던 기억이 떠오르는 것 등이 바로 '무의식적' 정신현상이다(Freud, 1912; 1915)라고 말했다. 이런 식으로 사람에게 영향을 미치지만 당사자는 의식할 수 없는 무의식적 정신현상이 존재한다는 것은 대부분의 심리학자들도 인정한다. 자신이 하고 있는 행동이나 사고과정을 당사자가 모두 의식하고 있지 않다는 것은 너무나 명백하기 때문이다. 인식, 사고, 언어, 이해와 같은 정신현상들은 흔히 의식적으로가 아니라 자동적으로 무의식적으로 진행된다. 이 중 이해의 경우를 한번 살펴보자. 타인과 대화하다가 어떤 문장을 들었을 때, 그것을 이해하려면 반드시 기억을 참조해야 한다. 그러나 이 참조과정은 의식적으로 진행되지 않는다. 즉 기억 인출과 그것을 참조하는 과정은 의식화되지 않은 채 무의식적으로 암묵적으로 일어난다. 이런 무의식적 정신현상들에 대한 연구에 기초해 니스베트와 윌슨(Nisbett & Wilson)은 "대체적으로 우리는 지각하고, 기억하고, 사고하고, 이해하는 과정들에 대해 자각하지 못한다. 대신 이런 과정들을 거쳐 나타나는 결과를 자각한다."고 말하기도 했다. 또한 기억상실증 환자들에 대한 연구는 그들이 과거를 회상하고 있다는 것을 의식하지 못하면서도 과거를 기억할 수 있으며 그 기억의 영향을 받는다는 사실을 보여준다. 그리고 시각피질이 부분적으로 손상된 시맹(blind sight) 환자들이 비록 의식하지는 못하지만 무의식적으로 시각적 변별을 해낸다는 증거도 있다. 이러한 여러 연구결과와 증거들을 고려해볼 때 우리는 의식과 무의식을 의식되는 것과 의식되지 않는 정신현상 혹은 정신적 과정이라는 기준으로는 구분할 수 있다고 결론을 내려도 괜찮을 것이다. 이러한 관점에 따르자면 의식이란 '의식할 수 있는 정신현상' 그리고 무의식이란 '의식화되지 않는 정신현상'이 된다.

둘째, 의식이 기억이나 생각 등을 쉽게 떠올릴 수 있는가 없는가 하는 측면이다. 사람이 머릿속에 저장해두고 있는 수많은 기억, 지식, 생각, 표상 등의 정신적 내용 중 일부는 마음먹기에 따라 쉽게 의식에 떠올릴 수 있다. 즉 이전에 외워둔 수학공식이나 한 달 전에 만나서 즐겁게 대화했던 사람의 이름 등을 우리는 쉽게 의식화할 수 있다. 그러나 분명히 머릿속에 저장되어 있으나 의식화하기가 매우 어려운 정신적 내용들도 존재한다. 아주 어린 시절의 일화나 십년 전에 외웠던 영어단어 등은 아무리 끙끙대며 노력해도 의식화하기 아주 어려울 수 있다. 이런 식으로 의식 속에 저장된 정신적 내용들 중에는 비교적 의식화하기 쉬운 것들도 있고 의식화하기 어려운 것들도 있다. 이러한 의식으로 떠올리기 쉬운가 어려운가 하는 '의식화의 용이성'도 의식과 무의식을 나누는 하나의 기준이 될 수 있다. 이런 관점에 따르자면 의식과 무의식은 내용적으로는 같으나 의식화가 용이한가 아닌가에 의해 구분될 것이다. 즉 의식은 '의식화하기 용이한 의식' 그리고 무의식은 '의식화하기 어려운 의식'이 된다. 그런데 의식화할 수 있는가 없는가 하는 것은 상당히 가변적이다. 즉 어떤 때는 쉽게 의식할 수 있지만 다른 때는 의식할 수 없게 되기도 하고 반대로 좀처럼 의식할 수 없던 기억이 어떤 계기를 통해 선명하게 의식에 떠오르기도 하는 것이다. 이런 점에서 의식과 무의식은 윗방과 아랫방 혹은 우리 집과 이웃집처럼 고정된 칸막이나 담장으로 구분되지는 않는다. 오히려 그 경계는 아주 느슨하고 자주 바뀐다. 그렇지만 무의식의 깊은 곳에는 좀처럼 의식화하기 어려운 정신적 내용들이 몰려 있기는 할 것이다. 불이 꺼진 컴컴한 방을 비추는 스탠드에 비유하자면 스탠드가 의식이 되고 그 스탠드의 불빛으로 인해 잘 보이는 곳이 의식의 내용 그리고 불빛이 닿지 않아 어두운 곳이 무의식의 내용이 된다. 이때 스탠드가 다른 곳을 비추거나 더 강한 불빛을 내뿜는다면 의식과 무의식의 내용과 경계선은 변할 것이다.

우리는 지금까지의 논의를 통해 의식과 무의식을 나누는 기준이 주로 '의식화'의 문제와 관련된다는 것을 확인했다. 실제로 상당수의 심리학자들은 이런 기준에 의거해 의식과 무의식이란 개념을 사용한다. 그런데 여기서 한 가지 의문이 생긴다. 그것은 의식과 무의식이란 개념에 대해서는 대체로 합의가 된 듯한데, 왜 그것을 두고 그렇게도 많은 심리학자들이 열띠게 논쟁을 해왔을까 하는 점이다. 이를 이해하기 위해서는 한 가지 문제를 더 살펴봐야 한다. 그것은 의식과 무의식은 기능적으로도 차이가 나는데 그것이야말로 심리학자들로 하여금 진땀을 빼게 한 중요한 논쟁거리라는 사실이다. 즉 '의식과 무의식은 기능적으로 차이가 있는가?' 하는 문제야말로 의식과 무의식을 둘러싼 수많은 논쟁과 다양한 이론들의 출발점이라고 할 수 있다.

2. 의 식

비록 프로이트가 꿈의 해석은 무의식을 이해하기 위한 왕도라고 주장했지만 나는 의식에 대한 이해가 무의식을 규명하기 위한 왕도라고 주장하고 싶다. 왜냐하면 만일 의식만이 가지고 있는 고유한 내용이나 기능들이 밝혀진다면 그것은 무의식의 본질을 규명하는 과정에서 중요한 고지를 점령하는 쾌거가 될 것이기 때문이다. 좀 단순하게 덧셈뺄셈을 해보자면 의식의 고유한 기능을 배제한 나머지 기능들이 무의식의 기능이 될 수도 있을 것이다. 그리고 의식과 무의식은 내용적으로는 차이가 없으므로 그 기능상의 차이는 의식과 무의식을 특징짓는 핵심적인 요인으로 작용할 가능성이 매우 크다. 이런 문제의식을 가지고 우선 의식에 대해 살펴보기로 하자.

만약 의식이 없다면 무슨 일이 벌어질까? 정상인들은 잠깐 동안이라도 의식을 잃으면 몸을 지탱하지 못하고 쓰러진다. 이때 사람은 감각을 느끼지도 못하고 사고를 할 수도 없다. 전신마취를 당하는 경우도 마찬가지이다. 만약 장기간에 걸쳐 의식이 돌아오지 않으면 그 사람은 식물인간이 되어버릴 것이다. 따라서 의식이 없으면 신체감각을 느낄 수 없고 신체를 마음대로 움직일 수도 없으며, 나와 세계와의 연결이 차단되고 사고활동도 정지한다. 나아가 내가 존재하고 살아 있다는 것조차 느낄 수 없다. 이는 의식이 참으로 중요한 기능을 담당하고 있다는 사실을 명백히 보여준다. 따라서 우리는 의식 없는 생존이란 불가능하며 의식 없는 사회적 존재란 상상조차 할 수 없다고 말할 수 있을 것이다.

의식은 무의식과는 다른 자기만의 고유한 기능들을 가지고 있는데, 이는 다음과 같다.

(1) 의식의 기능

전체적으로 볼 때 의식은 자신의 욕구와 요구를 실현하기 위해 사람을 지휘하고 통제하는 역할을 한다. 즉 의식은 사람으로 하여금 자신의 욕구와 요구에 맞게 목표를 정하고 그 실현방도를 탐구하며 그에 따라 인식 및 실천활동을 벌이도록 만드는 주체인 것이다. 의식은 사람의 모든 행동을 지휘하기 때문에 사람의 활동은 처음부터 끝까지 의식에 의하여 지시되고 통제된다. 의식의 기능을 좀더 자세히 살펴보자.

① 인식(사고)활동 지휘통제

의식은 무엇보다도 감각기관을 지배한다. 외부 감각기관은 외부세계에 대한 정보를 의식에게 전해주며, 내부 감각기관은 신체 내부의 상태를 의식에게 알려준다. 따라서 감각기관이 없다면 사람은 외부세계 그리고 자신의 신체와 그 어떤 연계도 맺을 수 없다. 만일 감각기관을 지배하는 의식 기능이 파괴된다면 우리는 외부세계 그리고 자기 자신으로부터 완전히 차단되는 것이다. 의식은 감각기관을 통해 외부세계와 자기 자신에 대한 정보를 받아들임으로써 인식활동을 하게 된다. 이때 의식은 자신의 욕구와 요구를 실현하기 위해 감각기관을 지배하고 통제함으로써 사람이 능동적으로 인식활동을 벌여나갈 수 있게 해준다. 예를 들면 '지각적 선택'을 하게 하거나 기존 지식이나 경험 등을 참조해 정보를 처리하게끔 하는 것 등이 모두 의식의 통제에 따른 결과들이다.

의식은 또한 고차적인 사고활동을 지배한다. 의식은 자신의 욕구와 요구를 실현하기 위해 이성적 사고를 하도록 사람을 이끌어간다. 예를 들면 특정한 대상에 주의를 집중하거나 문제해결을 위한 방법을 선택하게 하고 의사결정 등을 하도록 지휘하는 것이다. 그런데 사고활동에는 의식만이 아니라 무의식도 관여하는데, 의식과 무의식이 각각 지배하는 사고활동에는 차이가 있다. 자신의 능력으로 능히 해결할 수 있는 익숙한 과업을 자동적으로 처리하는 데 무의식이 관여한다면 의식은 쉽게 처리하기에는 까다로운, 상당한 주의를 요하는 과업을 수행하는 데 관여한다. 예를 들면 무의식은 밥 먹을 때 자동적으로 능숙하게 젓가락질을 하도록 신체를 지휘한다. 반면에 의식은 새로 산 TV의 조작법을 익히도록 사람의 사고활동과 신체활동을 지휘한다. 여기에서 반드시 기억해야 할 점은 처음에는 의식의 지휘통제 밑에서 습득한 사고방식이나 행동양식, 기능 등도 반복을 통해 익숙해지면 그때부터는 무의식의 지휘통제를 받게 된다는 사실이다. 즉 의식이 이미 자신에게는 익숙해진 능력들을 무의식에게 이양하는 것이다. 논리적, 추상적 사고도 이와 마찬가지다. 의식에서 이미 익숙해진 사고과정은 그 다음부터는 무의식이 담당해 자동적으로 처리하지만 생소하거나 까다로운 사고과정은 의식이 담당해 차근차근 처리해나간다.

이런 식으로 의식이 자신의 담당구역을 계속 무의식에게 넘겨주고 자신은 새로운 구역을 떠맡는 것에는 두 가지 이유가 있는 것 같다. 첫째는 효율성 때문이다. 만약 이제는 의식이 굳이 담당하지 않아도 될 아주 익숙한 일들까지 의식이 계속 떠맡는다면 그것은 상당히 비효율적일 수 있다. 무의식이 자동적으로 처리할 수 있는 젓가락질을 의식이 계속 담당한다면 그것에 신경을 쓰느라 앞자리에 앉아 있는 손님과는 단 한 마디도 대화를 나누지 못할 것이기 때문이다. 더 이상 그럴 필요가 없는 것들이 계속 의식을 점유한다면 그것은 의식이 새로운 과제에 주의를 돌리지 못하게 할 것이므로 확실히 비효율적이다. 둘째는 의식의 작업용량이 제한되어 있기 때문이다. 의식에다 수백 가지 생각이나 기억을 동시에 올려놓을 수는 없다. 의식의 작업 능력은 무한대에 가깝지만 그것은 특정한 체계와 질서에 따라 순차적으로 처리되는 것이지 한꺼번에 병렬적으로 처리되지 못한다.

예를 들면 주의력은 특정 대상을 향했다가 다른 대상으로 순차적으로 옮겨가는 것이지 여러 가지 대상에 동시적으로 주어질 수 없다. 기억을 연구하는 심리학자들이 '작업기억(working memory)'의 용량이 제한되어 있다고 주장하는 것도 이와 관련될 것이다. 이런 이유로 의식은 수준 높은 새 임무를 수행하고 이제는 수준이 낮은 낡은 임무들은 무의식에게 계속 이양한다.

의식은 또한 무의식을 지배한다. 의식은 필요에 따라 무의식적 사고나 행동들을 의식화할 수 있으며, 무의식의 활동이 의식의 요구에 철저히 따르도록 무의식을 지휘한다. 즉 무의식적으로 수행하던 젓가락질을 하는 행동도 필요하면 의식으로 가져와 자세히 관찰할 수 있으며, 젓가락질을 지휘하는 무의식이 앞자리에 앉은 손님의 밥을 집어오거나 맛있는 반찬만 계속 집어대는 실수를 범하지 않도록 의식은 무의식을 적절히 지휘하고 통제한다. 프로이트가 말했던 의식의 무의식에 대한 검열기능도 여기에 포함된다고 할 수 있다. 의식은 무의식으로부터 고통스럽거나 불쾌한 감정과 연관된 기억이나 생각이 떠오르는 것을 억누르거나 혹은 그런 것들이 이미 의식에 떠올랐다 하더라도 그것을 행동으로 옮기지 않도록 스스로를 통제한다.

② **신체운동 지휘통제**

의식은 수의적 운동을 조절통제함으로써 신체활동을 지배한다. 반면에 생명유지와 관련된 중요한 불수의적 운동들, 예컨대 심장운동이나 내장운동 등은 무의식의 지배를 받는다. 왜냐하면 사람은 때로 의식을 잃기도 하고, 잠을 잘 때는 신체를 지휘통제하는 의식기능이 꺼지기도 하기 때문이다. 따라서 만약 생명유지와 관련된 불수의적 운동을 의식이 통제한다면, 기절하거나 잠이 들게 되면 우리는 곧바로 죽게 될지도 모른다. 이런 이유로 생명유지와 관련된 운동 그리고 단순한 반사운동 등은 무의식이 담당하지만 나머지 신체운동은 모두 의식이 담당한다. 만약 자신이 원하지 않거나 혹은 의식하지 못하는데도 몸이 제멋대로 움직인다면 그것은 고장난 사람이지 정상인이 아니다. 정상적인 조건에서는 그 어떤 신체운동도 의식의 지휘통제를 벗어날 수 없다. 처음에는 의식적으로 습득했으나 아주 익숙해진 자동화된 운동기능에 대한 지휘통제권이 무의식에게 이양된다는 점은 다시 설명하지 않아도 될 것이다.

③ 현실성 유지

현실과 비현실의 구별

의식은 사람의 정신현상이 실제 현실을 반영한 것인지 아니면 비현실적인 것인지를 구별하는 기능을 가지고 있다. 이것은 의식이 감각기관을 지배하는 사정과 밀접히 관련된다. 의식이 깨어나면 감각기관도 살아나고 외부세계가 머릿속에 들어온다. 그러면 의식은 '이것은 현실이다.'라고 판단한다. 그러나 외부 감각기관이 꺼져 있거나 비록 감각기관이 외부세계와 접촉하고 있으나 머릿속으로는 엉뚱한 생각을 하고 있으면 의식은 '이것은 현실이 아니다.'라고 판단한다. 이런 식으로 의식은 현실과 비현실을 구별하는 기능을 수행하는데, 이 기능이 파괴되면 현실과 상상의 세계를 구별하지 못하는 정신병에 걸리게 된다. 프로이트는 현실과 비현실을 구별하는 의식의 기능을 강조하며 다음과 같이 말했다.

> "아무리 기억 속에 강하게 떠오른 표상이라 하더라도 그 표상을 지각과 분명히 구분하는 일이 실제적인 삶에서 아주 중요하다. … 외부 세계, 즉 현실과 우리 사이에 존재하는 모든 관계가 바로 그와 같은 구분 능력에 달려 있기 때문이다. … 개인으로 하여금 내부적인 것과 외부적인 것의 구별을 통해 세상에서 방향을 잡아가게 하는 기능은 정신기관에 대한 세밀한 분석의 결과 오로지 의식조직(지각조직)에 속하는 것으로 나타났다(Freud, 1917)."

시공간 개념의 유지

의식은 사람이 현실성을 유지하기 위해 시간과 공간이라는 범주를 통해 사고하도록 지휘한다. 왜냐하면 현실세계는 시간과 공간 속에서만 존재할 수 있기 때문이다. 즉 시공간은 외부 현실세계의 필연적 존재방식이다. 의식은 또한 자아의 일관성과 현재성을 유지하는 것 등을 포함해 사람이 현재 시점을 유지하도록 기능한다. 반면에 머릿속에서 비현실적인 생각을 할 때는 굳이 현재시점을 유지하지 않아도 되고 시공간 법칙을 따르지 않아도 된다. 미래의 나의 모습을 마음속으로 그려보거나 과거의 추억 속으로 빠져들어간들 무슨 상관이 있으랴. 단지 그것이 현실이 아니라는 것만 알고 있으면 된다. 일반적으로 무의식의 정신현상으로 간주되는 꿈은 현실이 아니므로 당연히 시공간 법칙 따위는 쉽게 무시해버린다. 꿈속에서 우리는 어린아이가 되기도 하고 시간법칙과 공간법칙을 뛰어넘어 돌아다니기도 하는데, 그런 비현실적인 스토리가 가능한 것은 시공간 개념의 유지는 무의식의 기능에 속하지 않기 때문이다.

프로이트 역시 이 문제를 정확히 지적했다.

> "무의식 조직에서 이루어지는 과정들은 〈무시간적〉이다. 바꿔 말하면, 그 과정들은 시간적 순서에 따라 일어나는 것도 아니며, 시간의 경과에 따라 변화되지도 않는다는 뜻이다. 즉, 무의식 조직의 과정들은 시간과는 아무런 관계가 없다. 다시 한 번 언급하지만, 시간의 문제는 의식 조직에서 이루어지는 작업과 관련이 있는 것이다(Freud, 1915)."

또한 배들리(Baddeley)를 포함한 인지심리학자들의 작업기억에 대한 연구도 시공간 개념의 유지가 의식기능과 관련됨을 암시해준다. 그들에 따르자면 작업기억은 정보통합이나 주의배분과 같은 처리를 주로 담당하는 중앙집행기(central executive)와 언어정보를 주로 처리하는 음운루프(phonological loop) 그리고 시공간정보의 일시적 저장소인 시공간잡기장(visuospatial sketchpad)으로 구분된다고 한다. 만일 그들의 주장이 사실이라면 그것은 '시공간정보'를 독립적으로 다루는 의식영역이 존재한다는 하나의 증거가 될 수 있을지도 모른다.

사고의 논리성 담보

융은 "논리적인 분석은 의식의 특권이다(Jung, 1961)."라고 말했다. 그의 말대로 이성적인 사고과정에 반드시 필요한 논리성을 담보하는 것도 의식의 기능에 포함된다. 논리성 담보는 현실성을 유지하기 위한 필수적 조건이다. 왜냐하면 현실세계가 논리적으로 연관되어 있기 때문이다. 여러 번 반복해 강조하지만 사고과정에서 사용되는 인과법칙 등과 같은 논리성은 기본적으로 현실세계에 존재하는 연관관계를 반영한 것이다. 따라서 현실성을 유지하려면 논리성을 중심으로 하는 사고의 법칙을 반드시 따라야 한다. 반면에 상상이나 꿈 등의 정신현상은 현실적인 것이 아니므로 논리성을 유지할 필요가 없다. 상당수의 꿈들이 지극히 비논리적인 이유가 바로 여기에 있다.

현실성을 유지하는 의식기능은 선천적으로 타고 나는 것이 아니다. 그것은 사람의 의식이 발전하면서 획득하는 중요한 기능인 것으로 생각된다. 이런 점에서 프로이트가 원시인과 어린이들의 과대망상이 현실성 원칙의 부재에서 비롯된다고 주장한 것은 설득력이 있다(Freud, 1914).

현실성을 유지하도록 하는 의식기능은 사람과 현실 간의 연계를 가능하게 해주며 정상적인 사회관계를 형성할 수 있도록 만들어준다. 현실성 유지기능의 심한 장애는 정신분열증 환자들에게서 특징적으로 나타난다. 이들은 현실과 비현실을 구별하지 못하기 때문에 정상적인 사회생활을 할 수 없으며, 그 결과 스스로를 사회로부터 격리시키게 된다. 의식의 현실성 유지기능은 나아가 사람의 인식과 실천활동의 과학성을 담보해줌으로써 사람이 세계를 효과적으로 개조하고 지배하는 데 기여한다.

④ 감정과 욕구 조절 · 통제

무의식이 일차적으로 신체를 각성시킴으로써 막연한 감정체험을 유발한다면 의식은 신체적 각성상태에 대해 해석을 함으로써 감정을 구체적으로, 질적으로 규정하고 그것을 조절 · 통제하는 역할을 한다. 앞서 제3장에서 논의했던 감정체험 과정에 대한 도식을 다시 한 번 살펴보자.

감정을 일으키는 대상 → 뇌의 포괄적 감정판단(1차 해석)
→ 신체변화 + 얼굴표정 반응 → 포괄적인 감정체험
→ 뇌의 구체적, 언어적 평가와 해석(2차 해석)
→ 구체적인 특정 감정을 경험(감정의 질이 결정됨, 감정의 분화발전)

위의 도식에서 감정을 일으키는 대상에 대해 '1차 해석'을 함으로써 신체변화를 유발하는 것은 기본적으로 무의식의 기능이라 할 수 있다. 반면에 신체변화에 대해 '2차 해석'을 하는 것은 주로 의식의 기능에 속한다. 물론 때로는 2차 해석도 무의식적으로 내려지는 경우가 있다. 그러나 어떤 경우에도 그 해석의 결과는 항상 의식에 반영되며 또 반영될 수 있다. 즉 의식은 자기 감정의 정체를 알 수 있기 때문에 그것을 조절 · 통제할 수 있는 것이다. 만약 1차 해석을 통해 유발된 감정이 의식에 정상적으로 반영되지 못한다면 즉 2차 해석이 내려지지 않는다면 그 정체모를 감정은 해소되지 않고 몸속에 쌓이게 된다. 아마도 프로이트가 2차 해석이 되지 않은 무의식적 감정 에너지 혹은 무의식의 감정 덩어리가 심리적 병의 원인이라고 강조했던 것도 이런 맥락에서일 것이다. 비록 그는 무의식이 의식을 지배한다는 잘못된 이론적 틀을 고수했지만 "의식(조직)이 통상적으로 운동능력뿐만이 아니라 감정도 조절한다(Freud, 1915)."는 의미 있는 말을 하기도 했다. 어쨌든 의식이 조절 · 통제하지 못하는 모호한 신체변화의 누적(감정의 누적), 프로이트 식으로 말하면 불쾌한 정동(情動)이 심리적 병으로 귀결된다는 점은 확실한 것 같다. 왜냐하면 그것은 의식의 중요한 기능 중 하나인 감정에 대한 조절 · 통제 기능에 심각한 위협이 되고 궁극적으로는 그 기능에 장애를 초래할 수도 있기 때문이다.

의식은 또한 욕구와 요구를 조절 · 통제한다. 의식은 가장 중요하다고 여기는 욕구의 실현을 위해 나머지 욕구들을 조절 · 통제한다. 사회적 요구를 가장 중요하게 여기는 사람의 의식은 그 요구를 실현하기 위해 사회적, 생물학적 욕구들을 조절 · 통제할 것이다. 별다른 사회적 요구가 없는 사람은 자신이 가장 중요하게 여기는 사회적 욕구를 실현하기 위해 나머지 사회적 욕구들과 생물학적 욕구들을 조절 · 통제한다. 간혹 생물학적 욕구의 실현을 우선시하는 동물 같은 사람이 그것을 실현하기 위해 사회적 욕구와 요구들을 조절 · 통제하는 특이한 경우도 있을 수 있다. 그러나 대체적으로 사람은 정치적으로 각성될 경우에는 사회적 요구를 우선시하며, 그렇지 못할 경우에도 사회적 욕구를 우선시한다. 생물학적 욕구를 우선시하는 경우는 극히 드문 예외에 해당된다.

이렇게 의식은 사회적 요구나 우선순위의 욕구를 실현하기 위해 나머지 욕구들을 조절 · 통제하는데, 프로이트가 강조했던 무의식에 대한 의식의 검열기능도 이와 관련된다. 그러나 정상인의 경우에는 무의식에 대한 검열, 즉 하위욕구들을 조절 · 통제하는 것이 그리 고통스럽지도 않으며 불쾌하지도 않다. 먼 곳에 있는 사랑하는 연인을 만나러 가기 위해 아침잠을 줄이거나, 대한독립 만세를 부르느라 끼니를 건너뛰는 것이 그리 고통스럽거나 불쾌한 일은 아니지 않은가. 그러므로 우선순위의 욕구 실현을 위해 하위욕구들을 조절 · 통제하지 못하거나 부적절한 욕구를 첫 자리에 두는 것은 역시 치료를 받아야 할 비정상인의 특징이라고 봐야 할 것이다.

의식의 기능은 일시적으로는 꺼질 수도 있다. 그 대표적인 사례가 훈련된 비의식(非意識)적 명상이나 '잠'인데, 이런 특수한 경우들을 제외하고는 의식기능은 꺼져서는 안 된다(엄밀히 말하자면 앞의 경우들에서도 의식기능이 완전히 꺼지지는 않는다). 그것이 꺼지면 사람은 더 이상 생존할 수도 사회생활을 할 수도 없기 때문이다.

의식기능의 장애는 심리적 병의 원인이면서 결과이기도 하다. 즉 의식기능의 장애는 심리적 병과 밀접하게 연관되어 있다(이에 대해서는 제11장에서 좀더 살펴볼 것이다).

(2) 의식의 종류

의식은 무엇을 반영하느냐 하는 데 따라 크게 세 가지로 구분된다. 무의식도 내용적으로는 의식과 차이가 없으므로 똑같이 구분될 수 있다.

첫째, 욕구와 요구를 반영한 의식이 있다. 사람의 욕구와 요구를 반영한 의식은 정신활동에서 가장 중요한 역할을 한다. 사람은 무엇보다도 자신의 욕구와 요구를 실현하기 위해 살아가는 존재이기 때문이다. 욕구와 요구를 반영한 의식은 다른 모든 의식활동을 규제하며 인간활동의 목표와 방향성, 강도 등을 규정하므로 나는 이것을 잠정적으로 '중심의식(中心意識)'이라고 명명할 것이다. 중심의식은 사람으로 하여금 특정한 대상에 주의 집중을 하게 만들고 목적의식적으로 인식활동을 벌이게 하며 그 결과 지식을 축적하도록 이끈다. 또한 중심의식은 감정을 유발(여기에는 중심무의식도 관여한다)하고 그것을 적절히 조절·통제한다. 즉 중심의식은 '심리적 에너지'를 발생시키고 그것이 자신의 욕구와 요구를 실현하는 데 적절히 쓰이도록 지휘하는 것이다. 이런 식으로 중심의식은 의식의 중심에 자리 잡고 있으면서 사람의 모든 인식활동과 실천활동의 목표와 방향성, 강도를 규정하며 심리적 에너지를 발동시키고 그 쓰임새를 규제한다. 그러므로 중심의식이야말로 인간 의식의 '중심'이자 '핵'이라고 말할 수 있다.

욕구는 본능에 가까운 것이므로 많은 경우 무의식에 일차적으로 반영된다. 이때 무의식적 욕구를 의식화한다면 그것을 적절히 조절·통제할 수 있지만 그것을 의식화하기 못하면 각종 정신병리의 원인이 될 수도 있다. 예를 들면 사랑받고자 하는 강렬한 욕구를 의식화하지 못하면 '이기주의자'가 되거나 '사랑 중독'에 빠지기도 한다. 반면에 요구도 깊이 있게 신념화되고 체질화되면 무의식적으로 작용할 수 있다.

둘째, 사물현상의 본질과 그 운동발전의 합법칙성을 체계화하여 반영하는 의식이 있는데, 이를 일반적으로 '지식'이라고 한다. 이때 객관세계에 존재하는 법칙들을 정확히 반영한 지식은 과학적 지식이 될 수 있다. '봄에는 꽃이 핀다.', '물은 위에서 아래로 흐른다.', '물은 100도에서 끓는다.' 등을 예로 들 수 있다. 여러 지식은 중심의식의 지휘통제를 받으며 사람의 활동에 참여한다. 태양열 에너지를 개발하고 싶은 욕구를 가진 과학자가 밤낮을 가리지 않고 연구를 거듭해 그에 대한 깊은 지식을 쌓아나가는 것처럼 지식은 중심의식의 지휘를 받으면서 목적의식적으로 축적된다. 지식은 또한 중심의식의 통제 하에 사람의 활동과정에 참여해 다양한 방식으로 기여한다. 예를 들어 배를 만들겠다는 욕구를 가진 사람은 설계에 대한 지식, 톱질이나 대패질에 대한 지식, 못질이나 페인트칠에 대한 지식 등을 총동원할 것이므로 그러한 지식들은 다양한 방식으로 배를 제작하는 활동에 기여하게 된다.

지식이 없다면 사람은 세계를 이해할 수도 개조할 수도 없다. 현재 의식화되지 않는 지식들은 대부분 무의식에 저장되어 있으면서 적절한 인출단서가 제공되면 의식화되기도 한다. 그러나 비록 의식화되지는 않더라도 무의식적 지식들은 여러 가지 방식으로 의식활동에 기여한다. '깨달음', '통찰', '영감', '계시' 등은 하늘에서 떨어지는 게 아니라 무의식에 축적되어 있는 지식이 주는 선물일 뿐이다.

셋째, 감정 등과 같은 심리현상을 반영한 의식이 있다. 감정은 욕구나 요구 등에 기초해 생기지만 욕구나 요구 그 자체는 아니다. 동시에 감정은 주위세계의 사물현상 및 다른 사람들에 대한 주관적 체험을 표현하는 것이므로 객관성을 특징으로 하는 지식과도 구별된다. 중심의식이나 지식의 범주에 포함되지 않는 이러한 감정 등과 같은 심리현상들도 모두 의식과 무의식에 반영된다. 일반적으로 심리현상이 의식에 반영될 경우 사람들은 구체적인 감정이나 느낌, 생각, 형상 등을 체험하게 되지만 그것이 무의식에 반영될 경우에는 포괄적인 정서나 기분 등을 체험하게 된다. 이때 나쁜 심리현상일수록 그것은 반드시 의식화되어야 한다. 그래야만 그것을 조절·통제할 수 있고 그것으로 인한 심리적, 신체적 피해를 막을 수 있기 때문이다.

⑶ 의식과 자아

일부 이론가들은 의식과 자아를 종종 비슷한 의미로 사용하곤 한다. 예를 들면 프로이트는 많은 경우 원초아(id)와 대별되는 개념으로서의 '자아(ego)'를 의식과 거의 같은 것으로 취급했지만 자아는 의식 그 자체가 아니라 의식의 일부분이라고 봐야 한다. 이렇게 두 가지는 서로 다른 것이므로 여기에 대해 간단히 살펴보고 넘어가기로 하자.

'나'라는 개념이 자신의 육체와 정신을 모두 포함하는 것이라면 '자아'는 '의식에 반영된 나'라고 할 수 있다. '나'는 타인의 의식에도 반영되고 내 의식에도 반영되는데, 내 의식에 반영된 '나'가 바로 자아인 것이다. 따라서 자아의 형성에는 자기 자신과 관련된 모든 것들이 영향을 미친다. 자신의 욕구와 요구, 신념과 가치관, 양심, 지식 그리고 자신의 성장역사 등이 모두 영향을 미치는 것이다. 그리고 내가 변화하고 성장함에 따라 '자아'도 변화하고 발전한다. 물론 심각한 심리적 상처를 입게 되면 '자아'가 손상되거나 파괴되기도 한다.

최초의 자아는 생물학적 자기보존 욕구에 기초해 안전성을 추구한다. 그러나 사람은 성장하면서 사회적 욕구와 요구를 우선시하게 되므로 이를 실현하기 위해 자아는 점차 자기발전 요구를 강하게 내세우게 된다.

자아는 크게 볼 때 다음과 같은 것들로 구성되어 있다.

① 자기에 대한 견해

'나는 얼굴이 잘생겼어.', '나는 머리가 좋아.', '나는 착한 사람이야.' 등과 같은 자기 자신에 대한 견해를 말한다. 즉 스스로가 생각하는 나 자신이라고 할 수 있다. 그러면 자기에 대한 견해가 형성되는 과정을 간단히 살펴보자.

갓 태어난 유아에게는 이렇다 할 자기에 대한 견해가 없다고 할 수 있다. 이 시기의 유아는 대개 생물학적 욕구충족을 중시하므로 프로이트는 이를

"쾌락추구형 자아(Lust-Ich)"라고 불렀다(Freud, 1911). 유아는 지적 능력이 발달함에 따라 손, 발, 입술 등과 같은 자신의 신체기관과 감각기관들을 통해 입수한 스스로에 대한 정보를 자신에게 귀속시키며 서서히 '나에 대한 견해'를 만들기 시작한다. 그러나 유아는 아직까지도 세계와 나를 뚜렷이 구별하지 못한다.

그러던 유아는 어머니와의 지속적인 상호작용을 통해 점차 나와 어머니, 나와 세계가 다른 존재라는 사실을 알게 된다. 즉 유아는 나를 객관세계로부터 분리해내는 것이다. 무리생활을 하는 벌이나 개미 등의 하급동물에게는 '나'라는 개념이 아예 없기 때문에 각각의 개체는 오로지 종의 유지를 위한 하나의 부속품으로만 기능한다. 또한 늑대나 하이에나 같은 포유류들은 생물학적 생명유지 욕구에 기초해 유기체적 생명체로서의 '나'에 대한 원시적이고 초보적인 본능적 자각만을 가진다. 그러나 이런 동물들과는 달리 유아는 단순히 생물학적 욕구만이 아니라 사회적 욕구를 실현하기 위해 자기 발전을 추구하게 되며 이와 병행해 빠르게 자아개념을 발전시켜나간다. 그 결과 일정한 시간이 지나면 유아는 자아에 양심을 통합하고 현실과 비현실을 구별하는 의식기능 등을 획득하게 된다. 그러므로 비록 맥락은 다르지만 이 시기의 자아를 프로이트가 규정한 대로 "현실 자아(Real-Ich)"로 불러도 무방할 듯하다(Freud, 1911). 이 시기 어린아이의 자아개념 확립에 지대한 영향을 미치는 것은 부모이다. 부모의 칭찬이나 비난의 내면화는 유아의 자아개념에 깊은 흔적을 남기는데, 그것의 영향력은 성인이 된 후에도 줄어들지 않는 경우가 많다.

아이는 이후에 또래집단이나 다른 사회적 관계 그리고 스스로의 실천적 경험을 통해 획득하게 되는 자기 자신에 대한 견해를 자아 개념에 통합한다. 청소년기가 되면 점차 사회현실에 대해 눈을 뜨게 되고 정신적, 육체적으로 성숙하게 되므로 부모 의존적이던 자아는 부모와의 관계재정립을 시도하게 된다. 그리고 청년기에 들어서면 사회적 존재로서의 자기 정체감을 확립함으로써 자아 개념은 공고해지면서 안정화되는 단계에 들어선다.

안정화된 나에 대한 견해에는 스스로의 욕구와 요구에 근거한 인생목표, 내면화된 특정한 사회집단이나 이념의 요구, 과거의 나(나는 어떤 사람이었는가?)와 현재의 나(나는 어떤 사람인가?) 그리고 미래의 나(나는 장차 어떤 사람이 될 것인가?)에 대한 생각, 나에 대한 세상의 견해 등 나에 대한 모든 것들이 포함된다.

② 자기에 대한 평가

사람은 '나에 대한 견해'에 기초해 자기를 평가함으로써 스스로에 대한 태도를 가지게 된다. 이때 자기에 대한 태도는 크게 '호-불호'로 나뉜다. 그래서 자아를 좋게 평가하면 '호'의 감정을, 나쁘게 평가하면 '불호'의 감정을 느끼게 된다. 이러한 상반되는 감정은 자아를 수용하거나 거부하게 만드는데, 자아수용은 자아에 대한 사랑으로 이어져 자애심과 자존감을 갖게 해주지만 자아거부는 자아에 대한 혐오로 이어져 열등감과 자괴감을 갖게 한다.

객관적인 자기평가도 중요하긴 하지만 자아의 수용과 거부에는 부모의 양육태도가 큰 영향을 미친다. 다른 아이들보다 객관적으로 떨어지더라도 부모가 지지하고 격려해준 아이는 자존감이 높지만, 반대로 천재성을 타고 나더라도 부모의 사랑과 인정을 못 받은 아이는 자존감이 낮은 경우가 많다. 이 시기의 자아평가는 이후 성인기까지 영향을 미치는 경향이 있으므로 부모들은 양육과정에서 아이가 '자아'에 대한 혐오감을 갖지 않도록 특별한 주의를 기울여야 할 것이다. 특히 자기 아이를 다른 아이와 비교해 비난하는 것은 매우 위험하다.

③ 자아의 힘

나에 대한 견해와 평가는 자아의 힘에 의해 뒷받침된다. 나에 대한 긍정적인 견해와 평가는 자아의 힘을 강하게 해주지만 나에 대한 부정적인 견해와 평가는 자아의 힘을 약화시킨다. 동시에 자아의 힘은 나에 대한 견해와 평가에 영향을 미친다. 대체로 나에 대한 견해와 평가 그리고 자아의 힘은 일치하는 경향이 있다.

자아의 힘은 우선 '자신감'으로 표현된다. 자신감은 '나는 힘 있는 존재'라는 견해와 그런 자신에 대한 호감에 의해 형성된다. 유아는 일정한 시기가 되면 정신적, 육체적으로 도약하게 되어 통제력이 부쩍 발달하게 된다. 이때 유아들은 '원시적 전능감'과 자기중심성을 강하게 드러내는데 여기에 대한 부모의 적절한 양육은 자아의 힘을 크게 성장시킨다. 즉 아이가 자신의 통제력을 최대한 사용할 수 있도록 부모가 적절하게 배려하고 격려하면 아이는 자신감을 갖게 되는 것이다. 반대로 아이의 통제력 행사에 대한 욕구를 고집 센 말썽쟁이의 행동쯤으로 치부해 지나치게 처벌을 가하면 아이는 몹시 우유부단하고 힘없는 자아를 갖게 되며 심한 경우에는 부적절한 죄책감까지 가지게 된다. 또한 자신감은 부모의 지지와 격려를 영양분으로 삼아 자라난다. 부모로부터 지지받고 격려 받으며 자란 아이와 부모로부터 거의 지지받지 못한 아이의 자신감 격차는 좀처럼 메우기 힘들다. 어린 시절에 형성된 자신감은 대체로 성인기까지 이어지는 경우가 많다.

자아의 힘은 또한 '자부심'으로 표현된다. 자신감이 주로 어린 시절의 부모관계로부터 형성된다면, 자부심은 양심을 지키며 살아온 자기 인생에 대한 긍정적 평가에서 비롯된다. 윤동주의 시처럼 '하늘을 우러러 한 점 부끄러움이 없는 인생'을 산다면 드높은 자부심을 가지게 되겠지만, '하늘을 우러러 날벼락을 조심하는 인생'을 산다면 죄의식과 비굴함을 갖게 될 것이다. 당당한 자부심을 가진 사람은 그 무엇으로도 꺾을 수 없다. 자부심의 소유 여부는 대체로 청년기 이후에 스스로 선택한 자기 인생의 결과에 따라 결정되므로 자부심을 가지느냐 못 가지느냐 하는 문제는 기본적으로 자기 자신에게 달려 있다고 할 수 있다.

자아의 힘은 또한 '자기통제력' 혹은 '의지력'으로 표현된다. 자기통제력에는 성격적인 요인도 영향을 미치긴 하지만 그것은 대체로 훈련과 실천을 통해 체득하는 것이다. 자아에 대한 좋은 견해와 평가는 자기통제력과 밀접하게 통일되어 있다. 자기통제력은 실천적 성과로 귀결되므로 그것은 자아에 대한 긍정적인 견해와 평가를 강화해준다. 동시에 자아에 대한 긍정적 견해와 평가는 자기통제력을 더 높여준다. 그러므로 자기통제력을 발휘해 실천적 성과를 내는 것은 자아의 힘을 회복하고 긍정적인 자아상을 정립하는 데 매우 중요한 의의를 갖는다. 시험을 볼 때마다 70점을 넘어보지 못한 아이는 '내 머리는 70점짜리야.'라고 생각하며 내면에 70점짜리 자아를 가지고 있을 수 있다. 이때 단 한 번이라도 자기통제력을 발휘해 열심히 공부함으로써 100점을 받게 되면 그 아이는 '내 자아가 원래는 100점짜리였구나.'라고 생각하게 될지도 모른다. 이런 식으로 실천적 성과가 자아개념의 긍정적 변화로 이어지면 그것이 비록 단 한 번일지라도 아이의 인생을 바꿀 수도 있는 것이다.

이렇게 자아는 나에 대한 견해와 평가 그리고 힘으로 구성되어 있다. 여기서 한 가지만 더 언급하고 싶은 것은 '자아'가 의식과 무의식에 걸쳐 존재한다는 사실이다. 앞에서 살펴보았듯이 의식의 내용들은 시간이 지남에 따라 무의식으로 이동해간다. 자아도 마찬가지다. 즉 자아의 내용들 중 다수가 무의식으로 이동해 나중에는 잘 의식화되지 않는다. 그러나 이 경우에도 무의식에 있는 자아는 의식상의 자아에 강한 영향을 미치게 된다. 아니, 사실은 현재 시점에서 의식할 수 있는 자아보다도 무의식적 자아가 더 거대하다고 말하는 게 더 정확할지도 모른다. 예를 들면 자신을 긍정적으로 생각하려고 노력하며 주위의 평가도 좋은데, 이유 없이 자존감과 자신감 부족에 시달리는 사람이 있을 수 있다. 이런 사람은 현재는 자각하지 못하지만 과거에 자아가 심각하게 손상되었던 경험을 가지고 있을 가능성이 많다. 자아는 하루아침에 형성되지 않으며, 마음먹기에 따라 마구 바꿀 수 있는 것도 아니다. 자아는 역사적으로 형성·발전된 것이므로 그것을 변화시키려면 지난한 노력이 필요하다.

이제는 의식에 대해 최종적인 마무리를 해야 할 때가 된 것 같다. 의식은 넓은 의미, 즉 철학적 범주로는 뇌의 기능으로서 객관적 물질세계의 능동적인 반영이며 사람의 모든 행동을 지휘하는 요인이라고 규정할 수 있을 것이다. 그리고 좁은 의미, 즉 심리학적 범주로는 의식 가능한 정신현상과 정신적인 내용들이라고 규정할 수 있다.

의식의 기능은 사회적 산물이다. 동물의 경우에는 대개 본능적인 무의식기능이면 생물학적 생존을 유지하는 데 충분하므로 의식기능들은 아예 없거나 설혹 있더라도 그것은 매우 초보적인 수준에 머물러 있다. 그러나 사람은 사회적 존재로서 살며 발전하고 사회집단의 한 구성원이 되어 객관세계를 개조하기 위해 사회적 능력을 지속적으로 발달시켜왔다. 이 과정에서 발생하고 발전해온 것이 의식이며 의식기능인 것이다.

지금까지 우리는 의식에 대해 나름대로 이론적으로 정리해보았다. 그러나 무의식도 그렇지만 의식에 대한 심리학적 연구는 아직까지도 많이 부족한 편이다. 앞으로 더 많은 것들이 연구되고 보충되어야 할 것이라 생각한다. 이런 점에서 아직까지도 다음과 같은 프로이트의 염원은 이루어지지 않은 셈이다(그가 자아를 의식과 같은 의미로 사용했다는 사실을 염두에 두고 읽어보기 바란다).

> "정신분석학은 원초아(id)의 심리학으로 특징지어질 수 있다. 따라서 정신분석학은 모든 지식영역에서 기여할 수 있지만, 이 기여는 자아의 심리학에 의해서 보완되어야만 한다.(Freud, 1924)."

프로이트의 희망은 심리학이 원초아(id) 연구에 머무른 정신분석학의 한계를 극복하고 의식 문제를 완벽하게 해명하는 학문으로 자리매김하게 될 때 비로소 실현될 수 있을 것이다.

3. 무의식

무의식은 내용적으로는 의식과 차이가 없다. 따라서 내용적으로 볼 때 무의식도 의식과 마찬가지로 크게 세 가지로 구분된다. '욕구와 요구를 반영한 무의식', '무의식화된 지식', '감정 등과 같은 심리현상을 반영한 무의식'이 그것이다.

무의식은 의식화될 수 있다. 즉 모든 무의식의 내용을 의식화하는 것은 불가능하고 또 그럴 필요도 없지만 대부분의 무의식적 내용들은 노력 여하에 따라 의식화할 수 있다는 것이다.

과거에 프로이트는 무의식을 연구하기 위한 방법으로 의식으로 전이된 무의식을 추적하는 "자유연상법"과 무의식의 정신활동으로 간주되는 "꿈 분석" 등을 제안했다(Freud, 1915). 물론 이것들도 나름대로 가치가 있기는 하지만 여기에다 '의식과 무의식의 기능적 차이'를 규명하는 방법도 추가할 수 있을 것 같다.

(1) 무의식의 상대적 자율성

앞서 제2장에서 살펴보았듯이 고도로 발달된 존재 혹은 유기체일수록 그 구성요소들은 단순하게 기계적으로 연관되어 있지 않고 복잡하게 유기적으로 연관되어 있다. 즉 사령부와 예속부대들, 뇌와 하위 신경중추들 간의 관계처럼 하부요소들이 상대적 자율성을 가지면서 중심부에 복무하는 구조를 가지고 있다는 것이다. 이때 하위요소들은 자기가 맡은 일을 자기가 알아서 처리한다. 사령부가 방어명령을 내리면 각 부대들이 자기가 맡은 지역을 고수하면서 스스로의 힘으로 진지전을 벌이거나, 밥을 먹으면 의식이 일일이 지시하거나 통제하지 않아도 위장이 알아서 소화를 시키는 식이다.

의식과 무의식의 관계도 본질적으로 이와 같다. 즉 의식이 명령을 내리는 사령부라면 무의식은 상대적 자율성을 가지고 그 명령을 수행하는 예하 부대들인 셈이다. 그런데 비록 무의식의 상대적 자율성이 위장의 소화운동과는 질적으로 다르긴 하지만 그것을 지나치게 확대해석하면 심각한 이론적 오류에 빠질 수 있다. 그 대표적인 사례가 바로 무의식을 거의 '인격화'하는 이론들이다. 이런 이론들은 무의식을 마치 살아 움직이는 독자적인 생명체처럼 취급하기도 하고 나아가 무의식이 의식을 지배한다는 잘못된 주장을 펴기도 한다. 의식에 대한 무의식의 보상작용을 강조했던 융도 여기에 해당될 것이다. 그는 "의식과 무의식 사이에는 보상적 관계가 있다."면서 "무의식이 항상 정신의 의식 부분에서 부족한 것을 추가해서 보충해주고자 하며, 그렇게 함으로써 위험한 균형상실을 예방하고자 한다."고 주장했다(Jung, 1951). 이런 관점에서 융은 신경증 환자가 의식적으로 지나치게 외향적인 태도를 가지면 무의식은 그것을 보상하기 위해 내향적으로 된다고 말하기도 했다. 이런 주장들을 보면 융은 무의식을 의식과 동격의 자리에 올려놓고 무의식을 마치 살아 있는 생명체처럼 취급했다는 것을 알 수 있다.

그러나 융의 주장은 의식과 무의식이 내용적으로 다르다는 이론으로 귀결될 위험이 있다. 즉 무의식의 보상작용을 지나치게 강조하면 의식에 천사가 살면 무의식이 그것을 보상하기 위해 악마로 변한다는 기이한 주장이 될 수밖에 없다는 것이다. 정신적으로 문제가 있는 사람이 자기 문제를 의식적으로 회피하려고 할 때 무의식이 요란한 경고음을 울리는 경우는 많다. 그러나 그런 병리적인 현상을 지나치게 확대해석해서는 곤란하다. 의식과 무의식은 서로가 대등한 지위를 차지하고 상호간에 균형을 맞춰주는 평등관계가 아니라 의식이 무의식을 지휘통제하는 관계에 있기 때문이다. 따라서 무의식의 자율성이란 절대적 자율성이 아니라 오로지 '상대적 자율성'일 뿐이므로, 무의식을 별개의 생명체처럼 취급하거나 인격화하는 것은 큰 잘못이다. 따라서 융이 스스로 말했듯이 "오만하거나 비겁한 의식이 그곳에 몰래 어떤 폭발물을 쌓아놓지 않는 한 무의식에는 아무런 폭발물이 없다(Jung, 1931)."고 보는 것이 옳을 것이다.

무의식은 누가 만들어주었는가? 프로이트의 주장처럼 동물적 본능이 만들어냈는가? 아니면 융의 말처럼 원시인류가 선사해준 것인가? 둘 다 아니다. 무의식은 본질적으로 자기가 만든 것이다. 물론 무의식에는 생물학적 본능도 담겨 있고 원시인류가 넘겨준 집단무의식도 담겨 있을 것이다. 그러나 무의식에는 생물학적 본능과 집단무의식만 있는 게 아니다. 무의식에는 사회적 본능과 사회적 요구, 인류역사가 넘겨준 풍부한 지식도 있으며, 사회역사적 집단들의 영향을 받는 집단의식도 존재한다. 생물학적 본능이나 집단무의식은 유전자를 통해 후세에 전달되며 사람에게 본능적, 비언어적, 감성적으로 모호하게 영향을 미친다. 그러나 다른 무의식들은 언어와 문자를 통해 후세에 전달되며 의식적, 언어적, 이성적으로 분명하게 영향을 미친다. 이런 점을 고려해보면 전자가 후자보다 인간에게 더 강력한 영향을 미칠 것이라고 가정하기는 참으로 어렵다. 따라서 무의식에는 우리의 의지에 반하여 우리의 운명을 좌지우지할 수 있는 그 어떤 신비로운 실체도 존재하지 않는다고 봐야 할 것이다.

무의식에는 개인이 수정될 때부터 성인이 될 때까지 체험한 모든 역사가 들어 있다. 그리고 그 역사는 아주 어린 시절 의식이 발생한 이후부터는 예외 없이 의식이라는 통로를 통해 무의식으로 들어왔다. 프로이트가 '전의식'을 무의식화된 의식으로 여겼던 것도 분명히 이런 이유에서였을 것이다. 어쨌든 이런 맥락에서 우리는 다음과 같이 말할 수 있다. '무의식은 나의 의식이 만든 것이다.'

(2) 무의식의 기능

무의식의 기능은 의식기능과 일치하지 않는다. 특히 현실성을 유지하는 것은 의식의 기능에 속하므로 무의식은 시공간 개념이나 논리성 등에 구애되지 않는다. 그러나 의식기능이 작용하고 있는 한 무의식적 사고활동에서도 현실성은 반드시 유지된다. 무의식은 시종일관 의식의 지휘통제를 받기 때문이다. 다만 상상 같은 경우처럼 의식이 허락해주면 무의식은 현실법칙에 구애받지 않고 자유롭게 활동하며 의식활동을 보조할 수 있다. 또한 잠이 들어 의식기능이 대부분 꺼지는 경우에는 무의식의 독무대가 펼쳐지기도 한다. 꿈속에서 무의식은 모처럼 주인공이 되어 상대적 자율성을 마음껏 만끽하는 것이다.

크게 보면 무의식의 기능은 '의식을 보조하는 기능'과 '상대적 자율성'과 관련된 기능으로 나눌 수 있다.

① 의식활동 보조

방대한 경험과 기억을 보유하고 있는 무의식은 그것을 적극적으로 활용하여 의식활동을 돕는다. 사실 무의식의 도움이 없는 의식활동이란 존재할 수 없다.

무의식에는 우리가 예상하는 것보다 훨씬 많은 것들이 기록되어 있다. 윌리엄스와 홀란(Williams & Hollan, 1982)의 연구에서 실험참가자들은 동창생들의 이름을 기억해내도록 요구받았다. 참가자들은 처음에는 몇 명의 이름만을 기억할 수 있었다. 그리고는 더 이상은 기억해낼 수 없다고 말했다. 그러나 연구자들이 여러 차례에 걸쳐 더 많은 이름을 기억해내기 위해 노력할 것을 요구하자 실험참가자들은 스스로가 놀랄 정도로 많은 이름들을 기억해내기 시작했다. 그들은 결국 300명의 동창생들 중 약 1/3 정도의 이름을 기억해냈다.

한국에서 죄 없는 정치범들이 양산되던 1980년대에, 독방에 수감되었던 사람들 중에도 이런 경험을 한 이들이 많이 있다. 다음은 그 중 한 명의 경험담이다. 그는 독방에 앉아서 사색을 하던 중 심심풀이로 초등학교 친구들의 이름을 떠올려봤는데 처음에는 몇 명밖에 기억이 안 나더니 나중에는 반 이상의 이름이 기억났다고 한다. 게다가 심지어는 몇몇 친구들의 주민등록번호까지 선명하게 떠올랐다고 한다. 이런 사례들은 무의식에는 우리가 예상하는 것보다 훨씬 더 많은 내용들이 저장되어 있으며 그것들은 노력과 조건에 따라 의식화될 수도 있다는 사실을 보여준다.

'통찰'도 무의식의 도움을 받는다. 대부분의 사람들은 순간적으로 '아하!' 하는 느낌과 함께 오는 통찰을 경험한 적이 있을 것이다. 그런데 창조적 사고를 하는 뛰어난 인물들에게서 중요한 통찰은 흔히 전혀 예상치 않았던 때와 장소에서 나타나곤 한다. 즉 그들이 어떤 문제를 해결하려고 그것에 몰입해 끙끙대는 동안에는 통찰이 오지 않다가, 문제해결 시도를 잠시 중단하고 당분간 휴식을 하거나 다른 일을 할 때 갑자기 번쩍 하는 깨달음이 오는 것이다. 베토벤이나 다윈의 경우에는 마차를 타고 가는 도중에, 유명한 수학자 푸앵카레(Poincar)의 경우에는 버스에 오르다가, 아르키메데스의 경우에는 욕탕에 앉아 있을 때 통찰을 경험했다고 한다(Gleitman, 1995). 왈라스(Wallas)는 '부화(incubation)'라는 개념으로 이러한 통찰현상을 설명한다. 그에 의하면 문제 해결자는 반복되는 실패로 인해 그 문제에서 관심을 돌렸을 때에도 미해결된 문제를 완전히 무시하는 것이 아니라 '무의식적으로' 이 문제를 계속 연구한다. 그래서 의식이 휴식을 취하고 이완되면 무의식이 활성화되어 의식이 고집하던 잘못된 책략 대신 다른 책략을 사용할 수 있게 해주기 때문에 통찰이 온다는 것이다. 반면에 윅켈그렌(Wickelgren)과 앤더슨(Anderson) 같은 심리학자들은 통찰이 마음 갖춤새(mental set)가 사라짐으로써 가능해진다고 주장했다. 마음 갖춤새란 습관화된 사고의 틀 혹은 일종의 방법이라고 할 수 있는데, 그들에 따르면 어떤 문제에 집중하는 동안에는 한 가지 마음 갖춤새에 고착되므로 다른 시각으로 문제를 볼 수가 없다. 잘못된 마음 갖춤새는 그 문제에 매달릴수록 점점 더 강고해지기 때문에 문제 해결자를 더 옭아매기 때문이다. 그런데 이완이나 휴식은 문제 해결자로 하여금 이 잘못된 마음 갖춤새에서 벗어나게 한다. 그 결과 진정한 해결책이 출현할 가능성이 생긴다는 것이다.

어떤 설명이든 간에 통찰은 무의식에 저장된 보물고에 어떻게 접근하느냐 하는 문제와 관련된다. 즉 의식이 어떻게 무의식의 도움을 이끌어내는가에 따라 통찰의 유무가 판가름 난다는 것이다. 좀 쉽게 생각하면 이런 비유도 가능할 것 같다. 부대를 이끌고 가다가 밀림 속에서 길을 잃은 사령관이 각 부대장들에게 목표지점으로 가는 길을 찾아내라고 명령하고는 자신도 한 부대를 이끌고 길을 찾아 나선다. 그러나 사령관의 시도는 완전히 실패해 그는 약속된 출발점으로 부대를 이끌고 돌아와 쉬고 있다. 그때 한 부대장이 이끌던 부대가 돌아와서는 기쁜 소식을 전한다. '사령관님! 길을 찾아냈습니다.'라고. 사령관은 그 부대장에게 이렇게 말해줄 것이다. '잘했어! 무의식. 앞으로도 나를 많이 도와주게.' 의식이 명령을 내리면 무의식은 그것을 집행하기 위해 부지런히 움직인다. 의식이 잠시 관심을 끄더라도 밥을 먹고 난 후에도 한동안 위장에서 소화작용이 계속되듯이 무의식은 계속 활동한다. 관성의 법칙에 의해 100km로 달리던 자동차는 브레이크를 밟아도 한참을 미끄러져나가듯이 의식이 발걸음을 멈춰도 무의식은 한동안 질주를 멈추지 않는 것이다.

무의식은 비록 의식화되지 않더라도 암묵적으로 사고활동을 보조한다. 갑자기 통찰을 얻은 사람에게, '어떻게 그런 놀라운 생각을 했느냐.'라고 물어보면 그 당사자는 '글쎄…, 나도 잘 모르겠는걸.'이라고 대답하며 머뭇거리는 경우가 많다. 이는 의식활동에 대한 무의식의 지원사격이 우리가 의식하지 못하는 무의식적인 과정일 수 있다는 것을 의미한다.

자코비와 위더스푼(Jacoby & Witherspoon, 1982)의 암묵적 기억에 대한 실험에서 연구자들은 처음에 실험참가자들에게 기억해야 할 단어목록을 제시하였다. 그 후 아주 짧은 시간(35ms) 동안 화면에다 단어들을 보여주었는데, 그것에는 앞에서 제시되었던 단어들이 부분적으로 포함되어 있었다. 그 결과 실험참가자들은 처음에 제시되었던 단어목록에 들어 있던 단어들을 더 빠르게 확인했다. 이것은 그들이 비록 그 단어들을 의식적으로 기억하고 있지는 못했지만 그 단어들은 무의식에 어떤 식으로든 흔적을 남김으로써 이후의 기억과정에 도움을 주었을 거라는 추측을 가능하게 해준다. 즉 의식적으로, 명시적(explicit)으로 기억해낼 수 없는 단어들을 실험 참가자들이 암묵적(implicit)으로는 기억하고 있었던 것이다. 이는 비록 단기간의 기억과정에 국한된 실험이긴 하지만 왜 반복학습, 재학습이 처음 하는 학습보다 쉬운지를 설명할 수 있는 단서를 제공해준다. 한때 열심히 집중해서 공부를 했다면 비록 그것을 다 까먹었더라도 그 내용은 무의식에 저장되어 있다가 이후에 공부할 때 학습능률을 크게 올려준다. 그러니 적어도 공부해서 남 주는 일은 없는 셈이다.

익숙함이나 친숙함도 무의식과 관련이 있을 수 있다. 사람들은 한두 번 들었던 이름이나 음악을 완전히 잊어버렸다고 생각하지만 후에 그것을 다시 들으면 왠지 익숙한 느낌을 받는다. 이런 식으로 어떤 대상이 익숙하거나 친숙하다는 느낌을 받지만 그 원인을 모르는 경우가 있는데, 이것은 대부분 무의식에 저장된 기억들이 영향을 미치기 때문에 일어나는 현상이다. 어린 시절 돌아가신 사랑하는 아버지와 너무나도 비슷한 성향의 배우자를 용케도 찾아내 결혼하는 여성들도 있다. 이유는 몰라도 그 배우자는 분명히 그 여성에게 아주 익숙하고 친숙한 느낌을 주었을 것이다. 또한 과거에 실제로는 그런 경험이 없는데도 누군가를 만나거나 어떤 장소를 방문했을 때 마치 이전에 있었던 일이 되풀이된 것 같은 느낌을 받는 '데자뷰(기시감: Deja Vu)'도 무의식의 장난일 가능성이 많다. 이 외에도 분명히 아는 것 같은데 머릿속에 확실히 떠오르지는 않고 혀끝에서 맴도는 '설단현상'이라든가 꿈에서 완전히 잊고 있었던 얼굴이나 장소가 갑자기 선명하게 떠오르는 것 등도 모두 무의식과 관련된다.

이런 식으로 무의식은 우리가 그 과정을 의식할 수 있든 없든 간에 어떤 식으로든 의식활동에 영향을 주고 그것을 돕는다. 그러므로 처음 보는데도 왠지 너무나 기분 나쁜 사람이 있다면 조심하는 것도 그리 나쁘지는 않을 것이다. 현재는 잊어버렸지만 과거에 나한테 해로운 일을 했던 사람일 수도 있고 아니면 자신의 인생이 만들어낸 무의식이 느끼는 경고일 수도 있으니까.

② 자동화된 과정 통제

무의식은 한때는 의식이 담당했던 과정들을 이양 받아 처리한다. 피아노나 수영을 배우거나 각종 기능을 습득하는 과정들은 처음에는 의식적으로 진행된다. 하나하나의 동작을 의식적으로 신경 써서 습득하는 것이다. 그러나 그것들에 익숙해지면 그때부터 그 과정은 무의식적으로, 자동적으로 진행된다. 피아노를 칠 때 손가락의 위치를 일일이 의식하지 않아도 되며 물에 떠 있으려고 신경 쓰지 않아도 되는 것이다. 그러면 피아니스트나 수영선수는 자동화된 신체활동이나 운동기능은 무의식에게 담당하도록 하고 의식적으로 더 고난도의 기술을 연마할 수 있게 된다. 사고과정도 이와 마찬가지다. 과거에는 의식적으로 처리했던 개념이나 논리 등도 일단 익숙해지면 자동화된 사고기능이 되어 무의식이 담당하게 된다.

이런 점에서 무의식이 담당하는 자동화된 과정이 많으면 많을수록 학습과 수행이 빨라진다고 볼 수 있다. 즉 전문가와 초보자의 차이, 지식과 기능에서의 차이는 바로 무의식이 담당하는 자동화된 과정이 얼마나 많은가에 의해서도 구분될 수 있는 것이다.

③ 저차원적 운동과 반응 통제

무의식은 신체의 생명유지 활동과 관련된 운동들을 통제한다. 호흡, 소화, 심장박동, 혈액순환, 체온조절, 호르몬 분비 등은 모두 무의식이 관장한다. 또한 무의식은 조건반사와 같은 저차원적 운동들도 통제한다. 그러나 무의식은 정상적인 조건에서는 반사운동으로 이미 조직화된 운동을 제외하고는 혼자 힘으로 어떤 적절한 근육운동도 일으키지 못한다(Freud, 1915). 이 외에도 무의식은 공포자극에 대한 감정반응처럼 조건화되고 본능화된 감정반응 등을 통제하기도 한다. 그러나 앞에서 살펴본 것처럼 이때 무의식이 유발하는 감정반응은 자극에 대한 '1차 해석'과 관련된 포괄적이고 모호한 감정반응 혹은 신체반응에 국한될 뿐이다.

무의식은 의식을 보조하면서 사람의 활동을 지휘하는 역할을 한다. 의식과 무의식은 항상 밀접히 결합하고 협력하지만 그 지위는 결코 동등하지 않다. 무의식은 상대적 자율성을 가진 정신이지만 의식의 지휘통제를 받는다.

4. 의식과 무의식의 관계

우리는 지금까지 의식이 무의식을 지배한다는 입장에서 의식과 무의식의 관계를 고찰해왔다. 그러나 프로이트나 융 같은 심리학자들은 무의식이 의식을 지배한다고 주장해왔다. 그러므로 여기서는 무의식이 의식을 지배한다는 견해들을 간략히 살펴보고 그 문제점을 지적하고자 한다.

(1) 무의식이 의식을 지배한다?

프로이트와 융 같은 심리학자들은 무의식이 의식을 지배한다는 이론을 전개했는데, 그들이 내세운 논거는 크게 다음의 세 가지로 압축된다.

① 무의식이 먼저 발생했다

무의식이 의식보다 먼저 발생했다는 주장에 대해서는 이견이 있을 수 없다. 프로이트에 따르면 무의식은 "정신발달 단계의 초기에 이루어지는 원초적인 일차과정"이며 "그것만이 유일한 종류의 정신과정이었던 정신발전

단계의 잔존물"이다(Freud, 1911). 즉 태초에 무의식이 있었고 그 뒤에 의식이 발생했다는 것이다. 그런데 무의식은 쾌락추구에 충실하므로 그것은 필연적으로 현실과 충돌하게 된다. 그 결과 무의식은 "환각을 통한 만족 대신에 외부세계에서 현실적 상황을 설정하지 않을 수 없게 되며, 그런 상황 속에서 현실적인 변화를 꾀하지 않을 수 없게 된다. 이렇게 해서 정신기능의 새로운 원칙이 도입"됨으로써 의식이 발생한다(Freud, 1911). 프로이트에 의하면 무의식이 현실과 타협하는 과정에서 의식이 발생하게 되는 것이다. 이런 맥락에서 프로이트는 무의식의 정신과정을 쾌락원칙이 지배하는 '1차 정신과정'으로 의식의 정신과정을 현실원칙이 지배하는 '2차 정신과정'으로 명명했다.

융 또한 "무의식은 개체발생학적으로나 계통발생학적으로나 의식보다도 오래된 것(Jung, 1958)"이라고 주장했다. 그는 의식이 "무의식적 심적 삶의 심층들로부터 파편적으로 나타나기 시작해 그것들이 점차 합해져 서로 연결된 의식이 되며 정신적 발달이 진행되면서 의식이 확장된다(Jung, 1931)."고 주장했다.

발생학적 견지에서 무의식의 우월성을 강조하는 프로이트와 융의 논리는 상당히 단순하다. 즉 "오래되고 근원적인 것으로 보일수록 영원무궁한 진리(Jung, 1921)"라는 융의 표현처럼, 무의식이 먼저 발생했고 의식이 나중에 발생했으니 당연히 무의식이 의식을 지배한다는 것이다.

그러나 '먼저 발생한 것이 나중에 발생한 것을 지배한다.'는 주장은 진화론적 입장에서 보더라도 명백한 오류이다. 파충류로부터 진화한 포유류가 파충류적 속성에 의해 지배되지 않고 포유류만이 가진 자기 고유의 속성에 따라 활동한다는 것을 부정할 수는 없지 않은가? 이것은 마치 오늘날의 자본주의사회를 지배하는 것이 이미 역사무대에서 사라진 노예제나 봉건제 사회의 법칙이라거나 사람을 사람답게 만드는 것은 뒤늦게 발달하는 대뇌피질이 아니라 이미 퇴화한 꼬리뼈나 맹장이라고 주장하는 것과도 같다.

그리고 태초에는 무의식만 가지고 있던 아기에게 어느 시점에 의식이 발생하는지는 정확히 알 수 없으나 분명한 것은 의식이 발생한 이후부터는 모든 무의식은 의식을 통해서만 만들어진다는 사실이다. 외부세계는 감각기관을 지배하는 의식을 경유하지 않고 직접 무의식으로 들어갈 수 없다. 그러므로 사람이 가진 무의식은 거의 다 의식이 무의식화된 것이다. 이런 점에서 설사 의식이 발생하기 전에 홀로 존재했던 태초의 무의식이 의식의 통제를 전혀 받지 않는다고 가정하더라도 그것이 정신에서 차지하는 지위와 역할이란 매우 미약할 수밖에 없다고 보는 것이 합리적일 것이다. 의식발생 이전의 무의식이 비언어적, 비이성적, 비논리적, 비현실적 특성을 가진다는 것, 즉 그것이 의식발생 이후에 형성된 무의식보다 질적으로 차원이 낮은 것이라는 점을 고려해볼 때 더더욱 그러하다.

② 무의식의 에너지가 역사창조의 원동력이다

프로이트나 융은 의식이 무의식을 완벽하게 통제할 수 없다고 생각했다. 이런 입장에서 프로이트는 무의식의 에너지가 의식의 탄압을 뚫고 분출해 인류역사를 창조한다고까지 주장했다. 예를 들면 그는 “종교생활을 하는 수도사는 인간에 대한 성적 관심을 완전히 포기한 사람일 수는 있지만, 자신의 리비도를 안으로 안으로만 투사하여 환상 속에 빠져들거나 자아로 되돌리는 일 없이 신과 자연 그리고 동물에 대한 더욱 고양된 관심으로 승화시킬 수도 있는 사람(Freud, 1914)”이라고 말하기도 했다. 즉 프로이트에 의하면 어떤 경우에도 본능적 에너지인 리비도는 없앨 수 없으므로 그것은 때로는 참혹한 결과를 낳기도 하고 운 좋으면 위대한 창조를 가능하게 하는 에너지로 쓰이기도 한다는 것이다. 그러므로 인류가 창조한 역사와 문화는 모두 본능적 에너지의 창조물이다.

융 또한 무의식이 “의식의 의지로는 거의 또는 전혀 영향을 받지 않는다.”며, “무의식이 의식에 의해 억압되거나 의지로 강압될 수 있다 하더라도 이는 대개 일시적일 뿐이다."라고 주장했다. 나아가 그는 심리치료도 "무의식적인 발전경향과 일치"시켜야 치료효과가 있으며(Jung, 1958), "완전한 삶이란 그들과 일치할 때에만 가능하다. 지혜는 그들에게로의 회귀이다(Jung, 1931)."라고 말하며 인격의 완성은 무의식의 심층에 있는 집단무의식(원시인)을 통해서만 가능하다고 말했다.

이런 주장들은 필연적으로 '본능'을 찬양하고 동경하는 데로 귀결된다. 비관론자인 프로이트는 태아가 자궁 밖으로 나오는 것을 고통의 시작으로, 아기에게 세상은 기본적으로 불쾌한 자극이라고 생각했다. 융은 "본능에서 벗어남, 그리고 본능과의 대립이 의식을 만든다."며 "본능은 자연이며 자연이고자 한다(Jung, 1931)."고 주장하며 본능예찬론을 펴기도 했다. 그런데 이와 유사한 주장들은 원시공산제를 동경했던 일부 급진좌파 이론가들에게서도 나타난다. 그들은 자본주의사회의 모순을 혐오하는 나머지 원시공산제로 돌아가야 한다며 '나체촌'이라든가 '자급자족 공동체' 건설을 제창하기도 했다. 한편으로는 자본주의사회의 추악함에 치를 떠는 그들의 안타까운 심정이 이해되기는 한다. 그러나 원시시대를 동경하고 그것으로 회귀하는 운동방식으로는 자본주의의 모순을 해결할 수 없다. 또한 그들의 일면적인 상상과는 달리 원시공산제나 원시시대는 그리 아름다운 시대가 아니다. 원시인류에게는 뚜렷한 '자아' 개념도, 굶주림과 헐벗음 그리고 질병으로부터 해방시켜줄 생산력이나 기술도, 생활을 풍요롭게 해줄 풍부한 정신문화적 유산도 존재하지 않았다. 따라서 원시공산제로부터 노예제사회, 봉건제사회, 자본주의사회로 이어지는 인류역사는 부정적인 그림자도 많이 가지고 있지만 전반적으로 진보한 것임을 기억해야 한다. 원시공산제의 씨족 성원들보다는 노예가, 노예보다는 농노가, 농노보다는 노동자가 더 자유롭고 힘 있는 존재임은 분명하지 않은가? 지금까지의 인류역사는 우여곡절을 겪으면서도 발전과 진보의 궤적을 그려왔고 그러한 도도한 흐름은 현재에도 계속 진행되고 있다. 따라서 현재의 역사적 시점에 발붙이지 못한 채 원시시대를 동경하며 그것으로 돌아가자고 외치는 것은 현실도피적 발상일 뿐이다.

'본능의 사회화'는 고통이 아니라 기쁨이며, 후퇴가 아니라 진보이다. 즉 인류가 본능의 울타리를 뛰어넘은 것은 고통스러운 일이 아니며 후퇴는 더더구나 아닌 것이다. 사람에게 꼬리뼈가 퇴화되어 사라졌다고 해서 슬퍼해야 하는가? 손으로 밥을 먹지 않고 숟가락으로 먹게 된 것이 고통인가? 발정기가 없어져 하늘을 보고 울부짖지 않게 된 것이 비극인가? 아니면 비행기를 타고 하늘을 나는 것이 본능을 거역하는 나쁜 행동인가?

본능을 무엇으로 생각하든, 사람은 생물학적 본능의 한계를 뛰어넘음으로써 비로소 사회적 존재가 될 수 있었고 인류역사의 첫 페이지를 써나가기 시작했다. 인류역사는 생물학적 본능이 아니라 사회적 본능과 요구가 창조한 것이다. 왜냐하면 사람이 소유한 심리적 에너지는 생물학적 에너지가 아니라 사회적 에너지이기 때문이다.

③ 인간의 삶을 결정하는 것은 무의식이다

융은 "인간의 삶에서 중요한 결정은 대체로 의식적 재량과 선의의 합리성에 의하기보다는, 본능과 그 밖의 비밀에 가득 찬 무의식적 요인들에 의해 훨씬 많이 이루어지고 있다(Jung, 1929)."고 주장했다. 그는 여기에서 한 걸음 더 나아가 "개인은 무의식의 힘에 따라 움직인다. 마찬가지로 인류도 거대한 무의식의 흐름에 따라 움직인다는 결론이 나온다(Jung, 1961)."고 말하기까지 했다. 일부 심리학자들은 이런 식으로 무의식의 자율성을 지나치게 강조하거나 심지어는 그것을 인격화함으로써 무의식이 인간의 삶을 지배한다는 잘못된 이론을 만들어냈다.

의식화되지 못한 무의식적 욕구 등이 인간의 삶에 영향을 미친다는 것은 분명하다. 그러나 이를 근거로 '무의식이 인간의 삶을 지배한다.'고 주장할 수는 없다. 위장이나 심장이 뇌에 영향을 미치는 것은 분명하지만 위장이나 심장이 뇌를 지배한다고는 말할 수 없다. 마찬가지로 노예도 노예주의 삶에 영향을 미치고 소작인도 지주의 삶에 영향을 미치기는 하지만 그렇다고 해서 노예가 노예주를 소작인이 지주를 지배한다고 말할 수는 없다. 게다가 앞에서 지적했듯이 대부분의 무의식은 의식이 만들어냈으며, 그것은 특정한 조건 하에서는 의식이 되기도 하는 '무의식화된 의식'이므로 현재 시점에서 사람이 무의식의 영향을 받는다고 해서 '무의식이 사람을 지배한다.'고 말할 수는 없는 것이다.

또한 건강한 무의식은 굳이 의식화되지 않아도 괜찮다. 부모님께 효도하겠다는 무의식적 소망이 의식화되지 않는다고 해서 무슨 문제가 있겠는가?

물론 건강하지 못한 무의식은 그대로 방치해두면 사람에게 큰 피해를 줄 수 있기 때문에 반드시 의식화해야 한다. 이는 상처가 나기 전에는 우리 몸을 이리저리 파헤치지 않아도 되지만 일단 상처가 곪기 시작하면 반드시 그것을 도려내야 하는 것과 같은 이치이다. 그러나 병적인 무의식으로 삶이 뒤흔들리는 사람, 즉 무의식의 지배를 받는다고도 말할 수 있는 사람은 심리적으로 건강한 사람이 아니다. 건강한 사람은 건강한 무의식을 만들어놓고 그것을 의식의 지휘 밑에 적극적으로 활용하면서 살아가기 때문이다.

비록 자신의 이론적 기조와는 모순되지만 융은 다음과 같은 말도 했다.

"만약 무의식이 의식보다 정말 우월하다면 의식의 유용성이 결국 어디에 있으며, 도대체 왜 계통발생에서 의식현상이 필수적인 것으로 생겨났는지를 통찰하기 어려울 것이다. 만약 의식이 단순한 자연의 유희라면 이 세계와 그 자신의 존재함을 안다는 사실에 아무런 의미도 부여할 수 없을 것이다(Jung, 1945)."

(2) 의식이 무의식을 지배한다!

'의식이 무의식을 지배한다.'는 것에 대해서는 앞에서 많이 논의되었으므로 여기서는 간단하게 요약만 하고 넘어가기로 하자.

① 의식을 통해 무의식이 형성 · 발전된다

유전적으로 물려받아 선천적으로 가지고 태어난 무의식 그리고 의식이 발생하기 전에 형성된 극히 작은 부분을 제외하고는 모든 무의식은 의식이 만들어낸 것이다. 즉 기본적으로 무의식은 의식을 통해 형성되었고 한때는 의식이었으며 특정한 조건에서는 의식으로 전화될 수 있다. 그러므로 의식이 발생하지 않았다면 동물의 무의식과는 질적으로 다른 사람의 무의식이란 아예 존재할 수조차 없었을 것이다.

② 의식을 통해 무의식을 지휘 · 통제한다

심리치료는 주로 의식을 강화해 그 힘으로 무의식을 교정하는 방법을 사용한다. 즉 의식을 통해 무의식을 재정리하고 고친다는 것인데, 이는 의식이 무의식을 지배하고 통제한다는 강력한 증거이다.

프로이트는 치료목적에 도달하는 유일한 길이 분석의 힘을 강화시켜 "자아를 원조"하는 것(Freud, 1937)이라고 말했으며, "환자의 무지를 보상하고 그의 자아에게 정신생활의 잃어버린 영역에 대한 지배력을 회복시켜 주어야 한다(Freud, 1940)."고 역설했다. 프로이트는 보통 자아와 의식을 거의 같은 의미로 사용하므로, 그에 따르자면 정신분석학적 치료의 유일한 수단은 의식을 강화하여 "무의식을 의식화"함으로써 의식의 지배력을 확장하는 것이다. 그리고 이런 치료가 가능한 이유는 정신분석적 치료가 "의식(조직)이 무의식(조직)에 미치는 영향을 토대로 이루어지는 것"이기 때문이다(Freud, 1915).

융도 "신경증적 해리가 극복되는 것은 오직 환자의 의식된 인격이 의사와의 관계에 의해 강화되어 환자가 자율적 콤플렉스를 자신의 의지로 통제할 수 있는 경우에만 가능하다(Jung, 1921)."라고 주장했다.

두 사람 모두 무의식의 지배력을 강조했건만, 특이하게도 심리치료에 있어서는 모두 의식을 강화해야 한다고 주장했다. 왜 그랬을까? 의식은 무의식을 지배하고 통제할 수 있지만 그 반대의 경우는 성립하지 않기 때문이다.

③ 건강한 사람의 의식은 무의식을 지배한다

만약 일부 심리학자들의 주장처럼 '무의식이 사람을 지배'하는 것이 보편적인 법칙이라면 심리적으로 건강한 대다수의 보통사람들은 무의식의 지배를 받는 존재들이어야 한다.

그렇다면 프로이트는 어떤 사람을 건강한 사람으로 봤을까? "무의식적인 욕동의 억압에 대체로 성공하는 건강한 사람들(Freud, 1910)"이란 표현을 쓴 걸로 보아서는 그도 의식이 무의식을 지배하는 이들을 건강한 사람이라고 여긴 것 같다. 융은 "의식의 태도가 지나칠 정도로 한쪽에 치우쳐 있으면 꿈의 관점은 반대편을 취한다. 의식이 비교적 중앙에 근접한 자세를 취하고 있으면 꿈은 의식과 비슷한 변이로 만족한다. 그러나 의식의 자세가 옳으면(적절하면) 꿈은 이와 일치되고 의식의 경향을 재강조한다(Jung, 1945)."고 말했다. 그 또한 의식이 건강하고 힘이 있어야 건강한 사람이 될 수 있다고 생각했음이 분명하다.

무의식이 의식을 지배하는 것은 비정상적인, 병리적인 사람의 특징이다. 정상인의 의식은 무의식을 지배하며, 정상인의 의식은 건강하므로 그의 무의식 또한 건강할 것이다. 따라서 "여러 가지 장해는 의식과 무의식의 불일치에서 기인한다. 정상적으로는 아마 그런 일치가 있어야 할 것이다(Jung, 1945)."라는 융의 말처럼 정상인의 의식과 무의식은 내용적으로도 다르지 않다.

의식의 약화는 무의식에 대한 통제불능으로 이어지고 결국 그것은 정신병리로 귀결된다. 특히 의식기능이 파괴되면 세상과의 관계, 사회관계를 형성할 수 없게 되므로 그 사람은 더 이상 '사회적 존재'가 아니게 된다. 나아가 사회적 존재로서의 삶이 끝나게 되면 그것을 위해 복무했던 육체도 자연히 병들게 되는 것이다. 그러므로 무의식이 의식을 지배한다는 것은 보편적 법칙이 아니라 정신병리 현상이나 특수한 상황에서만 통용되는 부차적인 법칙일 뿐이다.

적어도 '성욕설을 포함한 본능이론' 그리고 '의식과 무의식의 관계에 대한 이론'에서는 프로이트가 다음과 같은 자신의 말을 실천으로 옮겨야 할 때가 된 것 같다.

> "만일 정신분석 작업을 통해 본능에 관한 또 다른 유용한 가설이 도출된다면 나는 그 리비도 이론의 가설을 기꺼이 내버릴 수 있다(Freud, 1914)."

5. 기억과 의식

'기억'이란 과거에 인식하고 체험한 것을 저장해두었다가 다시 재인하거나 재생하는 심리현상을 말한다.

기억은 사람의 욕구와 요구, 태도 등에 의해 좌우되는 적극적인 심리과정이다. 특히 중심의식은 기억의 대상과 방향, 기억의 속도와 공고성, 기억의 범위 등 기억과정 전반을 좌우한다. 역사를 알고 싶은 욕구를 가진 아이는 TV에서 역사물만 골라서 볼 것이고, 역사와 관련된 내용들을 다른 것보다 훨씬 빠르게 기억하고 오랫동안 머릿속에 보관해둘 것이다.

의식과 기억은 서로 밀접하게 관련되어 있다. 의식적 사고의 결과는 기억에 저장되며, 사고는 의식과 무의식에 저장된 기억을 참고한다.

기억의 생리적 기초는 대뇌피질에서의 신경세포 간의 연결 형성 및 공고화라고 할 수 있다. 좀 단순하게 말하자면 영화를 보고 있을 때 우리의 대뇌피질에서는 신경세포인 뉴런들이 부지런히 새로운 연결을 형성하고 있는 것이다.

(1) 우리에게 기억능력이 없다면 어떻게 될까

만약 기억이 없다면 우리는 자기감(自己感)조차 가질 수 없을 것이다. 우리에게 기억이 없다면 아침에 잠에서 깨어날 때마다 스스로에게 '나는 누구지?'라는 질문을 던져야만 할 것이기 때문이다. 이런 식으로 기억은 자기 정체감을 유지하고 과거와 현재를 이어나갈 수 있게 해준다.

또한 기억은 사람의 인식활동에서 중요한 역할을 한다. 우리는 이미 습득한 지식과 경험을 기억하고 있기 때문에 그것을 밑천 삼아 새로운 지식과 경험을 축적하고 확장해나갈 수 있다. 그리고 이 과정을 통해 자기 능력을 끊임없이 높여나가게 된다. 만일 기억이 없다면 우리는 매번 순간적으로 직접 보고 듣고 느끼는 것만을 가지고 판단하고 행동하게 될 것이므로 자신과 인류가 오랜 역사를 통해 축적한 지식과 경험들을 전혀 이용하지 못하게 될 것이다. 한 마디로 기억이 없으면 자신의 역사, 인류역사와 단절되는 것이다.

(2) 작업의식

의식에는 사고과정을 담당하는 별도의 영역이 독립적으로 존재하는 것 같다. 왜냐하면 감각기관을 통해 들어오는 정보들을 머릿속에 깊이 새겨 넣기 전에 그것들을 일시적으로 보관하고 처리하는 영역이 독립적으로 존재한다는 증거들이 있기 때문이다. 그런 증거들 중의 하나가 H.M.이라는 환자의 사례이다. 그는 간질발작을 치료하기 위해 뇌의 좌반구와 우반구를 이어주는 뇌량을 절단하는 수술을 받았는데, 의사가 그만 실수로 해마까지 손상시켰다. 수술 후에도 그는 읽고 쓰기뿐만 아니라 일상적인 대화도 할 수 있었다. 그리고 잠깐 동안이지만 숫자를 외울 수도 있었다. 요컨대 H.M의 지적 능력은 크게 손상 받지 않은 것처럼 보였다. 그러나 그는 수술 전의 경험들은 기억하고 있었으나 수술 후에 경험한 일들은 기억하지 못했다. 예를 들면 삼촌이 돌아가셨다는 소식을 듣는 순간에는 충격을 받지만 그 사실을 곧바로 잊어버리고는 계속 삼촌이 언제 자신을 방문할 것인지 물어보았다. 그는 정보들을 단기간 동안 머리에 떠올려 처리할 수는 있었으나 그 결과를 장기적으로 기억하지는 못하는 것이 분명했다.

이 사례를 비롯해 여러 연구들은 어떤 생각을 머리에 떠올려 처리하는 의식영역 혹은 기관과 그 결과가 저장되는 의식영역이 독립적으로 존재한다는 사실을 강하게 시사해주었다. 그런데 여기에서 중요한 것은 일시적으로 생각을 보관하면서 처리하는 의식영역을 어떻게 봐야 하는가 하는 문제이다. 초기에 심리학자들은 기억이 짧은 시간 동안만 저장된다는 특성에 주목해 그것을 '단기기억(short-term memory)'이라고 불렀다. 그들은 모든 정보가 일단 단기기억에 잠깐 동안 저장되었다가 장기기억(long-term memory)으로 넘어간다고 주장했다. 그리고 단기기억의 일부 정보들은 주의집중이나 되뇌기 등을 통해 장기기억으로 넘어가지만 나머지 정보들은 장기기억으로 이전되지 못해 사라진다고 생각했다. 그러나 이후의 연구들은 단기기억이 단순한 되뇌기 같은 방식이 아니라 훨씬 더 적극적이고 체계적인 방식으로 정보를 처리한다는 사실을 밝혀냈다. 따라서 심리학자들은 기억의 지속시간에 근거한 단기기억이라는 개념보다는 정보처리를 더 중시하는 작업기억(working memory)이라는 개념을 선호하게 되었다. 그러나 나는 작업기억이란 개념도 지나치게 협소하고 일면적이라고 생각한다. 왜냐하면 작업기억이란 사고활동을 담당하는 의식영역 혹은 비유적으로 말해 사고과정이 진행되는 독립적인 의식공간을 의미하기 때문이다. 사고 그리고 사고의 결과는 단순히 기억과정에만 국한되지 않으며 의식현상 전반과 관련된다. 따라서 나는 이 '사고과정을 담당해 처리하는 의식영역 혹은 기관'을 '작업의식'이라고 규정할 것이다.

우리가 잠에서 깨어나면 의식이 돌아와 세계가 머릿속에 자리를 잡는다. 이를 다른 말로 표현하면 우리의 감각기관이 깨어나 그것이 작업의식과 연결되며 그곳에 중요한 기능과 기억들이 자리 잡는 것이다. 이는 마치 컴퓨터가 부팅되면 램에 운영체제와 기본 프로그램들이 상주하게 되는 것과 비슷하다. 외부세계로부터 오는 모든 정보는 일단 작업의식에 잠깐 동안 머무르면서 처리된다. 작업의식은 정보들을 빠른 속도로 분류하고 종합하거나 체계화하며 필요한 경우 의식에 저장되어 있는 기억을 참조한다. 작업의식에서 처리가 끝난 정보들은 의식에 장기적으로 저장된다. 그러나 작업의식은 전기가 꺼지면 정보가 사라지는 컴퓨터의 램처럼 처리속도는 빠르지만 정보를 장기간 보관하지는 못한다. 램이 처리한 결과물이 하드디스크에 저장되듯이 작업의식은 사고과정만 담당하고 사고의 결과는 의식에 저장된다. 이런 입장에서 보면 의식현상이란 항상 활성화되어 있는 작업의식이 의식과 무의식에 저장된 내용들을 끌어와 사고활동을 진행하는 것이라고 할 수 있다. 이때 작업의식을 제외한 의식과 무의식은 작업의식이 요청하지 않는 한 비활성 상태에 있는 것으로 간주된다. 하긴 작업의식만이 아니라 의식과 무의식 모두가 항상 사고활동에 참가한다면 우리의 머리는 너무 뜨거워져서 불이 날지도 모른다.

이런 식으로 작업의식은 비교적 짧은 시간동안 정보를 보관하면서 모든 사고과정을 담당해 처리한다. 이때 작업의식에서 처리된 사고의 결과를 장기간에 걸쳐 저장해두는 곳이 바로 통상적으로 말하는 의식과 무의식이다. 그러므로 작업의식에서 처리된 정보가 장기간 저장되는 의식과 무의식을 장기기억이라고 할 수 있을 것이다. 작업의식이 한 번에 보관하고 처리할 수 있는 정보의 용량은 제한적이지만 작업의식의 순차적인 처리속도는 매우 빠르므로 시간이 제한되지 않는 한 아주 많은 정보를 처리할 수 있다. 반면에 뇌의 신경세포들은 셀 수 없을 정도로 많고 그것들 간의 연결은 거의 무제한적으로 가능하므로 원칙적으로 장기기억에는 용량제한이 없다.

⑶ 기억과정

기억과정은 다음의 세 단계로 구성된다.

① 입력: 부호화(encoding)

입력은 인식하고 체험한 것을 머릿속에 새겨 넣는 기억의 첫 과정이다. 입력을 제대로 해야 기억을 오랫동안 보존할 수 있다. 즉 머릿속에 어느 정도 튼튼하게 보존하는가 하는 것은 입력에 달려 있다. 정보처리적 관점을 강조하는 심리학자들은 이를 '부호화'라고 하기도 한다.

작업의식의 작업용량은 제한적이어서 한 번에 많은 정보를 병렬적으로 동시에 처리하지 못하고 순차적으로 처리한다. 밀러(Miller)의 연구에 따르면 작업의식이 한 번에 기억할 수 있는 최대치는 '7±2'라고 한다. 그러나 숫자로 표현되는 기억능력의 한계는 가변적이다. 왜냐하면 그것은 꾸러미화(chunking)에 의해 크게 달라지기 때문이다. 즉 그것이 숫자이든, 단어이든 혹은 문장이나 이야기이든 상관없이 작업의식은 대략 7개 정도만을 기억할 수 있다. 그러므로 꾸러미를 어떻게 만드느냐에 따라 기억용량은 달라질 수 있다. 7개의 그릇, 7개의 박스, 7개의 장롱, 7개의 컨테이너는 분명히 다를 것이기 때문이다. 일반적으로 지적인 사람일수록 꾸러미를 더 크게 잘 만들며, 전문가도 자기 분야와 관련된 기억을 할 때는 일반인보다 훨씬 더 큰 꾸러미를 만들 수 있다. 이런 식으로 기억해야 할 대상들을 의미있게 연관시키고 구조화시켜 한 꾸러미로 만드는 것은 작업의식의 처리능력을 높여준다.

② 보존: 파지(retention)

입력 결과 저장된 내용들을 이후에 재생할 때까지 간직해두는 기억과정이다. 이때 머리에 새겨진 지식이 보존되지 못하고 사라지는 현상을 망각이라고 한다. 보존은 입력과정에 의해 좌우되므로 망각을 방지하려면 입력을 잘해야 한다. 작업의식에서 처리된 결과는 의식(장기기억) 속에 저장된다. 이때 작업의식이 쉽게 의식화할 수 있는 내용들은 의식에, 그렇지 않은 것들은 무의식에 저장되어 있다고 간주할 수 있을 것이다.

③ 인출(retrieval): 재인 및 재생

'재인'이란 과거에 인식하고 체험한 것을 다시 체험할 때 알아보는 심리현상을 말한다. 즉 현재 지각되는 대상이 과거에 지각한 일이 있었다는 것을 인정하는 것이다. 학교에 입학해 담임선생님을 만난 아이가 다음날 학교에 가서 자기 선생님을 알아보고 인사를 할 수 있는 것은 재인이 가능하기 때문이다.

'재생'이란 과거에 인식하고 체험한 것을 머릿속에서 다시 그려보는 심리현상을 말한다. 즉 이것은 현재는 지각하고 있지 않으나 과거에 체험한 것에 대한 표상을 떠올리는 것이다. 위의 예에서는 입학첫날 학교에서 돌아온 아이가 담임선생님에 대한 표상을 머릿속에 떠올리는 것을 말한다. 그런데 재생과정에서는 하나의 대상만이 아니라 여러 대상이 동시에 혹은 연달아 떠오를 수도 있는데, 이를 '연상'이라고 한다.

재생은 목적의식성에 따라 의도적 재생과 비의도적 재생으로 나누어진다. '의도적 재생'이란 과거에 새겨두었던 내용들을 의식적으로 회상하려고 할 때 이루어지는 재생이며, '비의도적 재생'이란 과거에 새겨두었던 것들이 의식적인 노력 없이 저절로 회상되는 재생이다. 재생은 또한 그 과정에 대한 자각 유무에 따라 외현적 재생과 암묵적 재생으로 구분된다. 재생과정을 의식할 수 있는 경우를 '외현적 재생' 혹은 외현적 기억(explicit memory)이라고 한다. 반대로 재생과정을 의식할 수 없는 경우를 '암묵적 재생' 혹은 암묵적 기억(implicit memory)이라고 한다. 일반적으로 무의식이 담당하는 자동화된 사고과정에 관련된 기억들은 아주 빠르게 암묵적으로 재생된다고 보면 될 것이다. 그리고 앞에서 살펴본 대로 의식되지는 않지만 암묵적 재생(기억)도 당연히 사고과정에 영향을 미친다.

의식 혹은 장기기억에 저장된 정보에 대한 접근은 순차적인 방식으로 이루어지지 않는다. 만약 적절한 기억을 재생하기 위해 모든 기억들을 무차별적으로 하나하나 뒤져야 한다면 엄청난 시간이 소요될 것이기 때문이다. 따라서 기억의 재생은 지적 책략을 사용해 체계적이고 효율적인 방식으로 진행된다. 윌리엄스와 홀란(Williams & Hollan, 1982)은 19년 전의 고교 동창생들의 이름을 기억해내는 과제를 수행하던 실험참가자들에게 자신의 사고과정을 소리 내어 말하도록 요청하였다. 그 결과는 기억탐색 과정이 주먹구구가 아니라 잘 짜여진 책략에 의해 진행된다는 것을 확인해주었다. 실험참가자들은 학급, 클럽, 운동 팀 등을 차례로 조사하거나 마음속에서 친구들의 사진을 체계적으로 훑어보기도 했으며 무도회와 같은 특정 장면을 떠올리고는 거기에 참가했던 사람들을 기억해내려고 노력했다.

그렇지만 우리는 때때로 아무리 애를 써도 좀처럼 기억을 되살리지 못하기도 한다. 완전히 망각한 게 아니라면, 왜 이런 현상이 생기는 것일까? 여기에 대해서는 두 가지 설명이 가능한데, 이것은 모두 인출단서(retrieval cue)와 관련된다. 털빙과 펄스톤(Tulving & Pearlstone)은 이 인출단서를 '기억으로의 통로를 열어주는 자극'이라고 규정한 바 있다.

첫째는, 작업의식이 그 기억이 저장된 장소로 접근하지 못하기 때문이다. 방대한 기억 특히 옛 기억을 원하는 시점에 정확하게 찾아내는 것은 그리 쉬운 일이 아니다. 게다가 기억에는 수많은 정보들이 있으므로 인출해야 할 정보와 비슷한 정보들이 간섭을 일으켜 인출을 방해할 수도 있다. 둘째는 인출단서가 부적절했기 때문이다. 청소를 하다가 발견한 어린 시절에 찍은 사진을 보는 순간 그때의 기억들이 밀물처럼 밀려들기도 하는 것은 그 사진이 인출단서의 역할을 했기 때문이다. 이런 식으로 물리적 장소, 단어 하나, 기분, 냄새, 수십 년간 만나지 못했던 친구의 방문 등 어떤 것도 우리가 완전히 잊었다고 생각했던 기억을 촉발해낼 수 있다(Gleitman, 1995). 맥락도 효과적인 인출단서가 될 수 있다. 고든과 배들리(Godden & Baddeley, 1975)는 잠수부들을 대상으로 한 실험을 통해 물속에서 기억한 것은 물속에서 그리고 육지에서 기억한 것은 육지에서 재생이 가장 잘된다는 것을 보여주기도 했다. 이렇게 적절한 인출단서는 기억의 재생을 촉진하지만 부적절한 인출단서는 기억의 재생을 방해할 것이다.

만약 인출단서를 기준으로 본다면, 인출단서가 적절하면 의식이 되고 그것이 부적절하면 무의식이 되는 셈이다. 어쨌든 통상적으로 말하는 무의식에는 우리의 예상을 뛰어넘는 기억들이 저장되어 있는데, 그것들은 적절한 인출단서만 주어지면 의식화될 수 있다.

(4) 무의식에 저장된 기억의 신빙성

대부분의 사람은 아주 어렸을 때의 일들을 잘 기억하지 못한다. 이를 성인의 기억상실증에 빗대어 아동기 기억상실(childhood amnesia)이라고 부르기도 한다. 왈드포겔(Waldfogel, 1948) 등이 대학생을 대상으로 실시한 연구에 따르면 그들이 기억해낼 수 있는 가장 어린 시절의 평균 나이는 3.5세 정도라고 한다. 개인차가 있기는 하지만 대체적으로 우리는 어렸을 때의 일을 잘 기억하지 못하는데, 그 이유는 다음과 같다.

첫째, 어린 시절의 기억은 어른의 기억과는 기록방식이 질적으로 다를 수 있다. 언어능력이 발달해 언어적 사고를 할 수 있게 되기 전에 경험한 일들은 당연히 비언어적 방식으로 저장되어 있을 것이다. 유아는 자신의 경험을 비언어적 형상, 표상, 감정, 느낌 등을 통해 기억할 것이고 언어능력이 부족한 시절의 아이들 또한 비언어적 기록방식에 많이 의존할 것이다. 반면에 언어적 사고능력이 발달한 뒤부터는 경험들이 기본적으로 언어적 방식을 중심으로 해서 저장되기 시작한다. 그러므로 언어적 사고능력이 발달하기 이전과 이후의 기억은 질적으로 다른 방식으로 저장되어 있을 거라는 추정이 가능하다. 따라서 언어적 사고에 너무나도 익숙해져 있는 성인은 어린 시절의 비언어적 기억들을 회상하기가 무척 어려울 것이다. 그러나 어린 시절의 경험들은 비언어적 방식으로 저장되어 있어 현재의 언어적 방식으로 재생하기 힘들 뿐이지 기억 속에서 완전히 사라진 것은 아닐 가능성이 많다. 많은 임상심리학자들은 비록 현재의 언어로 번역해낼 수는 없지만 어린 시절은 몸에 깊숙이 각인되어 우리의 삶에 지속적으로 영향을 미친다고 본다. 즉 어린 시절은 대부분 언어적인 방식으로 기억되지는 않으므로 그것이 사람들에게 의식적, 언어적으로 영향을 미치지는 못한다고 하더라도 적어도 무의식적, 감정적으로는 큰 영향을 미친다는 것이다.

둘째, 인출단서의 급격한 변화로 인해 필요한 정보에 접근하기 어렵기 때문이다. 샥텔(Schachtel)이나 나이서(Neisser) 등은 어린 아동의 세계는 10년이나 15년 후에 경험하는 세계와는 판이하게 다르다고 주장했다. 거인의 세계에 사는 조그마한 어린아이는 까치발을 해야만 겨우 세면대에서 세수를 할 수 있고 의자에도 끙끙대며 기어 올라가야만 한다. 어린아이 때의 환경과 성인이 된 후에 접하는 환경은 크게 다를 것이다. 이런 상이한 환경조건은 적절한 인출단서나 맥락을 제공하지 못하게 방해할 수 있으므로 회상에 어려움을 겪게 만들 수 있다. 그러나 스미스(Smith, 1979)는 인출단서나 맥락이 반드시 동일한 물리적 환경을 의미하지 않는다는 것을 증명했다. 그의 실험에서 특정한 가구와 장식이 있는 방에서 기억과제를 수행했던 세 그룹 중 A 그룹은 같은 방에서 회상을 하도록 했다. 그들은 기억과제를 수행했을 때와 똑같은 맥락 속에 있었으므로 다른 장소에서 회상작업을 하는 C 그룹보다 회상을 더 잘 해냈다. 한편 B 그룹은 C 그룹처럼 다른 장소에서 회상과제를 수행했지만 연구자들은 그들에게 기억과제를 수행했던 방을 머릿속으로 떠올려보라고 요청했다. 그러자 B 그룹은 A 그룹과 대등한 수준으로 회상을 해냈다. 이렇게 인출단서나 맥락은 단지 머릿속에서 상상하는 것만으로도 가능하다. 따라서 환경의 차이에 따른 인출단서의 급격한 변화는 아동기 기억상실의 한 원인일 수는 있으나 주요한 원인은 아닌 것 같다.

사람은 어릴 때의 일들을 잘 기억하지 못할 뿐 아니라 정서적으로 중요하지 않은 사건들도 잘 기억하지 못한다. 이는 반대로 말하자면 사람은 정서적으로 중요한, 즉 자신에게 '의미'가 있는 사건들을 잘 기억한다는 것이다.

브라운과 쿨릭(Brown & Kulik, 1977) 등은 정서적으로 중요한 사건에 대한 기억은 극히 선명하고 상세하며 본질적으로 영구적이라고 주장했다. 그들은 이런 기억을 마치 카메라 플래시가 터질 때 찍힌 사진과도 같다는 의미에서 "섬광기억(flashbulb memory)"이라고 명명했다. 프로이트 또한 "본질적인 것은 완전히 보존되어 있다. 완전히 잊혀진 것처럼 보이는 것조차 어떤 식으로든 어딘가에 존재한다. 단지 파묻혀 있고 환자가 접근할 수 없을 뿐이다(Freud, 1937)."라고 말했다. 즉 우리 인생에 중요한 의미를 가지는 사건들은 절대로 잊혀지지 않기 때문에 그것들은 의식화되지 못하더라도 무의식 어딘가에는 영구적으로 저장되어 있다는 것이다. 그러나 섬광기억 이론가들과 프로이트 사이에는 한 가지 견해차이가 존재한다. 섬광기억의 제창자들은 기억의 뼈대만이 아니라 구체적이고 상세한 장면들까지도 마치 사진에 찍힌 것처럼 정확하게 영구보존된다고 주장했다. 반면에 프로이트는 모든 세부가 아니라 기억의 '본질'과 '뼈대'가 잊혀지지 않는 거라고 주장했다. 즉 그는 정서적으로 중요했던 과거 사건의 '뼈대'와 '의미'만이 정확하게 영구보존된다고 생각한 것이다. 어느 주장이 맞을까? 이후의 여러 연구들은 섬광기억이 비록 선명하기는 하지만 세부까지 정확하지는 않다는 사실을 보여주었다. 그런데 이는 프로이트의 손을 들어주는 수준을 넘어 기억의 신빙성을 둘러싼 논란으로 이어지기도 했다.

로프터스(Loftus, 1975)는 한 연구에서 실험참가자들에게 자동차 사고가 나는 장면이 들어있는 영화를 보여주었다. 그리고는 A 그룹에게 '그 아이들이 스쿨버스에 올라타는 걸 보았죠?'라는 유도질문을 던졌다. 물론 영화에는 스쿨버스가 등장하지 않는다. 일주일 후에 A, B 그룹 모두에게 '영화에서 스쿨버스를 보았나요?'라는 질문을 하자 A 그룹은 B 그룹에 비해 3~4배 이상이나 '그렇다.'고 대답했다. 유도질문으로 인해 A 그룹의 기억이 왜곡된 것이다. 이런 류의 실험들에 기초해 기억조작 연구자들은 사람의 기억능력이 완벽하지 않다는 점을 강조한다. 그러나 대부분의 사람들은 일상적 체험을 통해 기억의 불완전성을 이미 잘 알고 있다. 명절에 가족들이 모여 옛날 얘기를 하다보면 같은 사건에 대해 서로 다르게 기억하는 경우가 흔히 나타난다. 또한 별로 오래 되지도 않은 사건임에도 그것을 자기 식대로 각색해 기억하는 사람들도 있다. 하긴 나는, 여러 명 앞에서 분명하게 지시한 사항인데도 자신은 전혀 못 들었다고 박박 우기는 황당한 사람들도 제법 봤다.

우리는 기억의 불완전성을 어떻게 이해해야 할까? 또 우리의 기억을 어느 정도까지 신뢰할 수 있을까? 이 질문에 답을 하기 위해서는 우선적으로 기억의 목적과 쓸모가 무엇인가 하는 문제부터 살펴봐야 할 것 같다. 만약 기억의 목적과 쓸모가 과거의 경험을 상세한 것까지 완전무결하게 보존하는 데 있다면 우리의 기억능력은 불량품이 될 것이다. 그러나 기억의 목적과 유용성이 과거 경험의 본질과 의미 등을 저장함으로써 과거와 현재를 이어주고 고차적 사고를 가능하게 해주는 데 있다면 우리의 기억능력은 일등품으로 평가받아야 마땅하다. 그런데 기억의 목적은 단연코 후자에 있다. 만약 세부까지 완벽하게 기억할 것이 요구된다면 그것들은 문자로 기록해놓거나 캠코더로 찍어놓으면 된다. 그러나 세부사항들을 단 한 장면도 놓치지 않고 기록하고 촬영한 글이나 영화는 그 자체로는 추상적 개념화와 같은 이성적 사고로 이어지지 못한다. 이성적 사고를 하려면 지나치게 많은 잡다한 정보들, 부차적인 세부사항들을 버려야 하기 때문이다. 이성적 사고는 복잡하고 다양한 현상들 속에서 핵심과 본질을 뽑아내고 그것을 제외한 나머지 부차적인 것들을 내버리는 '추상과 사상' 같은 방법을 필연적으로 동반한다. 즉 이성적인 사고를 하려면 일정 단계에서는 세부적인 것, 부차적인 것들을 참고해야 하지만 다음 단계에서는 그것들을 과감하게 버려야만 한다. 사람은 기본적으로 이성적 사고를 하므로 대부분의 기억은 추상화 등을 통해 걸러진 본질과 핵심의미 등으로 구성되어 있을 것이다. 그리고 이성적 사고에는 세부적인 것들을 완벽하게 사진 찍듯이 기록하기보다는 본질적인 뼈대만 추려내 기억하는 게 더 유리하다. 따라서 사람의 기억능력은 과거의 경험들을 사진 찍듯이 기록하는 방식이 아니라 '핵심체크 방식'으로 저장하도록 진화해왔다고 보는 게 합리적일 것이다.

만약 로프터스의 기억왜곡 실험에서 자동차 사고를 '비행기 사고'가 난 것으로 조작하려고 시도했다면 신통찮은 결과가 나왔을 것이다. 유도심문 따위로 기억의 세부가 아니라 본질 자체를 조작하거나 왜곡하는 것은 거의 불가능하기 때문이다. 또한 실험참가자들이 교통경찰이나 자동차사고를 처리하는 보험사 직원들이었어도 기억조작은 거의 불가능했을 것이다. 기억은 적극적이고 능동적인 심리현상이므로 '동기'가 있을 때 그 수행이 극대화된다. 로프터스의 실험에 참가했던 사람들은 대부분 영화내용을 자세하게 기억해야만 할 특별한 동기를 가지지 않았을 것이다. 따라서 그들의 기억이 부정확하거나 쉽게 왜곡될 수도 있었던 것은 지극히 당연한 결과일 뿐이다. 그 영화는 실험참가자들에게 그다지 중요한 의미가 없기 때문이다. 만일 실험참가자들에게 일주일 후까지 영화내용을 정확히 기억하고 있으면 상금으로 1,000만원을 주겠다고 동기부여를 해준다면 어떻게 될까? 그들은 눈도 깜빡이지 않고 영화를 뚫어지게 쳐다보고는 그것을 놀라운 수준으로 기억해둘 것이다. 사람은 마치 거울처럼 수동적으로 아무거나 마구 기억하지 않고 자신에게 의미 있는 중요한 것들을 중심으로 기억한다. 만약 모든 사람이 캠코더같이 기억을 한다면 개인만이 가진 독특한 개성은 사라질지도 모른다.

게다가 하루살이와는 달리 사람은 사회 속에서 긴 시간 동안 살아가는 존재이므로 개인기억의 부정확성은 인식과 사고의 부정확성처럼 사회역사적으로 교정될 가능성이 있다. 이를 고려할 때 일시적이고 세부적인 개인기억의 부정확성은 상당 부분 사회역사 속에서 교정될 것이므로 그리 큰 문제가 되지 않는다고 말할 수 있을 것이다. 여기에 더해 유도신문에 의한 사소한 기억조작은 심리적으로 건강하지 못한 사람 특히 정서적 문제가 있는 사람들한테 더 잘 먹혀든다는 사실도 지적해야 할 것이다. 즉 사회나 개인이 불건강하고 병들어 있을수록 기억 조작이나 왜곡은 더 쉬워진다. 물론 이 경우에도 조작가능한 범위에는 한계가 있을 것이다.

마지막으로 한 가지만 더 언급하고 싶은 게 있다. 그것은 억압되어 있다가 회복된 기억이 엉터리일 가능성은 항상 있지만 그런 부정확한 기억도 임상적으로는 매우 중요하다는 사실이다. 예를 들어 친구들한테 집단폭행을 당한 기억이 다음과 같이 부정확하게 재생될 수도 있다. 자신을 때린 사람이 실제로는 3명인데 5명으로 기억한다거나, 조그만 막대기로 맞았는데 야구방망이로 맞은 걸로 기억할 수도 있을 것이다. 그러나 임상적으로 이런 부분적인 기억왜곡은 크게 문제가 되지 않는다. 본인이 집단폭행을 당했음에도 반대로 자신이 5명의 친구들을 구타한 것 등으로 기억이 왜곡되지 않는 한 별 상관이 없다는 것이다. 물론 이 경우에도 기억을 심하게 왜곡시키는 심리적 원인을 규명한다면 그것은 치료에 도움이 될 수 있다. 어쨌든 긴 시간 동안 무의식에 묻혀 있다가 떠오른 기억이 100% 정확하다고 믿을 근거는 없지만 그 기억이 임상적으로는 매우 중요하다는 점도 충분히 인정되어야 할 것이다(그 기억이 법정에서 증거로 인정될 수 있는가 하는 것은 완전 별개의 문제이다). "흔히 우리는 환자에게 억압된 것을 기억하게 하는 데 성공하지 못한다. 그 대신, 분석이 정확하게만 실행된다면, 우리는 구성의 진실에 대한 확신을 그에게 심어줄 수 있다. 치료의 관점에서 볼 때, 그것은 되찾은 기억과 똑같은 효과를 갖고 있다(Freud, 1937)."는 프로이트의 주장은 임상적으로는 분명히 유효하다. 기억 내용에 세부적인 오류들이 있더라도 중요한 정서적 사건은 항상 우리에게 '동일한 의미'를 가지기 때문이다.

기억은 개인적 특성을 가진다. 즉 사람에 따라 기억의 속도, 범위, 공고성, 정확성 등이 다르다. 또한 기억능력은 타고나는 것이 아니라 사회적 산물이므로 생활과정 특히 꾸준한 학습과정을 통해 부단히 발전시켜야 한다.

의식과 무의식에 대한 논의를 마감하면서, 비유를 통해 마지막 총정리를 해보는 것도 괜찮을 것 같다.

어두운 밤바다에 등대 하나가 홀연히 서서 환한 조명등을 이리저리 비추고 있는 장면을 한번 상상해보자. 여기서 등대는 작업의식이며 밤바다는 넓은 의미에서의 의식이라고 할 수 있다. 이때 등대의 불빛이 비춰져서 눈에 잘 보이는 곳을 의식으로 그리고 나머지 어두워서 잘 안 보이는 곳을 무의식으로 다시 세분화할 수 있을 것이다. 또한 등대지기가 의식적으로 조명등을 한 곳에 비춰줌으로써 배를 가까이로 인도하는 행위를 '의식적' 정신현상으로, 등대지기가 의도하지 않았는데도 멀리서 배가 불빛을 보고 찾아오는 행위는 '무의식적' 정신현상으로 간주해도 될 듯하다.

컴퓨터로 치면 램이나 CPU는 작업의식이 되고 하드디스크가 의식이 될 것이다. 그리고 CPU와 램이 쉽게 찾아내 사용하는 하드디스크의 정보들은 의식에 그렇지 못한 정보들은 무의식에 저장되어 있다고 말할 수 있을 것 같다.

그렇다면 만일 등대의 불빛이 꺼지거나 CPU와 램이 일을 안 한다면 어떤 일이 벌어질까? 밤바다는 여전히 출렁대겠지만 하드디스크는 완전히 멈춰 있을 것이다. 작업의식이 외부세계로부터 차단되고 의식의 주요기능이 작동하지 않을 때 진행되는 의식 혹은 무의식의 활동은 전자일까 아니면 후자일까? 이 문제는 다음 장에서 살펴보기로 하자.

제7장

나는 왜 잠을 자고 꿈을 꿀까

— 잠과 꿈

우리 인생의 30%는 잠으로 채워져 있다. 이 말을 들으면 어떤 이들은 '잠을 안 잘 수만 있다면 수명이 연장되는 거나 마찬가지인데, 잠을 자느라 그 많은 시간을 허비해야 하다니 너무 아깝다.'고 생각할지도 모른다. 반면에 생활에 쫓기는 이들은 '아! 마음껏 잠 한번 자봤으면 원이 없겠다.'라고 말하며 신세 한탄을 할 수도 있을 것이다. 그러나 잠에 대해 어떻게 생각하든 간에 우리는 반드시 잠을 자야만 한다. 간혹 초인적으로 잠을 참는 사람들이 있다고는 하지만 그런 이들이라고 해서 영원히 잠을 안 잘 수는 없다. 사실 장기간 동안 잠을 안 자면 어떻게 되는지는 아무도 모른다. 기네스북에 오른 기록이 11일이라고 하니 그 이상을 잠 안 자고 버틴 사람이 없기 때문이다. 어쨌든 수면에 대한 욕구는 아주 강력하다. 그렇기 때문에 반인륜적 고문기술자들도 '잠 안 재우는 고문'을 애용했을 것이다.

사람이 비교적 긴 시간 동안 잠을 자도록 진화해온 이유는 무엇일까? 잠은 단순한 진화론적 유산일 뿐일까 아니면 인간의 삶에서 제거할 수 없는 필수적인 과정일까? 우리는 잠을 잘 때 꿈을 꾸는데, 그것은 잠과 어떤 관계가 있을까? 우리는 꿈을 꾸기 위해 잠을 자는가 아니면 잠을 자다보니 우연히 꿈을 꾸는 것인가?

안타깝게도 이런 문제들에 대해 심리학은 아직까지 뚜렷한 답을 내놓지 못하고 있다. 그럼에도 불구하고 우리는 여기에서 잠과 꿈에 대한 기존의 심리학 이론들을 검토하고 최선의 가설을 찾아볼 것이다.

1. 사람은 왜 잠을 자는가

앞으로의 논의를 위해 잠의 단계에 대해 먼저 간략하게 기억해두기로 하자.

(1) 잠의 단계

잠의 단계는 크게 볼 때 3단계로 나눌 수 있다. 즉 α(알파)파가 강해지는 선잠 상태인 1단계, α(알파)파가 사라지고 뇌파가 아주 느려지면서 진폭이 커지는 '조용한 수면(quiet sleep)' 단계, 깨어 있는 사람의 뇌파와 거의 비슷한 '능동적 수면(active sleep)' 단계이다. 보통 α(알파)파는 깨어 있으나 이완되어 있을 때 특징적으로 나타난다. 반면에 능동적인 사고과정에서는 α(알파)파가 나타나지 않는다.

수면의 단계는 하룻밤 동안 4~5회 정도 반복된다. 이때 '능동적 수면' 단계에서 꿈을 꾸기 때문에 꿈도 하룻밤 동안 4~5회 정도 꾸게 된다. 또한 능동적 수면 단계에서 우리의 눈은 마치 어떤 장면을 보고 있는 것처럼 빠르고 조화롭게 움직인다. 이러한 빠른 안구운동(rapid eye movement: REM) 때문에 능동적 수면을 'REM 수면'으로 조용한 수면을 '비(非) REM 수면'으로 부르기도 한다.

(2) 잠을 자는 이유

잠을 자는 이유 혹은 잠의 기능에 대해서는 몇 가지 가설들이 있다.

첫째, 잠은 '진화의 낡은 유물'이라고 주장하는 생물학주의적 가설이 있다. 이 견해에 따르면 먼 옛날 원시인류는 몸의 에너지를 보존하고 위협이 될지도 모르는 포식동물을 피하기 위해 잠을 자기 시작했는데, 그게 습관이 되어서 오늘날의 현대인류까지 잠을 자게 되었다는 것이다. 이 주장을 지지하는 심리학자들은 밥을 먹지 못하면 극히 고통스럽고 죽을 수도 있지만 잠을 못 잔다고 해서 별다른 심각한 문제가 생기지 않는다는 걸 근거로 제시하고 있다. 그러나 잠을 못 자게 한 고문을 당했던 이들의 경험담은 이런 주장이 수면박탈의 악영향을 지나치게 과소평가하고 있음을 말해준다. 고문 경험자들 중 많은 이들은 굶는 고문, 매 맞는 고문, 물고문, 전기고문보다 잠을 못 자게 하는 고문이 가장 고통스러웠다고 증언하고 있다. 며칠간 잠을 자지 못했던 어떤 고문피해자는 '차라리 나를 죽여달라.'고까지 말했다고 한다. 이는 수면박탈이 그리 큰 고통을 야기하지 않는다는 견해가 잘못된 것임을 반증한다. 사회적 존재인 사람에게 있어서 잠은, 곰이 겨울잠을 자는 것과는 분명히 다른 의미를 가진다고 봐야 할 것 같다.

둘째, 일반인들의 통념과 부합되는 가장 흔한 주장은 '신체의 피로회복을 위해 잠이 필요하다.'는 가설이다. 대부분의 사람들은 하루 동안의 활동을 마친 후 몸이 뻐근하고 피곤이 몰려오면 '아! 피곤하다. 이제 잠을 자야겠다.'고 말한다. 이렇게 일반인들은 몸의 피로를 풀기 위해 잠을 잔다는 견해를 아주 오래전부터 믿어왔다. 이 견해를 지지하는 일부 심리학자들은 조용한 수면 단계에서 성장촉진 호르몬이 분비된다는 점을 하나의 증거로 제시한다. 이 성장촉진 호르몬은 신체조직의 교체를 도와주는 역할을 하는 단백질 합성을 증가시킨다. 어쨌든 그들에 따르면 사람들이 심한 운동을 하고 나서 잠을 더 많이 자는 것은 이런 이유 때문이다. 그러나 이 주장은 조용한 수면이 전적으로 신체적 피로에 기인하지 않는다는 증거들에 의해 반박되고 있다. 오히려 심한 운동은 몸보다는 뇌의 신진대사를 증가시키는 것 같다. 그렇다면 휴식과 회복을 요하는 것은 신체가 아니라 바로 뇌일지도 모른다(Gleitman, 1995). 또한 신체의 휴식과 회복은 잠이 아닌 다른 방식으로도 가능하다. 안락의자에 누워 이완하거나 편안한 자세로 명상을 하거나 온천탕에 몸을 담그는 것 등도 잠 못지않게 몸의 피로를 회복시킬 수 있다. 따라서 잠이 신체의 피로를 회복시키는 데 기여하기는 하겠지만 그것만이 유일한 수단은 아니므로, 몸의 피로는 잠의 필요조건일 수는 있으나 충분조건은 되지 못한다.

셋째, 뇌의 휴식과 회복을 위해 잠을 잔다는 견해이다. 이런 주장은 일견 타당한 듯하지만 치명적인 문제점이 있다. 왜냐하면 우리의 뇌는 능동적 수면 단계에서 각성상태나 다름없는 활동을 하기 때문이다. 즉 잠을 자는 동안 뇌는 휴식을 하기는커녕 부지런히 움직이는 것이다. 또한 뇌의 휴식은 이완이나 훈련된 명상 등을 통해서도 가능할 수 있다. 이런 점을 고려해 보면 뇌의 휴식도 잠을 자게 하는 하나의 요인일 수는 있지만 충분한 설명은 못 되는 것 같다.

내 생각에는, 잠이 휴식과도 어느 정도는 관련되겠지만 주로는 뇌의 재정비 과정과 관련되는 것 같다. 다른 말로 표현하자면 의식이 내면세계를 재정비하는 시간 혹은 뇌가 혼자 작업을 할 시간을 필요로 하기 때문에 잠을 잔다는 것이다.

우선 '조용한 수면'이 우리가 깨어 있을 때 수용했던 정보들을 처리하는 것과 관련이 있다는 증거들이 있다.

젠킨스와 달렌바흐(Jenkins & Dallenbach, 1924)의 '망각'에 대한 연구결과는 수면이 기억능력을 향상시킨다는 사실을 보여준다. A와 B 그룹에 어떤 기억과제를 제시하고는 A 그룹은 잠을 자게 하고, B 그룹은 깨어 있으면서 다른 활동을 하도록 했다. 그리고는 두 그룹에게 기억과제를 회상하게 하자 잠을 잤던 A 그룹의 회상이 훨씬 우수하였다. 이는 잠을 자는 동안에도 우리의 뇌는 마냥 놀고만 있지는 않는다는 사실을 말해준다. 깨어 있을 때 새로운 지식을 습득하는 경우를 생각해보자. 이때 그 지식을 기억하기 위해서 신경세포들은 새로운 연결망을 형성했을 것이다. 그리고 조용한 수면 단계에서 새로운 연결망은 단단하게 고정되는 과정을 거친다. 마치 깨어 있을 때의 기억과정이 신경세포들을 이리저리 접착제로 붙여놓았다면 조용한 수면을 통해 그 접착제가 굳도록 만든다고 할 수도 있을 것이다. 엑스트랜드(Ekstrand, 1977) 등의 연구는 기억능력을 향상시키는 잠의 긍정적 효과가 '조용한 수면'에서만 나타난다는 걸 밝혔다. 이것은 잠, 특히 조용한 수면단계가 깨어 있는 동안 수용했던 정보들을 뇌가 처리하는 과정과 연관되어 있다는 하나의 증거가 될 수 있을 것이다. 또한 카트라이트(Cartwright, 1977)의 연구에서는 조용한 수면 중에 실험참가자들을 깨우면 그들은 뭔가를 생각하고 있었다고 말했다. 그러나 그것은 줄거리를 가진 전형적인 꿈과는 많이 다른, 말로 표현하기 힘든 파편적인 생각들이었다.

뇌의 후속적인 정보처리, 접착제가 굳는 과정은 분명히 꿈과는 다른 비완결적이고 파상적인 생각들로 인식될 가능성이 클 것이다. 따라서 조용한 수면단계에서는 우리가 구태여 의식할 필요는 없지만 정상적인 정신활동을 위해서는 반드시 필요한 중요한 정신적 과정(기억내용을 공고화하는 등의)이 진행되고 있다고 추측해볼 수 있을 것 같다.

다음으로 '능동적 수면'은 의식이 내면세계를 탐색하고 재정비하는 것과 관련되는 것 같다. 앞에서 살펴본 대로 능동적 수면단계는 젊은 성인의 경우 매일 밤 약 4~5차례 정도 나타나는데, 그 시간은 모두 합쳐 약 1시간 30분 정도 된다. 그러므로 꿈도 4~5회에 걸쳐 총 1시간 30분 정도 꾼다고 보면 될 것이다. 어떤 사람들은 자신이 하룻밤 사이에 4~5회 정도나 꿈을 꾼다는 것에 대해 의아해 할지도 모른다. 심지어는 자신은 꿈을 전혀 안 꾼다고 생각하는 사람들도 있지 않은가. 일반인들이 이런 생각을 하는 이유는 대부분의 꿈은 꾸고 난 지 약 5분 정도 지나면 망각되기 때문이다. 그렇지만 자신은 꿈을 꾸지 않는다고 믿는 사람들도 REM 수면 중에 깨우면 대부분 꿈을 기억할 수 있다. 카트라이트(Cartwright, 1977)의 연구에서 능동적 수면(REM 수면) 단계에서 잠자고 있던 실험참가자를 깨우면 그들은 일반적으로 일련의 생생한 일화를 가진 전형적인 꿈의 내용을 보고했다.

의식이 내면세계를 탐색하고 재정비하는 문제는 뒤에 살펴보고 여기서 우리는 잠이 뇌의 휴식보다는 오히려 활동과 관련될 가능성이 더 많다는 사실만 확인해두기로 하자.

2. 의식기능의 변화와 꿈

꿈에 대해서는 극과 극의 견해들이 존재한다. 꿈은 영혼의 활동이라는 신비주의적인 주장에서부터 꿈은 아무런 의미도 없는 정신활동의 쓰레기나 찌꺼기라는 주장까지 참으로 다양한 견해들이 난무하고 있다. 그러나

이 모든 견해들을 다 살펴볼 수는 없으니 여기에서 우리는 꿈과 의식활동과의 관계를 먼저 검토하면서 엉킨 실타래를 풀어보기로 하자.

잠을 자면 작업의식은 내면세계를 향하게 된다. 잠은 외부자극이 없는 상태, 즉 감각기관이 외부자극에 관심을 두지 않는 상태이기 때문이다. 그 결과 잠이 들면 감각기관은 거의 활동을 하지 않으므로 작업의식의 관심은 의식과 무의식, 즉 내면세계를 향할 수밖에 없다. 프로이트는 잠을 자게 되면 의식이 "외부세계와의 관계를 단절하고 감각기관으로부터 그의 점유를 철회(Freud, 1940)"하기 때문에 결국 수면은 "리비도를 자아로 후퇴(Freud, 1914)"시킨다고 주장했다. 어쨌든 잠이 든 사람의 작업의식은 외부세계와 일정 정도 차단되므로 작업의식의 관심과 대부분의 심리적 에너지는 자기 자신 특히 내면세계를 향할 것이라는 점은 분명하다.

그렇다면 잠을 잘 때면 감각기관이나 작업의식이 자기 활동을 아예 멈추는 것일까? 그렇지는 않다. 꿈을 꾸는 동안 외부자극이 있을 경우에는 꿈에 반영되기도 한다. 예를 들면 꿈을 꾸고 있는 실험참가자의 얼굴에 물방울을 떨어뜨리면 꿈속에서 분수와 같은 물과 관련된 대상을 보기도 한다. 이는 감각기관이 어느 정도는 외부자극을 작업의식에 보고하지만 한창 꿈을 꾸기에도 바쁜 작업의식은 그것을 대수롭지 않게 여겨 꿈의 한 부분으로 처리해버린다는 추측을 가능케 해준다. 그러나 무시해서는 곤란한 자극, 예컨대 책상에 있던 탁상시계가 머리 위에 떨어지거나 심하게 배가 아프거나 너무나 무서운 꿈을 꾸는 경우에는 작업의식은 잠을 포기하고 즉각 우리를 깨어나게 한다. 프로이트는 또한 "꿈의 현장에서 주도적인 역할을 하는 주인공이 항상 꿈꾸는 자 바로 그 자신(Freud, 1917)"이라는 점을 지적했다. 즉 꿈은 다른 누구의 이야기가 아닌 바로 나의 이야기이므로 항상 1인칭을 유지한다는 것이다. 이런 사실들로 미루어볼 때 잠을 자더라도 작업의식이 활동을 멈춘다고 볼 수는 없다.

그러나 프로이트나 융은 잠잘 때의 의식은 지극히 약화되어 최소한의 활동만 수행한다고 생각했다. 프로이트는 "검열관이 어느 정도는 활동하고 있다(Freud, 1914).”면서 의식을 ‘야경꾼’에 비유하기도 했다. 아파트 주민들은 모두 잠을 자지만 야경꾼을 한 명 남겨놓아 그가 꿈을 감시하고 감각기관으로부터의 정보를 처리한다. 그러다가 야경꾼이 감당하지 못할 중대한 상황이 생기면 꽹과리를 쳐서 아파트 주민들을 깨운다는 것이다. 융 또한 “꿈은 불수의적 정신활동의 하나로, 깨어났을 때 기억 속에 재생할 수 있을 정도의 의식성을 가지고 있다(Jung, 1945).”고 주장했다. 이렇게 프로이트와 융은 수면상태의 의식성이란 아주 미약하다고 보았다. 따라서 그들은 자연스럽게 꿈을 무의식의 정신활동으로 규정했다. “꿈은 상징적 형태로 이루어지는 실제적인 무의식적 상황의 자율적인 자기표현이다(Jung, 1916).”라든가 “꿈의 해석은 실제로 무의식에 이르는 왕도이다(Freud, 1910).”라는 말은 그들의 입장을 잘 드러내준다. 프로이트에 의하면 무의식은 주로 동물적인 본능이므로 평소에는 의식에 올라올 수 없다. 그런데 잠이 들어 의식이 약화되면 무의식은 그 기회를 이용해 꿈속에 등장한다. 하지만 의식은 야경꾼을 남겨놓아 무의식을 검열하기 때문에 무의식은 자기 정체를 숨기기 위해 복면이나 가면을 쓰고 등장한다. 의식이 꿈의 내용을 해독하기 어려운 것은 이것 때문이다. 여기서 프로이트는 의식과 무의식을 별개의 독립적인 정신 혹은 정신기관처럼 다루고 있다. 그러나 앞 장에서 살펴보았듯이 의식과 무의식은 독자적인 정신기관들이 아니다. 일반적으로 의식과 무의식은 의식화되느냐 아니냐에 따라 구분되는 상대적인 개념일 뿐이다. 그러므로 두 개의 정신기관이 독립적으로 존재하면서 깨어 있을 때는 의식이라는 정신기관이 활동하다가 잠을 자게 되면 무의식이라는 정신기관이 활동한다고 볼 근거가 없다. 즉 무의식이 독자적인 정신기관 혹은 인격체로서 스스로 꿈을 만들어낸다는 주장은 논리적 설득력이 없다는 것이다.

그러면 만약 꿈을 무의식의 정신현상으로 간주할 수 없다면 꿈이라는 정신현상의 주체는 무엇일까? 여기에 대해서는 의식 혹은 작업의식이라고 답할 수밖에 없다. 사람의 모든 정신활동의 유일한 주체는 바로 의식이므로 다른 답이 나올 수 없기 때문이다. 꿈이라는 정신현상을 만들어내는 것도, 꿈을 관찰하고 기억하는 것도 의식이다(좀더 정밀하게 규정하면 작업의식이라고 해야 할 것이다). REM 수면 중에 깨우면 생생하게 꿈을 기억할 수 있는 것도 바로 작업의식이 꿈의 주체이기 때문에 가능한 일이다.

비록 이론적 결함이 있기는 하지만 홉슨과 맥칼리(Hobson & McCarley, 1977) 등은 꿈이 능동적 수면 단계에서의 뇌의 각성상태를 반영하는 것이라는 '활성화-종합 가설(activation-synthesis hypothesis)'을 주장했다. 이것은 꿈을 무의식의 신비로운 활동이 아니라 의식현상의 하나로 이해했으며, 꿈의 생리적 기초를 어느 정도 설명할 수 있다는 점에서는 긍정점을 가진다. 그러나 이 가설은 꿈을 꾸는 이유나 의미 등을 모두 '뇌의 생리적 흥분'으로 환원함으로써 꿈이라는 정신현상을 지나치게 단순화하고 과소평가하고 있다. 어쨌든 꿈이 의식의 산물이라는 견해에 대해서 프로이트나 융은 다음과 같이 비판할지도 모른다.

"그것이 사실이라면 꿈이 왜 일반적인 정신현상들과 다른지 설명해보라. 만약 깨어 있을 때의 정신현상과 잠잘 때의 꿈을 모두 의식이 만들어낸다면 두 가지는 기본적으로 동일해야 할 것이다. 외부자극이 배제된다고 해도 마찬가지다. 외부자극은 명상 등을 통해서도 차단할 수 있다. 그러나 그 경우에도 명상이라는 의식현상은 꿈이라는 무의식적 정신현상과는 질적으로 다르다. 많은 꿈들은 아주 희한하고 괴이해서 우리는 그것을 정확히 이해하기조차 힘들다. 그러나 숨은 의미를 밝혀낸다면 그것들 중 일부는 사람들에게 아주 큰 의미를 갖는다는 게 수많은 사례들을 통해 밝혀졌다. 이런 것들을 뇌의 각성이 낳은 우연적인 현상 따위로 설명할 수 있는가?"

꿈을 무의식의 정신활동으로 이해하는 심리학자들의 주장처럼 분명히 꿈은 일반적인 정신현상들과 매우 다르다. 그러나 나는 그 차이점이 있지도 않은 의식과 무의식이라는 정신기관의 질적 차이가 아니라 의식기능의 변화에 기인한다고 생각한다. 이에 대해 좀더 자세히 설명해보겠다.

의식은 사고활동과 신체운동의 지휘통제, 현실성 유지, 감정과 욕구를 조절·통제하는 기능을 가진다. 이때 깨어 있을 때의 정신현상과 잠잘 때의 꿈은 '현실성 유지' 기능에 의해 크게 달라진다. 깨어 있을 때 진행되는 대부분의 정신현상에 대해 의식은 '현실' 판정을 내리지만 수면상태에서는 '비현실' 판정을 내린다. 그러면 이런 판정에 근거해 의식은 비현실적 정신현상에서는 더 이상 필요하지 않은 시공간 개념과 논리성 유지 기능을 약화시킨다. 꿈은 본질적으로 비현실에 속하고 꿈속에서는 굳이 현실과 상상을 구분할 필요가 없기 때문이다. 즉 일반적으로 꿈은 아무리 비합리적이고 비현실적이어도 괜찮다. 의식은 또한 몸을 움직일 필요가 없으므로 신체운동에 대한 지휘통제 기능도 거의 꺼버린다. 만일 잠을 잘 때 신체운동 기능이 제대로 꺼지지 않으면 몽유병이나 잠꼬대 같은 증상이 나올 수도 있을 것이다. 다만 꿈은 언어보다는 시각적 장면과 사건 등을 위주로 구성되어 있는데, 사람의 안구는 그러한 시각적 이미지를 처리하는 대뇌피질과 연결되어 있으므로 신체운동 중에서는 '빠른 안구운동(REM)'이 주요하게 나타나는 것 같다. 꿈에서 뭔가를 보는 데 따라 시각피질이 흥분하고 그것이 시각피질에 연결된 시신경을 자극해 마치 진짜 뭔가를 보는 것처럼 눈꺼풀 밑에서 안구가 빠르게 움직이게끔 하는 것이다.

우리가 시공간 법칙이 무시되고 논리적 연결이 없는 황당무계한 꿈을 꾸는 것은 바로 의식이 현실성 유지기능을 약화시켰기 때문이다. 그런데 잠을 자게 되면 심리적 에너지는 모두 내면세계를 향하고 의식적으로 고수되던 사고의 도식이나 패턴, 특정 책략, 나아가 언어적 사고방식 자체가 약화된다. 이에 따라 "꿈은 꿈꾸는 사람이 그 의미를 대부분 알지 못하는 언어적 상징들을 무제한적으로 사용한다(Freud, 1940)."는 말처럼 꿈은 깨어 있을 때 사용하던 일상적 논리나 언어보다는 상징이나 비유, 우화 등을 많이 사용하는 것이다. 그 결과 의식 엄밀히 말해 작업의식은 깨어 있을 때에는 쉽게 접근하지 못했던 아주 어린 시절의 비언어적 기억 등과 같은 무의식 영역들에도 접근할 수 있게 된다. 즉 무의식과의 의사소통이 상당히 자유로워지고 무의식에 있던 기억을 끌어낼 수 있는 인출단서를 다량 확보하게 되는 셈이다. 프로이트가 "꿈의 기억은 깨어 있는 상태에서의 기억보다 훨씬 포괄적이다. 꿈은 꿈꾸는 사람이 잊어버렸고, 깨어 있을 때에는 접근이 불가능했던 기억을 불러일으킨다(Freud, 1940)."고 말했던 것도 같은 맥락에서 이해할 수 있을 것이다. 이렇게 깨어 있을 때 비교적 딱딱하게 유지되던 의식과 무의식의 상대적인 경계가 허물어지고 의식의 고유한 언어도 사라지므로 꿈은 정상적인 사고와는 매우 다른 특이한 내용과 형식을 가질 수 있다. 이런 점에서 사람들이 꿈을 종종 '이상하고 비논리적인 한 밤의 이야기'라고 부르는 것도 무리가 아니다. 그리고 바로 이런 꿈의 독특한 표현양식 때문에 우리는 깨어난 뒤에 자기 꿈의 의미를 이해하거나 해독하기가 어려운 것이다.

그러나 꿈이라고 해서 모두 다 이상하거나 비논리적이지는 않다. 사람들은 때때로 아주 명확하고 합리적이며 현실적인 꿈도 꾼다. 심지어는 꿈을 꾸면서 '이것은 꿈이다.'라는 자각을 가지는 경우도 있다. 또한 꿈에서 깨어나면 그것이 현실이 아니라는 것도 너무나 잘 안다. 이런 사실들은 잠을 자거나 꿈을 꾸는 경우에도 의식기능은 기본적으로 유지될 수 있다는 것을 의미한다. 그렇지만 우리는 잠을 잘 때엔 의식기능 중에서 신체운동 지휘통제 기능은 거의 꺼버리고 현실성 유기기능에 대해서는 그다지 신경 쓰지 않는 것 같다.

꿈의 주체는 의식, 구체적으로는 작업의식이다. 잠이 들면 작업의식은 외부세계로부터 자유롭지 못했던 관심을 내면세계로 집중시키고 깨어 있을 때 받아들인 정보들을 처리(조용한 수면)하며, 의식과 무의식을 탐색하고 재정비(능동적 수면)한다. 작업의식은 중요하고 의미가 있는 꿈은 기억했다가 우리에게 알려주기도 한다. 즉 내면세계에 대한 탐색과 재정비 결과를 우리에게 보고하는 셈이다. 정상적이고 규칙적이며 무리하지 않은 생활을 하는 경우에 꿈은 더 잘 기억난다. 반대의 경우에는 꿈을 좀처럼 기억하지 못한다. 그러나 이 경우에도 작업의식이 보기에 너무나도 중요한 꿈은 반드시 기억했다가 우리에게 알려주곤 한다.

이 모든 일들은 작업의식을 중심으로 의식과 무의식이 힘을 합쳐 진행하는 것이다. 따라서 정확한 의미에서 꿈은 무의식의 독자적인 정신활동이 아니라 의식과 무의식 넓은 의미에서는 의식의 정신활동이다. 즉 '꿈은 의식기능이 변화된 상태에서 진행되는 의식과 무의식의 정신현상'인 것이다.

3. 꿈의 기능

꿈은 있어도 그만 없어도 그만인 정신활동의 찌꺼기나 각성된 뇌의 부산물이 아니다. 꿈도 사람에게 필요하니까 존재하는 것이다. 꿈은 작업의식이 의식과 무의식을 포함한 내면세계를 탐색하고 재정비하는 정신현상이라고 할 수 있다. 잠을 잘 때 작업의식이 쉬지 않고 수고스럽게 그런 활동을 하는 이유는 그것이 사람에게 도움이 되어서일 것이다.

어떤 사람들은 '나는 꿈을 전혀 기억 못 해. 그러니까 꿈은 나한테 아무런 도움이 안 되고 어떤 영향도 미칠 수 없어.'라고 말하기도 한다. 그러나 이는 사실이 아니다. 꿈을 기억하는 경우는 두말 할 것 없고 그것을 기억하지 못하더라도 꿈은 여전히 사람에게 영향을 미친다.

우선 꿈은 정서적 체험을 동반하므로 사람의 정서상태와 신체에 영향을 준다. 꿈속에서 극단적 공포를 느끼면 잠을 자면서도 식은땀이 흐르고 심장이 두근두근 뛴다. 이렇게 꿈속에서 느끼는 감정도 깨어 있을 때 체험하는 감정과 마찬가지로 신체변화를 일으킨다. 꿈을 기억하지 못하더라도 밤새껏 즐거운 꿈을 꾼 사람과 악몽에 시달렸던 사람이 아침에 느끼는 기분은 사뭇 다를 것이 분명하다. 나아가 나쁜 꿈을 계속 꾼다면 불쾌한 감정이 야기하는 심리적, 신체적 변화가 누적될 수 있고 그것은 병으로 귀결될 수도 있다.

다음으로 현재 시점에서는 기억할 수 없지만 꿈이 완전히 사라지지 않고 무의식에 저장되어 있을 가능성이 있다. 아침에는 꿈을 새까맣게 잊어버렸다고 생각했지만 낮에 어떤 전화를 받고 나서 갑자기 꿈의 내용이 선명하게 떠오르는 경우가 있다. 이렇게 적절한 인출단서가 작용하면 잊혀졌던 꿈이 다시 기억나기도 하는 걸로 봐서 간밤의 꿈들이 무의식에 저장되어 있을 가능성을 배제할 수 없다. 작업의식은 그런 꿈들을 비현실적 정신현상으로 분류해 저장했을 것이므로 그것이 사람의 정상적 활동에 악영향을 주지는 않을 것이다. 그러나 꿈들의 누적은 무의식의 내용을 변화시킬 수 있고 그 결과 변화된 무의식은 사람에게 이러저러한 영향을 미칠 수 있다. 예를 들면 죄의식으로 인해 밤마다 악몽에 시달리는 살인범의 무의식은 점점 황폐해질 것이다. 그가 설사 자신의 꿈들을 기억하지 못하더라도 그의 무의식은 점점 시들어간다. 더 이상 견디기 힘들어진 무의식은 그를 자살로 이끌거나 경찰에 검거되도록 스스로 단서를 흘리게끔 만들 수도 있다. 이렇게 꿈들은 무의식의 일정한 영역을 점유하고 있으면서 우리에게 이런저런 영향을 줄 수 있다. 그러므로 병든 무의식을 의식화하는 게 중요하듯이 중요한 꿈도 의식화하는 게 좋다. 그런 꿈을 꾼 데는 반드시 이유가 있을 것이기 때문이다.

그렇다면 꿈은 어떤 식으로 사람에게 도움을 줄까? 이를 이해하기 위해서는 꿈의 기능을 살펴볼 필요가 있다.

(1) 소망 실현과 의식화

우리는 꿈속에서 자신의 욕구와 요구를 강하게 드러낸다. 사람은 무엇보다도 자신의 욕구와 요구를 실현하기 위해 활동하는 존재이므로 그것이 꿈속에서 강하게 표현되는 것은 지극히 당연한 일일 것이다. 생물학적 욕구 그리고 사회적 욕구와 요구는 충동이나 소망 등의 형태로 표현되는데, 여기서는 편의상 '소망'으로 일괄해 지칭하도록 하겠다.

꿈은 비록 가상적이긴 하지만 소망을 실현해주는 기능을 한다. 이런 소망 성취의 꿈은 어린아이들에게서 특징적으로 나타난다. 아이들은 일상생활과 직접적으로 관계된 소망들을 실현하는 꿈을 자주 꾼다. 이것은 소풍가는 꿈, 놀이동산에 가는 꿈, 학교에서 상을 받는 꿈 등을 하루 전날에 꾸는 식으로 미리 나타날 수도 있다. 혹은 낮에 전쟁놀이를 하다가 어머니의 호출로 인해 아쉽게 집으로 돌아온 아이가 전쟁놀이를 계속하는 꿈을 꾸는 식으로 뒤늦게 나타나기도 한다. 소망 성취의 꿈은 아이가 점차 나이를 먹어가면서 점점 줄어드는 게 정상이다. 간혹 성인들 중에서도 욕구좌절이 심하거나 유아적인 사람들은 소망을 성취하는 직설적인 꿈을 자주 꾸는데, 이는 그리 바람직하지 않다. 어떤 여가수를 열렬히 사모하던 한 노총각은 거의 매일 밤 꿈속에서 그 가수를 만나 해변을 거닐며 데이트를 하는 황홀한 꿈을 꿨다. 그런데 그런 꿈을 꾸면서 그것에 심취해 있는 동안 노총각은 연애나 결혼에 영 흥미를 보이지 않아 그는 점점 늙어가기만 했다. 이렇게 어른이 한두 번도 아니고 꿈속에서 자주 환상적인 소망충족을 하는 건 결코 바람직하지 않다. 그것에 잘못 맛을 들이면 현실생활에 적응하지 못하고 꿈이나 환상 속으로 도피하는 증상을 보일 수도 있기 때문이다. 따라서 프로이트의 표현을 빌리자면 소망을 직접적으로 충족시키는 꿈은 "유아적 유형의 꿈(Freud, 1925)"이라고 규정할 수 있을 것이다.

그러나 소망을 성취하는 꿈을 간혹 꾸는 건 인생에 도움이 된다. 현실에서 간절히 바라던 소망을 꿈속에서나마 성취하는 기쁨은 일종의 카타르시스를 느끼게 해줄 수 있고 건강에도 좋은 영향을 줄 것이기 때문이다. 어쨌든 정상적인 사람은 자신의 소망을 꿈속에서 실현하는 데에만 만족하지 않는다. 현실에서 실현되지 않는 소망 성취란 결국 공상이고 판타지일 뿐이니까. 따라서 대부분의 정상적인 어른들은 소망을 직접적으로 성취하기보다는 그것을 표현하고 확인하는 꿈을 꾸는 편이다.

꿈은 또한 소망을 의식하도록 도와주는 기능을 한다. 평소에 자신의 소망을 자각하고 있는 사람은 꿈속에서 그것을 다시 한 번 확인함으로써 그 소망을 더 깊이 있게 신념화할 수 있다. 반대로 평소에 자신의 소망을 자각하지 못하는 사람은 꿈을 통해 그것을 깨달을 수 있다. 뿌리 깊고 본능화된 소망은 흔히 무의식적으로 작용한다. 그래서 자신의 삶에 지대한 영향을 미치는데도 막상 당사자는 그것을 잘 모르는 경우가 있다. 이때 자신의 소망이 드러나는 꿈을 꾼다면 그것은 본인에게 분명히 도움이 될 것이다.

꿈의 소망 성취 기능은 프로이트가 특히 강조한 바 있다. 프로이트는 꿈의 본질을 "억압된 소망의 위장된 성취(Freud, 1924)"라고 규정하면서 모든 꿈의 밑바닥에는 욕구충족이 깔려 있다고 주장했다. 평소에는 본능적 욕구가 의식의 검열을 피해 무의식에 숨어 있지만 의식이 약해진 꿈속에서는 등장할 수 있다고 봤기 때문이다. 그에 의하면 이런 본능적 욕구는 때로는 꿈속에서 직접적으로 표현되기도 한다. 예를 들면 굶주린 사람이 잔칫상을 받거나 목마른 사람이 시원한 냇물을 마시는 꿈을 꾸는 식이다. 그러나 본능적 욕구가 위험수위를 넘으면 의식의 검열에 걸리므로 무의식은 상징적 복면이나 가면을 쓰고 위장된 형태로 나타난다.

꿈이 자신의 욕구를 강하게 표현한다는 프로이트의 주장은 타당하다. 그러나 프로이트의 주장과는 달리 사람은 생물학적 욕구뿐만 아니라 사회적 욕구와 요구를 가지고 있으므로 꿈은 이 모든 욕구와 요구들을 표현한다고 봐야 할 것이다. 또한 꿈이 상징 등을 선호하는 독특한 표현양식을 가지는 것은 의식의 검열을 통과하기 위해 무의식의 동물적인 욕구가 재주를 부려서가 아니다. 본능적 충동 혹은 표상 따위가 마치 지능을 가진 생명체처럼 스스로 교묘한 위장술을 쓸 가능성은 없기 때문이다. 따라서 꿈이 의식의 언어와는 다른 독특한 표현양식을 가지는 것은 위장의 결과가 아니라 '의식기능의 변화'에 따른 결과일 뿐이다.

홀(Hall, 1953)은 "꿈의 상징은 표현하고자 하는 생각을 위장하는 것이 아니라 역으로 그 생각을 표현하는 것"이라고 말했다. 그는 상징적 꿈이란 만화가가 미국을 '엉클 샘(Uncle Sam)'으로 표현하는 것과 본질적으로 다르지 않다고 주장했다. 즉 사람이 잠을 잘 때는 깨어 있을 때처럼 복잡하고 추상적인 사고를 할 수 없으므로 꿈은 구체적이고 '구식'인 사고형태로 되돌아간다는 것이다. 그 결과 꿈의 표현방식은 원시적인 그림 형태가 되고 그것은 일종의 상징적 만화 구실을 한다. 홀의 견해는 꿈이 '가면을 쓴 무의식'이 아니라 자기만의 표현양식을 가진 정신현상임을 강조했다는 점에서 매우 긍정적이다. 그러나 꿈의 표현양식을 '원시적'이라고 규정할 수 있는지는 의문이다. 왜냐하면 꿈의 독특한 표현양식은 현실법칙에서 자유로워지고 무의식 영역을 마음대로 드나들 수 있게 된 데서 비롯된 것이지 구식이고 원시적인 사고방식에서 기인하는 게 아니기 때문이다. 나아가 꿈은 때때로 아주 현실적이고 논리적이며 언어적인 표현도 하는데, 꿈의 본질을 '원시적 사고방식'에서 찾는다면 이런 꿈들이 존재하는 이유를 설명하기 힘들어진다.

어쨌든 프로이트가 강조했던 꿈의 본질인, '억압된 소망의 위장된 성취'란 보편적인 것이 아니라 이웃집의 아내를 탐하는 것 같은 건강하지 못한 소망을 가진 사람에게나 통용되는 아주 특수한 것이라고 봐야 한다.

(2) 사고활동 지원

우리가 집중을 요하는 일에 몰두하고 있을 때는 꿈속에서도 그 일을 계속하는 경우가 있다. 영어단어를 외우는 데 집중하던 학생이 꿈속에서도 영어단어를 외운다든가 사업구상에 골몰하던 기업가가 꿈속에서도 고민을 이어가는 것 등을 예로 들 수 있을 것이다. 이것은 깨어 있을 때 의식이 하던 일을 잠이 든 후에 꿈속에서도 계속 진행하는 것으로 볼 수 있다. 이런 꿈들은 깨어 있을 때의 사고활동이 지속되는 성격을 가지므로 대부분 논리적이고 합리적이며 현실적인 내용을 가진다. 이런 꿈이 가능한 것은 현실에 기반을 둔 논리적 사고가 필요하다는 판단에 따라 작업의식이 '현실성 유지' 기능을 정상적으로 가동시키기 때문인 것 같다. 프로이트도 "의식적인 심리생활에서 빌려온 것처럼 보이는 명확하고 합리적인 꿈이 있다(Freud, 1901).”면서 이런 종류의 꿈이 존재한다는 사실을 인정했다.

현실성 유지와 같은 의식기능이 정상적으로 작동하는 꿈이 있다는 사실은 중요하다. 왜냐하면 그것은 꿈이 전적으로 무의식의 정신활동이라는 견해 그리고 꿈의 본질이 원시적인 표현방식에 있다는 이론들에 대한 중요한 반대증거이기 때문이다. 그렇다면 왜 우리가 잠을 잘 때 작업의식은 어떤 때는 의식기능을 유지하고 다른 때는 그것을 포기할까? 그것은 우리의 의지와 관련되는 것 같다. 잠자는 시간조차 아까워할 정도로 문제해결에 집중해 노력을 기울이면 꿈도 우리를 도와나서는 것이리라. 정성을 다하면 하늘도 감동한다는데 꿈인들 모른 체할 리가 있겠는가?

어떤 이들은 꿈에서 직접적으로 문제해결을 하기도 한다. 예술가들의 삶을 보면 꿈에서 본 영상이나 꿈에서 들은 선율로 위대한 예술작품을 창작하는 사례들이 상당히 많이 발견된다. 다음은 실제 사례이다.

> 논문작업에 몰두하던 L씨는 자신의 주장을 설명하는 그래프를 그려 놓고는 잠자리에 들었다. 그런데 꿈속에서 L씨는 자신이 그렸던 그래프를 지우고는 다른 방식의 그래프를 그리기 시작했다. 그는 깜짝 놀라 꿈에서 깨어났다. 그리고는 곰곰이 생각해본 결과 자신이 그렸던 그래프에 결함이 있으며 꿈속에서 새로 그렸던 그래프가 옳다는 걸 알게 되었다.

이런 식으로 꿈은 단순히 사고과정을 보조하는 데 그치지 않고 문제를 직접적으로 해결하기도 한다. 때때로 꿈이 문제해결에서 아주 우수한 능력을 보이기도 하는 것은 잠을 잘 때는 작업의식이 무의식에 자유롭게 접근해 그곳에 있는 무궁무진한 자원들을 활용할 수 있게 되기 때문이다. 또한 우리가 깨어 있을 때 고수하던 사고도식이나, 패턴, 책략 등에서 자유로워져 새로운 방향에서 사고활동을 전개할 수 있기 때문이기도 하다.

이러한 꿈의 문제해결 능력을 지나치게 신비화할 필요는 없다. 꿈이 가진 놀라운 능력은 우리가 만들어놓은 것이고 우리가 간절히 원할 때에만 이용할 수 있다. 무의식과 꿈은 노력하는 자에게만 도움의 손길을 내밀어 주기 때문이다. 성실하게 노력하는 사람들에게는 다음과 같은 말이 딱 들어맞을 것이다. '두드려라. 그러면 꿈이 대답할 것이다.'

(3) 자기성찰

꿈은 자기 자신에 대한 정보를 제공함으로써 우리를 새로운 자기성찰로 이끈다.

꿈은 우리가 의식하지 못했던 신체적 병을 알려주기도 한다. 이가 몽땅 빠지거나 손톱 밑으로 벌레가 파고드는 꿈 등을 예로 들 수 있다. 프로이트는 "꿈이 지니고 있는 진단능력도 마찬가지로 점차 이해 가능한 것이 되고 있다. 꿈에서는 신체적 질병의 초기증상이 깨어 있을 때보다 더 빨리, 그리고 더 분명하게 감지될 수 있기 때문이며, 현재의 모든 신체적 감각상태가 크게 확대되어 나타나기 때문이다(Freud, 1917)."라고 말했다. 이렇게 의식적으로 자각하지 못하는 병을 꿈이 파악할 수 있는 기본적인 이유는 무의식이 신체내부의 기관들을 통제하고 있기 때문이다. 따라서 신체내부의 기관들에 탈이 생기면 무의식이 가장 먼저 감지할 것이다. 그러면 잠이 들어 내면세계에 집중할 수 있게 된 작업의식이 이를 포착해 꿈을 통해 우리에게 알려주게 된다. 겉병은 몰라도 속병을 알아채는 데는 무의식만한 게 없는 셈이다.

꿈은 또한 자신의 정서나 동기를 알려준다. 특히 꿈은 꿈꾸는 사람이 현재 정서적으로 몰두해 있는 문제를 자주 표현한다. 그것은 때로는 "조리가 정연하고 의미가 분명하면서도 우리를 몹시 놀라게 하는 꿈(Freud, 1901)"처럼 쉽게 이해할 수 있는 방식으로 나타나기도 한다. 다른 경우에 그것은 압축되거나 상징적인 형태로 꿈에 반영되기도 한다. 브레거(Breger, 1971)는 중대한 수술을 기다리고 있는 환자들이 수술 전 2~3일 동안 자신의 꿈속에서 공포심을 드러낸다고 지적했다. 그런데 이때의 꿈은 주로 간접적이어서, 높이 서 있는 긴 사다리에서 떨어지거나 흔들리는 높은 다리 위에 서 있거나 수선을 요하는 낡은 기계 등으로 나타난다. 직접적이든 간접적이든 간에 꿈이 자신의 가장 중요한 '동기'나 '정서'를 아주 잘 드러낸다는 점만은 분명한 것 같다. 평소에 자신의 동기나 정서를 뚜렷이 자각하지 못하는 사람에게는 그것을 표현하는 꿈들이 자기성찰에 큰 도움이 될 것이다.

꿈은 또한 의식이 놓치고 있는 정보들을 제공해주기도 한다. 결혼을 앞둔 어떤 여성은 결혼대상인 남성에 대해 의식적으로는 호감을 가지고 있었다. 그런데 이상하게도 꿈속에서는 그 남성과 결혼식을 올리다가 두려움에 떨면서 도망을 치곤 했다. 이런 꿈이 반복되자 그녀는 좀더 신중하게 그 남성에 대해 조사해보았다. 그 결과 그 남성은 결혼상대로는 심각한 인격적 결함이 있는 사람임이 드러났다. 살인범을 좇는 형사가 알리바이가 확실한 한 용의자를 의심대상에서 제외시켰다. 그런데 꿈에서 자신은 그 용의자를 계속 좇아다녔고 그는 죽어라고 도망을 다녔다. 이상한 생각이 든 형사가 더 철저하게 조사를 해보니 그가 범인임이 밝혀졌다.

의식이 놓친 단서들을 무의식은 포착해 기억해두고 있을 수 있다. 예를 들면 의식이 논리적이고 언어적인 단서들에 지나치게 주목할 동안 무의식은 상대방의 비정상적인 얼굴표정이나 몸짓 등을 기록해놓는다. 그러면 잠잘 때 작업의식이 무의식을 탐색하다가 깨어 있을 때 놓쳤던 그런 단서들을 포착해 꿈으로 형상화할 수도 있을 것이다.

꿈은 융의 표현을 빌리자면 '보상적 기능'을 하기도 한다. 나쁜 짓을 하는 사람에게 '그런 행동을 그만두라'고 경고하거나, 지나치게 잘난 체하는 사람에게 '당신은 별 볼일 없는 인간이다.'라고 따끔하게 일침을 놓는 꿈 등이 그것이다. 이는 작업의식이 평소에는 애써 무시하고 억압했던 '양심' 등을 무의식을 탐색하는 과정에서 만남으로써 만들어지는 꿈이라 생각된다. 그러나 이런 꿈을 잘못 해석해 무의식을 어떤 심판관이나 인격체처럼 생각해서는 안 될 것이다. 꿈의 경고나 질책도 모두 자기가 하는 것이다.

꿈은 이런 식으로 자신의 정서나 건강상태, 억압된 심리적 상처, 해결되지 못한 문제, 망각되었지만 중요한 기억 등을 알려주기도 한다. 이때 꿈꾸기 전날의 경험은 새로운 인출단서가 되어 이전에는 접근하지 못했던 무의식 영역에 작업의식이 접근하도록 해줄 가능성이 많다. 그러나 그 어떤 꿈이든 간에 그것은 내면세계에 대한 탐색을 통해 무의식을 재정비하고 그 결과를 우리에게 보고해주기 때문에 자기성찰에 도움이 된다.

(4) 예 언

이제 많은 사람들이 흥미를 가지는 문제가 남았다. 그것은 과연 꿈에 예언적 기능 혹은 영적 기능이 있는가 하는 문제이다. 꿈이 미래에 대한 예언과 관계가 있다는 믿음은 인류역사를 통해 계속 이어져왔고 대중적으로도 확산되어 있다. 비록 프로이트는 "단순히 꿈에서 표현된 소망에 따라 행동했기 때문"이거나 "기억왜곡"(Freud, 1899) 때문일 것이라며 그 존재를 부정했지만 예언적 꿈은 확실히 있는 것 같다.

프로이트의 견해로는 해석할 수 없는 몇 가지 경우를 예로 들어보겠다.

> P씨는 어느 날 꿈에서 큰아이가 자신의 가방에다 벌레를 잔뜩 집어넣는 꿈을 꾸었다. 그리고 오후가 되어 지갑을 확인해보았더니 돈이 조금 없어졌다. 문득 꿈이 생각난 P씨는 큰아이를 불러 자초지종을 캐물었고 아이는 자신의 잘못을 자백했다. 이후 비슷한 일이 한두 번 더 있었는데 그때마다 P씨는 큰아이가 등장하는 꿈을 꾸었다. 큰아이는 자신이 뭔가 한 건씩 할 때마다 부모가 꿈을 통해 알아채자 더 이상의 비행을 포기했다. 꿈 덕분에 아이의 비행을 바로잡은 셈이다.

이런 것보다 좀더 극적인 사례도 있다. 다음은 이순신 장군의 1597년 10월 14일자 난중일기이다.

맑다. 새벽 2시쯤 꿈에 내가 말을 타고 언덕 위를 가다가 말이 발을 헛디뎌 냇물 가운데 떨어졌는데 말이 거꾸러지지는 않았다. 그 다음에 아들 면이 엎드려 나를 안는 듯하더니 깨었다. 이것이 무슨 조짐인지 모르겠다(이순신/송찬섭 편역, 2004).

통속적으로 보더라도 장수가 말에서 떨어지는 것은 큰 변을 당한다는 의미이다. 그런데 아들인 면이 엎드려 장군을 안았다는 것은 장군이 당했어야 할 변을 아들이 대신한 것으로 해석할 수 있다. 이 꿈을 꾸고 나서 이순신 장군은 몹시 불안한 느낌을 가졌을 것이다. 아니, 이미 그분의 무의식은 모든 걸 알고 있었던 것 같다.

저녁에 천안에서 온 어떤 사람이 집에서 보낸 편지를 전하는데, 봉함을 뜯기도 전에 온몸이 먼저 떨리고 정신이 어지러웠다. 거칠게 겉봉을 뜯고 열이 쓴 글씨를 보니 겉면에 '통곡(痛哭)' 두 자가 쓰여 있었다. 면이 적과 싸우다 죽었음을 알고, 간담이 떨어져 목 놓아 통곡하였다(이순신/송찬섭 편역, 2004).

어떤 꿈들은 짧은 기간의 일에 그치지 않고 좀더 먼 미래의 운명을 포괄적으로 예언하기도 한다. 18세기경, 조선시대의 학자인 이긍익은 13살 때 다음과 같은 꿈을 꾸었다.

내가 열세 살 때 선군(先君: 아버지인 이광사)을 모시고 잘 때, 꿈에 임금이 거동하셨기에 아이들과 길가에서 바라보는데 임금께서 홀연히 연을 멈추시고 특명으로 나를 앞으로 오라고 하시더니 "시를 지을 줄 아느냐?"라고 물으시기에 "지을 줄 압니다."라고 답했더니 "지어올리라."고 명하셨다(〈연려실기술〉 의례).

이긍익은 '운(韻)을 내달라.'고 요청했고, 영조는 '사(斜)·과(過)·화(花)' 석 자를 넣어 지으라고 명했다. 잠시 후 시가 완성되었느냐는 영조의 질문에 이긍익은 '두 자가 미정이어서 감히 아뢰지 못하겠습니다.'라고 답했고, 영조가 '그냥 말하라.'고 하자 미완성의 시를 읊었다. "비가 맑은 티끌에 뿌리는데 임금 타신 연(輦)이 길에 비끼니 / 도성 사람들이 육룡(六龍)이 지나간다고 서로 말하네 / 미천한 초야의 신하가 오히려 붓을 잡았으니 / ○○학사의 꽃이 부럽지 않네."

이긍익이 짓지 못한 두 자에 대해 영조는 "거기에 '배란(陪鑾)'이라고 넣어 '임금 수레 모시는 학사의 꽃이 부럽지 않네.'로 하면 될 것 같다."고 말한다(이덕일, 2007).

처음에 이긍익은 이 꿈을 '훗날 어전에서 붓을 가질 징조'라고 해석하며 기뻐했다. 그러나 그렇게 해석하기에는 꿈의 내용이 그리 순탄치 않다. 이긍익은 주저하며 미완성의 시를 읊어야만 했고 그것을 영조가 채워주기 때문이다. 이후 이긍익의 집안은 역모사건에 연루되어 아버지는 투옥되었다가 유배를 가고 어머니는 자결하는 멸문(滅門)의 위기를 맞는다. 그래서 이긍익은 어전에 들어가기는커녕 모진 생활고를 겪으면서 어렵게 살아가게 되었다. 그러나 이긍익은 모진 고난과 역경을 이겨내면서 조선 후기 3대 역사서의 하나로 평가되는 〈연려실기술〉을 편찬해낸다. 이때 이긍익은 13살 때 자신이 꾸었던 꿈의 의미를 재해석한다.

그 후 내가 궁하게 숨어살게 된 뒤로는 그 꿈을 전연 잊어버렸다. 요즘에 와서 문득 생각하니, '초야의 신하가 붓을 잡다.'란 시 구절은 늙어서 궁하게 살면서 야사를 편집하게 될 것이라는 예언이 어릴 적에 꿈으로 나타난 것인 듯하니, 실로 우연이 아니라 모든 일이 다 운명으로 미리 정해진 것일 게다(이덕일, 2007).

이긍익의 꿈은 비록 그가 어전에 들어가지 못하고 재야 학자로 남게 되지만, '임금 수레 모시는 학사의 꽃이 부럽지 않네.'라는 시구절처럼 그 누구에게도 뒤지지 않는 학문적 업적을 남길 것임을 암시해주고 있다.

이런 꿈은 지나치게 포괄적이어서 예언적이라고 볼 수 없다는 견해도 있을 수 있다. 그러나 인류사에는 예언능력을 가졌다고 해석할 수밖에 없는 꿈들이 존재해왔고 일반인들도 그런 꿈을 꾸므로 꿈의 예언적 기능을 전적으로 부정할 수는 없을 것 같다.

다만 예언적 꿈은 드물기 때문에 자신의 꿈을 모두 예언과 결부시켜 해석해서는 안 된다는 점을 강조하고 싶다. 꿈을 지나치게 신비화하고 숭상하면 꿈에 의존하는 왜곡된 삶에 빠질 수도 있다. 융도 이런 점을 우려했던 것 같다. 그는 "경험에 의하면 꿈의 심리학을 몇 가지 알게 되면 쉽게 무의식을 과대평가하여 의식의 결정력을 해친다. 그러나 무의식은 의식이 자신의 과제를 그 가능성의 끝까지 완수할 때라야만 만족스럽게 기능을 발휘한다(Jung, 1945)."고 말하기도 했다. 특히 심리적으로 건강하지 못하거나 종교적 망상이 심한 사람들은 꿈을 아전인수 식으로 해석해 자기합리화를 하는 경향이 있으므로 조심해야 한다.

그렇다면 꿈은 어떻게 해서 간혹 예언과 같은 신비한 힘을 발휘하는 것일까? 여기에 대해 지금 시점에서 뚜렷한 과학적 해답을 줄 수는 없다. 다만 의식영역에 국한되지 않고 무의식을 자유롭게 활용할 수 있게 되면 작업의식은 매우 독특한 방식으로 세계와 소통하고 추리를 할 수 있게 될지도 모른다는 추정이 가능할 것 같다. 그러나 '신비주의는 무지의 소산'이라는 말에서 알 수 있듯이 무의식을 신비화하는 것은 절대 금물이다. 오히려 무의식만 가지고 있는 동물이나 원시인은 현대 인류가 소유한 의식을 몹시 경이로운 눈으로 바라보며 신비스럽게 생각할 것이다.

4. 꿈의 해석

특이한 표현양식을 사용하는 비현실적인 꿈들은 그 의미를 해석하기가 몹시 까다롭다. 그러나 모든 무의식을 의식화할 필요가 없듯이 모든 꿈을 해석해야 하는 것은 아니며 또 그럴 필요도 없다. 다만 진지한 자기성찰을 위해서 꿈을 기록하고 분석해보는 것은 괜찮다.

대부분의 꿈들은 그냥 스쳐 지나가더라도 중요한 꿈들은 놓치지 말고 기억해두고 참조하는 게 좋다. 다행히도 사람의 인생에서 중요한 의미를 갖는 꿈들은 대체로 기억이 가능하다. 중요한 계기를 전후해서 꾸는 꿈, 반복되는 꿈, 지극히 선명한 꿈, 강한 정서적 체험을 동반하는 꿈, 평소의 생각과는 다른 몹시 당혹스러운 꿈 등이 여기에 해당된다.

그렇다면 이런 꿈들을 어떻게 해석해야 할까?

(1) 프로이트의 꿈 해석

프로이트의 꿈 해석은 자유연상법과 본질적으로 동일하다. 그의 꿈 분석방법을 간단하게 도식화하면 다음과 같다. 우선 꿈을 상세히 기록하는데, 이를 '꿈-내용'이라고 한다. 이 꿈-내용을 세부적인 구성요소들로 분해하고 각각의 구성요소를 가지고 자유연상을 해본다. 꿈에 장미꽃이 나왔다면 장미꽃 하면 떠오르는 생각들을 자유롭게 이어가는 식이다. 이것을 '꿈-사고'라고 한다. 그러다 보면 각각의 요소에 대한 연상들 사이에 공통점이 나타나고 그것이 하나로 귀결되면서 꿈의 의미를 '통찰'하게 된다. 그러나 이런 해석방법은 꿈이 '위장된 모습'으로 나타난다는 이론적 전제에서 출발하는 것이라 실제로는 그다지 큰 효과가 없다. 다만 꿈의 구성요소들이 새로운 인출단서가 되어 지금까지 접근하지 못했던 무의식적 내용들을 의식화할 수 있게 해줄 수는 있다.

(2) 융의 꿈 해석

융은 "만약 그것(꿈)을 장기간 연속적으로 관찰하면 놀랍게도 많은 무의식적인 일련의 연속적인 상의 흐름을 명확하게 인식할 수 있다(Jung, 1935)."면서 꿈을 장기간에 걸쳐 분석할 것을 권유했다. 그러면 어떤 주제나 동기를 발견할 수 있다고 생각했기 때문이다.

그는 또한 상징을 활용할 것을 강조했다. 그에 의하면 꿈은 집단무의식에 의해 큰 영향을 받는다. 그런데 상징은 집단무의식의 표현일 가능성이 많으므로 상징의 이해는 꿈의 이해로 이어지기 때문이다. 융은 "상징의 성질에 대한 과학적인 확인은 오직 비교신화학적 · 민속학적 · 종교적 및 언어사적 연구로써 가능하다(Jung, 1931)."며 옛 신화나 이야기들을 연구할 것을 권하기도 했다.

그런데 원형(archetype)으로 대표되는 집단무의식이란 개념은 아주 모호하다. 심지어는 융조차 "원형의 개념은 너무도 자주 오해를 받아왔으므로 이 말을 할 때마다 새로이 설명하지 않을 수 없다(Jung, 1958)."고 할 정도이다. 융이 주장한 집단무의식이란 간단히 말하자면 인류, 민족, 사회집단의 경험 중에서 유전적으로 전달 가능한 무의식을 뜻한다고 할 수 있다. 그런데 집단무의식은 유전적으로만 후세에 전해지는 게 아니다. 오히려 그것은 유전보다는 언어나 문자, 문화 등을 통해서 더 많이 전달된다. 또한 집단의 영향이 무의식에만 갇혀 있을 이유가 없으므로 집단무의식만이 아니라 '집단의식'도 존재한다.

집단무의식이란 원칙적으로 말해 의식화되지 못한 집단의식을 의미하며 기본적으로 사회역사 속에서 생활함으로써 자연스럽게 가지게 되는 것이다. 그러나 융은 집단무의식을 '유전적으로 전달되어 무의식에 자리 잡은 집단심리'라는 의미로 지극히 협소한 개념으로 규정하고 있다. 그런데 만일 그의 개념대로라면 이 집단무의식에는 사람에게 중요한 영향을 미칠 만한 내용들이 담길 수 없다. 왜냐하면 언어나 줄거리, 구체적인 형상 등은 유전적으로는 전달될 수 없기 때문이다. 유전적 전달이 가능한 것은 단지 특정 대상에 대한 감정반응이나 특정한 행동양식 등에 국한된다. 그래서인지 융도 집단무의식의 대표주자인 원형을 이런 수준 이상으로는 확대하지 않았다.

융은 원형을 '고태(古態)의 잔재(archaic remnants)'로 부르기도 했는데, 그것을 "개인생활로서는 그 존재의 내력을 설명할 길이 없는 대단히 원초적이고, 내재적이고, 유전적인 인간의 심리형태(Jung, 1961)"라고 설명했다. 그런데 그는 왜 이런 고태의 잔재 따위가 사람에게 상당한 영향을 미칠 거라고 생각했을까? 그 이유는 "인간의 육체가 긴 진화의 역사를 지닌 여러 기관의 박물관임을 보여주듯이 마음도 같은 양식으로 꾸며져 있다(Jung, 1961)."는 융의 말에 들어 있다. 즉 그는 집단무의식이 사람에게 큰 영향을 미치는 이유를 그것이 발생학적으로 다른 무의식이나 의식보다 먼저 생겨난 데서 찾은 것이다. 그러나 "인간의 마음이 동물의 마음에 가깝던 저 태고시대의 인간이 지니고 있던 마음의 생물학적, 선사적, 무의식적 발달사(Jung, 1961)"가 현재의 인류에게 큰 영향을 미친다는 주장은 명백한 오류이다. 그것은 현실적으로도 진화론적으로도 논리적으로도 불가능하다. 계통발생학적으로 앞서는 아메바나 파충류의 육체적 흔적이 오늘날의 우리 육체에 영향을 거의 미치지 못하듯이 태고적의 원시인의 마음은 현대 인류의 정신에 영향을 거의 미치지 못한다.

나아가 '고태의 잔재'이든 '원형(原形 : archetype)'이든 혹은 '원시심상(primordial images)'이든 간에 그것은 '하나의 모티프를 어떤 표상으로 형성시키는' 능력은 절대 가질 수 없다. 왜냐하면 융 스스로가 말했듯이 원형의 '본능적인 경향성(trend)'이란 "새가 집을 짓는 충동이나 조직적으로 무리를 이루는 개미의 충동(Jung, 1961)" 수준에 불과한 것이기 때문이다. 유전적으로 전달되는 집단무의식은 사람으로 하여금 어둠을 만났을 때 공포감정을 체험하고 도망치고 싶은 충동을 느끼게는 할 수 있다. 이런 감정반응이나 행동양식 정도는 유전적으로 전달이 가능하기 때문이다. 그러나 유전적으로 전달되는 집단무의식은 특정한 동기나 의식내용, 사회적 행동양식 등을 가지도록 만들 수는 없다. 유전을 통해서는 그런 복잡한 수준의 정보를 정확하게 전달할 수 없기 때문이다. 이런 점에서 융이 집단무의식의 본체는 결코 인식할 수 없다는 불가지론(不可知論)을 갈파했던 것은 역으로 말해 집단무의식의 본체가 지극히 볼품없다는 것을 반증하는 것일 뿐이다.

결론을 내리기 위해 다시 강조하자면 집단무의식에서 '유전적으로 전달된 원시심상'이 차지하는 비중은 극히 미약하다. 오히려 대부분의 집단무의식은 언어와 문자, 문화 등을 통해 전달되며 그것에는 원시시대만이 아니라 현대의 인류역사까지 모두 포괄되어 있다. 따라서 꿈의 상징을 집단무의식과 억지로 결부시키는 것은 결코 유익한 일이 못 된다. 현대인의 꿈에 등장하는 상징은 원시인보다는 개인이 가진 철학적, 종교적, 도덕적 신념과 개인사를 파악함으로써 더 잘 이해될 수 있다. 즉 "그때 그때의 의식상황에 대한 정확한 지식을 가지는 것이 꿈의 해석에서 필수적인 것처럼, 그에 못지않게 중요한 것은 꿈의 상징성과 관련하여 꿈꾼 사람의 의식의 철학적 · 종교적 그리고 도덕적 확신에 주목하는 일(Jung, 1931)"인 것이다.

융은 의식과 무의식을 보상관계 혹은 균형을 맞추는 관계로 이해했기 때문에 의식을 잘 관찰해야 한다고 생각했다. '어떤 의식적 태도가 꿈을 통해서 보상'되고 있을 것이라고 믿었기 때문이다. 물론 "의식상황에 대한 지식이 없다면 꿈의 개략적인 해석조차 할 수 없다(Jung, 1931)."는 그의 주장은 타당하다. 그러나 앞에서 살펴본 것처럼 의식과 무의식은 보상적 관계에 있지 않으므로 의식을 관찰한 결과에 기초해 꿈이 반대를 표현할 것이라고 단정한다면 억지 춘향이 될 가능성이 많다.

융의 꿈 분석방법은 잘못된 이론적 전제 하에 있으므로 효용성이 별로 없다. 특히 원형 혹은 집단무의식에 억지로 결부시키는 꿈 해석은 사람들을 점점 더 현실도피적인 관념적 유희에 빠져들게 만들 위험이 있다. 상징의 의미에 대한 지나친 집착도 마찬가지이다. 다만 꿈을 장기간에 걸쳐 연속성을 기준으로 관찰하라는 주장만큼은 나름대로 새겨들을 가치가 있는 것 같다.

(3) 꿈의 해석은 가능한가

심리학은 보편타당한 꿈 해석방법을 아직까지 제시하지 못하고 있다. 언젠가는 누구에게나 통용될 수 있는 보편적인 꿈 해석 이론이 나왔으면 하고 바라지만 현재로서는 나도 몇 가지 제안만을 할 수 있을 뿐이다.

꿈을 잘 기억한다는 것은 정신건강에 좋은 신호로 평가할 수 있다. 왜냐하면 그것은 생활이 건전하고 잠을 편하게 잘 자며, 심리적으로도 건강하다는 것을 의미하기 때문이다. 쫓기듯이 잠을 자거나 잠자리가 불편한 사람 그리고 감정적으로 억압이 심하거나 심리적 상처가 깊은 사람일수록 꿈을 잘 기억하지 못한다. 따라서 도통 꿈을 기억하지 못하던 사람이 아주 선명한 꿈을 꿨다면 그런 꿈은 반드시 되짚어보는 게 좋다.

자신을 더 잘 이해하고 싶거나 자기분석을 원하는 사람은 꿈을 기록해두면 좋을 것이다. 그리고 장기적으로 꿈을 관찰하고 기록했다면 다음 사항들에 주목해 꿈을 분석해보자.

첫째, 꿈에서 가장 주목해야 하는 것은 자신의 감정이나 기분이다. 이것이 꿈속에서 어떤 사건이 벌어졌느냐 하는 것보다 더 중요하다. 일련의 꿈을 관찰하면 꿈꾼 사람의 정서상태가 어떤지는 금방 알 수 있다. 아이들의 경우에도 기분이 나쁜 아이와 좋은 아이의 꿈은 확연히 차이가 난다. 꿈에서는 어떤 대상이나 사람에 대한 감정도 여과 없이 나타난다. 예를 들면 현실에서는 완강히 부인하더라도 어머니가 자신을 죽이려고 하는 꿈을 꾼 사람은 대체로 어머니와의 관계가 나쁘다.

둘째, 자신의 소망을 잘 관찰해야 한다. 꿈에는 자신의 무의식적 소망이 나타난다. 꿈은 현재뿐만 아니라 과거와 미래를 자유롭게 넘나들며 해결되지 않은 소망을 찾아내 표현해준다. 꿈속에서의 자기 기분이나 상태, 생각, 사건 등을 잘 관찰해 추리해보면 평소에는 자각하지 못했던 자신의 소망을 새삼스럽게 발견할 수도 있다.

셋째, 자신이 어떤 모습으로 나타나는지 살펴봐야 한다. 자신이 어린아이 혹은 젊은 모습으로 나오는지 아니면 현재나 미래의 모습으로 나오는지도 중요하다. 어른이 어린아이의 모습으로 자주 나오는 것은 좋은 징후가 아니다. 또한 꿈속에서 위기상황에 처했을 때 자신이 어떤 모습을 보이는지도 중요하다. 무서워서 벌벌 떠는지 아니면 용감하게 맞서는지에 따라 자신의 심리적 과제는 달라질 수 있다.

넷째, 자신이 놓치고 있는 것을 꿈이 알려주고 있지는 않은지도 생각해보라. 꿈은 평소에 놓치고 있는 것들을 보여주는 경우가 많으므로 꿈이 주는 정보를 활용하는 것은 유익할 수 있다.

다섯째, 자신의 꿈에 일관성 있게 등장하는 상징을 찾아내면 좋다. 프로이트는 "동일한 언어를 사용하는 사람들은 대개 동일한 상징을 사용"하며 "어떤 상징은 보편적으로 분포되어 있어서, 동일한 언어나 문화에 속하는 사람의 꿈이면 어디서나 만날 수 있다."고 했다. 그의 말처럼 한국 문화권에서도 몇몇 상징들은 같은 의미를 가지는 것 같다. 그러나 이 상징들은 '돼지=돈'이나 '개=나쁜 것'처럼 시중의 속설과는 많이 다르므로 조심해야 한다. 실제로는 보편적 상징보다는 개인적 상징들이 훨씬 더 많고 중요하다. 프로이트는 "사용이 국한되어 있는 상징들도 있다. 그것들은 개인의 욕구에 따라 개인에 의해 만들어진다(Freud, 1901)."고 말했다(여기에서 욕구라는 개념을 폭넓게 해석하도록 하자). 자신에게 특별한 의미를 가지는 개인적 상징을 이해하게 되면 꿈의 의미를 해석하기가 한결 쉬워질 것이다.

꿈은 그것을 꾼 당사자의 독특한 개인사를 이해할 때 가장 잘 해석할 수 있다. 그런 점에서 꿈을 꾼 당사자야말로 자신의 꿈을 가장 잘 해석할 수 있는 가능성을 가진다고도 말할 수 있을 것이다. 대부분의 사람들은 처음에는 자기 꿈을 잘 이해하지 못하지만 시간이 지나면 자연스럽게 그것의 의미를 알게 되는 경우가 많다. 관심이 있는 사람들은 이런 점을 감안해 꾸준히 자기 꿈을 관찰해보기 바란다. 물론 이론과 경험, 연륜이 있는 꿈 분석 전문가의 도움을 받으면 더 좋을 것이다.

꿈은 사람에게 이익이 되는 반드시 필요한 정신현상이기 때문에 존재한다. 작업의식은 우리가 잠을 자는 동안에도 내면세계를 탐색하고 재정비함으로써 의식을 더 풍부하게 만들기 위해 진땀을 흘리며 일한다. 이러한 노력의 결과물이 바로 꿈이다. 꿈은 의식뿐만이 아니라 깨어 있을 때에는 쉽게 접근하지 못했던 무의식을 탐색하고 그것을 이용할 수 있는 가능성을 열어준다. 나쁜 꿈을 꾸는 사람들은 이런 주장에 대해 고개를 옆으로 저을지도 모른다. 그러나 상처나 고통의 의미가 몸을 돌보라는 데 있듯이 나쁜 꿈의 의미는 마음을 돌보라는 데 있다. 악몽도 필요하니까 이유가 있으니까 꾸는 것이다.

우리는 자신의 삶을 더 윤택하게 만들기 위해 꿈을 적극적으로 활용해야 한다. 그리고 자신의 꿈을 책임지고 그것을 더 아름답게 가꿔나가야 한다. 자기 꿈은 다른 누구가 아닌 바로 자기 자신이 만들어내는 것이기 때문이다.

제8장

나는 어떻게 성장해 왔나

— 발달

어떤 나라를 제대로 이해하려면 그 나라의 역사를 공부해야 하듯이 한 개인이 어떤 사람인지 알고 싶으면 그가 살아온 인생내력을 들여다봐야 한다. 즉 우리 민족의 역사를 모르고서는 한국사회의 오늘과 내일을 알 수 없듯이 자신의 역사를 모르고서는 나의 오늘과 내일을 올바로 파악할 수 없는 것이다. 왜냐하면 사회이든 개인이든 간에 오늘은 과거의 결과이고 내일은 오늘의 선택에 달려 있기 때문이다. 그런데 역사는 학교나 책 등을 통해서 접하고 배울 수 있지만 나의 역사에 대해서는 좀처럼 알기가 쉽지 않다. 특히 어린 시절의 역사는 부모님과 나의 기억 속에만 존재하기도 하고 그 중 일부는 망각되거나 왜곡되어 있기도 하다. 이런 이유로 나에게 커다란 영향을 미치는 발달사에 대한 탐색은 매우 중요함에도 불구하고 종종 무시되곤 한다. 사실 정신적인 문제가 발생해 어쩔 수 없이 자기를 깊이 있게 돌아보게 되거나 전문가에게 심리상담을 받게 되면서 비로소 자신의 역사를 들여다보는 이들도 아주 많다. 모든 사람들이 자신에게만 고유한 과거를 충분히 이해하고 수용하면서 살아가는 기회를 가지게 된다면 가장 바람직하겠지만 우선은 사람이라면 누구나 다 거쳐가는 발달과정을 이해하는 것도 분명히 의미가 있을 것이다. 각각의 개인사가 모두들 다르더라도 그 속에는 누구에게나 해당되는 공통성이 존재하기 때문이다. 이런 점에서 사람의 발달에 대한 이해는 나를 이해하기 위한 전제조건이며 나아가 나의 삶을 분석하고 평가하기 위한 중요한 이론적 틀이라고 할 수 있을 것이다.

우리의 삶은 어머니의 몸속에서 수정란이 만들어지는 그 순간부터 시작된다. 10개월 동안 어머니의 뱃속에서 지낸 우리는 세상 밖으로 나와 부모님의 보호를 받으며 처음에는 기어다니다가 점차 일어서 걷기 시작하고 나중에는 사회 속으로 달려 나간다. 이후 우리는 청년이 되어 스스로의 인생을 개척해나가고 결혼을 해 아이들을 키우는 부모가 된다. 그리고 중년기를 맞이하고 노년기를 거쳐 마침내 한줌 흙으로 돌아간다. 지구 위에서 살아가는 사람이라면 예외 없이 모두가 이런 과정을 거쳐야만 한다. 이렇게 개인 삶의 발달사에는 어떤 공통적인 패턴이 존재하는데, 이를 연구하는 것이 발달심리학이다.

1. 발달이란 무엇인가

발달(development)이란 생명의 시작인 수정란에서부터 육체적으로 죽을 때까지 지속적으로 성장하고 발전해나가는 과정을 말한다. 발달은 크게 '육체적 발달'과 '심리적 발달'로 구분되는데 심리적 발달에는 인지발달(cognitive development), 사회성 발달(social development), 감정발달(emotional development) 등이 포함된다. 육체적 발달은 어린 시절에 집중적으로 이루어지다가 청년기를 지나면 멈추게 되는데 여기에는 선천적인 유전적 계획표가 중요한 영향을 미친다. 반면에 심리적 발달은 평생 동안 지속되는데 여기에는 사회가 결정적인 영향을 미친다. 심리적 발달을 통해 사람의 정신세계는 가족이라는 울타리를 넘어 보다 넓은 범위로 확장되고 사람은 생물학적 존재의 한계를 극복하고 사회적 존재로 거듭나게 된다.

(1) 발달의 순서는 바꿀 수 없다

발달은 일정한 순서를 따라 진행되는데 이는 어떠한 경우에도 바뀔 수 없다. 즉 모든 발달에는 규칙적인 순서가 있는 것이다. 예를 들면 최초의 육체발달(physical development)은 수정란에서 배아(embryo)로 그리고 다시 태아(fetus)의 순으로 진행된다. 또한 유아의 운동발달(motor development)은 배로 밀기, 네 발로 기기, 걷기의 순서로 나아간다. 인지발달도 마찬가지이다. 이런 식으로 모든 발달은 일정한 순서에 따라 진행되고 이는 절대로 바꿀 수 없다. 그러므로 어떤 아이가 '네 발로 기기' 단계를 거치지 않고 바로 걷는 식으로 특정 발달단계를 뛰어넘는 것은 심히 우려스러운 일이다. 특정 발달단계를 뛰어넘는 것은 천재의 특징이 아니라 대부분 뇌손상과 관련되므로 절대 환영할 만한 일이 아니기 때문이다.

초기발달 그리고 육체적 발달은 주로 성숙(maturation)에 의해 이루어진다. 성숙이란 환경적 조건에 대해 비교적 독립적인 유전적 '발달계획표(development program)'라고 할 수 있다. 성숙을 기준으로 보면 사람은 시간의 흐름에 따라 이러저러하게 성장하고 발전하도록 유전부호에 의해 미리 결정되어 있는 셈이다. 실제로 사람의 초기 발달과정과 청년기까지 계속되는 육체적 발달은 문화와 종족의 차이를 불문하고 매우 유사하게 이루어진다. 따라서 사람의 초기 발달과정과 육체적 발달은 주로 성숙에 의해 이루어진다고 볼 수 있을 것이다.

유전적 계획표는 환경적 조건에 대해 비교적 독립적이다. 따라서 환경자극의 변화나 훈련 등은 이 유전적 계획표에 따라 진행되는 발달과정에 약간은 영향을 미칠 수 있지만 근본적인 변화를 가할 수는 없다. 동물들을 제아무리 열심히 훈련시켜도 상이한 종들이 가지고 있는 유전적 자질의 차이를 제거할 수 없는 것은 이런 이유 때문이다. 그러나 발달이 전적으로 성숙에 의해서만 이루어지는 것은 아니다. 성숙은 초기발달과 육체적 발달만 좌우할 뿐 나머지 발달은 모두 사회 속에서 이루어진다.

(2) 각 분야의 발달은 서로 밀접히 연관되어 있다

육체, 운동, 인지, 감정, 사회성, 도덕성 발달 등 여러 분야의 발달과정은 모두 밀접히 연관되어 서로 영향을 미친다. 발달이론가들은 이 중에서 특히 인지발달의 영향력을 강조한다.

예를 들면 콜버그(Kohlberg, 1969)는 단순한 모방행동조차 이성적 사고와 관련된다고 말했다. 그는 아이가 어른을 모방하는 것은 맹목적이거나 비이성적인 게 아니라 이성적인 행동이라고 강조했다. 왜냐하면 아이는 어른이 어느 모로나 자기보다 더 많이 알고 있다는 완전히 이성적인 전제 하에 모방을 하기 때문이다. 여기에 더해 모방은 모델이 되는 상대방의 입장을 고려할 수 있는 데까지 아이의 인지능력이 발전해야만 가능해진다는 점에도 주목해야 한다.

여러 분야의 발달과정에 미치는 인지발달의 중요성은 고급 인지과정의 한 예인 '메타인지(metacognition)'를 통해서도 알 수 있다. 메타인지란 보편적이고 일반화된 책략, 책략을 사용하는 것에 대한 책략을 말한다. 플라벨(Flavell, 1970; 1977)의 연구에서 되뇌기를 하지 못하는 아이들에게 기억력을 촉진시키도록 되뇌기를 가르치면, 자발적으로 되뇌기를 할 수 있는 같은 나이의 아이들만큼 회상을 잘하게 되었다. 그러나 나중에 이 아이들에게 또 다른 기억과제를 제시하면 그 아이들은 대부분 앞서 배운 되뇌기 방법을 사용하지 못했다. 특히 새로운 과제가 이전에 했던 과제와 달라지면 그런 현상이 더 두드러졌다. 이런 결과가 나오는 것은 이 아이들이 책략이나 기술 등을 배워도 그것을 구체적인 하나의 사례에만 적용할 뿐 다른 사례들에까지 널리 적용하지 못하기 때문이다. 책략을 일반화시켜 널리 적용할 수 있는 메타인지 능력을 획득하는 것이 발달과정에서 매우 중요함은 두말 할 필요가 없을 것이다. 이런 고급스런 지적 능력을 획득한 아이들은 한 가지를 배우면 열 가지를 알 수 있기 때문에 언어, 사회성, 도덕성 등의 발달에서도 두드러지게 도약하게 된다.

여러 분야의 발달은 밀접히 연관되어 있으므로 한 분야의 발달은 다른 분야의 발달을 촉진시킨다. 반대로 한 분야의 발달장애는 다른 분야의 발달에도 전반적으로 나쁜 영향을 미친다.

(3) 어린 시절의 중요성

발달과 임상심리학자들은 아마도 어린 시절의 중요성을 그 누구보다도 많이 강조하는 사람들에 속할 것이다. 반면에 어린 시절은 별로 중요하지 않다고 생각하는 이들도 많이 있다.

정말로 어린 시절이 사람의 인생에 큰 영향을 미치는 것일까? 어린 시절이 중요하다면 그 이유는 무엇일까? 이 문제를 발달과 임상적인 견지에서 한번 살펴보기로 하자.

어린 시절이 중요한 것은 우선 발달이 연속적인 과정이고 한 단계의 발달은 다음 단계의 주춧돌 역할을 하기 때문이다. 우리는 발달과정을 돌탑을 쌓아올리는 것에 비유할 수 있다. 웅장하고 멋진 돌탑을 쌓으려면 기초를 잘 다지고는 맨 밑에 아주 크고 튼튼한 돌을 놓아야 한다. 그래야 그 위에다 돌들을 차례로 쌓아올릴 수 있기 때문이다. 그런데 만약 아랫부분에 금이 가거나 크기가 작은 돌을 놓는다면 어떻게 될까? 그런 허약한 기초 위에다 돌을 차례차례 쌓아올리기는 힘들 것이다. 설사 억지로 돌을 쌓아올린다고 해도 언젠가는 맨 아래의 돌이 깨지거나 전체가 심하게 흔들거려 공든 탑이 우르르 무너져버릴 가능성이 높다. 이는 탑을 쌓는 과정만이 아니라 탑을 치료하는 데에도 그대로 적용된다. 위쪽에 놓여 있는 돌에 병이 생기면 이것을 치료하기는 비교적 쉽다. 몇 개의 돌만 들어내면 되니까. 그러나 맨 아래에 있는 돌의 상처는 치료하기가 아주 어렵다. 탑 전체를 허물어내야만 치료할 수 있기 때문이다. 발달도 돌을 차례로 쌓아나가는 것처럼 한 단계의 발달과제가 완수되면 그것을 기초로 해서 다음 단계로 나아간다. 따라서 주춧돌이 부실하면 집이 흔들리듯이 특정 발달단계에 문제가 생기면 그 이후의 발달에 연속적으로 나쁜 영향을 미치게 된다. 프로이트는 이를 "어떤 발달 과정이 저해되거나 지연되거나 불완전하게 넘어갈 경우, 그것은 병적 소인의 씨앗이 된다(Freud, 1910)."고 표현하기도 했다. 특히 발달초기는 사람이 앞으로의 인생을 살아가기 위해 꼭 필요로 하는 중요한 능력들을 갖추는 시기이다. 따라서 이 시기에 문제가 생기면 그것은 성인이 된 후에 생기는 문제와는 비교할 수 없을 정도로 심각한 악영향을 낳을 수 있다.

어린 시절이 중요하다고 강조하는 것은 또한 생애 초기에 발생한 심리적 상처일수록 치료하기가 더 어렵기 때문이다.

사회적 고립에 가까운 조건에서 양육된 유아는 사회성 발달 등에 심한 문제를 가지게 된다는 연구들이 있다. 한 고아원을 대상으로 한 연구에서 유아들은 생후 첫 8개월 동안 전염병의 예방을 위해 격리된 칸막이 속에서 자랐고 음식을 먹을 때나 기저귀를 갈 때에만 어른들과 접촉할 수 있었다. 즉 유아들에게는 적절한 영양과 신체적 보호는 제공되었지만 감각적, 사회적 자극은 거의 제공되지 않은 것이다. 3~4개월이 지나면서부터 이 아이들은 사회성 발달에서 문제를 나타내기 시작했다. 일부 아이들은 어른들에게 자기에게만 사랑과 관심을 집중하도록 요구했으며, 다른 아이들은 사람들에 대해 극도로 무감정적인 반응을 보였다. 야로(Yarrow, 1961)는 이런 생애 초기의 결함이 사춘기 이후까지 장기간 지속된다는 것을 밝혔다. 이 아이들은 언어와 추상적 사고에서의 결함 그리고 공격성, 비행, 그리고 타인에 대한 무관심과 같은 사회적, 정서적 영역에서도 지속적으로 문제를 드러냈다.

프로이트는 어린 시절의 심리적 상처가 치명적인 이유를 다음과 같이 설명했다.

> "자아가 약하고 미성숙하고 저항능력이 없는 한 그가 나중에는 놀이하듯이 해결할 수도 있을 그런 과제를 처리할 수 없다는 것은 놀라운 일이 아니다. … 분열하려는 핵세포를 바늘로 찌를 때와, 이로부터 후에 발전되어 나온 성숙한 동물을 바늘로 찌를 때, 그 효과의 차이를 생각해보면 된다(Freud, 1940)."

이런 맥락에서 프로이트를 비롯한 상당수의 심리학자들은 생애 초기의 심리적 상처는 회복하기가 매우 어렵다고 강조해왔다. 물론 이런 주장에 대해 반대하는 심리학자들도 있다. 예를 들면 스킬스(Skeels, 1966)의 연구는 고아원에 있다가 건강한 부모들에게 입양된 아이들의 지능지수와 사회적 적응능력 등이 놀랄 만큼 지속적으로 상승한다는 것을 보여준다. 나중에 30대가 되었을 때, 이 아이들은 전국 평균수준의 교육적 또는 직업적 수준에 이르렀다. 그러나 이런 연구들을 '어린 시절의 상처도 별다른 어려움 없이 회복가능하다.'는 낙관적인 결론으로 바로 연결하기는 힘들 것 같다. 왜냐하면 어린 시절의 상처는 인지나 사회생활보다는 겉으로 잘 드러나지 않는 감정, 정서적인 문제로 나타나며 그 증상은 중년기를 넘어서서 심각하게 표면화되는 경우가 허다하기 때문이다.

비틀스의 멤버였던 존 레논(John Lennon)은 부모님의 이혼으로 5살 무렵부터 이모의 손에서 자랐다. 그가 30살 무렵에 작곡한 '어머니(Mother)'라는 곡은 이렇게 처절한 가사로 시작된다. "어머니, 당신은 나를 가져본 적이 있지만, 나는 단 한 번도 당신을 가져본 적이 없어요. 나는 당신을 원했지만, 당신은 나를 원하지 않았어요(Mother, you had me, but I never had you. I wanted you, you didn' t want me.)." 그리고 곡의 마지막 부분에서 그는 "엄마, 가지 마세요(Mama don' t go)."라고 목 놓아 울부짖는다. 존 레논은 당대 최고의 팝 아티스트로서 부와 명예를 모두 거머쥐었다. 그럼에도 불구하고 그의 가슴을 후벼 파는 공허함과 슬픔은 그 어떤 것으로도 결코 채워지지 못했던 것이리라. 행복한 삶을 기준으로 볼 때, '어린 시절의 상처는 치유하기 힘들기 때문에 그것에 대한 치료는 가능한 한 빨리 시작되어야 한다.'는 명제는 부정할 수 없는 무게감과 절박성을 가지고 있는 것 같다.

2. 부모-자식 관계

어린 시절을 지배하는 것은 기본적으로 부모-자식 관계이다. 대부분의 사회들에서는 대가족 공동체가 해체되고 핵가족화가 가속화되고 있어 아이들에 대한 부모의 영향력은 점점 더 커지는 추세이다. 이런 이유로 많은 심리학자들은 부모-자식 관계에 주목해왔다.

프로이트는 "최초의 기억이 나타나는 시기뿐만 아니라 … 특히 우리의 관심을 끄는 것은, 어린 시절 최초의 기억이 무슨 내용이냐 하는 것이다.

성인심리학에 따르면, 체험 중에서 기억될 만한 것으로 선택되는 것은, 일반적으로 강력한 정동(Affekt)을 일으킨 인상이나 그 결과가 의미심장한 것으로 인정되는 인상이다(Freud, 1899).”라고 말했다. 그런데 의미심장한 첫 기억은 거의 다 부모관계와 관련이 있으며 그것을 압축적으로 보여주기도 한다. 어머니 관계가 좋은 아이들은 ‘어머니 등에 업혀 어디론가 갔는데 너무 포근하고 기분이 좋았어요.’라든가 ‘무서워서 울고 있었는데 어머니가 달려와 나를 꼭 안아줬어요.’ 등을 첫 기억으로 보고한다. 반면에 어머니로부터 부적절하게 양육 받은 아이들의 첫 기억 중에는 ‘침대에서 떨어져 울고 있었는데, 엄마가 나를 잠깐 내려다보더니 계속 잠을 잤어요.’라든가 ‘엄마 젖꼭지를 깨물었는데, 엄마가 나를 때리고는 내동댕이쳤어요.’와 같은 것들이 있다. 물론 이런 첫 기억이 정확한가에 대해서는 논란이 있을 수 있다. 그러나 진짜이든 아니든 첫 기억은 임상적으로는 중요한 가치가 있다. 그것은 부모-자식 관계를 압축적으로 표현하는 경우가 많기 때문이다.

후기 프로이트 학파는 지나치게 모유(우유) 먹이기, 이유(젖 떼기), 변 훈련 등의 세부적인 사건들에 집착한다. 그러나 여러 연구들에 따르면 변 훈련 같은 세부적인 양육방법의 차이는 아동의 인격에 크게 영향을 미치지 않는다고 한다. 그러므로 대부분의 심리학자들은 양육의 구체적인 방법 하나하나가 아니라 아이가 자라나는 전반적인 가정 분위기 특히 부모-자식 관계에 관심을 기울이고 있다.

(1) 부모의 영향력

어린 시절이 중요한 것만큼 그 기간 동안 아이와 함께 생활하고 아이를 양육하는 부모는 사람에게 매우 중요한 영향을 미친다. 김태형과 전양숙(2005)은 아이에 대한 부모의 영향력을 크게 세 가지로 설명하고 있다.

첫째, 정서능력 혹은 정서상태. 좋은 부모관계는 아이에게 긍정적인 감정을 저축해주지만 나쁜 부모관계는 부정적인 감정을 누적시킨다. 즉 부모관계가 어떠냐에 따라 아이들의 정서는 안정되거나 불안정해진다. 또한 아이들은 사랑을 충분히 받아 행복해질 수도 있고 애정결핍으로 심하게 화가 날 수도 있다. 이렇게 부모는 아이의 정서능력 혹은 상태를 규정함으로써 개인의 인생에 영향을 미친다.

둘째, 사람관계. 아이는 인생에서 아주 중요한 발달단계들을 부모와의 관계 속에서 통과한다. 이때 부모-자식 관계는 주로 부모와 아이가 가진 소망과 감정 그것에 기초한 서로간의 상호작용 방식에 의해 규정된다. 예를 들어 애정결핍형 아이는 부모의 사랑을 확인하기 위해 빈번하게 떼를 써서 자신의 요구를 관철시키려 하고 아이와 많은 시간을 보내지 못했다는 죄책감을 가진 부모가 이를 용인해줬다고 해보자. 이 과정이 반복되면 떼쓰고 뗑깡을 부리는 것이 아이의 대인관계 방식으로 습성화될 수 있다. 어린 시절에 고착된 이런 행동양식은 어른이 되어 사회생활을 할 때는 잘 드러나지 않지만 친밀한 인간관계가 형성되면 여지없이 자신의 정체를 드러낸다. 부부 간의 상호작용 방식을 묵묵히 지켜보던 친정어머니는 '저것이 어릴 때 하던 그대로 남편한테 해대는구나.'라며 혀를 끌끌 찰지도 모른다. 서로 긴밀하지 않을 때에는 잘 지내다가도 아주 친밀해지면 갈등이 불거지는 이유 중의 하나가 바로 여기에 있다. 이런 식으로 '어린 시절에 습성화된 대인관계 방식'은 친밀한 관계에서는 공개적으로 강하게 그리고 공식적인 대인관계에서는 은밀하게 무의식적으로 재연된다. 여기에 더해 부모에 대한 아이의 감정은 전반적인 사람관계에 좀 더 폭넓은 영향을 미친다. "전이는 환자와 의사 사이뿐 아니라, 모든 인간관계에서 자연스럽게 일어나는 것입니다(Freud, 1910)."라는 프로이트의 말처럼, 어린 시절에 형성된 부모에 대한 감정이나 태도는 다른 사람들에게 전이된다. 예를 들면 권위적인 아버지에게 화가 많이 나 있는 아들은 남자들에게 지나치게 화를 내고 그들과 불필요하게 충돌할 수도 있다. 이렇게 어린 시절의 부모관계는 성장한 이후의 배우자 관계, 자기 자식과의 관계, 사회적 관계 등에 영향을 미친다.

셋째, 도덕성. 부모는 아이의 도덕감정 형성과정에 결정적인 영향을 미친다. 이 부분에 대해서는 앞에서 다뤘으므로 여기서는 부모로부터 적절한 양육을 받지 못한 아이는 공감능력을 정상적으로 발달시키지 못한다는 점만 상기해도 좋을 것 같다. 부모는 또한 아이의 도덕의식 형성에도 결정적인 영향을 미친다. 몇 년 전 어떤 시골 초등학교의 교장선생님께서 이런 말씀을 하신 적이 있다. '부모들이 모범을 보이지 않으면 아이들한테 아무리 도덕교육을 해봐야 소용이 없더군요. 이웃집 염소를 몰래 잡아다가 술안주로 삼는 아버지, 아무 말도 없이 남의 밭에 있는 무를 쑥 뽑아오는 어머니 밑에서 자란 아이들이 있었는데…. 아무리 관심을 가지고 지도해도 도덕성이 나아지지 않았습니다.' 도덕성이 없는 부모가 아이와 좋은 관계를 맺기는 어렵다. 나아가 부모가 나쁜 마음을 지니고 나쁜 행실을 하면서도 아이가 도덕적으로 자라기를 바란다는 것은 불가능에 가깝다.

정서, 사람관계, 도덕성 외에도 부모는 아이에 대해 여러 가지 영향을 미친다.

(2) 부모-자식 관계

김태형과 전양숙(2005)은 '잘못된 부모의 유형'을 세분화하고 그 각각의 부모들이 아이들에게 미치는 영향에 대해 설명하고 있다. 이를 표로 정리하면 [표 8-1]과 같다. 자세한 내용은 『부모-나 관계의 비밀』(김태형 · 전양숙, 새뜰심리상담소, 2005)을 참조하기 바란다.

이 표를 보면 부모의 유형에 따라 약간씩 다른 결과가 나타나기는 하지만 여기에는 중요한 공통점이 있음을 알 수 있다. 즉 그것은 잘못된 부모란 본질적으로 잘못된 양육방식을 사용하는 부모라기보다는 아이를 사랑하지 않거나 사랑할 수 있는 인격수준이 결여된 부모라는 사실이다. 그 결과 잘못된 부모에게 양육된 아이들은 공통적으로 사랑을 받지 못한 데 따른 '애정결핍'과 자신을 사랑하지 않는 부모에 대한 '분노'를 가진다. 한 마디로 이 아이들은 사랑에 굶주린 채 화가 잔뜩 나 있는 '상처 입은 짐승'이 되는 것이다.

이런 결과는 바움린드(Baumrind, 1967: 1977)나 스타인버그(Steinberg, 1989) 등의 연구에서도 동일하게 나타난다. 이들은 부모를 다음과 같은 세 가지 유형으로 구분해 아이들에게 미치는 영향을 연구했다.

첫째, 전제적(authocratic) 유형. 이 유형의 부모는 독재자처럼 자녀를 엄격하게 그리고 가끔은 아주 심하게 통제한다. 거의 칙령과 같은 규칙을 설정하고는 자녀가 이를 어기면 신체적 체벌을 포함한 심한 처벌을 가한다. 이들은 이 규칙들을 왜 지켜야 하는지 자녀에게 제대로 설명하지도 않는다. 자녀는 부모의 말이므로 무조건 따라야 한다. 이런 부모 밑에서 자란 아이들은 앞에 나서지 못하고 독립심이 결여되어 있었으며, 특히 소년의 경우에는 화를 많이 내고 잘 대들었다.

둘째, 허용적(permissive) 유형. 이 유형의 부모는 '하지 말아라.'는 요구를 거의 하지 않으며 '해라.'는 요구는 더욱 하지 않는다. 이들은 권위를 내세우지 않고 제한과 통제를 거의 가하지 않는다. 취침시간, TV 시청시간 등 시간에 대한 규칙도 정하지 않고 처벌도 거의 사용하지 않는다. 자녀에게 잔소리나 요구를 하는 일이 드물다. 이런 부모 밑에서 자란 아이들은 독립심이 약했으며 매우 어린 티가 나고 사회적 책임감이 결여되어 있었다. 그리고 소년의 경우에는 화를 잘 냈다.

셋째, 권위적-호혜적(authoritative-reciprocal) 유형. 이 유형의 부모는 자녀에게 건강한 권위를 행사한다. 자녀의 행실에 대한 규칙을 정하고 때로는 그것을 강요하기도 하지만 아이들의 자발적인 동의를 중요시한다. 이들은 아이들을 공정하게 대우하고 적절한 의무를 부과하며, 자녀가 '자기 나이에 어울리게' 행동하도록 요구한다. 또한 아이들과 대화를 많이 하며, 시간을 할애하여 아이들한테 어떤 것이 옳은 행동인지를 설명해준다. 이들은 아이들이 독립심을 가지도록 격려해준다. 이런 부모 밑에서 자란 아이들은 자신감이 있고 독립적이며, 사회적 책임감이 강했다.

이 연구는 첫 번째와 두 번째 유형의 부모들이 매우 다름에도 그 아이들은 비슷하게 자라난다는 사실을 보여준다. 즉 양자의 경우 아이들은 모두 자신감과 독립심이 부족하고 화를 잘 냈다. 이런 특이한 결과가 나오는 것은 두 유형의 부모들이 가진 서로 다른 양육방식이 동일한 하나의 본질로부터 나오기 때문이다. 즉 두 유형의 양육방식은 그 현상적 차이에도 불구하고 모두 '자식을 사랑하지 않는다.'는 본질로부터 나온 것이다. 사랑 받지 못해 애정결핍에 시달리는 아이들이 자신감과 독립심을 가질 수 없고 자기를 사랑해주지 않는 부모에 대한 분노는 시시각각 터져 나오게 마련이다. 따라서 아주 다른 양육방식을 가진 유형의 부모 밑에서 자란 아이들이 비슷한 심리적 특성을 가지는 것은 당연하다고 할 수 있을 것이다.

이에 비해 세 번째 유형의 부모는 기본적으로 아이를 사랑한다고 볼 수 있다. 이 부모는 우선 아이에게 관심이 많다. 아이와 대화도 많이 하고 아이가 잘못되지 않도록 통제하는 것이 모두 관심의 표현이다. 또한 이 부모는 아이를 위하고 존중할 줄 안다. 강압적인 방식이 아니라 아이의 자발적인 동의를 중요시하며 아이가 스스로 규칙을 지키도록 동기를 부여해주는 것도 이 때문이다. 독립심을 가지도록 격려해주는 것도 마찬가지이다. 마지막으로 이 유형의 부모는 자신감을 가지고 있다. 이들은 아이 앞에 당당하기 때문에 아이한테 지지 않으며, 혼을 내야 할 때는 혼도 낼 수 있다. 그러므로 이 유형의 부모 밑에서 자란 아이들이 건강한 것은 원칙적으로 '중용을 지키는 양육기술'이 아니라 '사랑'의 힘 때문이라고 봐야 한다. 물론 기술까지 겸비된다면 금상첨화일 것이다.

부모-자식 관계에 대한 연구결과들은 제대로 된 양육이란 그 어떤 기술의 문제가 아니라 아이를 진정으로 사랑하는 '마음의 문제'임을 확증해준다고 말해도 지나치지 않을 것 같다. 그러므로 부모들은 아이를 사랑하는 동시에 아이를 제대로 사랑할 수 있는 인격을 갖추기 위해 바르고 정직하게 살아가야 할 것이다. "자녀양육을 할 때 나타나는 부모의 잘못은 부모의 인격수준에 비례(김태형 · 전양숙, 2005)"하기 때문이다. 부모의 길이란 쉬우면서도 어려운 길이라는 진리가 새삼스럽게 다가온다.

[표 8-1] 잘못된 부모가 아이에게 미치는 영향

잘못된 부모유형	내 용	아이에게 미치는 영향
당하며 살기	부당한 배우자에게 찍소리도 못하고 당하면서 사는 부모	당하는 부모에 대한 연민과 분노(양가감정) – 강한 집착 / 정서불안 / 권리의식의 부재
독재(권위주의)	공갈과 협박, 폭력 등에 의한 독재 / 처벌 중심 / 지독한 통제	저항심과 반항심 / 굴종(의존적이고 무기력한 아이)
편애와 불공정성	형제 중 일부만 편애함 / 양육에서의 불공정성, 비일관성	억울함, 분노 / 주눅 듦 / 세상에 대한 냉소적 태도 / 형제관계 나빠짐
과잉보호	아이가 하자는 대로 다 해줌 / 이기적으로 자신의 아이만 싸고 돎	분노 / 이기주의 / 의존심
방 치	아이한테 신경을 안 씀 / 혼도 안 내고 되는대로 내버려 둠 / 지나치게 많은 허용	분노 / 자신감 결여 / 안전사고의 위험 / 고아라는 느낌 / 규범과 생활습관 등을 못 배움 / 남들에게도 무시당함
남편이나 아내만 바라보기	배우자를 의식한 형식적인 아이관리 / 아이에 대한 질투 / 이성의 부모-자식 간을 이간질	애정결핍 / 분노
비 난	자식에 대한 비난, 비아냥, 질투	분노 / 우울감 / 자신감과 자존감 결여 / 비난받으며 사는 관계 재현
집 착	자신의 심리적 문제점을 아이에게 쏟아 부음 / 아이에 대한 지나친 기대 / 아이를 소유물로 여김	부담감 / 숨막힘 / 의존심 / 분노
알코올중독	알코올에 의존 / 술주정 / 소통능력의 부재	분노 / 공포와 불안 / 세상에 대한 불신 / 알코올 중독 유전
무능력과 나태	불성실한 부모 / 불평불만, 남탓 / 비굴함 / 반성을 안 함 / 경제적 불안	분노 / 창피함, 부끄러움 / 자신감 부족 / 사회에 대한 부적응 / 비난과 냉소적 태도
도덕적 타락	바람 피우기 / 이기심 / 거짓말 / 반사회적 생활태도	분노 / 증오 / 어른에 대한 존경심 없음, 불신 / 도덕성 결핍

3. 발달단계와 주요한 심리적 과제

발달단계를 논하기 전에 한 가지 짚고 넘어갔으면 하는 문제가 있다. 그것은 세상으로부터 환영받는 아이로 태어나는 것의 중요성이다. 사람의 삶에 있어서 그 의미는 너무나 커서 아무리 반복해서 강조해도 지나치지 않을 정도이다.

전통적으로 마음이 건강한 한국의 부모들은 계획임신을 하고 태교를 매우 중시했다. 한 마디로 새로운 생명의 탄생을 간절히 바라고 그 생명을 소중히 대했던 것이다. 한국사를 빛낸 위인들의 탄생일화에 자주 등장하는 '절에 가서 백일기도를 올리고 아이를 얻었다.'는 등의 이야기는 새로운 생명을 대하는 조상들의 태도를 잘 보여준다. 이런 기대와 환영 속에 태어난 아이는 유전적으로 좋은 자질들을 물려받을 가능성이 높을 것이다. 그리고 '금을 준들 너를 살까, 은을 준들 너를 살까.' 하는 부모의 노랫가락 속에서 사랑을 듬뿍 받으며 행복하게 자랄 것이다.

반면에 예상하지 못했던 혹은 원하지 않는 아이를 갖게 되는 경우에는 어떨까? 이 경우에는 부모들이 간절하게 원하지도 않았고 계획도 없이 수정되었으므로 좋은 유전자를 물려받을 확률이 그만큼 낮아질지도 모른다. 그렇지는 않다고 해도 원하지 않는 아이를 가질 경우 어머니는 지속적으로 스트레스를 받을 수 있고 그것은 태아에게 고스란히 전해진다. 나아가 그 어머니는 아이를 잘 돌보지 않을 가능성이 많다. 이런 부모 밑에서 태어난 아이는 뱃속에서부터 어머니에 대해 화가 많이 나있기 때문에 그것은 이후 부모-자식 관계에 악영향을 미치고 아이의 발달에 장애를 초래할 수 있다.

최근의 연구들은 어머니 뱃속에 있을 때부터를 출생으로 간주해 나이에 포함시키고 태교를 매우 중시했던 옛 조상들의 전통적인 견해가 정당함을 입증해주고 있다. 많은 연구들은 태내환경이 지능을 결정하는 데에 결정적인 영향을 미친다고 주장한다. 또한 다수의 연구들은 임신부의 약물복용이 가지는 위험성도 경고하고 있다. 성인에게는 안전한 약도 미성숙한 태아에게는 치명적일 수 있다. 약물복용은 기형아, 뇌성마비, 성장장애, 척추나 뼈 혹은 염색체 이상을 초래하기도 하며 심하면 사산이나 유산으로 귀결되기도 한다. 음주나 흡연은 더 심각한 악영향을 낳는다. 이 경우 태아는 자연유산이 되거나 조산아로 태어날 확률이 높다. 혹은 태내성장이 지체되어 미숙아로 출생하기도 하는데, 미숙아들은 대체로 사망률이 높다. 임신부의 상습적 흡연은 태아의 심장에 손상을 주어 태아의 심장박동을 비정상적으로 만든다. 또한 임신부가 술을 과도하게 마시면 태아는 태아알코올증후군(fetal alcohol syndrome)을 가지고 태어난다. 이런 아이들은 저능아가 되거나 성장장애로 미숙아가 될 수 있다. 또한 얇은 입술, 큰 입, 큰 귀, 안장코, 들창코, 비정상적인 손금, 관절이상, 얼굴 중심부가 패인 것과 같은 얼굴이상 그리고 신체의 반점 등을 가지고 태어날 위험이 있다.

사실 어머니가 태내에 있는 아이에게 의식적, 무의식적으로 해꼬지를 하려고 마음먹으면 이를 막을 길이 없다. 그러므로 아이의 생사여탈권을 소유하고 있으며 태내기부터 아이에게 거대한 영향을 미치는 어머니에 대해 융이 다음과 같이 말했던 것도 무리는 아니다. "인간의 악과 변태 중에서 사랑을 주는 어머니 품에 들어 있지 않은 것은 없다. … 우리는 성스러운 모성을 칭송하면서 중범죄자, 위험한 정신병자, 간질환자, 백치와 온갖 불구자들도 태어나지만 그들에 대해 그 모성에 책임을 지울 생각을 하지 않는다(Jung, 1932)." 물론 아이의 모든 불행을 어머니 탓으로 돌리는 것은 잘못이다. 그러나 아이의 행복이 기본적으로 어머니의 손에 달려 있다는 것을 무시하는 것 또한 현실에 대한 왜곡이며 크나큰 잘못이다. 간절히 원하는 아이를 계획적으로 임신하고 태교를 잘 하는 것은 '생명에 대한 최소한의 예의'임을 다시 한 번 강조하고 싶다.

비틀스(The Beatles)의 멤버였던 존 레논은 "지구상의 모든 사람들 중 90%는 — 특히 서양에서는 — 토요일밤 한잔 술에 태어난다. 아이를 가지려는 의도도 없었다. 즉 우리들 중 90%는 사고로 태어난 것이다. 나는 아이를 가지려고 계획했던 사람을 한 명도 알지 못한다. 우리들 모두는 그저 토요일 밤 열기 속에서 우연히 태어난 것이다(1980)."라고 개탄했다. 그리고는 "가장 비참한 것은 아무도 당신을 원하지 않는 것이다. 당신이 부모를 필요로 하는 만큼 부모들이 당신을 필요로 하지 않는 것이다(1971)."라며 슬퍼했다. 이런 참담한 이야기는 이제 남의 일이 아닌 바로 우리의 현실로 나타나고 있다. 한국에서도 성을 한낱 쾌락의 도구로만 치부하는 미국식 문화의 영향이 점점 강해지고 있기 때문이다. 그러나 대다수의 사회구성원이 우연적인 유희의 부산물로, 환영받지 못하는 아이로 태어나는 사회는 결코 건강해질 수 없다. 그렇기 때문에 우리 모두를 위해 이런 비극적 세태가 하루빨리 사라지는 세상이 되었으면 하는 간절한 바람을 가져본다.

이제 본론으로 들어가서 구체적인 발달단계들을 살펴보자. 에릭슨(Erikson)은 전 생애에 걸친 발달과제와 심리사회적 위기를 다음의 [표 8-2]

[표 8-2] 에릭슨의 인간 발달단계

나 이	발달과제	심리사회적 위기
영아 초기(0~1.5)	어머니에 대한 애착(이후 타인, 세상에 대한 신뢰감의 원천이 됨)	신뢰감 대 불신감
영아 후기(1.5~3)	자신과 환경에 대한 통제력 발달(활발한 탐색, 놀이)	자율감 대 수치심과 자기의혹
유아기(3~6)	목적과 방향성을 가짐	주도성 대 죄책감
아동기(6~11)	신체적, 사회적 기술을 발달시킴(학교생활)	자신감 대 열등감
청소년기(12~14)	아동기에서 성인기로 이행하는 과도기 : 정체감 발달	정체감 대 역할혼미
성인 초기(15~39)	사랑과 우정에 기초한 긴밀한 인간관계를 형성	친밀감 대 소외감
중년기(40~60)	가정, 직업, 사회에서 인생의 목표를 달성(사회, 후세에 대한 관심 발달)	생산성 대 침체감
노년기(60 이후)	자기 인생을 되돌아보고 그것을 수용	통합감 대 절망감

와 같이 설명했다. 그의 주장에 대해서는 각 시기마다 나누어 설명하고 내가 달리 생각하는 부분은 따로 부연하겠다.

(1) 영아 전기(0~1.5세)

처음에 유아는 자신의 신체운동을 거의 통제하지 못하는데, 심지어는 머리를 들어올릴 수도 없다. 그러나 이 시기에는 급격한 신체발달과 운동발달이 이루어진다. 키와 몸무게가 날이 다르게 변하고 뇌도 급격히 성숙한다. 그 결과 원활한 자발적 운동이 가능해지면서 유아의 운동은 섬세하고 기능적인 행동으로 분화되는 동시에 다시 여러 가지 행동이 통합되어 복잡한 운동을 수행하는 데로 나아간다. 유아들은 대략 7~8개월이 지나면 혼자 앉을 수 있고 8개월부터는 조금씩 기어 다니기 시작한다. 약 9~10개월에는 어렵게 설 수 있고 14개월에는 완전히 서며, 15개월부터는 혼자 걸을 수 있다.

이 시기는 피아제의 감각운동기(sensory-motor-accommodation) 전기에 해당되므로 유아는 선택적 주의집중(selective attention)을 할 수 있다. 유아는 초기에는 주로 단순한 반사행동을 하지만 점차 그런 행동들을 통합해 의도적인 행동을 할 수 있게 된다. 이 과정을 통해 유아는 파편화된 감각, 지각적 자극들을 통합해나가고 표상능력을 발달시키기 시작한다. 언어 또한 분화되지 않은 울음으로부터 감정이 분화된 울음으로 나아간다. 그리고는 옹알이로부터 시작해 소리를 흉내 내기 시작하고 마침내 한 마디 말을 할 수 있게 된다.

이 시기에는 유아의 감정발달의 초석이 다져진다. 주 양육자의 적절한 양육은 모든 감정분화의 출발점이 되는 쾌-불쾌의 감정을 발달시키는데, 여기에 기초해 모든 감정이 세분화되어 발달하기 때문이다. 즉 쾌(안정)의 감정은 기쁨, 즐거움, 만족감, 유쾌함, 행복감 등으로 분화되어가고 불쾌(불안)의 감정은 분노, 공포, 혐오, 질투, 짜증 등으로 분화되어간다. 만일

부적절한 양육으로 인해 이 단계에서 쾌-불쾌의 감정이 정상적으로 발달되지 못하면 이후 유아의 도덕성 발달에는 치명적 결함이 생긴다. 왜냐하면 도덕감정의 기초가 형성될 수 없기 때문이다. 사이코패스는 바로 이 단계에서 감정발달 장애를 겪은 사람일 것으로 추정된다.

이 시기에 자아는 주로 생물학적 욕구충족을 중시하므로 프로이트는 이를 "쾌락 자아(Lust-Ich) (Freud, 1911)"로 규정했다. 그러나 이 시기에 유아는 단순히 쾌락만 추구하는 게 아니라 손, 발, 입술 등과 같은 자신의 신체기관과 감각기관을 통해 획득한 정보를 자신에게 귀속시키기 시작함으로써 자기에 대한 개념을 초보적으로 형성해나간다. 한편 유아는 어머니와의 지속적인 상호작용을 통해 자신과 어머니가 다른 존재라는 사실을 알게 되어 자기 자신을 객관세계로부터 분리해냄으로써 자아 개념 형성에서 중요한 진전을 이룩한다.

이 시기의 사회성 발달에서 중요한 것은 애착(attachment)인데, 이는 약 6~8개월 경에 형성되기 시작된다. 애착은 생후 처음 갖는 인간적 유대로서 이후의 모든 타인들과의 관계의 기초를 이루는 것으로 간주된다. 처음에 일부 심리학자들은 애착이 기본적인 육체적 만족을 충족시켜주기 때문에 생겨난다고 주장했다. 즉 유아는 어머니가 먹을 걸 주기 때문에 애착을 형성한다고 생각한 것이다. 그러나 이런 믿음은 잘못이었음이 판명되었다. 할로(Harlow, 1958)는 먹이가 나오지만 차가운 금속으로 만들어진 가짜어미와 먹이가 나오지 않지만 부드러운 헝겊으로 만든 가짜어미를 새끼 원숭이들에게 제시했다. 그러자 새끼 원숭이들은 배가 고플 때만 금속으로 만들어진 어미한테 가서 먹이를 먹고는 대부분의 시간을 헝겊어미와 함께 보냈다. 이 결과는 새끼 원숭이가 먹이를 주는 어미가 아니라 위안을 느끼게 해주는 어미를 더 좋아한다는 사실을 보여준다.

그렇다면 사람의 유아는 무슨 이유 때문에 애착을 형성할까?

바울비(Bowlby)는 애착의 원인을 우선 어머니를 빨리 알아채거나 어머니를 보고 웃는 등의 '유아의 선천적인 사회적 상호작용 성향'에서 찾았다. 이러한 사회적 성향은 어머니의 돌보는 행동을 유도하는 역할을 하기 때문에 유아와 어머니 간의 긴밀한 관계를 촉진시킨다. 유아는 10개월간이나 어머니의 몸속에서 지내므로 세상에 나왔을 때 어머니만큼 익숙한 대상은 그 어느 곳에도 없을 것이다. 또한 유아가 어머니를 빨리 찾아내고 어머니에 대해서만 반응하도록 설계된 유전적 능력을 가지고 있을 가능성도 배제할 수 없다. 그러나 이런 사회적 상호작용 성향이 반드시 어머니를 향하는 것은 아니다. 유아들은 음식을 주지도 않고, 신체적 요구를 만족시켜주지도 않는 타인들에 대해서도 강한 흥미를 가지기 때문이다. 또한 우리는 앞에서 사람의 사회적 욕구 중 일부는 생득적 기초가 있다는 것을 살펴보았다. 따라서 유아가 사회적 관계를 좋아하고 그것을 추구하는 것은 자연스러운 성향이라고 봐야 할 것이다. 이런 점에서 선천적인 사회적 상호작용 성향은 어머니에 대한 애착의 필수조건이기는 하겠지만 충분조건은 아니므로 유아는 어머니가 아닌 다른 어른들에게도 애착을 형성할 수 있다. 실제로 아이들의 애착은 어머니를 넘어서 다른 어른들에게로 점차 확대되어간다.

애착의 원인은 다음으로 '어머니가 없을 때 느끼는 공포' 즉 미지의 것, 낯선 것에 대한 선천적인 공포이다. 낯선 상황에 놓이면 유아의 안정 혹은 안전에 대한 욕구가 커진다. 즉 유아는 낯선 상황에서는 어두움이나 천둥에 대해 느끼는 것과 같은 본능적인 공포를 느끼게 되므로 어머니에게 매달리고 유아다운 의존심을 보이게 된다는 것이다. 이렇게 어머니는 한동안 유아가 위험에 부닥칠 때마다 되돌아갈 수 있는 안식처 혹은 방패막이의 역할을 한다.

유아는 생후 1개월간은 어머니 이외의 사람이 보호하는 것을 받아들인다. 그것은 아마도 이때의 유아에게는 어머니에 대한 애착이 아직 분명하게 형성되지 않았기 때문인 것 같다. 그러나 어머니에게 정상적으로 애착을 형성한 유아는 6~8개월 정도가 되면 '낯가림(stranger anxiety)'을 시작한다. 낯가림이란 낯선 사람을 보면 불안해하거나 당황하는 것을 말하는데,

그 이유는 유아가 어머니와 분리되면 불안을 느끼기 때문이다. 그래서 유아는 어머니가 자기 곁을 떠나면 울면서 버둥댄다. 어머니로부터의 분리에 저항하기 시작하는 이 시기는 다양한 문화권에 걸쳐 비슷하게 나타난다. 낯가림은 12개월부터는 서서히 사라진다. 그리고 13~18개월경에는 '분리불안(separation anxiety)'이 나타난다. 분리불안이란 유아가 부모로부터 떨어질 때 불안감을 느끼는 현상을 말한다. 어느 정도의 분리불안은 정상이지만 심한 불안은 애착이 제대로 형성되지 못한 것의 반영으로 볼 수 있다.

애착이론가들은 정상적인 애착형성이 적어도 생후 몇 년간 지속적으로 아이들의 심리에 영향을 미친다고 생각한다. 워터스와 위프만(Waters & Wippmann, 1979) 등의 연구는 생후 16개월경에 안정된 애착 유형으로 평가된 아이들이 3세 반경의 유치원 생활에서도 보다 활달하고 인기가 있고 적응이 잘되어 있음을 보여준다. 그러나 임상심리학자들은 여기에서 한 걸음 더 나아가 정상적으로 애착을 형성하지 못한 아이는 장기간에 걸쳐 사회성 발달에서 계속적으로 지장을 받을 수 있다고 본다. 이런 입장에서 에릭슨은 이 시기의 심리사회적 위기를 '신뢰감 대 불신감'으로 규정했다. 어머니에 대해 애착을 형성한 아이는 타인 나아가 세상에 대한 신뢰감을 가질 수 있지만 그렇지 못한 아이는 불신감을 가지게 된다는 것이다. 실제로 많은 임상사례들은 생애초기의 어머니 관계가 나쁜 사람은 타인과 세상을 쉽사리 신뢰하지 못하며 비관적인 태도를 가질 개연성이 크다는 점을 시사해주고 있다.

어쨌든 건강한 조건에서 출생한 유아는 이 시기에 부모나 주위 가족들로부터 무조건적인 사랑을 경험한다. 이는 유아에게 긍정적인 감정을 축적시키므로 이후의 발달에 좋은 영향을 미치며 그것은 성인이 된 이후에도 원초적인 생의 에너지로 작용할 수 있다. 어쩌면 무조건적인 사랑을 주고받는 이상사회에 대한 인류의 원초적 지향이 이런 어린 시기의 경험과도 관련이 있을지 모르겠다.

(2) 영아 후기(1.5~3세)

이 시기는 피아제의 감각운동기 후기에 해당되므로 아이들의 인지능력은 질적으로 도약한다. 아이는 사물현상에 대한 '심적 표상'을 가질 수 있으므로 대상영속성 개념(concept of object permanence)을 획득한다. 이러한 사고능력의 발달에 기초해 2세경에는 어휘수가 폭발적으로 증가하는데, 이를 어휘의 폭발적 팽창시기(age of explosion)라고 한다. 아이는 한 마디 말을 넘어서 '엄마, 와.', '엄마, 맘마.' 등과 같은 두 마디 말을 할 수 있다. 동사나 조사를 뺀 언어인 두 마디 말은 전보와 유사하므로 전보식 언어(telegraphic speech)라고도 한다.

이 시기는 도덕성 발달에서도 중요하다. 아이들은 자신의 긍정적 혹은 부정적인 감정을 느끼는 능력에 기초해 다른 사람의 감정을 알아채고 그것에 대해 공감하고 반응하는 능력을 발달시킨다. 즉 도덕감정의 핵심내용인 '공감능력'이 발달되기 시작하는 것이다. 이 시기, 아이는 어머니에게 미소를 짓거나 울상을 지으며 구체적으로 자기 감정을 표현하며 어머니의 행동에 대해 정서적인 반응을 할 줄 안다. 예를 들면 어머니가 슬퍼하거나 울면 아이도 같이 슬퍼하거나 우는 것이다. 그러나 일반적으로 이 단계에서는 부모들이 구체적인 금지목록을 제시하지는 않으므로 도덕개념은 형성되지 않는다.

나와 어머니, 나와 객관세계를 분리한 유아의 자아는 이 시기에 대상영속성 개념을 획득하는 데 기초해 자아영속성 개념을 발전시킨다. 그러므로 이 시기가 되어야 비로소 나와 객관세계가 분리되어 있다는 자각이 공고해진다. 이후 유아는 본격적으로 나를 세상으로부터 분리해 이해하기 시작하면서 자아개념을 발전시켜 나간다.

애착은 넓은 범위로 확대되어가고 아이는 어떤 행동을 혼자의 힘으로 해보고 싶어 한다. 아이는 낑낑대면서 무슨 일이든 혼자 하겠다고 고집을 피우고 그것을 못하게 하면 짜증을 낸다. 이때 보호자는 이런 고집스런 아이를 충분히 사랑해주고 욕구를 적절히 충족시켜주면서 일관성이 있고 공정하게 양육해야 한다. 특히 즐거운 놀이와 활동을 적극 보장하고 지지해주어야 한다. 그럴 경우 아이는 '자율성'을 획득하게 된다. 반면에 보호자가 제대로 사랑을 해주지 않거나 서툰 방식으로 아이를 다루면 문제가 생길 수 있다. 즉 무절제하게 욕구를 충족하도록 허용하거나 '조그만 놈이 뭘 하겠다고 그래.', '넌, 아직 어려서 안 돼.'라며 아이의 자율적인 활동을 비난하는 것은 좋지 않다. 또한 일관성이 없는 불공정한 양육이나 어린아이에게 가장 중요한 과업이 노는 것임에도 불구하고 놀이를 지나치게 제한하는 것도 잘못이다. 이렇게 잘못된 양육을 받을 경우에는 자율성이 손상되어 아이는 '부끄러움', '자기 회의'를 가질 수 있다. 이런 맥락에서 에릭슨은 이 시기의 심리사회적 위기를 '자율성 대 부끄러움(자기 회의)'이라고 규정했다.

(3) 유아기: 아동 전기(3~6세)

피아제의 전 조작기(pre-operational stage)에 해당되는 시기에 도달한 아이의 사고능력은 드디어 이성적 사고 단계에 진입한다. 그 결과 아이는 시간, 공간, 형태와 관련된 개념 및 사물현상들 간의 관계에 대한 개념을 가질 수 있다. 그러나 이 시기 아이들의 개념적 사고는 현상적 수준에 머무른다. 예를 들면 아이들은 물체의 양과 질 등에 관련된 보존(conservation) 개념을 이해하지 못한다. 또한 아이들의 사고는 논리성이 많이 부족하고 가역성(reversibility)도 없다. 따라서 이 시기의 아이들은 직관적, 상징적인 사고를 많이 한다. 또한 현실감이 부족하여 비현실적 사고도 많이 하며 모든 사물현상이 살아 있다는 물활론적 사고를 하기도 한다(제5장 참조).

이 시기에 아이들은 '자기중심성'을 강하게 드러내는데 그것은 욕구, 사고, 언어, 도덕판단, 그림 등에서 공통적으로 표현된다. 자기중심성은 이성적 사고능력을 획득하기 시작함으로써 이루어지는 지적인 도약과 관련되는 것 같다. 즉 아이들의 정신세계는 초보적이나마 개념, 판단, 추리를 할 수 있게 되면서 놀라운 속도로 팽창해나가는데, 이러한 지적 성취에 도취한 아이들은 일종의 '유아적 전능감'을 가지게 된다. 여기에 더해 빠른 육체적 발달도 아이들의 활동능력과 범위를 대폭 넓혀준다. 그 결과 아이들은 자기중심성을 거침없이 드러내게 되는데, '미운 세 살'이라는 말도 아마 이와 관련될 것이다. 또한 위에서 언급한 물활론적 사고도 '내가 살아있으니까 다른 모든 것들도 살아있을 것이다.'라는 자기중심적 사고, 지나친 일반화의 결과일 가능성이 많다.

자기 자신을 '철수', '영희'처럼 3인칭으로 표현하던 아이들은 보통 3세를 전후해서는 '나'라는 1인칭으로 표현하기 시작한다. 이것은 기본적으로 자아 개념의 형성과 관련되겠지만 자기중심성과도 어느 정도는 관련이 있는 것 같다. 어쨌든 이 시기의 아이들은 문법(통사)규칙에 맞는 언어를 사용하지만 여기서도 자기중심성을 많이 드러낸다.

유아적 전능감이나 자기중심성은 필연적으로 현실이나 사회적 규범 등과 충돌할 수밖에 없다.

인지, 사고적 측면에서의 유아적 전능감이나 자기중심성을 극복하는 것은 그리 어렵지 않으며 심한 갈등을 동반하지도 않는다. 발달과정이 정상적으로 진행될 경우 이 시기의 아이들은 자기중심성을 서서히 극복해나간다. 2.5~3세의 아동들은 감각을 중심으로 상대방의 입장을 고려함으로써 그림을 보는 조망위치의 차이를 이해하며, 3~4세의 아동들은 상대방이 나와 다른 신념을 가질 수 있다는 것을 깨우치기 시작한다. 또한 학령기 이전, 즉 7세 이전의 아이들도 나름대로 다른 사람의 마음을 짐작하는 '마음의 이론(theory of mind)'을 획득하기 시작한다. 아이들은 이러한 과정을 통해 서서히 자기중심성을 벗어나 현실성을 획득하기 시작한다.

그러나 인지, 사고의 영역이 아닌 욕구나 정서적 측면에서의 유아적 전능감, 자기중심성의 극복은 상대적으로 더 어렵고 때로는 상당한 심적 갈등을 동반하기도 한다. 이 시기에 아이들은 고집을 부리면서 '안 돼', '싫어'를 남발하고 사랑을 독점하고자 하는 욕구를 드러내며, 질투심이나 경쟁심을 표현하기도 한다. 그런데 부모들은 이런 아이에게 '친구를 때리면 안 돼.'라든가 '물건을 던지면 안 돼.' 같은 초보적인 도덕규범들을 가르치기 시작하기 때문이다. 이런 충돌의 산물이라는 점에서 이 시기에 형성되는 자아를 프로이트는 '현실 자아(Real-Ich)'(Freud, 1911)라고 규정하기도 했다. 왜냐하면 본능실현에 몰두하던 쾌락자아가 세상 특히 부모와 접촉하는 과정에서 현실감을 획득해 사회생활에 유용한 현실자아로 변형된다고 봤기 때문이다. 물론 프로이트의 견해는 유아적 전능감이나 자기중심성이 아니라 '본능 실현'만을 중심으로 자아발달을 이해하는 한계를 가진다.

부모관계가 좋은 아이들은 현실과의 상호작용 속에서 자기중심성을 극복하는 데 성공함으로써 사회규범에 기초해 욕구와 충동을 조절하고 통제하는 것을 배우기 시작하는데, 이것은 두 가지 결과로 이어진다. 첫째, 아이는 부모가 가르쳐주는 규범들을 별다른 어려움 없이 내면화함으로써 자발적으로 도덕의식을 발달시키게 된다. 둘째, 부모의 적절한 양육은 아이의 유아적 전능감을 현실적 통제감으로 전환시켜 자아의 힘을 부쩍 성장시킨다. 그 결과 아이는 힘 있고 강한 자아를 가지게 된다.

반면에 부모의 부적절한 양육은 아이들이 자기중심성을 현실에 맞게 변화시키고 발전시키지 못하게 만들 수 있다. 그 결과 아이는 유아적 전능감의 손상과 욕구좌절로 인해 화가 나고, 부모의 강압적인 처벌과 통제로 인해 죄책감을 심하게 가질 수 있다. 이렇게 잘못된 부모관계는 두 가지 결과를 낳는다.

첫째, 아이의 도덕의식이 정상적으로 발달하지 못한다. 왜냐하면 부모가 요구하는 규범들이 자발적으로 내면화되지 않고 처벌에 대한 공포와 결합되어 강제적으로 주입되기 때문이다. 이럴 경우 아이들은 반항적으로 되어 부모 앞에서만 행동을 조심하고 처벌을 피할 수 있는 상황에서는 규범을 무시하는 아이로 자라게 된다. 더욱 나쁜 것은 내면화된 공포로 인해 아이들이 불안한 정서 상태를 가지게 된다는 점이다. 익히 알려진 대로 내면화된 공포, 만성적인 불안은 심리적 질병의 중요 원인이 될 수 있다. 이 시기의 아이들은 사고와 행동 간의 구분을 아직 완전히 터득하지 못하고 있다. 따라서 금지된 행동만이 아니라 그런 행동을 떠올리는 것만으로도 공포를 느낄 수 있다. 또한 아이들은 부모가 자신의 생각을 읽을 수 없다는 사실을 이해하지 못하는 경우가 많다. 즉 자신의 생각은 자신만이 알고 있는 것이므로 부모의 꾸중을 들을 위험이 없다는 사실을 모른다. 그 결과 처벌에 대한 공포는 외적 행동에만 적용되는 것이 아니라 그것과 관련된 사고, 기억, 소망에도 적용된다(Gleitman, 1995). 프로이트는 이런 죄의식 혹은 죄책감이 병리현상으로 발전할 위험성에 대해 다음과 같이 지적했다.

> "본래 이러한 죄의식은 부모가 내리는 벌에 대한 두려움이었다. 아니 좀 더 정확히 말해서 부모의 사랑을 잃을지도 모른다는 두려움이라 해야 할 것이다. 그러다 나중에는 대상이 부모에게서 불특정 다수의 동료로 바뀌게 되는 것이다(Freud, 1914)."

둘째, 자아의 힘을 손상시킨다. 부모의 지나친 처벌이나 금지는 아이의 유아적 전능감을 지나치게 손상시켜 아이는 통제감을 발달시키지 못한다. 그 결과 아이는 몹시 우유부단하고 힘없는 자아, 죄책감을 지닌 자아를 가지게 된다. 내면화된 공포와 결부된 죄책감의 누적은 아이들을 몹시 불안하게 만든다. 이런 아이들은 종종 힘 있는 동물인 사자나 호랑이 혹은 거인이나 왕이 되는 환상에 빠져든다. 심하게 손상된 유아적 전능감을 환상 속에서 되살리고 싶어 하는 것이다. 동시에 이런 아이들은 귀신을 피해 죽을힘을 다해 도망치는 부류의 꿈을 많이 꾼다. 이런 무섭고 불안한 꿈들은 부모나 가까운 사람에 대한 공포와 분노감정을 표현한다. 이 시기에 해당되는 품행장애 아동을 치료한 사례에 의하면 그 아이는 처음에는 귀신에게 쫓기는 꿈을 반복해 꾸곤 했다. 그러다가 치료가 진행되면서 자아의 힘이 점차 강해지자 아이는 꿈속에서 귀신에 맞서 싸우기 시작했다. 나중에 그 아이는 꿈에서 귀신을 보더라도 무서워하지 않게 되었고 오히려 그 귀신이 자기를 보더니 도망가는 꿈을 꿨다. 이런 식으로 죄책감이 감소하고 통제감이 커지는 데 따라 점차 귀신의 형상은 완전히 사라졌고 다시는 나타나지 않았다. 이런 점에서 이 시기의 아이들이 보이는 자기중심성, 유아적 전능감에 대해 부모들이 적절히 대응함으로써 그것을 '통제감'으로 발전시키는 것은 자아의 힘을 좌우할 수 있는 매우 중요한 발달과제라고 말할 수 있을 것이다.

참고로 에릭슨은 이 시기의 심리사회적 위기를 '주도성 대 죄책감'이라고 규정했지만, 나는 지금까지의 논의에 기초해볼 때 이 시기의 심리적 과제를 '통제감' 획득으로 보는 게 옳다고 생각한다.

(4) 아동기: 아동 후기(7~12세)

아동기에 접어든 아이들은 학교에 입학해 빠르게 사회화되기 시작하고 또래관계를 형성해나간다. 이 시기는 피아제의 구체적 조작기(concrete operational stage)에 해당된다. 따라서 아이들은 이성적 사고를 능숙하게 할 수 있지만 그것은 주로 구체적 대상을 중심으로 진행될 뿐이어서 추상적 대상이나 관계를 다루는 데에는 아직 익숙하지 못하다. 아이들은 보존(conservation) 개념을 획득함으로써 물체의 양, 수, 무게, 부피 등과 같은 사물의 본질은 현상적인 변화에도 불구하고 변하지 않는다는 사실을 알게 된다. 또한 상관관계나 인과관계 등의 법칙을 이해하지만 그것을 추상적인 수준까지 널리 일반화하지는 못한다. 그리고 아이들은 학교교육의 도움을 받아 상당히 논리적인 언어를 구사하기 시작한다. 말하기, 듣기, 읽기, 쓰기 능력의 향상은 사고능력과 서로 상승작용을 일으키므로 아이의 사고와 언어능력은 빠르게 성장해나간다.

아이들은 학교생활에 필요한 규범과 규칙 등 구체적 도덕규범들을 내면화하기 시작하므로 도덕의식도 빨리 발달한다. 또한 이 시기의 아이는 논리적 사고를 할 수 있기 때문에 도덕의식도 '해도 되는 것과 해서는 안 되는 것'이라는 구체적인 규범의 수준을 넘어 개념적, 추상적 수준으로 발전해나가고 그 결과 자율적인 도덕성을 가지게 된다.

이 시기에는 또한 '기초적인 자아'가 확립된다. 이 자아는 이후의 자아발달을 좌우하는 중요한 틀을 제공하므로 나는 이를 '1차 자아'라고 규정할 것이다. 이전 시기의 자아는 주로 부모관계로부터 형성되어왔다. 그러나 이제는 아이들의 사고능력이 발달함에 따라 자기 자신에 대한 스스로의 견해와 평가가 더해진다. 그런데 이러한 견해와 평가는 가정생활만이 아니라 학교생활 등에 의해서도 영향을 받는다. 왜냐하면 이 시기에는 생활의 중심이 가정에서 학교로 이동하기 때문에 아이는 부모의 영향권에서 다소 벗어나 또래들이나 다른 어른들과의 관계를 확장해나가기 때문이다. 이렇게 아이는 자기 나름대로 사회생활을 시작하므로 이제는 부모뿐만 아니라 학교, 문화적 환경(미시적 환경) 등도 아이들에게 영향을 미치게 된다. 집에서 아무리 단속을 해도 소용이 없는 맹모삼천지교(孟母三遷之敎)의 시절이 시작되는 것이다. 새로운 사회생활에 제대로 적응한 아이들은 성공적인 경험을 통해 능력감, 숙달감, 근면감 등을 체험하게 되고 이에 기초해 자기에 대한 긍정적인 견해를 형성하고 '자신감'을 가지게 된다. 이때 아이의 학교에서의 수행과 성취, 예컨대 한 번이라도 1등을 해본 경험 그리고 그에 대한 선생님과 친구들의 지지와 격려, 원만한 또래관계 등이 매우 중요하다. 반대로 사회생활에서 실패하는 경험을 반복하면 '나는 아무 짝에도 쓸모가 없다.'는 식의 자기에 대한 부정적인 견해와 '열등감'을 가지게 된다. 특히 학교생활에 대한 적응 실패로 인한 처벌과 비웃음, 또래들로부터의 놀림이나 왕따는 아이를 주눅 들게 해 부정적인 자아상을 심화시킬 수 있다.

그러나 비록 이 시기에 학교생활을 비롯한 다른 요인들이 점점 중요해지기는 하지만, 아이가 자신감을 가지느냐 아니면 열등감을 가지느냐 하는 것은 기본적으로 부모에게 달려 있다. 부모의 끊임없는 관심과 격려, 인내심은 자신감을 향상시키지만 무관심과 비난, 심한 질책은 열등감에 영양분을 잔뜩 공급하게 된다. 예를 들면 실수를 너그럽게 수용하지 못하고 아이가 서투르게 행동한다고 해서 지나치게 간섭을 하거나 스스로의 수행을 중단시키는 것은 잘못이다. 집에서 대접받지 못하는 아이는 대부분 학교에서도 대접받지 못한다. 학교생활을 하는 아이에게 부모의 후광만큼 든든한 자산은 없기 때문이다. 여기에서 '후광'이란 부모의 돈과 권력이 아니라 '사랑과 관심'을 의미한다. 불량한 아이들은 부모의 관심을 받지 못해 방치당하는 아이를 귀신같이 포착해 놀려대고 무시하고 괴롭힌다. 그러므로 부모들은 자기 아이가 학교폭력의 희생양이 되지 않도록 하기 위해서라도 아이의 학교생활에 깊은 관심을 기울이고 필요하면 적극 개입해야 할 것이다.

이렇게 부모의 태도, 학교생활의 경험 그리고 선생님과 또래들로부터 피드백 되는 자기정보 등에 기초해 아이는 자신을 좋아하거나 싫어할 수 있고, 자신을 높게 평가하거나 낮게 평가할 수 있다. 전자의 경우 아이는 자아를 좋아해 그것을 수용함으로써 자신감을 가지지만 후자의 경우에는 자아를 싫어해 그것을 거부함으로써 열등감을 가지게 된다. 이 시기의 자아수용을 1차 자아 수용, 청년기의 자아수용을 2차 자아 수용이라고 한다. '자신감'은 자아의 힘을 뒷받침하는 기본요소이므로 이것을 획득하는 것은 매우 중요한 발달과제이다. 이때 획득하지 못한 자신감을 이후의 인생에서 획득하기란 매우 어렵다. 게다가 우리는 1차 자아가 매우 단단하다는데 유의해야 한다. 즉 이 시기에 확립된 자아의 틀가지는 상당히 오랫동안 유지되면서 이후의 자아발달에 지속적으로 영향을 미치며, 이때 형성된 자신감 혹은 열등감은 평생을 가는 경우가 많다.

어쨌든 이 시기에 도달하면 아이들의 기본적인 '인격적 틀'이 아주 무겁게 자리를 잡는다. '머리가 커져서 이제는 바꾸기가 힘들다!'는 일부 어른들의 체념 섞인 한탄도 아마 이를 두고 하는 말인 것 같다.

(5) 청소년기: 사춘기(12~17세)

청소년기는 아동에서 어른으로 옮겨가는 과도기라 할 수 있다.

이 시기에는 급격한 생물학적 변화가 나타난다. 다방면적으로 신체발달이 이루어져 체격이 커지고 성적으로도 성숙하게 되어 성 정체감이 확고하게 형성된다. 그래서 이 시기를 거치면 아이들은 어른으로서 전혀 손색없는 성숙한 신체를 가지게 된다.

청소년기는 피아제의 형식적 조작기(formal operational stage)에 해당되므로 아이들은 추상적, 과학적 사고를 할 수 있다. 즉 상징적 추론이 가능하며 가설을 세우고 그것을 체계적으로 검증할 수 있으며, 추상적 세계를 능숙하게 다룰 수 있다. 또한 폭넓은 일반화 능력을 터득함으로써 하나를 알면 열을 깨우치는 경지에 들어선다. 언어에 있어서도 정교하고 복잡한 논리를 구사하며 추상적, 과학적 개념을 사용할 수 있다. 그리고 이타심, 박애, 공정함, 정의 등 추상적 도덕규범이 내면화되고 사회의식을 발전시키기 시작한다. 이렇게 청소년기의 아이들은 육체만이 아니라 정신적 능력도 성인수준에 도달한다. 즉 이 시기를 지나면 아이들은 육체적, 정신적 능력에 있어서 성인들과 질적으로 차이가 없어지고 다만 양적인 차이만 남을 뿐이다.

청소년들은 입시공부를 하거나 여러 가지 사회생활에 필요한 기술과 기능을 습득하면서 사회진출을 준비해나간다. 그래서 이 시기에는 진학이나 직업 선택, 친구관계, 이성에 대한 호기심 등으로 상당한 심리적 혼란을 겪기도 한다. 그런데 청소년기 혹은 사춘기는 이런 다소간의 심리적 혼란을 넘어 감정이나 갈등이 폭발적으로 표출되는 '심리적 격동기'로 알려져 있기도 하다. 왜 이런 현상이 나타나는 걸까?

프로이트는 이를 잠복기 동안 억압되어 있던 성적 욕망과 결부되어 있는 공포와 불안, 갈등이 되살아나기 때문이라고 설명했다. 그러나 성욕설 자체가 잘못인 데다가 청소년기의 심리적 격동은 필연적이 아니라는 증거들이 있다. 우선 원시부족의 경우에는 격동기가 관찰되지 않으며 그 표현양태도 사회에 따라 많이 다르다. 또한 과거 한국의 역사를 보더라도 격동기를 증명하는 자료들을 찾아보기가 힘들다. 따라서 격동기는 생물학적 원인에 의한 것이 아니라고 봐야 할 것이다.

그렇다면 원시부족이나 전통적인 한국의 농경사회에서는 왜 격동기가 나타나지 않을까? 원시부족이나 옛 농경시대의 경우 청소년기에 들어선 아이들은 성인으로 인정받으며 사회생활을 시작했다. 즉 어른으로 대우받으면서 어른답게 행동한 것이다. 이들은 부모와 함께 밭갈이를 하러 나가는 등 경제활동에도 종사했고 결혼해서 아이를 낳아 기르기도 했으며 국방의 의무도 졌다. 육체적, 정신적 능력이 성인과 본질적으로 똑같아지는 시기에 부모로부터 독립하여 성인으로서 사회생활에 당당하게 참여한 것이다. 이렇게 정신적, 육체적인 성숙과 독립성의 획득이 일치했기에 청소년기가 특별한 심리적 격동으로 이어지지 않았던 것 같다.

그러나 현대 사회는 이와는 사정이 매우 다르다. 오늘날의 사회에서도 청소년들의 육체적, 정신적 능력은 성인과 질적으로 동등한 수준에 도달한다. 이러한 육체적, 정신적 능력으로 인해 청소년들은 운명통제 욕구, 구체적으로는 부모의존적인 상태에서 벗어나 독립하고자 하는 욕구를 강하게 가질 것으로 추정된다. 그러나 오늘날 한국을 비롯한 자본주의사회의 청소년들은 사회생활을 하기는커녕 부모로부터의 독립이 불가능한 처지에 놓여 있는 경우가 많다. 그 결과 독립하고자 하는 욕구와 의존적인 현실 사이의 괴리와 불일치가 생기게 된다. 아마도 이것이 심리적 격동의 주요 원인인 것 같다. 사회생활을 일찍 시작하는 청소년들의 경우에는 감정적 격동이 거의 발견되지 않는다는 사례들도 이를 지지해준다.

여기에 더해 청소년기에는 그동안의 부모관계에서 누적된 심리적 문제점이 폭발적으로 터져 나온다. 이제 아이들은 더 이상 무기력한 존재가 아니기 때문이다. 청소년들은 단지 돈이 없을 뿐 힘으로도 부모에 대항할 만하고 정신적으로도 부모와 맞설 만한 능력을 가지고 있다. 따라서 이 시기에는 부모에 대한 감정과 불만이 폭발적으로 분출된다. 이런 점에서 심리적 격동은 사회가 건강하지 못하고 부모관계가 나쁠 경우에 훨씬 더 격렬해질 것임을 어렵지 않게 예측해볼 수 있다. 실제로 부모관계에 문제가 있는 아이들은 청소년기가 되면 '더 이상 못 참겠다.'며 가출을 하거나 비행을 하는 등 급격하게 나빠진다. 또한 부모에 대한 청소년들의 분노는 쉽게 기성세대에 대한 불신과 분노로 전이되기도 한다. 청소년들은 '우리는 당신들과 다르다.'는 구호 아래 기성세대와 구별되는 자기들만의 유행이나 문화를 만들어낸다. 그들만의 독특한 취향이나 노래, 춤, 복장 및 어투 등등. 이렇게 청소년들이 자기들만의 영역을 만들어내는 것은 한편으로는 독립심의 표현이기도 하지만 다른 편으로는 부모세대에 대한 분노감정의 표출이기도 하다.

그러므로 이 시기 부모들은 청소년 자녀들의 독립에 대한 욕구를 건강하게 수용함으로써 '부모-자식 관계'를 원만하게 재정립할 수 있도록 노력해야 한다. 즉 부모들은 적어도 자녀의 심리적 독립이라도 적극 지지해줌으로써 자식들이 부모에 의존하던 관계로부터 서로를 존중해주는 대등한 인격체 사이의 관계로 탈바꿈하도록 만들어야 한다. 그러기 위해서는 아이들의 정당한 의견과 요구를 최대한 존중하면서 어른답게 대우해주고 어른답게 행동하도록 설득하면서 사회적 경험을 쌓도록 배려하면 좋을 것이다. 이런 점에서 모두가 공부에만 매달리고 대학에 진학하도록 강요하는 현재 한국의 교육풍토는 그리 바람직하지 못하다. 모름지기 사회활동에 주인답게 참여할 수 있는 기회를 청소년들에게 보다 많이 제공하는 교육제도가 청소년 문제를 예방하는 데는 훨씬 더 좋을 것 같다.

만약 '부모-자식 관계'의 재정립에 실패하면 아이들은 독립심을 발전시키지 못해 의존심의 늪에 깊이 빠져들 수 있다. 이 경우 청소년들은 나중에 대학에 가고 직장에 취직하고 자기 자식을 낳은 후에도 타인들이나 늙은 부모에게 의존하면서 살아갈 수 있다. 또한 일부 청소년들은 연예인 등에게 필사적으로 매달리기도 하는데 이것도 의존심과 관련된다. 즉 청소년들의 독립에 대한 공포, 부모에 대한 의존심이 아이돌 스타에 대한 집착으로 변질되는 것이다.

에릭슨은 이 시기의 심리사회적 위기를 '자아 정체감 대 역할혼미'라고 규정했다. 원칙적으로는 청소년기에 독립심을 획득하면서 동시에 정체감까지 자연스럽게 확립한다면 더할 나위 없이 좋겠으나 오늘날의 현대 한국사회에서는 정체감을 확립하는 문제가 다소 뒤인 청년기로 밀려나고 있는 것 같다. 왜냐하면 한국사회의 청소년들은 대부분 공부기계가 되거나 비행청소년이 되는 두 가지 선택밖에 할 수 없기 때문이다. 자기 진로에 대해 이것저것 따져볼 기회조차 없는 셈이다. 게다가 용감한 청소년들이 막상 사회에 진출해 경제활동을 하려고 결심을 해도 그들을 기다리고 있는 일자리는 거의 없으며 그나마 형편없는 아르바이트 자리만이 있을 뿐이다. 한 마디로 한국사회가 청소년들의 독립을 원천적으로 방해하고 있어서 그들은 울며 겨자 먹기로 입시공부를 더 하면서 독립을 유보할 수밖에 없는 것이다. 이러한 현실적인 조건 때문에 한국을 비롯한 일부 사회들에서는 심리적 독립심을 획득하는 것조차 쉽지 않으며 정체감을 확립하는 문제는 좀더 뒤인 청년기 초기까지 밀려나게 된다.

청소년기의 심리적 격동을 유발시키는 데는 사회가 주는 스트레스도 한몫을 한다. 미국식 교육제도와 문화, 시장만능주의가 교육현장을 파고든 결과 청소년들은 일찌감치 약육강식의 처절한 생존경쟁이 벌어지는 난장판에 던져진다. 우리 청소년들에게는 공부 혹은 나쁜 짓 말고는 갈 만한 곳도 할 만한 것도 할 수 있는 일도 마땅히 제공되지 않는다. 사방팔방에서 공부하라고 압력을 넣지만 공부를 해서 대학에 가봐야 자동적으로 취직이 보장되는 것도 아니고 지겨운 공부인생이 끝나는 것도 아니다. 아무리 생각해봐도 청소년들을 초죽음 만드는 세상임이 분명한데, 대다수의 청소년들은 사회가 어떻게 잘못되었는지 그것을 뜯어고치려면 어떻게 해야 하는지도 명확히 알지 못한다. 그들이 느끼는 답답함, 압박감, 공포감, 분노가 오죽하겠는가.

결론적으로 청소년기의 현실적인 심리적 과제인 독립심 획득에 실패하면 아이들은 의존심을 극복하지 못하기 때문에 미래의 사회생활에 대해 심한 불안감을 가지게 된다. 그 결과 밥이라도 먹을 수 있는 안전한 통로로만 걸어가는 비극적인 인생길로 접어들게 된다. 이와는 반대로 성공적으로 독립심을 획득하면 자아의 힘이 더욱 강해져 자기발전에 대한 강한 요구를 내세우게 되고 그것을 실현하겠다는 의지도 높아진다. 그래서 몸과 마음이 모두 어른답게 바뀌어가며 청년기를 패기 있게 맞이한다. 공자는 "내 열다섯에 배움에 뜻을 세웠노라(志于學: 지우학)."고 말했다. 여기서 '배움'이란 공부를 의미하는 게 아니라 '나의 길'이란 뜻이다. 즉 선비의 마음가짐으로 흔들리지 않는 '뜻을 세운다.'는 것이다. 몸과 마음이 어른의 경지에 이르는 청소년기에 능히 할 수 있고 해야 할 말이 아니겠는가. 하루빨리 우리 한국의 청소년들이 이런 말을 할 수 있는 시기가 오길 바란다.

(6) 청년기와 성인 초기(18~39세)

청년기와 성인 초기는 사회적 존재로서의 삶이 본격적으로 시작되는 시기이다. 사람은 청년기가 되면 부모로부터 육체적, 심리적, 경제적으로 독립하여 자신의 인생을 스스로 개척해나갈 수 있게 된다. 대학에 다닌 후에 혹은 곧바로 직업을 선택해 경제활동을 시작함으로써 스스로의 힘으로 생계를 꾸려나가며 배우자를 만나 결혼을 하고 자녀를 양육하는 부모가 된다. 또한 이 시기에 사람들은 폭넓고 다양한 인간관계를 형성해나간다. 사회활동 과정에서 알게 되는 이웃, 사업 파트너, 직장 상사나 동료, 정치사상적 동지 등 많은 타인들과 새로운 인간관계를 맺어나간다.

청년기부터 사고능력이나 언어능력은 질적으로 발전하는 게 아니라 양적으로 내용적으로 확대된다. 청년들은 추상적, 과학적 사고능력에 기초해 자신이 부대끼며 살아가야 할 사회 나아가 세계에 대해 눈을 뜨기 시작함으로써 세계관, 정치사상적 신념, 가치관, 인생관 등을 확립한다. 또한 여기에 기초해 자기만의 도덕기준도 정립한다. 이때 도덕기준에는 정치적 신념과 가치관 등이 큰 영향을 미치는데, 예를 들어 진보적인 사상을 수용한 사람은 '부와 가난을 대물림하는 사회는 정의롭지 못하다.', '돈이 없어서 사람이 죽는 일이 있어서는 안 된다.', '가난한 사람들을 국가나 사회가 배려해줘야 한다.'와 같은 도덕기준을 가질 수 있다.

이 시기의 가장 중요한 심리적 과제는 '정체감(identity)'을 확립하는 것이다. 정체감이란 '나는 누구인가?'에 대한 대답으로써 한 마디로 '사회적 자아'라고 할 수 있다. 청소년기를 거치면서 부모로부터 독립한 기본적인 자아는 청년기를 거치면서 사회적 자아로 발전해나가야 한다. 그러기 위해서는 몇 가지 전제조건이 필요하다.

첫째, 세계관이 확립되어야 한다. 청년기를 넘어서면 사람들은 철학을 공부하든 안 하든 간에 상관없이 스스로의 체험과 생각에 근거해 나름대로 세계관을 정립하게 된다. '세계는 약육강식의 정글이다.', '세계는 우여곡절 속에서도 진보한다.', '사람만큼 이기적이고 잔인한 동물은 없다.', '사람은 본성적으로 선량하다. 그러므로 사람만이 희망이다.'와 같은 신념들이 모두 다 세계관의 표현이다. 청년기에 어떤 세계관을 정립하느냐에 따라 정체감의 내용은 달라진다.

둘째, 세계관과 사회의식에 기초해 자신이 소속하기를 원하는 '사회집단'을 결정해야 한다. 약육강식의 세계관에 근거해 극우보수주의를 선택하는 사람은 힘이 센 지배자인 '미국', '자본가계급' 등을 자신이 소속하고 싶은 집단으로 선택할 것이다. 반면에 진보적 세계관에 바탕을 둔 사상을 선택한 사람은 '인류', '민족', '민중', '노동자', '소수자' 등을 자신이 소속하고 싶은 집단으로 선택할 수 있다(외국의 경우엔 다소 다를 수 있다). 과거 식민지시대를 예로 들면 김구 선생 같은 독립운동가들이 민족에 소속되기를 원했다면 이완용 같은 매국노들은 일본제국주의에 소속되기를 갈망했다고 볼 수 있다. 이렇게 본인이 소속되기를 원하는 집단의 차이에 따라 정체감의 내용은 달라진다.

셋째, 인생관을 확립해야 한다. 사람은 누구나 다 이러저러한 인생관을 가지고 있다. 인생관 중에는 '인생이란 허무한 거야.', '노세 노세 젊어서 노세, 늙어지면 못 노나니.'와 같은 허무주의, 쾌락주의적 인생관이 있다.

반면에 '삶이란 소중한 것이니 하루하루를 값지게 살아야 해.', '이기주의가 아니라 사회를 위한 삶 속에 진정한 행복이 있어.'와 같은 낙관적, 집단주의적 인생관도 있다. 사람 앞에는 크게 볼 때 두 가지의 인생길이 열려 있다. 그 하나는 '살기 위해 먹는다.'이고 다른 하나는 '먹기 위해 산다.'이다. 전자는 '가치 있는 사회적 존재로서의 삶'을 추구하는 것으로서 나 혼자만이 아니라 사회를 위해, 사회를 개조하면서 살아가는 인생이다. 반면에 후자는 '육체적 안전과 만족을 위한 삶'에 치중하는 것으로서 나 혼자 혹은 내 가족만을 위해 기존질서에 순응하면서 살아가는 인생이다. 이 중에서 어떤 인생을 선택하느냐에 따라 정체감의 내용은 달라진다.

이런 식으로 성인이 되면 정신세계가 확대되고 심화됨에 따라 세계관, 소속집단, 인생관이 정해지고 그것에 기초해 1차 자아가 '2차 자아'로 성장한다. 2차 자아란 1차 자아(기본적인 자아)가 세계와 자신과의 관계를 반영함으로써 사회화된 자아이다. 즉 아동기에 형성되는 1차 자아가 주로 부모관계 그리고 학교와 같은 협소한 사회관계에 기초해 형성된다면 2차 자아는 사회 나아가 세계와의 관계에 기초해 정립된다. 1차 자아는 사회의식이 발전하고 심화됨에 따라 필연적으로 개인의 범위를 넘어 확대되어간다. 다시 불우한 어린 시절을 보낸 존 레논(John Lennon)의 얘기를 해보면, 그는 사랑이 결핍되어 화가 난 1차 자아를 가지고 있었기에 청소년기를 반항적인 비행소년으로 보냈다. 그러나 이후 음악가가 되고 잘못된 사회현실에 점차 눈을 뜨기 시작하면서 그의 자아는 큰 변화를 겪는다. 그는 진보적인 사상을 받아들임으로써 자신만의 개인적 고통을 부여잡는 데 그치지 않고 세상의 부조리에 대항하는 좌파 진보주의자로서의 2차 자아를 확립한다. 이렇게 1차 자아는 극적인 변화를 겪으면서 2차 자아로 질적 전환을 이루기도 하고 별다른 우여곡절 없이 평탄한 과정을 거쳐 2차 자아로 성장하기도 한다.

1차 자아가 2차 자아로 발전하려면 무엇보다 자아개념이 변해야 한다. 따라서 청년기에 들어서면 자아개념은 풍부한 정신적 내용과 우수한 사고능력의 도움으로 새롭게 재편된다. 우선 자신에 대한 견해, 즉 자신의 욕구와 사회적 요구, 그것에 바탕을 둔 인생목표, 과거의 나와 현재의 나 그리고 미래의 나에 대한 견해가 기본적으로 완성된다. 또한 사회적 존재로서의 자신에 대한 평가가 이루어지고 여기에 기초해 스스로에 대한 '호-불호'가 결정된다. 그 결과에 따라 2차 자아는 수용되기도 하고 거부당하기도 한다. 마지막으로 자신감 등으로 표현되는 자아의 힘이 변화한다. 이 시기의 자신감은 기본적으로 1차 자아의 힘에 바탕을 두면서도 사회적 존재로서의 자신의 가치와 힘에 대한 자각에 의해 변화한다. 즉 이 시기 개인의 자신감에는 단순히 개인만이 아니라 역사나 사회집단 등도 영향을 미친다. 예를 들어 유구하고 자랑스러운 자기 민족의 역사에 대해 깊이 있게 알게 됨으로써 민족의식을 가지게 되면 자신감이 상승할 수 있다.

1차 자아가 기본적으로 개인적인 자아라면 2차 자아는 '사회적인 자아'라고 할 수 있다. 그러므로 정체감을 확립한다는 것은 곧 스스로가 도달하기를 원하는 사회 속에서의 자신의 지위와 역할을 결정한다는 의미이기도 하다. 물론 청년기에 자신이 원하는 사회적 지위와 역할을 단숨에 획득하는 것은 불가능하므로 이 시기에는 주로 그것을 위한 장기적인 인생목표를 세우게 된다.

정체감 확립을 통해 뚜렷한 인생목표를 확정하는 사람은 안정감을 가지고 세상 풍파에 맞서나갈 수 있지만 정체감 확립에 실패해 목표가 불확실한 사람은 '자아혼미' 상태에 빠져들 수 있다. 그는 나그네처럼 방황하기도 하고 밥 먹고 사는 데 지장 없는 직업을 골라 바람 부는 대로 나부끼며 순종적인 인생길을 향해 종종걸음을 친다. 그야말로 청년기에는 세상을 향해 나아가느냐 아니면 세상 속으로 빨려드느냐의 기로에 서는 것이다. 공자는 나이 삼십에 '우뚝 서야 한다(而立 : 이립).'고 말했다. 이것 역시 정체감 확립의 중요성을 강조한 말이라 생각된다.

에릭슨(Erikson)은 성인 초기의 심리사회적 위기를 '친밀감(intimacy) 대 고립감(isolation)'으로 규정했다. 정체감 확립에 성공한 사람은 성인 초기에 친밀감을 획득하여 타인들과 건강한 인간관계를 유지할 수 있지만 그렇지 못한 사람은 친밀감을 가질 수 없기에 제대로 된 인간관계를 맺을 수 없다는 것이다. 정체감이 뚜렷하지 않으면 건강하고 친밀한 인간관계를 맺을 수 없다는 그의 주장은 타당하다. 자신이 흑인인지 백인인지 아니면 남자인지 여자인지 헷갈리는 사람이 다른 사람과 정상적인 인간관계를 맺는 것은 불가능하기 때문이다. 그러나 친밀감 혹은 친밀한 인간관계 형성 능력을 성인 초기의 심리적 과제라고 보기는 힘들 것 같다. 왜냐하면 그것은 정체감 확립의 결과, 즉 올바른 인생을 선택하느냐 아니면 잘못된 인생을 선택하느냐에 따라 결정되는 것이지 그 반대가 아니기 때문이다. 예를 들어 나 외에는 그 누구도 믿을 수 없으며, 남을 꺾어야만 내가 살 수 있다고 생각하는 사람이 친밀한 인간관계를 형성하는 것은 콩을 심어놓고 팥이 자라기를 기대하는 것만큼이나 어려울 것이다. 반대로 이웃과 사회를 위해 헌신했던 테레사 수녀 같은 사람이 친밀한 인간관계를 형성하지 못할 가능성은 거의 없지 않을까. 이런 점에서 친밀감이란 어떤 인생길을 걸어가느냐에 의존하는 부차적인 변수라고 봐야 할 것이다. 단, 뿌리 깊은 심리적 문제를 안고 있는 사람은 올바른 인생길을 선택하고도 타인에 대해 친밀감을 좀처럼 형성하지 못할 수도 있는데, 이 경우에는 반드시 심리치료를 받아야 한다.

(7) **중년기**(40~60세)

중년기에 성공적으로 진입한 사람들은 경제적 안정 속에 일정한 사회적 지위와 역할을 차지하고 왕성한 사회활동을 전개한다. 개인적으로는 청소년기에 들어서는 자녀들의 교육 및 진로에도 깊은 관심을 기울인다. 중년세대는 가장 생산적인 연령집단이며 실질적으로 사회를 이끌어가는 주도세력이다. 이런 점에서 중년기는 인생의 황금기라고도 할 수 있다.

그러나 한편으로 이 시기에는 '중년의 위기'를 맞이하기도 한다. 중년의 위기란 중년기를 즈음하여 맞이하는 심리적 위기를 말한다. 그렇다면 왜 '중년의 위기'가 오는 것일까?

첫째, 이 시기에 인생에 대한 중간평가가 진행되기 때문이다. 중년기에는 청년기를 거치면서 자신이 선택했던 세계관, 소속집단, 인생관, 인생목표, 배우자 선택 등의 결과가 뚜렷하게 드러나기 시작한다. 즉 자신의 삶이 제대로 된 것인지 아닌지가 검증된다는 것이다. 청년기의 목표를 달성하느냐 못 하느냐, 추진했던 사업이 성공하느냐 실패하느냐, 배우자와 잉꼬부부처럼 지내느냐 이혼위기를 맞이하느냐, 청소년이 된 자녀와 잘 지내느냐 날마다 충돌하느냐가 대부분 이 시기에 판가름 난다. 이렇게 백일하에 명명백백하게 드러나는 자기 선택의 결과는 자신의 인생을 평가하도록 재촉한다.

둘째, 육체적 노화와 질병, 죽음에 대한 생각 등도 그를 괴롭히기 시작한다. 중년이 되면 몸이 예전 같지 않아서 여러 가지 병치레를 하게 된다. 또한 늙으신 부모님의 죽음을 맞이하기도 하고 주위 친구들 중에도 벌써 세상을 떠나는 이들이 나타나기 시작한다. 여기에 더해 '지금까지 살아왔던 시간보다 앞으로 살아갈 시간이 더 짧다.'는 냉엄한 현실은 죽음에 대해서 조금씩 생각하게 만든다. 이러한 조건들도 자신의 내면을 돌아보도록 이끈다.

셋째, 중년기에는 생의 에너지가 상당부분 고갈되므로 이를 재충전해야 하기 때문이다. 우리는 앞에서 심리적 에너지가 목표에 의해 발동된다는 점을 확인했다. 같은 맥락에서 생의 에너지는 인생목표에 근거해 생겨난다고 말할 수 있다. 그러므로 생의 에너지는 인생목표를 세우고 그것을 향해 질풍같이 달려가는 청년기와 성인 초기에 가장 강력해진다. 그러나 중년기에 이르러 어느 정도 인생목표를 달성했다고 느껴 안도하게 되거나 목표달성에 실패하게 되면 생의 에너지는 급격히 고갈될 수 있다. 이 시기에 중간평가를 함으로써 기존의 인생목표를 긍정적으로 재확인하거나 아니면 그것을 수정, 보완해 새로운 목표를 세워야 하는 이유가 바로 여기에 있다. 그래야만 생의 에너지가 다시금 발동될 수 있기 때문이다. 만일 생의 에너지를 보충하는 데 실패하면 심각한 병에 걸리거나 인생이 내리막길로 치달을 수도 있다.

넷째, 해결되지 못한 어린 시절의 '심리적 숙제'가 본격적으로 터져 나오기 때문이다. 어린 시절에 가까스로 봉합된 심리적 상처는 열정과 에너지가 넘쳐흐르는 청년기 동안에는 심각하게 표면화되지 않는다. 그러나 심리적 상처는 완전히 치료된 것이 아니므로 청년기와 성인 초기에 조금씩 그러나 일관성 있게 증상을 드러내고 그것은 차곡차곡 누적된다. 예를 들면 어머니에 대해 화가 많이 나있는 아들은 그것을 치료하지 않을 경우 성인이 되어서도 여성과 친밀한 관계를 형성하지 못할 가능성이 많다. 그 결과 그는 점차 일회용 여성들과의 비정상적인 관계에 빠져들고 중년기에 들어서면 배우자와의 결혼생활이 파탄 지경에 이른다. 이 후유증은 자식한테 전가되어 아이는 심각한 심리적 질환을 앓을 수도 있고 청소년기가 되면 아버지에게 거칠게 반항할 수도 있다. 이렇게 해결되지 못한 심리적 숙제가 만들어내는 나쁜 결과들은 조금씩 누적되다가 중년기 이후에 본격적으로 드러난다. 프로이트는 이를 "가까스로 진정된 소녀의 히스테리는 신혼 초의 행복으로 잠시 중단되지만, 부인의 히스테리로 되살아난다(Freud, 1898)."고 표현하기도 했다. 심리적 상처는 건강한 인생을 좀먹으므로 이를 극복하지 못한 채 중년기를 맞이한다면 자기 인생에 대한 중간평가에서 좋은 점수를 얻기 힘들 것이다.

다소 늦은 감이 있기는 하지만 중년기는 그래도 다른 인생을 선택할 수 있는 마지막 기회이기도 하다. 그래서인지 중년기에 들어서면 사람들은 극적인 자기변신을 하기도 한다. 일부는 과감하게 직업을 바꾸거나 정치운동이나 사회봉사활동을 시작하기도 한다. 빌 게이츠 같은 자본가들이 사회사업에 관심을 보이는 것도 이와 무관치 않을 것 같다. 또 다른 일부는 아주 나쁘게 변신하기도 한다. 진보운동에 몸을 담그던 사람들이 하루아침에 극우정당에 들어가 악역을 마다하지 않고 권력에 아부하는 경우가 여기에 해당될 것이다. 극적인 변신은 아니지만 취미생활이나 늦공부 등을 시작하는 이들도 있다.

공자는 40세에는 "의혹이 없다(不惑 : 불혹)"라는 말을 남겼다. 즉 중년기에 이르렀을 때 자신이 살아온 인생에 대해 의심이 없어야 한다는 것이다(배병삼, 2005). 이렇게 중간평가 점수가 후하게 나온 사람들은 강한 확신을 가지고 남은 인생을 살아갈 것이고 그의 자아는 계속 성장하고 강해질 것이다. 반대로 중간평가 점수가 짜게 나온 사람들은 '과연 내 길이 옳았을까?', '딴 길로 가는 것이 옳지 않았을까.' 하는 의심에 빠져들고 자아에 대해서도 혹평을 하게 된다. 그 결과 그의 자아는 자기로부터 또 사회로부터 소외되기 시작한다.

중년기의 중간평가에는 도덕적 자부심이 매우 큰 영향을 미친다. 자신감이 주로 어린 시절과 관련된다면 자부심은 주로 청년기 이후의 사회적 삶과 관련된다. 청년기에 뜻을 잘 세우고 내면의 도덕적 기준을 완강하게 고수하면서 살아온 사람은 중년기에 이르면 높은 도덕적 자부심을 가지게 된다. 그러므로 자신감과 함께 자아의 힘을 규정하는 '도덕적 자부심'은 아름답고 올바른 삶이 주는 최고의 선물이라고 할 수 있을 것이다. 반대로 청년기에 세운 뜻을 이기적인 이유로 포기하거나 양심을 외딴 방에 가둬놓고 실리만을 좇으며 '난 돈이 되는 일이라면, 뭐든지 할 수 있어.'라는 인생을 살아온 사람은 도덕적 자부심이 아니라 '죄의식'을 가지게 된다. 그런데 평소에는 대수롭지 않게 여기던 죄의식들도 중년기에 이르면 상당히 많이 누적되어 본격적으로 자신을 괴롭히기 시작한다. 권투할 때 가벼운 잽을 계속 맞으면 나중에 다리가 풀려 다운되는 것처럼, 죄의식은 불안과 공포를 야기함으로써 심리적 병을 유발하는 중요한 원인이 될 뿐만 아니라 자기반성과 치유를 방해하는 악당의 역할도 한다. 죄를 많이 지은 사람들이 중년기에 들어서면 대부분 종교에 귀의하는 것도 이런 사정과 관련된다. 그러나 진정한 반성이 없는, 단지 면죄부를 사기 위한 신앙생활은 마음의 평화가 아니라 극단적인 광신도의 길로 인도할 뿐이다.

중년의 위기를 슬기롭게 극복하면 '사회적 존재감'을 느끼게 된다. 즉 자신이 사회에 필요한 사람이고 사회적으로 가치가 있는 사람이라는 느낌을 가진다. 반대의 경우에는 심한 소외감과 고립감을 느끼고 중년기 우울증에 시달리게 된다. 전자의 경우에는 생산성도 계속 높아지겠지만 후자의 경우에는 생산성이 급격히 하락할 것이다. 이런 이유 때문인지 에릭슨(Erikson)은 중년기의 심리사회적 위기를 '생산성 대 침체성'으로 규정했다. 그러나 생산성이나 침체성은 중간평가 결과에 의해 좌우되는 부차적인 현상일 뿐이므로 그것 자체를 중년기의 심리적 과제로 볼 수는 없을 것 같다.

(8) 노년기(60세 이상)

노년기에는 노화와 질병이 친숙해지고 죽음이 눈앞에 다가온다. 이로 인해 노인들은 자신의 삶을 회고하면서 그것이 과연 가치가 있었는지에 대해 곰곰이 생각해본다. 이때 자신의 인생을 긍정적으로 평가하는 사람은 보람을 느끼고 자아를 통합함으로써 초연히 죽음을 맞이할 수 있게 된다. 그러나 자신의 인생을 부정적으로 평가하는 사람은 안타까움과 허무함에 사로잡혀 자아를 거부함으로써 절망에 사로잡히기도 한다. 지나온 나날을 생각하면 가슴이 답답해지고 한숨이 푹푹 나오지만 이제는 언제까지라도 계속될 것 같던 인생의 시간들이 다 흘러가버려 잘못된 삶을 만회할 기회조차 없기 때문이다.

일부 사람들은 이렇게 생각할 수도 있겠다. '그러면 자기 인생을 긍정적으로 평가하면 될 것 아닌가?'라고. 그러나 인생에 대한 평가는 주관적인 것 같으면서도 매우 객관적이다. 객관적으로 바람직한 인생을 살았음에도 주관적으로 부정적 평가를 하는 경우에는 상담 등을 통해 그것을 어렵지 않게 바로잡을 수 있다. 하지만 객관적으로 건강하지 못한 인생을 살았으면서 억지스럽게 긍정적인 평가를 하기란 정말 힘들다. 다른 사람은 다 속여도 자기 자신만은 속일 수 없기 때문이다. 죄지은 사람의 무의식은 절대 편안치 못하다. 그렇기 때문에 나쁜 인생을 산 사람의 내면이 긍정적인 자기평가를 내리기는 참으로 힘들다.

노년기에 진행되는 자기평가의 핵심 기준은 '사회와 미래를 위한 기여도'이다. 즉 내가 미래사회, 후대를 위해 얼마나 기여했는가에 따라 그 결과가 좌우된다는 것이다. 젊은 시절에 V3라는 백신 프로그램을 개발하고 성공한 벤처기업의 CEO가 되어 유명해진 안철수 씨의 소박한 말은 이를 잘 보여주고 있다. "사회의 일원으로 신세만 지는 게 아니라 저도 사회에 조금이라도 공헌한다는 그 느낌이 좋았어요. 제 생활신조가 〈변화를 만들다: make a difference〉입니다. 역사에 이름을 남기겠다는 욕심은 없어요. 다만 삶의 흔적은 남기고 싶어요. 조그만 것이라도 변해서 제가 죽고 없어도 그 흔적이 남아있으면 참 좋겠더군요(경향신문, 2008년 5월 22일)." 안철수 씨가 말한 '삶의 흔적'에는 이런저런 소규모 공동체에 대한 기여에서부터 인류에 대한 기여까지가 모두 포괄될 수 있다. 이런 이유 때문인지 이전까지는 자기 일 외에 세상일에는 별다른 관심이 없던 사람들도 노년기에 들어서면 미래 세대에 대해 부쩍 관심과 사랑을 표현하기도 한다. 한 개인이 자식, 이웃, 친구, 동료 나아가 사회, 국가, 인류를 위해 흘린 땀과 눈물은 헛되이 사라지지 않고 그가 죽은 후에도 미래세대의 행복과 발전에 기여한다. 사실 사람에게 있어서 그 이상 보람 있는 일은 없을 것 같다. 그러나 한평생 밥그릇만 부여잡고 살아왔거나 사회를 위해서는 한 일이 거의 없다면 인생이 얼마나 허무하겠는가?

상당수의 심리학자들은 치매 같은 노인병이 생물학적 원인 때문에 생긴다고 주장한다. 그러나 노년이 되어서도 왕성하게 활동을 하는 사람들은 거의 치매에 걸리지 않는다는 사실은 이 병의 발병에는 심리적, 사회적 요인도 크게 작용한다는 것을 시사해준다. 따라서 노년기의 심리적 질병들이 크건 작건 자기 인생에 대한 평가와 관련된다고 봐도 무방할 것 같다.

에릭슨(Erikson)은 "자신의 삶과 화해하고 … 자기 자신의 유일한 전 생애를, 그렇게 되어야만 했던, 따라서 다른 대치물이 허용될 수 없는 것"으로 받아들이라고 충고했다. 물론 죄짓고 살지 않은 사람에게 이 충고는 매우 유익하다. 그러나 바람직하지 못한 인생을 산 사람은 죽음을 앞둔 순간에라도 반성을 함으로써 마음의 짐을 털어내야 한다. 아무리 늦다 하더라도 진정한 반성은 가치 있고 용기 있는 행위이며, 그것은 반드시 아름다운 화해를 낳기 때문이다.

공자는 70세에는 "마음이 하고 싶은 대로 좇아도 법에 어긋나지 않음에 도달한다."고 말했다. 모든 사람이 이런 경지에 도달해 삶을 마감할 수 있다면 얼마나 좋겠는가. 분명히 그런 세상은 지상천국일 것이다. 사람의 진정한 가치와 아름다움은 죽음을 통해 집중적으로 드러난다는 말이 있다. 옛날부터 장수들은 전쟁터에서 죽는 것을 최고의 영광으로 여겼다고 한다. 오늘날, 우리가 영광스럽게 죽을 수 있는 자리는 과연 어디일까?

지금까지의 발달단계를 요약해보면 [표 8-3] 같다. 심리적 과제라는 항목에서 에릭슨(Erikson)과 다른 내 견해는 고딕체로 표시했다.

어떤 이들은 발달이 어느 시점부터는 멈추지 않느냐고 물을지도 모른다. 왜냐하면 우리의 육체는 청년기를 넘어서면 서서히 노화되어 죽음을 향해 한발 한발 나아가기 때문이다. 그러나 발달에는 육체적 발달만이 아니라 정신적 발달까지도 포함된다. 이런 관점에서 보면 발달이란 수정란에서부터 사람이 죽는 순간까지 계속되는 과정이다. 비록 어느 시점부터는 육체적 발달이 멈추지만 우리의 정신세계는 끊임없이 확대되고 발전해 나간다. 생물학적 존재로서의 발달에는 한계가 있지만 사회적 존재로서의 발달에는 한계가 없는 것이다. 물론 죽음은 그 누구도 피할 수 없다. 그러나 인류와 미래세대의 행복을 위해 최선을 다해 살다 간 사람들이 남긴 가치 있는 유산은 그가 죽더라도 후대에 의해 계승되어 사회발전에 계속 기여해나간다. 죽어도 죽지 않을 수 있는 비결이 있다면 바로 이것이지 않을까?

사람의 삶을 일생(一生)이라고도 한다. 단 한 번뿐인 삶이라는 뜻이다. 이렇게 인생은 공평하게도 그 누구에게나 단 한번씩만 주어진다. 그러나 삶의 기회는 단 한 번뿐임에도 우리는 수많은 불공정성을 껴안고 세상을 살아가야만 한다. 사회적 불평등과 모순, 차이가 있는 유전적 능력, 좋은 부모와 나쁜 부모 등…. 이런 불공정성을 떠올리면 생이 하나뿐인 것이 참으로 억울하게 느껴질 수도 있을 것 같다. 그러나 어쩌면 바로 그렇기 때문에 우리는 이 단 한번 뿐인 인생을 결코 소홀히 대해서는 안 되지 않을까?

[표 8-3] 발달단계 비교(심리적 과제에서 고딕으로 표시된 글자는 에릭슨과 다른 점)

발달단계	주요 특징	사고(인지)	언 어
영아 전기 (0~1.5)	급격한 신체발달	파편화된 자극들을 통합하기 시작(감각, 지각)	옹알이, 한 단어 언어(명사)
영아 후기 (1.5~3)	사고능력 도약	심적 표상, 대상영속성 개념	2세: 어휘력 팽창 전보식 언어(명사 + 동사와 형용사)
유아기 (3~6)	유아적 전능감	이성적 인식단계로 진입, 자기중심성(전 조작기)	문법(통사)규칙에 맞는 언어, 자기중심적 언어
아동기 (7~11)	학교생활(또래관계)	논리적 사고(주로 구체적 대상), 보존 개념(구체적 조작기)	구체적, 논리적 언어
청소년기 (12~17)	육체적, 정신적 능력 성인수준에 도달	추상적, 과학적 사고 폭넓은 일반화 능력 (형식적 조작기)	추상적, 과학적 개념을 사용하는 언어
청년기, 성인 초기 (18~39)	인생길 선택, 자신의 가족 형성	사회의식 발달에 기초해 세계관, 가치관, 신념, 인생관 등 확립	언어의 풍부화, 심화발전(새로운 개념 창조)
중년기 (40~60)	중년의 위기	사회를 위해 자신의 능력 사용(검증)	
노년기 (60 이후)	죽음 준비	미래세대에 대한 관심과 사랑	

도덕성	자 아	사회성	심리적과제-실패	비 고
쾌-불쾌의 정서	쾌락추구형 자아 +나에 대한 상(像) 형성	주 양육자에 대한 애착(낯가림)	신뢰감(안정)-불신감(불안)	어머니(주 양육자) 관계 결정적
공감능력 발달되기 시작	나와 객관세계를 분리	아버지를 포함한 주변 인물들에 대한 애착	자율감-부끄러움(자기회의)	부모관계 결정적
자기중심적 도덕, 초보적 도덕규범 내면화	유아적 전능감에 기초해 자아의 힘이 부쩍 성장함	사회규범에 기초해 욕구와 충동을 조절통제하기 시작	통제감-죄책감	
구체적 도덕규범과 규칙 내면화	1차 자아 확립(기본적 자아)	확장된 사회관계(선생님, 또래 집단 등)	자신감-열등감	기본적 인격틀 형성
추상적 도덕규범 내면화	(부모로부터) 자아의 독립성 추구	가족의 울타리를 벗어나기 시작, 사회생활을 위한 기술기능 습득	독립심-의존심(무력감)	부모관계 재정립
자기만의 내면적 도덕기준 확립	2차 자아(사회적 자아) 확립	사회적 존재로서의 삶이 본격적으로 시작됨	정체감-자아혼미	〈살기 위해 먹느냐, 먹기 위해 사느냐〉의 문제
도덕적 자부심(반대의 경우 죄의식)	자아의 성장·강화	사회에 영향을 미침	사회적 존재감-소외감	인생에 대한 중간평가
	자아통합(자신과 세계와의 화해)	미래(후대)에 기여	자아통합-절망	자기 인생에 대한 최종평가

제9장

내 성격은 무엇일까

— 성격

사회적 존재인 사람은 욕구와 요구를 가지고 있으며 그에 기초해 감정을 느낀다. 또한 사람의 정신은 의식과 무의식으로 구성되어 있는데, 사람의 모든 활동을 지휘통제하는 것은 의식이다. 사람은 의식의 주도적 역할 아래 무의식을 활용해 이성적 사고를 하고 꿈을 꾼다. 사람은 또한 태어나서 죽을 때까지 끊임없이 육체적, 정신적으로 성장하고 발전해나간다. 우리가 지금까지 살펴본 이런 견해들은 모두 사람 일반에 대한 심리학 이론들이다. 즉 그것은 개인차가 아니라 모든 사람이 가지는 보편성을 규명하는 것이었다.

그러나 심리학은 개인차에도 꾸준히 관심을 기울여왔다. '다 같은 사람인데 왜 저리도 다를까?'란 질문은 개인차에 대한 대중적 관심을 압축적으로 표현하고 있다. 아주 먼 옛날부터 인류는 사람들 간의 차이가 어디에서 비롯되는지에 대해 깊은 관심을 기울여왔다. 그리고 개인차를 낳는 타고나는 '천성'이나 '천품' 같은 것이 반드시 있다고 굳게 믿어왔다.

사람들은 얼굴, 눈동자, 지문, 체질이 다르고 지적 능력도 다르며 특정 분야에 대한 재능도 다르다. 아마 대부분의 사람들이 여기까지는 쉽게 동의할 것이다. 그렇다면 사람은 타고나는 '마음'도 다를까? 즉 사람에 따라 유전적으로 다르게 타고 나는 심리적 특성이 있을까? 개인차에 대한 심리학의 관심은 바로 여기에 집중된다. 심리학은 생리학적 체질이나 지능지수, 재능 등의 차이보다는 주로 '심리'의 차이, '마음'의 차이에 관심이 있는 것이다. 이런 맥락에서 개인차를 규명하기 위해 발전해온 심리학의 '성격(personality)' 이론들을 먼저 살펴보기로 하자.

1. 성격이란 무엇인가

다른 많은 것들과 마찬가지로 '성격'에 대해서도 심리학자들은 자신의 학문적 입장에 따라 서로 다르게 정의하고 있다. 단지 나름대로 합의된 것은 성격이란 개인차를 대변하는 개념이 되어야 한다는 정도일 것이다. 우리는 성격개념에 대한 올바른 정의로 나아가기 위해 우선 기존의 성격개념들부터 검토해보기로 하자.

(1) 기존 성격개념의 문제점

성격에 대한 개념정의를 몇 가지 살펴보면 다음과 같다. 알포트(Allport, 1961)는 성격을 "개인의 내부에서 특징적인 행동과 사고를 결정하는 정신물리학적 체계의 역동적인 조직"으로, 미셸(Mischel, 1986)은 "그 혹은 그녀의 인생에 대한 상황들에 대하여 각 개인의 적응을 특징짓는 (사고와 정서를 포함한) 독특한 행동양식"이라고 정의했다. 글라이트만(Gleitman, 1995)은 '성격차'를 "각 개인에게 우세한 욕구, 특징적인 감정 그리고 그러한 것들이 각 사람의 세계관에 영향을 주는 방식에 있어서의 개인차"라고 말했다. 그리고 한국의 심리학자들이 공저한 『심리학의 이해』(2004)에서는 성격을 "한 개인이 환경과 상호작용하면서 나타나는 독특하고 일관성이 있으며 안정된 인지적이고 정동적인 행동양식이다."라고 정의하고 있다.

이러한 설명들은 강조점이 약간씩 다르기는 하지만 크게 보면 두 가지 공통점을 갖는다. 첫째는 '독특성'이다. 성격은 개인차를 설명하기 위한 것이므로 한 개인이 가진 심리적 특성이 다른 사람들과 똑같다면 그것은 성격이 될 수 없다. 따라서 성격은 한 개인만이 가진 고유하고 독특한 심리적 특성이어야 한다. 둘째, '일관성'이다. 만일 어떤 사람의 심리적 특성이 아침과 저녁에 따라 달라지거나 5년마다 주기적으로 변한다면 그것을 성격으로 규정하기는 어렵다. 성격은 환경의 변화에도 불구하고 상대적으로 불변하는 심리적 특성을 의미하기 때문이다. 이 두 가지 공통점을 종합해보면 성격이란 '다른 사람과 차이가 나는 독특하고 일관성 있는 심리적 특성'을 의미한다고 할 수 있다.

대부분의 성격이론들은 독특성과 일관성을 가지는 심리적 특성에는 무수한 요인들이 영향을 미친다고 인정한다. 즉 선천적이고 유전적인 요인 그리고 후천적이고 환경적인 요인들이 모두 영향을 미친다고 보는 것이다. 이렇게 기존의 성격개념들은 기본적으로 개인차를 낳는 데 영향을 미치는 모든 요인들을 성격에 포함시키고 있다. 그러나 바로 이것 때문에 기존의 성격개념들은 심각한 문제를 가지게 된다. 개인차에 영향을 미치는 요인들은 너무나 많아서 그것들을 모두 고려하고 연구한다는 것은 불가능에 가깝기 때문이다. 이는 개인차에 영향을 미친다고 생각되는 요인들을 몇 가지만 짚어 봐도 알 수 있다.

첫째, 자신이 처한 사회적 환경. 사회적 역할이나 민족, 계급, 연령, 직업 등 자기가 속한 사회집단의 독특한 집단심리 등이 개인차를 발생시킬 수 있다. 둘째 세계관, 사상과 신념, 가치관, 도덕성, 종교 등. 셋째, 지적 수준. 넷째, 심리적 건강성 예를 들면 욕구좌절 정도, 정서 상태 등. 다섯째, 각 개인마다 차이가 있는 개인의 역사. 여섯째, 타고난 체질과 같은 생물학적 특성들.

이렇게 개인차에 영향을 미치는 요인들은 아주 많기 때문에 그것들은 무수히 많은 성격을 만들어낼 수 있다. 예를 들면 정치사상에 따라 진보적 성격-보수적 성격, 심리적 건강성에 따라 병든 성격-건강한 성격, 도덕성에 따라 나쁜 성격-좋은 성격, 종교적 신념에 따라 불교적 성격-기독교적 성격-이슬람교적 성격, 사회집단에 따라 자본가 성격-노동자 성격-자영업자 성격 등이 탄생할 수 있는 것이다. 또한 위의 각각의 성격들은 세부적인 차이에 따라 또다시 여러 가지로 구분될 수 있고 그것들이 서로 합쳐져 새로운 성격을 형성할 수도 있다. 이런 식으로 개인차에 영향을 미치는 요인들을 모두 다 포함해 성격을 규정하다 보면 성격의 종류는 너무나 많아질 것이므로 과연 그것이 이론적 가치가 있는지조차 의심스러운 지경에 이르게 될 것이다.

아도르노(Adorno, 1950) 등의 권위주의적 성격(authoritarian personality)에 대한 연구는 기존 성격개념의 딜레마를 잘 보여준다. 아도르노는 권위주의적 성격을 "여러 소수집단들에 대한 편견, 권위에 대한 모종의 감정(sentiment)"이라고 정의하고 그것에는 "윗사람에 대한 복종, 아랫사람에 대한 가혹함, 권력과 지배가 중요하다는 전반적 신념 등이 포함"된다고 말했다. 여기서 '소수집단들에 대한 편견', '권력과 지배가 중요하다는 신념', '아랫사람에 대한 가혹함'은 주로 극우보수주의적인 정치이데올로기에 특징적으로 나타난다. 반면에 자유주의나 진보적인 정치사상은 소수자와 약자에 대한 존중, 권력과 지배보다는 민주주의를 중요시한다. 그리고 '권위에 대한 모종의 감정'이나 '윗사람에 대한 복종'은 주로 심리적 건강성과 관련된다. 열등감 혹은 의존심이 심하거나 자아가 약한 사람일수록 권위를 추구하거나 그에 복종하려는 경향이 강하다. 마지막으로 '아랫사람에 대한 가혹함'은 정치적 입장뿐만이 아니라 도덕성과도 관련된다. 이렇게 상당히 단순화해서 보더라도 '권위주의적 성격'은 정치사상, 심리적 건강성, 도덕성 등이 복합적으로 작용해 만들어낸 결과물임을 알 수 있다. 그러므로 이런 식으로 성격을 규정한다면 무수히 많은 성격들이 만들어질 수 있음을 미루어 짐작할 수 있을 것이다.

개인의 심리적 특성을 형성하는 데 영향을 미치는 요인들을 모두 성격에 포함시킨다면, 성격이란 개념은 '개인차'나 '개성', '인격' 같은 개념들과 별다른 차이를 가질 수 없다. 더욱이 그런 복합적이고 광의적인 성격개념은 천성적으로 타고 나는 '심리적 특성'이 존재한다면 그것을 파악하는 데 방해가 될 수 있다. 이런 이유들 때문에 나는 선천적인 심리적 특성의 차이를 중심으로 성격개념을 새롭게 정의해야 한다고 생각한다. 그리고 그것이 가능하려면 우선적으로 개인차에 영향을 미치는 요인들 중에서 환경적, 후천적 요인을 최대한으로 배제함으로써 선천적인 심리적 특성을 찾아내야 할 것이다.

(2) 성격개념에 대한 새로운 접근

글라이트만(Gleitman, 1995)은 "사람에게는 기본적으로 일관성 혹은 개인 항등성이 있다."는 직관적 믿음을 우리 모두가 가지고 있다고 주장했다. 그리고 그런 일관성에 대한 직관적 믿음은 착각이 아니라 '외부세계에 있는 안정성을 그대로 반영한 것'이므로 참이며, '성격의 항등성은 걸상의 항등성만큼 튼튼하지는 못하다. 그렇지만 그것은 실재한다.'고 말하기도 했다.

그의 주장대로 '사람이 성격적 일관성을 가지고 있다.'는 믿음은 아주 옛날부터 존재해왔다. 우리는 개인이 가진 정치적, 종교적 신념이나 독특한 가치관, 취향, 도덕성 등이 잘 변하지 않는다는 걸 잘 알고 있다. 어제까지 도둑질을 일삼던 사람이 갑자기 성인군자가 되거나 얼마 전까지 교회에 다니던 사람이 불현듯 불교신자가 되는 일은 드물기 때문이다. 그러나 어느 정도 일관성을 가지는 이런 심리적 특성들도 변화가 가능하다. 진정으로 뉘우치면 범죄자도 착한 사람이 될 수 있으며 중요한 계기를 만나면 개종을 할 수도 있기 때문이다. 그러나 인류가 직관적으로 믿어온 것은 단지 여기에만 국한되지 않는다. 인류는 환경적, 후천적으로 획득하는 심리적 특성만이 아니라 평생을 두고 거의 변하지 않는 선천적인 심리적 특성이 있다는 신념을 오랜 기간 간직해왔다. 즉 모든 사람은 선천적인 심리적 특성의 차이를 가지고 태어난다고 믿어온 것이다.

이러한 뿌리 깊은 믿음은 사실일까? 만약 그것이 사실이라면, 즉 사람에게 선천적으로 타고 나는 심리적 특성이 존재한다면 성격이론은 무엇보다 먼저 그것부터 밝혀내야 한다. 설사 그 존재를 인정하지 않는다고 해도 적어도 성격이론이라면 그것이 있는지 없는지부터 확실히 검토해봐야 할 것이다.

이런 맥락에서 나는 성격이론을 올바로 정립하기 위해서는 다음과 같은 조건들이 필요하다고 본다.

첫째, 선천적으로 타고 나는 심리적 특성과 나머지 특성들을 분리해야 한다. 심리적 특성에 영향을 미치는 요인들은 무수히 많다. 그것들은 보통 서로서로 영향을 미치면서 이러저러한 특성들을 만들어내므로 특정한 심리적 특성 속에서 환경적, 후천적 요인들의 영향을 잘 분리해냄으로써 선천적인 심리적 특성들을 찾아내야 한다.

둘째, 선천적인 심리적 특성들에 기초해 유형화를 해야 한다. 우선은 선천적인 심리적 특성들 중에서 타인과의 변별을 가능하게 해주는 독특한 특성을 찾아야 한다. 모든 사람이 다 가진 특성은 개인차를 드러내주지 못하기 때문이다. 동시에 그 특성들은 상대적인 보편성도 있어야 한다. 수십억 인구가 가진 수십억 가지의 특성을 찾아내는 것은 과학적으로 아무런 의미가 없기 때문이다. 따라서 특정 집단에게는 보편적으로 존재하지만 다른 집단은 가지고 있지 않은 특성을 찾아야 한다. 이를 위해 사용할 수 있는 가장 유용한 방법이 유형화이다. 예를 들면 A라는 유형은 A1이라는 공통적인 심리적 특성을 공유한다. 반면에 B라는 유형은 A1을 가지지 않고 B1이라는 특성을 공유하는 식으로 분류를 하는 것이다.

셋째, 유형을 규정하는 근본특성을 밝혀내고 그것을 만들어내는 원인을 규명해야 한다. 여러 가지 선천적인 심리적 특성들에 기초해 '내향형-외향형'으로 유형화를 했다고 하자. 그러면 그 두 가지 유형의 차이를 만들어낸 원인이 무엇인지를 규명해야 하고 그것에 기초해 근본특성을 찾아내야 한다. 나아가 근본특성의 본질과 그 발현과정을 추적해야 한다.

넷째, 근본특성과 부차적인 특성들 사이의 관계를 규명해야 한다. 근본특성이 어떤 방식으로 부차적인 특성들을 만들어내는지 혹은 그것이 어떻게 현상화되는지를 밝혀내야 한다. 이 단계에서는 필연적으로 환경적, 후천적 요인들을 고려할 수밖에 없다. 원칙적으로 환경이나 후천적 요인과 관련되지 않고 순수하게 표현되는 심리적 특성이란 있을 수 없기 때문이다.

나는 이런 조건들을 고려해 성격을 "사람의 근원적인 심리적 특성을 결정짓는 타고난 심리적 유형이다."라고 정의한 바 있다(김태형 · 전양숙,

2007). 여기에서 '근원적'이라는 것은 환경적 변화에도 불구하고 의연히 일관성을 유지하면서 다른 심리적 특성들에 영향을 미친다는 의미이다. 또한 '심리적 유형(psychological type)'이란 심리적 특성의 동질성에 의해 묶일 수 있는 집단을 의미한다. 동일한 심리적 유형은 동일한 심리적 특성을 공유하며, 다른 심리적 유형은 다른 심리적 특성을 가진다.

타고난 심리적 유형은 '근원적인 심리적 특성'을 규정하므로 선천적인 심리적 차이를 발생시키는 기본원인으로 작용한다. 환경적, 후천적 요인은 여기에 결합되어 다양한 심리적 특성들을 만들어냄으로써 개인차를 발생시킨다. 따라서 나는 전자를 '성격'으로, 후자를 포함하는 개인차를 '인격' 혹은 '개성'으로 규정하는 것이 타당하다고 생각한다. 이런 기준에 근거해 규정된 '성격'은 사상이나 신념, 특정 가치관, 종교, 도덕성이나 품성, 기질, 체질, 지식수준, 기술기능 등이 만들어내는 심리적 특성에 대해 독립적이다(김태형 · 전양숙, 2007).

2. 성격이론들에 대한 평가

아직까지 완성도 있는 성격이론이 제시된 적은 없지만 성격에 관한 몇 가지 심리학 이론들을 소개하자면 다음과 같다.

(1) 특성 이론(trait theory): 유형 이론(type theory)

특성이론은 심리적 특성에 기초해 성격을 규정하려고 한다. 이는 심리적 특성에 기초해 사람들을 유형화하는 데로 귀결되므로 본질적으로 유형이론과 같다고 할 수 있다. 그러므로 특성 이론은 '성격적 유형이 있는가?', '무엇을 기준으로 성격유형을 나눌 수 있는가?', '그 기준이 왜 그리고 어떤 식으로 성격유형을 만드는가?' 등을 탐구함으로써 성격이론을 개발하려고 한다.

특성 이론은 특성에 따른 성격유형이 시간과 상황의 변화에도 불구하고 기본적으로 일관성이 있다고 주장한다. 특성은 공고하고 안정적이어서 사람의 사고와 행동을 일관성 있게 만들 것이기 때문이다. 그래서 특성 이론은 성격유형이 일관성을 가진다는 믿음, 특성이 변하지 않고 오래 지속된다는 믿음에 기초해 사람들의 성격을 유형화하려 한다. 그런데 이때 특성의 종류는 아주 많으므로 몇 가지 근본특성을 찾아내고 그것을 기준으로 사람들을 분류해야 한다. 특성이론의 과학성은 바로 이 과제를 얼마나 잘 수행하느냐에 달려 있다. 즉 근본특성을 얼마나 정확히 찾아내는가, 그 근본특성을 나누는 차원이나 기준을 어떻게 밝혀내는가에 이론의 성패가 달려 있는 것이다.

그러나 지금까지 특성이론가들이 이룩한 성과는 그리 만족스럽지 못하다. 근본특성을 나누는 차원, 기준의 수에서부터 이론가마다 많은 차이가 난다. 한스 아이젱크(Hans Eysenck)는 '신경증-정서안정성'과 '내향성-외향성'이라는 두 개의 차원을 제시했다. 그러나 여기에서 '신경증-정서안정성'은 심리적 건강성과 관련된 특성이지 타고난 성격적 특성 나아가 근본특성은 아니다. 한편 워렌 노먼(Warren Norman)은 외향성, 정서안정성, 유쾌함, 성실성, 교양이라는 다섯 가지 주요 차원을 제시했다. 여기에서 정서안정성은 주로 심리적 건강성과 관련된다. 그리고 유쾌함에는 낙관주의 같은 개인적 신념, 정서 상태 등의 심리적 건강성, 자신이 처한 삶의 현실 등이 영향을 준다. 성실성에는 개인의 가치관이나 도덕성 등이, 교양에는 지적 능력이나 교육수준 등이 영향을 미친다. 따라서 외향성을 제외한 나머지는 성격적 특성이라고 볼 수 없다. 레이몬드 카텔(Raymond Cattell)처럼 약 16가지나 되는 성격차원을 주장한 사람도 있다.

이론적 방향을 타당하게 설정했음에도 불구하고 특성이론이 지속적으로 어려움을 겪고 있는 것은 성격적 특성 그리고 근본특성을 정확히 찾아내지 못한 데 기인한다. 대부분의 특성이론가들은 성격특성이나 근본특성을 유전적으로 타고나는 것으로 보면서도 막상 그것을 규정하는 데서는 여러 가지 후천적, 환경적 요인들을 배제하지 못하고 있다. 이렇듯 후천적, 환경적 요인들에 의해 만들어지는 심리적 특성들을 타고난 성격적 특성과 무분별하게 혼합하는 것이야말로 기존의 특성이론이 가진 가장 큰 한계점이라 할 수 있다.

또한 특성이론가들은 성격특성으로 대부분의 인간행동을 예언할 수 있다는 무리한 주장을 하기도 하는데, 그것 또한 잘못이다. 말수가 적은 내향형도 웅변대회에 나가면 말을 많이 하며, 말이 많은 외향형도 시험을 볼 때는 침묵하지 않는가. 사람은 일반적으로 자신의 신념과 가치관에 근거해 사회적 역할과 보편적 사회규범에 부합되게 행동한다. 이런 식으로 행동에 영향을 미치는 변수들은 아주 많기 때문에 성격특성이 대다수의 인간행동을 직접적으로 정확하게 예언하기는 힘들다. 성격특성은 행동과 일대 일 방식으로 대응하기보다는 장기성을 띠면서 생의 기저에서 묵묵히 작용하며, 다른 변수들의 영향이 적어지는 조건에서 자기만의 독특한 색깔을 드러내기 때문이다. 어쨌든 기존의 특성이론들은 무엇보다 먼저 근본특성을 올바로 규명함으로써 성격특성들에 대한 적절한 분류법을 찾아내야 할 것이다.

이론적으로 매우 가치 있는 특성 분류, 유형화 기준을 제시한 융의 '심리적 유형이론'은 뒤에서 다시 언급하기로 하겠다.

(2) 사회학습 이론(social learning theory)

고전적 행동주의자들은 일관성 있는 심리적 특성이나 성격의 존재를 부정한다. 그들의 견해에 따르자면 사람이란 주변자극에 그때 그때 반응하는 존재일 뿐이므로 일관성 같은 건 없다. 이런 점에서 고전적 행동주의의 성격이론이란 한 마디로 말해 '성격이란 없다.'는 이론인 셈이다.

행동주의자들은 행동이란 성격특성이 아니라 상황의 특징에 의해 주로 결정된다고 주장한다. 즉 어떤 성격특성을 갖고 있든지 간에 경찰은 쫓고 도둑은 도망가야 하며, 규율을 싫어하는 사람도 군대에 입대하면 규율을 지키며 생활하게 된다는 것이다. 상황에 따라 사람의 행동이 변화한다는 말은 맞다. 그러나 그것을 '사람이란 어떠한 심리적, 성격적 일관성도 없는 존재'라는 결론으로 확대해석하는 것은 큰 잘못이다. 사람은 외부자극의 변화에 따라 카멜레온처럼 시시각각 색을 바꾸는 수동적인 존재가 아니기 때문이다. 우리는 사람이란 일관성이 있는 존재라는 전제를 가지고 세상을 살아간다. 사람들은 친한 친구를 만났을 때, 내가 손을 들어 인사하면 그 역시 반갑게 화답할 것이라 기대한다. 그 누구도 그 친구가 갑자기 우리한테 화를 내거나 뺨을 때릴 거라고는 생각하지 않을 것이다. 아이들은 부모의 일관성을 믿고 있으며 부모도 자기 아이의 일관성을 알고 있다. 서로의 일관성을 전제하지 않고서는 정상적인 부모-자식 관계란 존재할 수 없을 것이다. 만일 사람이 일관성을 가진 존재가 아니라면 우리들은 대인관계를 어떻게 풀어야 할지 감을 잡을 수 없을 것이며 이 세상은 큰 혼란에 빠질 수도 있다. 하긴 행동주의자들조차 '심리적 일관성이란 없다.'는 논문을 쓰다가도 일을 마칠 때면 일관성 있게 행동할 것이 분명한 자신의 가족을 떠올리며 편안한 마음으로 집을 향해 발걸음을 옮길 것이다.

아무리 우겨 봐도 고전적 행동주의자들의 주장은 너무 극단적이라 인정받기 어렵다고 판단해서인지 행동주의의 후예들은 인지적 요인을 추가해 '사회학습이론'을 만들어냈다. 알버트 밴듀라(Albert Bandura), 월터 미셸(Walter Mischell) 등이 대표적인 이론가들이다. 이들의 주장은 일관성 있는 성격의 존재를 인정하지 않는다는 점에서 고전적 행동주의와 맥을 같이 하지만 인지적인 요인에 따른 개인차의 존재를 인정한다는 점에서는 차이가 난다. 그들에 의하면 개인차란 개인이 살아오면서 획득한 세상을 보고, 세상에 관해 생각하고, 세상과 상호작용하는 방식의 차이일 뿐이다. 예를 들면 미셸은 능력감, 부호화 책략, 기대, 주관적 가치, 자기조절체계 등에서 개인차가 있다고 주장했다.

학습이론가들은 특성이론에 근거해 만들어진 성격검사의 예언타당도에 문제가 있다고 비판해왔다. 미셸은 공격성, 의존성, 엄격성, 권위에 대한 반응 등에 관한 연구를 통해 이런 특성들은 상황이 변함에 따라 일관성이 적어진다고 주장했다. 그러나 공격성은 주로 분노감정의 수준과 관련되며 의존성은 자아의 힘을 비롯한 심리적 건강성과 관련된다. 엄격성은 성격특성과도 일정부분 관련이 있으나 기본적으로는 신념이나 가치관 등에 의해 규정된다. 권위에 대한 반응도 마찬가지다. 그것은 주로 권위에 대한 평가나 태도, 공포심 등과 관련된다. 따라서 미셸이 비판한 성격특성들은 올바르게 정의된 성격특성들 나아가 근본특성은 아니다. 결국 미셸은 잘못된 특성이론에 대해 잘못된 비판을 하고 있는 셈이다.

게다가 엡스타인(Epstein)이나 블락(Block) 등의 연구는, 비록 올바른 성격특성을 기준으로 한 연구가 아니었음에도, 시간에 걸친 심리적 특성의 일관성이 상당히 높다는 결과를 보여준다. 즉 많은 종단적 연구결과들은 단기적인 상황들에 따른 심리적 일관성은 거의 없지만, 비교적 긴 시간에 걸친 인간행동에는 여전히 일관성이 많이 남아 있다는 증거들을 제시하고 있다. 나아가 모스코비츠(Moskowitz, 1982)나 부스와 크레이크(Buss & Craik, 1983) 등의 연구자들은 동일한 심리적 특성이 다른 행동양식으로 나타날 수 있기 때문에 이를 치밀하게 고려해야 한다고 강조했다. 예를 들어 카간과 모스(Kagan & Moss, 1962)의 발달연구에 따르면 '공격성' 같은 심리적 특성은 남자의 경우 아동기로부터 청년기까지 상당한 일관성이 유지되지만 나이에 따라 외현적 형태가 다르게 나타난다고 한다. 즉 어린 소년들은 주먹다짐을 하지만 청년들은 주먹질보다는 주로 고함을 지른다(공격성을 성격적 특성으로 볼 수 없음에도 불구하고).

사회학습이론이 인지적 요인이나 행동양식의 차이 등에 따른 개인차를 성격으로 볼 수 없다고 주장한 것은 어느 정도 긍정적이다. 개인차를 낳는 모든 요인을 성격으로 간주해서는 안 되기 때문이다. 그러나 여러 연구결과들을 고려해보면 학습이론가들의 주장과는 달리 '세 살 버릇이 여든까지 간다.'는 속담처럼 일반적인 심리적 특성들도 상당한 일관성을 가진다는 사실을 알 수 있다. 여기에 더해 성격요인만으로 인간행동을 예언하는 것이 무리인 데다가 대부분의 특성이론은 성격특성을 올바르게 설정하지 못하고 있다는 점도 지적하고 싶다. 그러므로 특성이론가들이 주장하는 성격특성이 일관성을 적게 가진다고 해서, 즉 특성이론에 오류가 있다고 해서 안정적인 성격특성이 실제로 존재하지 않는다고 단정하는 것은 잘못이다. 아마도 성격특성 특히 근본특성은 일반적인 심리적 특성보다는 훨씬 더 많은 일관성을 가질 것으로 기대해도 괜찮을 것이다.

(3) 정신분석학적 이론(psychoanalytic theory)

정신분석학 이론은 어린아이가 집중하는 성감대의 변화에 따라 발달단계를 구분하고 이를 '심리-성적 발달단계(psychosexual development stage)'라고 규정했다. 이 주장에 따르자면 아이가 특정 발달단계에 고착될 경우 그것이 성격으로 굳어진다. 이를 [표 9-1]로 간단히 살펴보면 다음과 같다.

[표 9-1] 심리-성적 발달단계와 성격

발달단계	나 이	쾌락추구 대상	성격(고착될 경우)	주요 특징
구강기 (oral stage)	생후 1년	입(입술, 구강)	구강기 성격	수동적, 의존성
항문기 (anal stage)	1~3세	항문	항문기 성격	청결벽(강박증) / 완고함(고집) / 인색함(소유욕)
남근기 (phallic stage)	3~6세	성기	오이디푸스콤플렉스(신경증의 원인)	성적 관심 억압 : 잠복기로 이행
잠복기 (latency stage)	6~12세	관심 억압	성격과의 관련 없음	주변환경에 관심
성기기 (genital stage)	12세 이후	이성	성격과의 관련 없음	이성과 애정관계 형성

정신분석학 이론은 발달단계에서 구강기 혹은 항문기에 고착되면 어른이 되어서 각각 구강기 성격과 항문기 성격을 가지게 된다고 주장한다. 그런데 여기에서 고착은 일종의 발달장애로 간주할 수 있으므로, 결국 정신분석학 이론은 '성격이란 발달장애의 결과물'이라고 주장하는 셈이다. 만일 이 주장대로 성격을 발달장애의 결과물로 이해한다면 성격을 가진 사람은 모두 정신적으로 건강하지 못하다고 봐야 할 것이다. 그러나 발달장애의 후유증을 '성격'으로 규정할 수는 없다. 왜냐하면 정신병리, 심리적 불건강성이 파생시키는 개인차는 성격이 아니며, 발달장애가 없는 사람은 성격도 없다는 이상한 결론에 이르기 때문이다.

이런 문제 때문에 후기 정신분석학 이론은 성격을 발달단계보다는 방어기제와 연관시켜 설명한다. 사람들은 무의식적 갈등이 야기하는 불안을 없애기 위해 방어기제를 사용하게 된다. 이때 특정 방어기제를 습관적으로 사용하게 되면 그것이 굳어져 성격특성이 될 수 있다는 것이다. 대표적인 방어기제를 몇 가지만 살펴보기로 하자.

첫째 억압. 일차적인 방어기제로서 말 그대로 불안 혹은 불안과 연결된 기억 등이 의식으로 떠오르지 않도록 억누르는 것이다. 둘째 전위(displacement). 불안을 감추기 위해 '위장된 표현'을 하거나 종로에서 뺨 맞고 한강에서 화풀이하는 식으로 '전위된 공격'을 하는 것이다. 셋째 반동형성(reaction formation). '미운 놈한테 떡 하나 더 준다.'는 속담처럼 억압된 소망을 그 정반대의 사고나 행동으로 차단하는 것을 말한다. 넷째 합리화(rationalization). 용납하기 힘든 스스로의 감정이나 행위를 보다 허용가능한 것으로 해석하는 것이다. 다섯째 투사(projection). 성욕에 사로잡힌 소설가가 '모든 인간은 색마'라는 주제의 소설을 쓰는 식으로 자신의 내면세계를 타인들에게 비추는 것이다. 여섯째 고립(isolation). 위험한 기억을 의식에 떠올리는 것은 허용하지만 그 기억과 연결되어 있는 감정 등은 무의식에 묶어놓는다. 이런 증상은 포로수용소 생존자들이나 강간 피해자들처럼 심한 스트레스를 겪은 사람들에게서 이따금 나타난다. 그들은 자신이 겪은 고통스러운 사건을 별다른 감정변화 없이 담담하게 남의 일처럼 이야기한다.

후기 정신분석학파 연구자들은 이러한 방어기제의 유형과 관련하여 성격차이를 분류하고 분석한다. 그러나 이것 또한 정신분석학 이론과 동일한 문제점을 갖는다. 방어기제의 남용은 건강한 인격이 아니라 무의식적 불안수준이 높은 불건강한 인격에서 전형적으로 나타나기 때문이다. 즉 한 마디로 그것은 심리적으로 건강하지 않은 사람에게서 특징적으로 나타나는 현상인 것이다. 따라서 심리적 불건강성에서 비롯된 병리적인 특성을 성격으로 간주하고 있다는 점에서 전기이든 후기이든 정신분석학의 성격이론은 모두 오류이다. 발달장애나 정신병리의 결과물은 정상인의 성격특성이 될 수 없기 때문이다.

베일란트(Vaillant, 1974; 76; 77)의 연구에 의하면 방어유형은 나이가 들어감에 따라 보다 성숙한 것으로 변한다고 한다. 즉 방어유형은 연령에 걸친 일관성이 부족하다는 것인데, 이런 결과가 나오는 것은 당연하다. 왜냐하면 어린아이 때 사용할 수 있었던 유치한 방어기제를 사회생활을 하는 어른이 되어서까지 그대로 사용하기는 힘들 것이고, 성장하면서 자신의 심리적 상처를 보살필 기회를 가진다면 방어기제의 사용빈도가 많이 줄어들 것이기 때문이다.

정신분석학 이론과 관련해 한 가지 문제만 더 살펴보고 넘어가기로 하자. 그것은 프로이트주의를 언급할 때면 거의 빠지지 않고 등장하는 '오이디푸스 콤플렉스(Oedipus complex)'이다. 프로이트에 의하면 3~4세경부터 남자아이는 자신의 성기에 관심이 집중되는 남근기에 들어선다. 이때 아이의 성적 충동은 이성인 어머니를 향하는데, 안타깝게도 어머니는 이미 아버지와 결혼을 한 상태이다. 그래서 아이는 어머니를 독차지하는 데 방해가 되는 장애물인 아버지에 대해 적대감을 품게 되고 이는 아버지를 죽이고 싶은 살부(殺父)의식으로 발전된다. 그러나 한편으로 아이는 아버지가 자신의 동기를 간파할 것이라고 믿기 때문에 아버지로부터의 보복을 두려워한다. 무력한 자신과는 비교도 되지 않는 힘센 아버지에 대한 공포는 '아버지가 내 성기를 자를 것이다.'라는 거세불안(castration anxiety)으로 내면화된다. 고통 속에 신음하던 어린아이는 도저히 상대가 되지 않는 힘센 아버지에게 백기를 들어 항복함으로써 자신을 아버지와 동일시하고 스스로의 성적 욕망을 억누르게 된다. 이렇게 되어 아이들은 성적 욕망이 무의식에 한동안 억압되는 '잠복기(latent period)'로 진입하게 된다. 여자아이에게는 반대되는 과정이 나타나는데 그것은 '엘렉트라 콤플렉스(Electra Complex)'라고 한다.

프로이트의 주장대로 오이디푸스 콤플렉스는 누구에게나 해당되는 보편적인 것일까?

영국의 인류학자인 말리노브스키(Malinowski, 1927)의 트로브리안드 섬 원주민에 대한 연구는 오이디푸스 콤플렉스가 성적 욕망과 관련되지 않는다는 점을 시사해준다. 트로브리안드 섬의 원주민들은 독특한 양육체계를 가지고 있다. 즉 생부는 아이들과 함께 지내며 놀아주지만 훈육을 담당하지 않는다. 대신 권위를 행사하며 아이들을 훈육하는 것은 외삼촌이다. 그런데 이 문화권에서 자라는 아이들은 대부분 외삼촌에 대해서는 적대감을 표출하지만 아버지에 대해서는 그렇지 않았다. 이 사례는 우리에게 아버지에 대한 아이들의 적대감이나 증오심은 아버지가 어머니를 독차지한 '성적 경쟁자'여서가 아니라, 그가 단지 권위적인 훈육자이기 때문에 생겨나는 감정일 가능성이 높다는 것을 알려준다. 그렇다면 만일 아버지가 권위적인 훈육자가 아니라면 아이들은 오이디푸스 콤플렉스를 가지지 않을 거라는 추론도 가능할 것이다.

콜버그(Kohlberg)는 아이들에게 있어서 남녀의 개념은 5~6세가 될 때까지는 불투명하다고 지적한다. 그에 따르면 4세 아동은 '남자'와 '여자'가 무엇을 의미하는지에 대해 아주 흐릿한 생각을 가지고 있을 뿐이다. 즉 이 시기의 아동은 남녀의 차이가 성기 모양과 관련된다는 사실 그리고 성은 자아의 영구적이고 불변적인 속성임을 거의 이해하지 못한다. 성 정체에 관한 생각은 3세경에 나타나지만 '남녀는 변경이 불가능하다.'는 인식인 성 항상성(gender constancy)의 개념은 그 후 2년 정도 지나야만 획득할 수 있기 때문이다. 피아제의 인지발달 이론을 보더라도 이 단계의 아동들은 액체의 양이나 부피 및 수의 보존개념을 깨닫지 못하고 있다. 이런 점에서 만일 이 시기의 아이들이 성 보존(항상성) 개념을 가지고 있다면 그것이 오히려 이상한 일일 것이다. 그러므로 아이들의 동성부모에 대한 동일시는 프로이트가 주장한 것보다는 몇 년 더 늦게, 즉 아이들이 성 정체성뿐만 아니라 성 항상성 개념을 획득한 후에야 비로소 시작된다고 봐야 한다. 아이들은 우선 자신이 남자인지 아니면 여자인지에 대한 자각 그리고 자신의 성이 앞으로 변하지 않을 거라는 확신을 가지게 된 후에야 자신의 성 정체성에 맞게 생각하고 행동할 것이기 때문이다. 맥코나이(McConaghy, 1979)나 벰(Bem, 1989) 등의 연구도 이런 견해를 뒷받침해주고 있다. 그들의 연구에서는 남성 성기 혹은 여성 성기를 갖고 있고 동시에 머리카락이 길거나 짧은 인형들을 유치원 아이들에게 보여주었다. 그리고는 남자아이와 여자아이를 알아맞히도록 하였는데, 아이들은 일반적으로 인형의 머리카락 길이에 따라 남녀를 구분하였다. 아무래도 이 시기 아동들이 갖는 성기에 대한 지식이나 관심은 프로이트가 주장한 것만큼 강력하지는 않은 것 같다.

그렇다면 프로이트는 왜 오이디푸스 콤플렉스가 존재하며 나아가 보편적이라고까지 주장했을까? 그것은 아마도 상당수의 아이들이 이성 부모에 대해서는 상대적으로 강한 애착을 보이는 반면 동성 부모에 대해서는 질투심을 표현하기도 하기 때문인 것 같다. 이런 이성부모에 대한 감정적 애착의 근원에는 아마도 생물학적인 원인이 작용하고 있을 것이라고 추정되는데 어쨌든 그것 자체는 매우 자연스러운 일이다. 다만 그것이 이성부모에 대한 지나친 집착으로 변질되어 동성부모에 대한 심한 거부와 질투를 낳는다면 심리적으로 문제가 된다. 이런 불건강한 아동심리는 과히 바람직하지 않은 양육환경에서 자란 아이들에게서 전형적으로 나타나는데, 아마도 애초에 프로이트는 이런 특수한 사례들을 설명하기 위해 '오이디푸스 이론'을 만들었을지도 모른다. 그러나 그것을 이성부모에 대한 아이의 정상적인 애착현상을 설명하는 데까지 무리하게 적용시키는 과정에서 오이디푸스 콤플렉스의 보편성을 강조하게 되었던 것 같다.

물론 아주 특수하고 병리적인 조건에서 자란 사람은 프로이트가 주장한 오이디푸스 콤플렉스를 가질 수 있다. 이성부모에 대한 정상적인 호감이 아닌 비정상적인 오이디푸스 콤플렉스는 어떤 조건에서 생겨나는 것일까?

첫째, 이성부모로부터 제대로 사랑을 받지 못해야 한다. 이성부모로부터 정상적으로 사랑받으며 자란 아이들에게서는 오이디푸스 콤플렉스라고 지칭할 만한 현상이 거의 발견되지 않는다. 따라서 오이디푸스 콤플렉스는 이성부모로부터 제대로 된 사랑을 받지 못해 초래된 애정결핍증이 만들어낸 기현상(왜곡된 집착)이라고 말할 수 있다.

둘째, 동성부모와의 관계가 좋지 않아야 한다. 이성부모에 대한 심한 집착이 동성부모에 대한 분노로 이어지는 것은 아이와 동성부모 간의 사이가 좋지 않기 때문이다. 만약 이성부모에 대한 애정결핍이 심한 아이라 하더라도 동성부모와 사이가 좋은 경우에는 동성부모에 대한 질투심이 그리 뚜렷하게 나타나지 않는다. 반대로 이성부모에 대한 결핍이 있고 동성부모와도 사이가 좋지 않은 아이라면 오이디푸스 콤플렉스를 전형적으로 가지게 될 가능성이 많다. 그러나 이것만으로 아이의 이성부모에 대한 근친상간적 욕망이 생겨날 수는 없다. 왜냐하면 콜버그나 융의 정당한 비판처럼, 아이들에게는 아직 성에 대한 확실한 개념이 없기 때문이다.

셋째, 아이의 건강하지 못한 무의식적 소망이 성장기를 거치면서 통속적인 '성 개념'들과 부적절하게 결합되어야 한다. 이성부모에 대한 건강하지 못한 집착과 동성부모에 대한 분노감정을 간직한 아이가 자기의 심리적 문제점을 해결하지 못한 채 성 개념에 눈을 뜨게 됐을 때, 그것이 서로 뒤엉키면 비로소 오이디푸스 콤플렉스가 탄생한다. 따라서 오이디푸스 콤플렉스란 성에 눈을 뜨게 된 아이가 자기의 심리적인 문제를 성 개념을 통해 왜곡 해석함으로써 만들어지는 것이라고 규정할 수 있다(김태형, 2007). 즉 그것의 본질은 어머니에 대한 '생물학적 성욕'이 아니라 어머니에 의해 채워지지 않은 '사회적 욕구'인 사랑에 대한 처절한 갈구인 것이다. 그리고 여기에 더해 어머니의 무관심하고 부적절한 양육을 묵인하거나 그것에 동조한 아버지에 대한 분노감정이 더해진 것이다. 결론적으로 말해 어린아이의 이성부모에 대한 호감은 정상적인 것으로서 오이디푸스 콤플렉스로 간주할 수 없다. 오이디푸스 콤플렉스는 심리적으로 건강한 정상인의 소유물이 아니며 모든 인간이 가지고 있는 심리적 특성은 더더욱 아니기 때문이다.

"어린이의 자위를 억압하지 않는 종족과 문화에서는 위에서 기술한 과정이 어떤 형태를 띠는가에 대해서 아직 연구되어 있지 않다(Freud, 1940)." 고 말하면서 한발 물러선 걸로 봐서는 프로이트도 자신의 주장이 가지는 문제점을 어느 정도는 의식하고 있었던 것 같다.

(4) 현상학적 이론: 인본주의(humanistic theory)

현상학적 이론은 기존의 심리학 이론들이 건강하고 성실하게 살고 있는 사람들을 설명하지 않는다고 비판했다. 프로이트주의는 인간을 무의식적 본능에 지배당하는 정신적 불구자로, 행동주의는 인간을 환경자극에 기계적으로 반응하는 맹목적이고 수동적인 동물처럼 왜곡해왔다는 것이다. 현상학적 이론은 인간을 자아실현을 추구하는 존재로 보는 등 긍정적인 인간관을 강조하기 때문에 '인본주의'로 불리기도 한다. 그러나 기존 심리학의 오류에 대한 건강한 문제제기에도 불구하고 현상학적 이론은 이렇다 할 성격이론을 제시하지는 못하고 있다. 여기서는 성격과 관련된 로저스와 매슬로의 견해만 잠깐 살펴보기로 하자.

로저스(Rogers)는 '주관적 자기(self)' 개념을 강조하면서 부정적 자기개념과 긍정적 자기개념이 각기 다른 성격을 형성할 수 있다고 주장했다. 그러나 이런 견해는 학습이론가들이 주장하는 개인차의 원인이 되는 '인지적 차이'와 별로 다를 게 없다. 즉 부정적 성격-긍정적 성격이란 심리적 건강성이나 인지적 차이에 근거한 분류일 뿐이지 성격특성에 근거한 구분이 아닌 것이다. 한편 매슬로(Maslow)는 '자아실현(self-actualization)'을 한 사람의 성격을 건강한 성격으로 보았다. 그의 견해에 따르자면 자아실현의 정도에 따라 성격은 불건강한 성격부터 건강한 성격까지 스펙트럼처럼 나열될 수 있을 것이다. 그러나 '자아실현'은 건강한 인격을 규정하는 기준은 될 수 있을지 몰라도 성격을 규정하는 기준이 될 수는 없다. 자아실현을 위해서는 건전한 사상과 가치관, 도덕성, 지적 능력, 기술기능, 인내력, 불굴의 의지 등 무수한 요인들이 필요하기 때문이다. 따라서 그런 요인들이 하나로 뭉뚱그려진 자아실현을 성격의 기준으로 상정하는 것은 사실상 과학적인 성격 분류를 하지 않겠다는 말과 다름없다.

심리학 영역에서의 현상학적 이론은 철학적 현상학이 가지는 오류를 그대로 계승하고 있다. 현상학은 관념론의 하나로서 인간이 가지고 있는 일정한 심리적 체험과 의식현상의 근거를 외부세계에서 찾을 수 없다고 주장한다. 이러한 전제하에 현상학은 인간의 의식과 외부세계와의 상호관계를 의식 안에서의 주관적인 것과 직관적인 것의 상호관계로 바꾸었으며, 시간의 객관성을 부정하고 있다. 나아가 훗셀(Husserl)은 본질은 직관할 수 없다고 주장하면서 사실상 본질에 대한 인식가능성, 즉 사람의 이성적 인식능력을 부정하기까지 한다. 한 마디로 말해 현상학은 철학의 대상에서 현실세계를 제거하고 세계와 동떨어진 '순수의식'의 인식을 연구하는 비과학적인 관념론 철학인 것이다. 심리학 영역에서 활동하는 인본주의자들이 현실사회와 격리된 허구적이고 관념적인 자아실현을 주장하는 것도 바로 여기에 뿌리를 두고 있다. 그러므로 우리는 비과학적이고 비현실적이며 관념적인 현상학적 이론이 기계론적 유물론 철학에 기초한 행동주의만큼이나 많은 오류를 안고 있다는 점을 주의 깊게 봐야 할 것이다.

3. 심리적 유형과 16가지 성격

"때로 아주 어린 아이들도 유형적 태도를 확실하게 나타낸다(Jung, 1921)."는 말에서도 알 수 있듯이 칼 융(Carl Gustav Jung)은 사람에게는 선천적으로 타고나는 심리적 특성의 차이가 있다고 믿었다. 이런 입장에 기초해 정립한 '심리적 유형(Psychological Type)' 이론은 사람을 심리적 특성의 차이에 근거해 유형화하는 중요한 기준들을 제안하고 있다. 그는 심리적 에너지의 방향, 인식기능과 판단기능의 차이를 유형화의 기준으로 제시했고 그에 기초해 '내향(I)-외향(E)', '감각(S)-직관(N)', '감정(F)-사고(T)'라는 심리적 유형들을 규정했다. 이후 마이어(Myers)와 브릭스(Briggs)는 융의 유형기준에 행동양식을 추가하고 그것을 기준으로 '판단(J)-인식(P)'이라는 심리적 유형을 구분했다. 그리고 마이어와 브릭스는 심리적 유형들의 결합에 근거한 16가지 심리적 유형을 검사하기 위한 도구로 MBTI(Myers-Briggs Type Indicator, 1962)를 만들었다. 그러나 MBTI는 다소 부실한 검사도구이며, 적어도 한국인들을 대상으로 했을 때는 정확성과 신뢰도가 낮으므로 이 점에 유의해야 한다.

나는 기존 이론들의 긍정점을 계승하면서도 이를 상당부분 수정보완했다. 특히 각각의 심리적 유형들을 좀더 명확하게 재정의했는데 그 이유는 융의 개념정의들이 다소 모호하기 때문이다. 또한 나는 마이어와 브릭스가 제시한 유형기준이 본질을 비켜가고 있다고 보기 때문에 '실천능력'을 기준으로 '실천(J)-인식(P)'으로 심리적 유형을 구분했다. 다만 원칙적으로 실천형의 영어 첫 글자는 J로 시작되지 않으나 기존 이론들과의 호환성을 높이기 위해 J를 그대로 사용한다.

여기서는 『성격과 심리학』(김태형 · 전양숙, 새뜰심리상담소, 2007)에서 제시한 8가지 심리적 유형과 16가지 성격에 대한 이론을 간단히 요약 · 정리하기로 한다. 자세한 내용은 위의 책을 참조하기 바란다.

(1) 4가지 유형기준과 8가지 심리적 유형

① 심리적 에너지의 방향: 내향(Introversion)-**외향**(Extroversion)

사람들을 유형화할 수 있는 첫 번째 기준은 심리적 에너지의 방향이다. 사람들은 심리적 에너지가 외부세계를 향하느냐 아니면 내면세계를 향하느냐에 따라 외향형(E)과 내향형(I)으로 구분된다. 여기서 외부세계는 구체적인 물질세계와 타인들을 모두 포함하며 내면세계는 자신의 의식과 무의식 세계를 포괄한다. 외향형(E)-내향형(I)이 가지는 심리적 근본특성은 '외향성'과 '내향성'이라 할 수 있다. 외향성은 활동성, 사교성, 새로운 자극과 경험 추구, 풍부한 언어와 정서표현 등의 부차적인 특성들을 파생시킨다. 반면에 내향성은 신중성, 소극성, 조심성, 수줍음, 사색적 경향, 적은 언어와 정서표현, 변화에 느린 경향성 등을 낳는다. 이를 정리해보면 [표 9-2]와 같다.

심리적 건강성을 기준으로 보면 외향형(E)은 대중적 의견을 무비판적으로 추종하거나 사색이 부족하고 신중하지 못하다는 등의 결함을 가질 수 있다. 나아가 "외향형에서 가장 흔한 신경증은 히스테리이다(Jung, 1921)."라는 융의 지적처럼 외향형(E)들은 히스테리나 조증(mania)에 취약하다. 반면에 내향형(I)은 사회성이나 현실감이 부족하고 주관적으로 사고할 위험이 있으며, 심한 경우에는 사회생활을 두려워하여 세상을 피하기도 한다. 그러므로 이들은 인터넷 중독이나 우울증 등에 매우 취약하다.

아이젱크(Eysenck, 1983)는 성격검사를 통해 방글라데시, 브라질, 홍콩, 일본 등 다양한 사회들에서도 '내향성'과 '외향성'의 차이가 상당히 일관성 있게 발견된다는 점을 보여주었다. 그런데 외향성 점수는 미국인이 일본인보다 훨씬 높다고 한다. 미국인의 다수가 외향형(E)임은 다른 연구들에서도 엇비슷하게 확인되고 있다. 반면에 경험적으로 볼 때 한국인의 다수는 내향형(I)인 것 같다.

[표 9-2] 외향형과 내향형

	외 향(E)	내 향(I)
근본특성	외향성	내향성
에너지 방향	외부세계(객관적인 사물, 다른 사람)	내면세계(의식과 무의식)
에너지의 재충전	외부세계와의 교감	내면세계와의 교감
새로운 환경	호기심(적극성, 자신감) ⇨ 빠른 적응	두려움(방어적) ⇨ 서서히 적응
언어표현	말수가 많고 빠르다	말수가 적고 느리다
감정표현	풍부하고 솔직하다	속으로 품는다
사고방식	말하면서 생각한다, 대화하면서 결론을 이끌어낸다	생각하고 말한다, 결론이 난 후에 발언한다(사색적)
의사소통 방식	말을 선호한다	글을 선호한다
행동양식	행동속도가 빠르고 활기차다, 매사에 적극적이다	활동이 적고 느린 편이다, 좋아하는 일에 대해서는 활기를 보인다
대인관계	사교적이고 다수의 사람을 가볍게 사귄다(모두 다 내 친구)	낯을 가리며 소수의 사람과 깊이 사귄다(나서는 것을 싫어함)
	사람이 붐비는 장소나 소음이 있는 곳을 피하지 않는다	사람이 붐비는 곳을 싫어하며 조용한 곳을 좋아한다
대중성	타인의견 중시 ⇨ 일반적 의견을 따라감	타인의 의견보다는 자신의 주관을 더 중요시함
관심 시점	현재시점의 외적 현실에 집착 ⇨ 과거와 미래(역사)에는 관심이 적음	역사적 시점(과거나 미래를 중시함): 사색적이기 때문

② **인식기능의 차이: 감각**(Sensation)-**직관**(iNtuition)

심리적 유형화의 두 번째 기준은 인식기능이다. "이성판단이 아니라 지각의 절대강도의 토대 위에서" 혹은 "판단을 통해 추려지지 않고 일어나는 현상(Jung, 1921)"이라는 표현들로 볼 때 융은 '인식'이라는 개념을 이성적 인식(사고)과 분리해 감성적 인식단계에 국한해 사용하고 있는 것 같다. 이를 기준으로 하면 감각형(S)이 지각적 인식에 능하다면 직관형(N)은 표상적 인식에 능하다고 말할 수 있을 것이다.

감각(S)기능이란 감각기관을 통해 사물현상의 구체적인 특징을 인식하는 기능이다. 즉 감각은 구체적이고 생생한 원재료의 특징들을 포착하는 데 더 주력하는 반면 추상이나 개념화 등에는 상대적으로 비중을 적게 둔다. 감각기관을 통제하는 것도 감각, 지각적 인식의 결과를 반영하는 것도 의식이므로 감각기능은 주로 의식에 기초한다고 말할 수 있다.

직관(N)기능이란 무의식에 기초해 사물현상의 본질을 단번에 인식하는 기능이다. 여기서 '직관'이란 이미 축적된 경험과 지식 및 숙련 등에 기초해서 사물현상의 질을 직접 또는 순간적으로 알아맞히는 인식현상을 의미한다. 직관은 사물현상의 본질을 인식하는 데서 판단이나 추리 등의 논리적 형식을 거치지는 않지만 기존에 축적된 지식이나 경험 등을 반드시 그리고 순간적으로 활용해야 하기 때문에 '무의식에 기초'한다고 말할 수 있다. 그러나 감성적 인식단계에 속하는 감각이나 직관에 의한 인식의 결과는 반드시 논리적으로 분석 · 검토되고 실천에 의하여 검증되어야만 진리로 될 수 있다.

말쑥한 정장차림의 단정한 신사를 처음 만났다고 해보자. 감각형(S)은 그 신사가 입고 있는 양복이 얼마나 비싸고 어느 회사 제품인지, 구두는 얼마나 반짝거리는지, 헤어스타일은 어떠한지, 말을 어떻게 하는지 등을 재빠르고 정확하게 인식한다. 나중에 그에 대한 인상도 이런 상세한 정보들을 중심으로 형성된다. 그러나 정보가 부족하기 때문에 그 신사에 대한 전체적인 평가나 판단을 쉽게 내리지는 않는 편이다. 반면에 직관형(N)은 그 신사의 옷이나 신발, 머리모양, 언어표현 등의 구체적인 특징들에는 다소 무신경하다. 실제로 나중에 물어보더라도 그런 세부적 특징들은 기억을 잘 못하는 경우가 많다. 그러나 직관형(N)은 그가 풍기는 전반적 인상들을

[표 9-3] 감각과 직관의 차이

감 각(S)	직 관(N)
지각적 인식형태	표상적 인식 형태
구체	추상
개별	일반
고립 · 불변(형이상학)	연관 · 변화발전(변증법)
현상	본질
현실성(사실성)	가능성
귀납추리	연역추리

종합해 '그 신사는 물건을 파는 영업사원이 분명하다.'거나 '그 놈은 어쩐지 사람들을 후리는 사기꾼 같다.'는 평가나 판단을 빠르고 과감하게 내리는 편이다. 이런 예를 통해서도 우리는 무당이나 점쟁이들이 대부분 직관형(N)인 이유를 쉽게 짐작해볼 수 있을 것이다.

융은 "감각자극들은 시선을 물리적 표면으로 향하게 하는데, 직관은 표면에 있는 것들 뒤에 도달하려고 하는 것이다.", "감각이 가장 강한 사실성에 도달하려 하는 것처럼, 직관은 최대의 가능성들을 파악하려 한다. 가능성들의 관조를 통해 예감이 가장 많이 충족되기 때문이다(Jung, 1921)."라고 말했다. 즉 감각(S)이 현상과 사실성에 주목한다면 직관(N)은 본질과 가능성을 파악하려 한다는 것이다.

일 대 일로 정확히 일치하지는 않지만 감각(S)과 직관(N)에 해당되는 것들을 분류해보면 [표 9-3]과 같다.

감각형(S)의 심리적 근본특성은 '감각성'인데 이는 구체성, 경험중시, 세부성, 현실성, 통속성, 실용성, 섬세함 등 여러 부차적인 특성들을 만들어낸다. 직관형(N)의 심리적 근본특성은 '직관성'인데 이는 추상성, 이론중시, 연역성, 일반성, 포괄성, 가능성 같은 특성들을 동반한다. 이를 표로 비교해보면 [표 9-4]와 같다.

[표 9-4] 감각형과 직관형

	감 각(S)	직 관(N)
근본특성	감각성	직관성
인식기관	오감(감각기관)에 기초	육감, 직관력(통찰력)에 기초
의식과의 관련	주로 의식과 관련	주로 무의식과 관련
인식내용	사물현상의 구체적 특징과 속성	사물현상의 연관성과 변화발전의 가능성(본질과 법칙성)
주요 관심사	구체(원재료에 충실)	추상(개념화)
	개별성(개별적 특징)	일반성(연관성)
추리방법	귀납(경험주의)	연역
관심 시점	현재	미래(가능성)
언 어	세부적, 현실적, 통속적 언어를 사용	추상적 개념 사용, 은유나 비유능력 뛰어남, 재치가 있음(유머 능력)
의사소통	실제 사실과 실용적인 문제들에 대한 의사소통에 익숙함(이론적인 의사소통에는 약점)	가능성, 개념에 초점을 맞춘 의사소통(세부사항들에 대한 의사소통에는 약점)
현실성	현실주의자, 속세 지향(현실세계의 수많은 자극들에 민감하다)	이상주의적 개혁가, 미래지향(현실보다는 미래를 중시한다)
발전방식	단계를 밟아가며 꾸준히 발전한다	비약과 도약을 통해 질적으로 더 높은 단계로 발전한다

일반적으로 감각형(S)에 비해 직관형(N)이 비범한 능력을 발휘할 가능성이 더 높다는 점은 부인하기 힘든 것 같다. 실제로 인류역사에 이름을 남긴 뛰어난 천재들이나 지도자, 이론가, 예술가들의 대다수는 직관형(N)이었다. 그러나 심리적 건강성의 측면에서 볼 때 직관형(N)은 상당히 위태위태한 유형이다. 현실감 혹은 구체성이 결여되거나 이성적 사고능력이 뒷받침되지 않을 경우에 직관형(N)의 사고는 심하게 관념화, 망상화되고 궁극적으로는 사고기능이 붕괴되기도 하기 때문이다. 그래서인지 직관형(N)들은 '천재의 전당'만이 아니라 '정신병원'의 단골손님이기도 하다. 반면에

감각형(S)은 뛰어난 현실감각을 가지고 있기 때문에 극단적인 사고의 균열을 보이는 경우는 드물다. 한 마디로 감각형(S)은 사회생활을 그런대로 잘 유지하며 자기 밥벌이는 할 수 있다. 그러나 직관형(N)은 '모 아니면 도'처럼 아주 잘 되거나 아니면 아주 잘못될 가능성이 많다.

인류사회가 유지되기 위해서는 두 유형이 모두 필요하겠지만 비율적으로는 감각형(S)이 다수인 게 합리적일 것이다. 왜냐하면 소수의 건강한 이상주의자들(N)과 현실감각이 있는 다수의 민중(S)이 결합되어야 사회가 건강하게 유지되고 발전할 수 있을 것이기 때문이다. 이런 이유에서인지는 몰라도 연구들에 의하면 사고형(S)과 직관형(N)의 비율이 7:3 혹은 8:2 정도라고 한다. 경험적으로 볼 때, 이런 비율은 한국인에게도 해당되는 것 같다.

③ 판단기능의 차이: 감정(Feeling)-사고(Thinking)

심리적 유형화의 세 번째 기준은 판단기능이다. 인식기능이 주로 감성적 인식단계와 관련된다면 판단기능은 이성적 인식(사고)단계와 관련된다.

'판단'이란 일정한 대상에 대해 무엇인가를 긍정하거나 부정하는 사고형식을 말한다. 그런데 판단은 그 기준에 따라 진위판단과 가치판단으로 나뉜다. '진위판단'이란 객관적 지식이나 법칙을 기준으로 긍정-부정, 참-거짓 등을 판단하는 것이다. 그리고 '가치판단'은 사람을 기준으로 어떤 대상이 사람에게 이로운가 해로운가, 가치가 있는가 없는가, 좋은가 나쁜가 등을 판단하는 것이다. 융은 가치판단을 '합리적인 감정판단'이라고 부르기도 했다. 또한 그는 가치판단은 사람을 중심에 둘 수밖에 없다는 점을 강조하며 다음과 같이 말했다.

> "그 판단이 객관적이고 보편적이며 실질적인 성격 이외에 또한 주관적인 관계가 엿보인다는 점이다. 가치판단은 어떤 것이 나에게 좋다, 또는 마음에 든다는 전제를 둠으로써 언제나 주체(Subjekt)를 포함시킨다(Jung, 1958)."

두 가지 판단 중에서 주로 가치판단을 하는 유형을 감정형(F)이라고 하고 주로 진위판단을 하는 유형을 사고형(T)이라고 한다. 그러나 비록 융은 '감정(F)-사고(T)'를 판단이라는 사고형식에만 국한시켜 논의했지만 정확한 의미에서 판단기능은 이성적 사고 전반을 포괄하는 것으로 이해하는 게 옳다. 그러므로 감정형(F)은 '사람중심의 사고'를 하는 유형으로 사고형(T)은 '객관중심의 사고'를 하는 유형으로 이해하는 게 좋을 것이다.

감정형(F)의 심리적 근본특성은 '사람중심성'인데 이는 관계지향성, 감정중시, 조화와 협동 중시, 갈등 기피, 친절함, 따뜻함, 완곡한 비판방식 등의 부차적인 특성들을 규제한다. 반면에 사고형(T)의 심리적 근본특성은 '객관중심성'인데 이는 이론과 논리 중시, 과업지향성, 공정성, 합리성, 갈등 직면, 사무적 태도, 차가움, 직선적인 비판방식 등의 부차적인 특성들에 영향을 미친다. 이를 표로 비교해보면 [표 9-5]와 같다.

맛있는 음식 그러나 아이들과 같이 나눠먹기에는 부족한 음식이 있을 때, 나는 몇몇 사고형(T)들이 아주 비슷한 취지의 말을 하는 걸 본 적이 있다. '아이들은 앞으로도 이런 음식을 먹을 기회가 많겠지만, 어른한테는 그런 기회가 별로 없잖아. 그러니 그 음식은 어른이 먹어야 해.' 논리적으로도 하자가 없고 연장자를 우대하는 도덕기준에 비춰볼 때에도 참으로 타당한 나무랄 데 없는 주장이다. 그러나 감정형(F)들은 그런 논리보다는 침을 꼴깍꼴깍 삼키며 음식이 담겨 있는 접시를 힐끗대는 아이들의 마음을 더 중시한다. 그래서 결국엔 그것을 자기 혼자 먹지 못하고 아이들 앞으로 밀어주곤 한다(물론 이기적인 감정형이라면 음식접시를 숨겨놓았다가 남몰래 혼자 먹을 것이다). 이런 사고방식의 차이 때문에 도덕적인 사고형(T)조차 다수의 감정형(F)들로부터 '차갑다.', '냉정하다.'는 평가를 듣는 경우가 많다. 그래서 감정형(F)과 사고형(T)의 차이는 인간관계에서 가장 심하게 갈등을 유발하는 성격적 요인이 된다.

심리적으로 건강하지 못한 사고형(T)은 매우 차갑고 쌀쌀맞으며 신경질적이다. 그들은 상대방이 자신의 말을 수용하는지 안 하는지, 그 말을 들을

[표 9-5] 감각형과 직관형

	사 고(T)	감 정(F)
근본특성	객관중심성	사람중심성
판단(사고) 내용	진위판단(법칙성) : 참 - 거짓, 정(正) - 부정(不正)	가치판단(의미) : 쾌(快) - 불쾌(不快), 호(好) - 불호(不好)
판단(사고) 기준	객관적 논리, 객관적 법칙	사람, 감정
주 관심사	이론, 논리	사람, 감정
	과업지향	관계지향
언 어	감정이 배제된 짧고 간결하며 논리적인 언어를 사용	감정이 개입된 정서적인 언어를 사용
중심가치(도덕기준)	정의	사랑
대인관계	공정하고 합리적인 관계를 추구(갈등에 잘 대처함)	조화와 협동을 추구, 개인적이고 감정적인 관계를 중시함(갈등을 잘 못 견딤)
사람을 대하는 태도	사무적임, 결함이나 문제점을 거침없이 지적한다	친절함, 결함이나 문제점을 지적할 때 상대방의 기분을 고려한다(참거나 우회적으로 말함)

때 기분이 어떠한지에 대해서는 별로 관심이 없다. 오직 자신이 하는 말이 논리적으로 옳으면 그만이라고 생각한다. 그래서인지 건강하지 못한 사고형(T)은 주변사람들을 적대자로 만들며 살아가기도 한다. 특히 마음속에 화가 나 있는 사고형(T)은 쉴 새 없이 공격적인 잔소리를 하며 툭하면 화를 내기 때문에 사람들에게 심한 스트레스와 마음의 상처를 안겨준다. 반면에 심리적으로 건강하지 못한 감정형(F)은 객관성과 논리성을 상실해 지극히 주관적인 사고를 하며 생고집을 피워댄다. 그리고 감정에 치우쳐 공정성을 내팽개치고는 지극히 편파적인 태도를 보이기도 한다. 자아가 약한 감정형(F)은 줏대가 없어서 이 사람 앞에서도 끄떡 저 사람 앞에서도 끄떡거리며

갈팡질팡한다. 감정형(F)에 애정결핍이 결합되면 더 끔찍한 결과가 나온다. 애정결핍에 시달리는 감정형(F)은 도무지 거절을 하지 못하고 권리의식도 빈약해서 이리저리 이용당하고 비참하게 당하면서 살아간다. 그러나 감정형(F)은 평소에 직선적인 비판을 잘 하지 못해 화를 마음속에 쌓아놓기 때문에 화를 낼 때엔 폭발적이고 잔인한 모습을 보이기도 한다. 분노의 폭발로 인해 우발적인 범죄를 저지르는 사람들은 대부분 감정형(F)이다.

융은 "사고보다 감정이 여성심리의 두드러진 특성이므로, 여성에게서 분명한 감정형들이 발견된다(Jung, 1921)."고 주장했다. 또한 미국의 유형이론가들에 따르더라도 남성들의 다수는 사고형(T)이지만 여성들의 다수는 감정형(F)이라고 한다. 서구사회를 기준으로 할 경우, 이런 주장들은 어느 정도 옳은 것 같다. 이를 지지해주는 증거들이 있기 때문이다.

길리건(Gilligan, 1982; 1986)은 콜버그의 도덕적 추론단계와 관련된 남녀간의 성차가 있는지를 연구했다. 그 연구에서 남성들은 도덕성을 모든 사람들이 정당하게 취급하는 추상적, 합리적 원리에 기초하는 '정의의 문제'로 보는 경향이 많았다. 반면에 여성들은 연민, 인간관계, 가깝게 지내는 사람들에 대한 특수한 책임 등을 중요시했다. 즉 여성들도 남성들과 똑같은 도덕적 추론능력을 가지고는 있지만, 여성들은 남성들이 선택하는 인권과 정의 같은 추상적 개념이나 논리보다는 인간관계, 애착 및 개인적 책임 등을 더 강조했던 것이다. 여기에 더해 호프만(Hoffman, 1977)을 비롯한 여러 학자들의 경험적 연구결과들은 스스로 다른 사람을 돕는 것에 가치를 부여하는 경향성 그리고 정서적 공감을 보이는 경향성에 있어 소녀들이 소년보다 우세하다는 사실을 암시해주고 있다. 호프만(Hoffman, 1984)은 여성이 추상적 정의보다는 타인에 대한 배려를 더 강조하는 이유에 대해 "소년과 소녀에게 다른 가치관이 강조되는 사회화 유형 때문"일 것이라고 추측했다. 그러나 서구사회에서 남성의 다수가 사고형(T)인 데 반해 여성의 다수가 감정형(F)이라는 주장이 사실이라면, 이런 성차는 일차적으로는 사고형(T)과 감정형(F)의 차이에서 비롯된 것일 가능성을 배제할 수 없을 것 같다.

경험적으로 볼 때, 서구사회와는 대조적으로 한국인의 경우에는 성차를 불문하고 감정형(F)이 다수이다. 이것을 앞의 내용들과 연결해보면 한국인의 대다수는 IF(내향감정형) 특히 ISF(내향-감각-감정형)라는 결론이 나온다. 많은 외국인들이 한국인을 아주 친절하고 따뜻하다고 말하고, 우리나라가 옛날부터 '조용한 아침의 나라'로 불렸던 것이 우연은 아닌 듯하다. 하긴 미국의 외향적이고 피상적인 칵테일 파티와 한국의 내향적이고 긴밀한 사랑방 문화는 얼마나 대조적인 사교풍습인가?

④ 실천능력의 차이: 실천형(J)-인식형(Perception)

심리적 유형화의 마지막 기준은 실천능력이다. 실천능력을 간단히 말하자면 계획을 세우고 그것을 끝까지 관철하는 능력이라고 할 수 있다. 계획을 제대로 수립하지 않은 채 일에 착수하거나, 끈기를 가지고 목표를 달성하지 못한다면 실천적 성과를 내기 어려울 것임은 쉽게 짐작할 수 있을 것이다.

실천형(J)은 '계획성'을 근본특성으로 갖는다. 따라서 실천형(J)은 어떤 일을 하기 전에 미리 계획을 세우고 그것을 실현하기 위한 제반 준비를 하며 그 계획에 따라 체계적으로 행동한다. 반면에 인식형(P)의 근본특성은 '즉흥성'이다. 인식형(P)은 계획을 잘 세우지 않고 준비성도 떨어지며, 끈기나 인내심도 부족하기 때문에 즉흥적인 행동을 많이 한다. 계획성은 자신과 주변환경에 대한 통제력, 조직성, 규율성 등을 낳는 반면 즉흥성은 산만성, 충동성, 비조직성, 무규율성 등을 파생시킨다. 이를 표로 작성해보면 [표 9-6]과 같다.

인식형(P)은 단기적으로는 반짝거리는 성과를 내기도 하지만 장기적으로 보면 인생곡선에 굴곡이 심한 편이다. 그나마 다행스러운 것은 실천능력은 후천적 노력에 의해서 상당부분 향상될 수 있다는 점이다. 그러나 인

[표 9-6] 실천형과 인식형

	실 천(J)	인 식(P)
근본특성	계획성	즉흥성
목적의식성	높음, 계획적	낮음, 즉흥적
자기 통제력	목표달성을 위해 자신을 지속적으로 조절 · 통제함	자신을 완벽하게 조절 · 통제하지 못함(충동성, 주의력 분산)
환경에 대한 통제력	체계적으로 정리정돈(깨끗함)	산만하고 어지러움(지저분함)
	시간을 계획적으로 사용, 시간약속 잘 지킴	시간을 효과적으로 사용 못함, 시간약속 잘 못 지킴
조직성과 규율성	높음	낮음
사고방식	체계적이고 구조적이며 논리적인 사고	파편적이고 비구조적인 사고
	결론을 자신 있게 빨리 내림	결론을 빨리 못 내림(다른 가능성을 고려, 자신감 부족)
언 어	기승전결이 분명, 단호하고 단정하며 논리적인 언어를 사용('분명히')	비구조적이고 비논리적인, 모호하고 완곡한 언어('아마도')
의사소통	효율적이고 결론을 이끌어내는 의사소통 선호(토론이 옆길로 새는 것을 싫어함)	자유분방한 의사소통 선호(대화가 주제를 벗어나 삼천포로 빠져도 크게 개의치 않음)
준비성	준비와 마무리 철저함	일을 하다가 그때 그때 준비물을 찾음
행동방식	계획적이고 질서정연한 행동	즉흥적이고 산만한 행동('이것을 했다 저것을 했다')
행동속도	신속하다(일을 하는 중에는 쉬지 않음)	행동속도가 느린 편임(일을 하는 중에 계속 한눈을 판다)
노동에 대한 태도	노동을 우선시함, 노동규율 엄수	휴식을 우선시함, 노동규율을 싫어함
외모나 옷차림	단정함과 깔끔함을 추구(깨끗한 인상)	복잡한 디자인을 선호(흐트러진 인상)

식형(P) 아이가 어린 시절 실천형(J)의 특성들을 습득하지 못하면 후에 사회생활을 할 때 상당한 곤란을 겪을 수 있으므로 부모들은 양육할 때 이 점을 특히 주의해야 한다.

실천형(J)의 특성들을 획득하는 것이 얼마나 중요한지를 잘 보여주는 연구들이 있다.

미셸(Mischell, 1972; 1974; 1984)과 그의 동료들은 어린아이들을 대상으로 '만족지연 능력'에 대한 연구를 진행했다. 여기에서 '만족지연(delay of gratification)'이란 상대적으로 멀리 있는 목표를 위해 현재의 즉각적 만족을 포기하는 걸 의미한다. 예를 들면 눈앞에 있는 사탕을 먹지 않으면 나중에 더 좋은 선물을 받을 수 있다고 할 때, 아이들이 사탕을 먹지 않고 참아내는 것이다. 만족지연 능력은 현재의 즉각적인 충동과 쾌락욕구를 조절·통제하는 능력이므로 자기통제력의 중요한 척도로 간주된다. 만족지연 능력, 즉 자기통제력이 없이는 실천적 성과를 기대하기 어렵다. 잠을 자고 싶거나 배가 고프거나 쉬고 싶다고 해서 그때마다 일손을 놓는다면 정해진 기간 내에 과업을 완수하기란 불가능할 것이기 때문이다. 미셸의 연구는 4세 때의 만족지연 능력이 10세 때의 여러 가지 특징들과 주목할 만한 상관을 갖는다는 점을 보여준다. 즉 어렸을 때의 만족지연 능력은 청소년기의 학업 및 사회적 능력감, 그리고 일반적인 대처능력과 상관이 높았다. 또한 만족지연 능력이 높았던 아이들은 계획성, 미리 생각해보는 능력, 주의집중력, 언어적 유창성, 자립심, 스트레스에 버티는 힘 등에서도 우수했다. 이 연구결과는 만족지연 능력이 그 후의 삶의 많은 성격적 요소들과 관련이 있다는 것을 밝혀준 것으로 평가받고 있다.

우리는 이 연구를 실천형(J)이란 심리적 유형과 관련해 한번 검토해보기로 하자. '계획성'은 실천형(J)의 근본특성이고 '자기통제력'과 '주의집중력'은 실천형(J)의 중요한 심리적 특성들이므로 이들 간에 유의미한 상관관계가 나타나는 것은 당연할 것이다. 그리고 '미리 생각해보는 능력'은 계획성의 전제조건이며 중요한 내용이다. 계획성이 강한 아이, 즉 실천형(J)

아이의 실천능력은 계속 높아질 것이므로 그것은 자립심, 스트레스에 버티는 힘, 일반적인 대처능력 등을 일관성 있게 향상시킬 것이다. 그 결과 아이는 학업 및 사회적 능력감, 언어적 유창성 등에서도 우수해질 것이라는 추측이 가능하다. 따라서 자기통제력의 하나인 만족지연 능력과 다른 심리적 특성들 간에 높은 상관관계가 있는 것은 그것들이 거의 다 실천형(J)의 심리적 특성들이기 때문이라고 봐도 무방할 것이다. 어쨌든 미셸 등의 연구는 적어도 실천형(J)의 심리적 특성들이 서로 간에 높은 상관관계를 가지고 있음을 강력히 시사해준다. 이런 현상을 두고 글라이트만(Gleitman, 1995)은 "모종의 선천적 성향이 존재해서 그것이 아동기의 행동과 성인기의 행동 모두의 근본 이유가 되었을지도 모른다."고 언급했는데 내 생각에는 그 모종의 선천적 성향이란 바로 '계획성'인 것 같다. 계획성은 실천형(J)의 근본특성이므로 나머지 심리적 특성들을 우르르 끌고 다닐 것이 분명하기 때문이다.

코바사(Kobasa, 1982)는 스트레스에 잘 견디는 성격특성을 심리적 강인성(psychological hardiness)이라고 명명했다. 그녀에 따르면 심리적 강인성은 통제감(control), 몰입(commitment), 도전(challenge)을 주요 특성으로 갖는다고 한다. 여기서 '통제감'이란 자신이 환경에 영향을 미칠 수 있다고 느끼는 것이고, '몰입'은 목표실현을 위해 뚜렷한 가치관을 가지고 일에 몰두하는 것이다. 그리고 도전은 문제가 생기면 그것을 회피하지 않고 맞부딪혀 해결해나가는 데서 희열을 느끼는 것을 말한다. 그런데 통제력에 대한 주관적 감정이라 볼 수 있는 '통제감'과 '몰입', '도전'은 모두 실천형(J)의 심리적 특성들이다. 이와는 반대로 '낮은 통제감', '주의분산', '관망 혹은 주저함'은 인식형(P)의 특성들이다. 따라서 코바사의 주장을 유형론에 입각해 표현한다면 실천형(J)이 인식형(P)보다 스트레스에 더 잘 견딘다고 말할 수 있을 것이다.

이렇게 실천형(J)의 심리적 특성들을 소유하고 발전시키는 것은 인생살이에 무척 도움이 된다.

(2) 16가지 성격

우리는 내향(I)-외향(E), 감각(S)-직관(N), 감정(F)-사고(T), 실천(J)-인식(P)이라는 대비되는 유형들 중에서 한 가지씩을 가질 수 있다. 그러면 가능한 조합의 수는 모두 16가지가 나온다. 이 16가지의 심리적 유형의 결합체가 바로 타고 나는 심리적 유형 즉 성격이 된다. 16가지 성격을 간단히 표로 정리해보면 다음과 같다.

[표 9-7] 16가지 성격

성 격	별 명	기본 특징	건 강	불건강
ISTJ	모범생	꼼꼼함, 정확성, 논리성, 성실함, 무미건조함	신뢰할 수 있는 성실한 일꾼	고지식하고 지루한 사람
ISTP	위기관리자	뛰어난 관찰능력, 논리성, 위기대처 능력, 불성실함	배팅과 모험의 명수	일상에 불성실한 소비가 / 중독자(매니아)
ESTJ	보안관	활동성, 사교성, 논리성, 원리원칙, 책임감, 성실성	판관 포청천 / 정의로운 검사	한 가지도 안 봐주는 잔소리꾼
ESTP	제임스 본드(007)	활동성, 순발력, 기회포착, 세속성, 매력	셈이 빠른 사람	이익을 위해서는 양심도 파는 사람
ISFJ	봉사자	동정심, 인내심, 따뜻함, 성실성, 겸손함	헌신적이고 희생적인 봉사자	궁상맞게 당하며 사는 사람
ISFP	탐미주의자	개인적 성향, 섬세한 미적 감각, 수줍음, 정서적, 유약함	삶의 여유를 즐기는 사람	의존증 환자 / 백수(경제활동의 낙오자)
ESFJ	인심 좋은 주인장	활동성, 사교성, 예의, 매너, 친절함, 배려심, 정서적	타인을 위할 줄 아는 친절한 사람(영업왕)	조화 속의 불의를 택하는 겁쟁이
ESFP	낙천가	활동성, 사교성, 명랑, 느긋함, 매력, 세속주의, 불성실	사람관계를 즐겁게 해주는 윤활유	놀기 좋아하는 베짱이

성 격	별 명	기본 특징	건 강	불건강
INFJ	순교자	의미를 찾아서, 진지함, 성실함, 공감능력, 몰입, 열정, 이타성, 정신적 지도력	윤리적, 정신적 지도자	세상으로부터 도망친 은둔자
INFP	몽상가	의미를 찾아서, 상상력, 공감능력, 단기간의 몰입, 다양한 관심, 유약성, 비현실성	자기 세계를 추구하는 사람	끝내 현실에 발을 못 붙이는 사람
ENFJ	지도자	활동성, 열정, 생동감, 창의력, 정서적 리더십, 실천력, 온화함, 공감능력	따뜻하고 열정적인 교육자	과다한 상상 속의 행동가
ENFP	어린아이	열정, 호기심, 낙천성, 놀라운 사교술, 넘치는 매력, 카리스마, 변덕스러움	어린아이 같은 사람	내 사전에 '반성' 이란 없다
INTJ	전략가	이론능력, 전략수립 능력, 강인성, 불굴의 의지, 단호함, 실천력	뛰어난 이론가, 전략가	위험한 고집불통
INTP	전술가	이론능력, 전술수립 능력, 단기과제 해결능력, 관념성	논쟁을 즐기는 사람	머릿속으로만 세계를 그리는 사람
ENTJ	장군	활동성, 용감함, 힘과 추진력, 전략능력, 놀라운 실천능력	용감무쌍한 지휘관	사람이 다치는 줄도 모르는 탱크(불도저)
ENTP	모험가	활동성, 정열, 다방면적 관심, 다재다능, 아이디어, 직관형 쾌락주의	모험과 변화를 즐기는 사람	사촌이 땅을 사면 배가 아프다

4. 심리검사

지금까지 심리학 분야에는 완결성을 가지는 성격이론이 존재하지 않았으며 심지어는 성격개념에 대해서조차 의견이 한데 모아지지 않았다. 이런 조건에서 제대로 된 성격검사가 만들어진다는 것은 불가능한 일이다. 비록 다수의 심리학 서적들이 아래에 제시되는 검사들을 성격검사로 소개하고 있지만 그것은 엄밀한 의미에서 성격검사로 볼 수 없다. 즉 그것들은 심리적 특성 혹은 심리상태를 검사하는 도구이지 올바른 이론에 기초한 성격검사는 아니므로 일반적인 의미에서 '심리검사'로 부르는 것이 더 정확할 것이다.

(1) 질문지 방식의 심리검사

질문지를 읽고 자신의 생각이나 감정 등을 자기보고 형식으로 답하는 심리검사이다.

① MMPI(Minnesota Multiphasic Personality Inventory): **미네소타 다면적 인성검사**

MMPI는 제1차 세계대전 중 미 육군에서 정서장애가 있는 신병들을 찾아내려는 '실용적 목적'을 위해 개발되기 시작했다. MMPI는 기존의 심리검사들, 정신과 진료기록 및 임상적 직감을 기초로 작성된 검사문항들로 구성된다. 그러나 이 검사의 목적은 애초에 여러 가지 종류의 '다면적'인 정신병리적 징후의 진단에 있었기 때문에 정상인에게는 그다지 도움이 되지 않는다.

② CPI(California Psychological Inventory): **캘리포니아 심리검사**

MMPI의 척도들을 정의한 규준집단은 정신과 환자들이었다. 그러므로 이 검사는 정상인들에게는 부적합하다. 이 문제를 극복하기 위해 CPI는 정상적 규준집단을 사용하여 고교생과 대학생들을 목표로 제작되었다. CPI는 지배성, 사교성, 책임감, 행복감 등의 심리적 특성이나 감정 상태를 측정한다. 그러나 이런 특성이나 감정들은 다양한 요인들의 영향을 받아 형성되는 것이므로 CPI 또한 성격을 측정하는 도구는 아니다.

③ MBTI: 마이어-브릭스 유형 지침서

심리적 유형을 측정하기 위해 만들어졌다. 그러나 MBTI는 이론적 기초가 제대로 정립되지 않은 조건에서 경험적으로 만들어졌기 때문에 여러 가지 문제점을 가지고 있다. 우선 심리검사로서 가져야 할 신뢰도나 타당도가 결여되어 있다. 동일인이 시점을 달리해 반복검사하면 다른 결과가 나오기도 하고 검사결과의 타당성을 따져볼 만큼 잘 정리된 이론적 기반도 없기 때문이다. 또한 각 유형별 특성들을 나열한 문항들에 대해 선호를 묻는 식으로 단순하게 구성되어 있어 결과가 왜곡될 가능성이 높다. 심리적으로 건강한 사람도 자신의 유형과 반대되는 유형을 원하거나 선호하는 경우가 많기 때문이다. 이런 이유들로 인해 서구에서는 어떤지 몰라도 적어도 한국인에게 있어서는 MBTI의 검사결과가 상당히 부정확하다. 경험적으로 볼 때, 4개 중 한 개의 유형이 잘못 판정되는 것까지 포함한다면 잘못된 결과가 나올 확률이 최소한 70% 이상은 되는 것 같다. 이와 관련된 좀더 자세한 논의는 『MBTI의 문제점과 과제』(김태형, 2007)를 참조하기 바란다.

(2) 자유연상 방식(투사법)의 심리검사

자유연상 방식의 심리검사들이 전제하고 있는 가정은 다음과 같다. 자동차나 비행기와 비슷한 다소 명확한 그림을 보여주면 대부분의 사람들은 고정관념 등에 기초해 '자동차', '비행기'라고 답할 것이다. 이렇게 어떤 사물이나 자극이 명확할 경우에 사람들은 객관적인 자료나 보편적인 지식 등을 기초로 반응한다. 그러나 뭐라고 딱히 규정하기 힘든 애매모호한 그림은 기존 통념이나 고정관념 등으로는 설명할 수가 없다. 따라서 이 경우에 사람들은 자신의 내면세계를 그림에 투사할 가능성이 많을 것이다. 이때는 객관적인 자료나 자극 그리고 대중적 통념이나 고정관념 등이 중요성을 상실하기 때문이다.

다음의 두 가지 검사들은 이러한 가정에 기초해 만들어졌다.

'로샤(Rorschach) 잉크반점 기법'은 10개의 애매모호한 잉크반점 그림을 보여주고는 떠오르는 생각을 자유롭게 말하도록 한다. 이때 10개의 그림은 각각 측정하고자 하는 바가 다르다. 로샤검사는 임상현장에서 광범위하게 사용되고 있다. 그러나 로샤검사를 안전하고 능숙하게 효과적으로 사용하기 위해서는 전문적인 훈련과 경험이 반드시 필요하다.

'주제통각검사(Thematic Apperception Test: TAT)'는 생활과 관련된 장면을 묘사한 20장의 그림을 보여주고는 이야기를 만들어보게 한다. 검사를 받는 사람은 그림의 전후사정을 알 수 없으므로 자신의 내면상태를 이야기 속에 투사한다.

로샤검사와 주제통각검사는 내면적인 동기, 정서, 갈등, 병리증상 등을 진단하는 데 유용하다. 그러나 이 검사들은 채점방식이 객관적이지 않아 검사자의 주관이 개입될 위험성이 있다. 물론 이것들 역시 심리검사일 뿐 성격검사는 아니다.

심리검사가 아닌 진정한 의미의 성격검사를 만드는 일은 현재로서는 다소 요원해보인다. 그러나 심리적 유형론에 근거한 성격이론에 대한 연구를 계속 심화·발전시키다 보면 그리 멀지 않은 시기에 제대로 된 성격검사를 만들 수 있을 것이라고 기대해본다.

5. 성격과 인생

성격이 선천적이라는 주장에 대해 반대하는 이들도 있기는 하지만, 대부분의 심리학자들은 성격이 유전될 것이라고 믿는다. 심리적 특성이 유전된다는 것을 보여주는 증거들이 아주 많기 때문이다.

우선 보차드(Bouchard, 1990)의 연구를 보자. 미국의 미네소타주에 있는 한 연구센터는 생애 초기에 헤어져서 청소년기를 지낸 후 성인이 되어 재결합한 일란성 쌍둥이 50쌍을 조사했다. 이 쌍둥이들은 4~5개의 심적 능력 검사가 포함된 집중적인 의학적, 심리학적 평가를 받았다. 그 결과 약 +.75의 상관이 나타났는데, 이는 줄곧 같이 자란 쌍둥이의 상관과 별 차이가 없는 것이다.

또한 최근에는 반인륜적인 실험의 희생자가 된 일란성 쌍둥이의 얘기가 알려지기도 했다. 1979년 저명한 아동심리학자인 피터 노이바워 박사는 실험을 목적으로 폴라 번스타인과 엘리스 세인이라는 쌍둥이를 분리 입양시켰다. 그러나 이 실험은 1년 뒤인 1980년 뉴욕 주정부가 일란성 쌍둥이의 분리 입양을 금지하는 규정을 내놓으면서 중단되었고 노이바워 박사는 관련자료를 숨기고는 연구사실을 비밀에 붙여왔다. 그 바람에 영문도 모른 채 두 아이는 무려 35년간이나 헤어져 살아야만 했고 2004년이 되어서야 우연히 서로의 존재를 알게 되었다. 그런데 폴라와 엘리스는 35년 동안 각각 미국과 프랑스에서 살았지만 많은 유사성을 가지고 있었다. 두 사람 다 고등학생 때 학교신문 편집위원으로 일했으며, 대학에서는 영화를 전공했다고 한다(한겨레신문, 2007년 10월 31일).

이런 연구들은 유전적 요인이 상당히 강력한 힘을 발휘한다는 점을 시사해준다. 좀 단순하게 생각해봐도 키가 작은 유전자를 가진 사람보다는 키가 아주 큰 유전자를 가진 사람이 농구선수가 될 가능성이 많을 것이다. 마찬가지로 직관감정형(NF) 유전자를 가진 사람은 인문학이나 예술을 선호하고 직관사고형(NT) 유전자를 가진 사람은 자연과학 영역이나 이공계를 선호하는 식으로 성격도 상당한 정도로 사람의 인생을 규정할 가능성이 분명히 존재한다.

성격은 사람의 근원적인 심리적 특성을 규정하기 때문에 인생에 지속적으로 영향을 미친다. 즉 성격은 양육과정, 적성, 직업선택, 연애, 삶의 방식 등에 일관성 있게 작용한다는 것이다. 물론 특정 직업을 특정 성격만이 선택하는 경우는 없겠지만 특정 직업의 다수를 특정 성격이 점유하는 것은 가능하다. 나아가 동일한 사상이나 직업을 가진 사람들도 성격이 다르면 서로 다른 방식으로 직무를 수행하고 인간관계를 풀어나갈 수 있다. 반대로 다른 사상이나 직업을 선택해도 성격이 같으면 서로 유사한 방식으로 행동할 수 있다. 이념적으로 많이 다름에도 노무현 전 대통령과 이명박 대통령이 저돌적이고 말실수를 많이 하는 등 비슷하게 행동하고 유사한 느낌을 주는 것은 ENTJ(장군)라는 성격을 공유하고 있어서일 가능성이 많다.

자신과 타인의 성격을 정확히 파악하는 것은 사람을 이해하고 건강한 인간관계를 형성하며 삶의 질을 향상시키는 데 중요한 의미를 가진다. 그러나 사람의 인생에는 성격 이외에도 환경, 부모관계, 사상과 신념, 가치관, 도덕성 등 아주 많은 요인들이 영향을 미친다. 따라서 성격을 알면 모든 행동을 예측할 수 있다고 주장하거나 중요한 사회적 행동을 모두 성격요인으로 환원해 설명하는 것은 잘못이다. 통상적으로 INFJ(순교자)들은 매우 진지하고 이타적이라고 평가되지만 그것은 도덕성이 뒷받침되었을 때의 얘기이다. 비도덕적인 INFJ가 하는 짓은 결코 곱지 않다.

이런 점들을 잘 고려하면서 성격이론을 올바르게 활용해야 한다. 우리는 사람의 인생에 영향을 미치는 다른 요인들을 놓치지 않으면서 성격적 요인까지 적절하게 고려할 때 사람에 대한 이해에 한발 더 다가갈 수 있을 것이다.

제10장

나는 사회 속에서 살고 있다

— 사회심리학

우리 모두는 사회 속에서 태어나며 사회를 떠나서는 생존할 수 없다. 고도로 분업화되고 전문화된 현대사회일수록 사람들은 상호의존적으로 밀접하게 결합되어 있다. 농업경제 사회만 하더라도 개인은 마음만 먹으면 혼자의 힘으로도 살아갈 수 있었다. 땅과 건강한 육체만 있으면 개인은 산 속에 초가집을 짓고 천을 짜 옷을 만들고 농사를 지어가면서 혼자서도 생존할 수 있었던 것이다.

그러나 오늘날의 도시인들에게는 이러한 개인적 생존능력이 없다. 비록 현대인은 옛 조상들이 가지지 못한 놀라운 지적 능력이나 기술기능 등을 가지고 있지만 집도 옷도 먹거리도 스스로 해결하지 못한다. 의식주는 모두 돈을 주고 타인의 노동이 만들어낸 상품을 구매함으로써만 해결할 수 있다. 즉 고도로 산업화, 정보화된 현대사회에서 살아가는 개인들은 정교하게 세분화된 사회적 분업을 통해서만 생존할 수 있는 것이다. 이렇게 유일무이한 사회적 존재로서 지구 위에 등장한 사람은 역사가 흐를수록 점점 더 사회화되어 왔다.

사회를 떠난 사람이 존재할 수 없듯이 사회를 배제하고서는 사람의 마음이나 행동을 제대로 이해할 수 없다. 그러나 기존의 생물학적, 행동주의적 심리학은 사람이 동물과 동일하다는 관점을 가지고 있기 때문에 결과적으로 사회를 배제하게 되었다. 전통적인 프로이트주의나 현상학적 이론 등도 정도의 차이만 있을 뿐 크게 다르지 않다. 그러나 사람의 의식에서 기본은 사회의식이며 대부분의 인간행동은 사회적 행동이기 때문에 기존의 심리학 이론들은 현실사회에서 살아가는 사람을 이해하고 설명하는 데 명백한 한계를 가질 수밖에 없다.

사회심리학이라는 분과는 이러한 한계를 극복하기 위한 노력과 관련된다. 사회심리학은 사람이 사회현상을 어떻게 인식하고 그것에 근거해 어떠한 사회적 행동을 하느냐를 연구한다. 즉 사회가 사람의 심리에 어떤 영향을 주며 특정한 사회적 행동에 내재해 있는 심리가 무엇인지를 연구하는 것이다. 특히 사회심리학은 타인들 그리고 사회집단들과의 관계가 개인에게 어떤 영향을 주는지에 관심을 기울인다.

원칙적으로는 개인과 사회가 분리될 수 없으므로 개인심리학과 사회심리학이 따로 있을 수 없다. 이에 대해 프로이트는 다음과 같이 말했다. "개인심리학이 개인과 타인 간의 관계를 무시할 수 있는 경우는 드물며, 그나마도 예외적인 상황에서나 가능하다. 개인의 정신생활에는 타인이 본보기나 대상이나 조력자나 적대자로 끼어들게 마련이다. 개인심리학의 의미를 이렇게 확대하는 것은 타당한 일이며, 따라서 개인심리학은 처음부터 사회심리학이기도 하다(Freud, 1921)." 사람을 올바로 이해하려면 의식의 대부분을 차지하는 사회의식과 인간행동의 기본인 사회적 행동을 연구해야만 한다. 이렇게 개인의 삶에서 사회가 배제되는 것은 불가능하므로 심리학은 본질적으로 사회심리학이라는 프로이트의 주장은 지극히 정당하다. 그러나 기존의 심리학 이론들은 대부분 연구대상에서 사회를 의식적, 무의식적으로 배제해왔기 때문에 궁극적으로 사람에 대한 제한적이고 왜곡된 견해를 갖게 되었다. 따라서 사회심리학과는 별개로 개인심리학 또한 사회적 존재로서의 사람, 사회관계 속에서 살아가는 사람을 자신의 연구대상에 반드시 포함시켜야 할 것이다.

본론으로 들어가기 전에 사람이 생활하고 활동하는 집단인 '사회'에 대해 잠깐 살펴보기로 하자. 일부 학자들은 동물의 무리를 사회에 포함시키기도 하는데 이는 잘못이다. 동물 무리와 사회는 근본적으로 다르기 때문이다. 그 차이를 [표 10-1]로 살펴보자.

사회관계란 노동, 정치, 문화 활동 과정에서 맺어지는 사람들 사이의 정치경제적 관계, 사상문화적 관계, 가족관계 등의 총체이다. 사람들은 사회관계에 따라 서로 결합하며 사회관계는 사회에서 사람이 차지하는 지위와 역할을 규정한다. 예를 들면 '자본가-노동자'라는 사회관계는 양자의 지위와 역할을 규정한다. 이에 따라 자본가는 노동자를 지휘감독할 권한과 노동자에게 임금을 지급해야 할 의무를 가지게 되며, 노동자는 노동의 대가인 임금을 요구할 권리와 자본가에게 복종해야 할 의무를 가지게 된다. 다

[표 10-1] 동물무리와 인간사회의 차이

기 준	동물무리	사 회	비 고
결합수준	생물학적 본능에 따른 무의식적 결합	복잡한 사회관계의 체현자인 사람들 간의 목적의식적 결합	사회는 개인들의 기계적인 결합체가 아니다
	단순한 습관적 결합	복잡하고 유기적인 목적의식적 결합	
창조성	물질정신적 재부(財富)도, 사회역사적 창조행위도 없음	물질정신적 재부 창조, 사회역사적 창조행위를 함	창조행위는 사람들이 서로 결합하고 협력해야만 가능 → 사람은 사회라는 집단을 형성하고 그것을 발전시켜나감
	생물학적 능력만 가지고 환경에 수동적으로 적응함으로써 생존	사회적 능력과 재부(노동도구를 비롯한 물질 · 기술적 수단들과 생활필수품, 사상과 과학, 문화예술 등)를 이용하면서 환경을 개조	
	자기의 특성을 유전을 통해서만 후대에 전달	문자와 언어, 물질정신적 재부 등을 통해 후대에 전달(이는 역사적으로 계속 축적되고 확대되므로 사회는 끊임없이 발전한다)	
이해관계	본능적으로 무리생활을 할 뿐 의식적인 이해관계 없음(단순한 생물학적 집단)	사회를 이루고 발전시키는데 '사활적인 이해관계'를 가짐(사람만이 사회를 만들고 유지 · 발전시킬 능력을 가짐)	사람은 사회가 없으면 생존이 불가능
사회관계	개체들 사이의 일정한 관계와 행동통일은 있음. 그러나 사회적 관계, 목적의식적인 사회적 연관은 없음	사회적 관계, 목적의식적인 사회적 연관을 형성하고 그것을 발전시킴	사회관계는 사회적 존재가 되기 위한 필수조건

시 한 번 강조하지만 사회적 존재인 사람은 사회관계를 떠나서는 생존할 수 없다.

1. 사람은 친사회적인가 반사회적인가

(1) 성악설과 공격성(aggression)

동서양을 막론하고 성선설과 성악설은 뜨거운 논란을 거듭해왔다. 성악설의 대표주자인 홉스(Hobbes)는 인간이 본성적으로 반사회적이고 파괴적이며 이기적이라고 주장했다. '만인(萬人)의 만인에 대한 투쟁', '사람은 사람에 대하여 이리(狼)'라는 말이 그의 견해를 잘 보여준다. 따라서 그는 세상이 아수라장으로 변하는 것을 막기 위해서는 개인들이 계약을 통해 국가를 만들어 그 국가의 통제를 받아야만 한다고 생각했다.

성악설은 심리학에서는 주로 '공격성' 혹은 '반사회적 폭력'이라는 주제와 관련된다. 심리학자인 프로이트는 본질적으로 홉스와 같은 견해를 가지고 있었다. 그는 인간의 동물적 본능은 쾌락과 파괴만을 추구하는 위험천만한 것이므로 인간의 야만성과 이기성은 반드시 문화를 통해 억압되고 길들여져야 한다고 주장했다.

공격성에 대한 프로이트의 주장은 본능이론에 근거를 두고 있다. 동물들은 자기보존 본능, 즉 생명을 위협하는 대상에 대해 반감이나 증오감을 느끼므로 그 대상을 공격하려고 한다. 그런데 사람 또한 동물적 본능을 가지고 있으므로 필연적으로 공격성을 가지게 된다는 것이다. 그런데 이런 방어적 공격성은 육식동물에게 쫓기고 있는 희생동물에게서 전형적으로 관찰된다. 구석에 몰린 쥐가 고양이에게 필사적으로 덤비듯이 도망치던 희생동물들은 퇴로가 차단되면 강렬한 분노를 표현한다. 그러나 먹잇감을 사냥하는 육식동물에게는 그 어떤 노여움이나 적대감도 관찰되지 않는다. 그들은 원한에 사무쳐 약한 동물들을 공격하는 게 아니라 다만 생존을 위해 먹이를 사냥할 뿐이기 때문이다.

심리학에서는 통상적으로 '공격성'이 분노감정을 수반한다고 규정한다. 따라서 이 기준에 따르면 공격성은 사자나 호랑이 같은 강한 육식동물들이 아니라 토끼나 사슴 같은 약한 동물들이 더 많이 가진다. 한 마디로 공격성은 주로 생존을 위한 몸부림, 방어행동 등과 연관된다는 것이다. 이런 이유 때문에 프로이트의 주장과는 달리 동물의 공격성이란 그리 위험하지 않고 제한적일 뿐이며 오히려 사회성이 더 본질적이라는 타당한 반론들이 제기되어왔다.

진화론자인 다윈(Darwin)은 자연도태이론에 근거해 성악설을 반대했다. 그는 두더쥐가 땅에 굴을 파거나 비버가 댐을 쌓는 등의 종 특유의 행동들도 자연도태에 포함된다고 보았다. 그런데 이기적인 행동보다는 협동행동이 보다 적응적이므로 이기적인 행동은 점차 도태되고 협동행동이 선택될 가능성이 높다고 추측했다. 즉 같은 종끼리 물고 뜯는 것보다는 서로 협력하는 게 종의 생존가능성을 높여줄 것이므로 공격성이 아니라 사회성이 선택되는 게 더 합리적이라는 것이다. 자연상태에서 동물의 행동을 연구하는 생물학의 한 분야인 동물행동학(ethology)의 연구들도 선천적이고 종 특정적인 행동양식은 대부분 사회적인 것임을 보여준다. 또한 문자가 없는 미개 원시부족을 연구한 베네딕트(Benedict)에 의하면 미국 남서부 프에블로 원주민에게는 자기통제와 협동이 두드러지게 나타나는 반면 공동체 내에서의 공격행위는 거의 없다고 한다. 이 외에도 인간과 동물의 본능이 반사회적인 것이라기보다는 사회적인 것이라는 증거들이 많이 있다. 따라서 동물과 동물적 본능을 가진 인간이 생물학적으로 이기적이고 포악한 천성을 타고 난다는 생각은 잘못된 편견이라고 봐야 할 것 같다.

그렇다면 사람의 공격성은 어떻게 이해할 수 있을까? 사람도 동물과 마찬가지로 자신의 생명을 위협하는 대상에 대해서는 강한 분노감과 적개심을 드러낸다. 그러나 특이하게도 사람은 자신의 생명이 위협당하지 않는 경우에도 공격적 행동을 하는데, 이것을 동물적 본능이론으로 설명하기는 어렵다. 사람에게서 나타나는 공격성을 설명하기 위해 달라드 등(Dallard, Doob, Miller, Mowrer, & Sears, 1939)은 '욕구좌절-폭력이론'을 제안했다. 이에 따르면 사람은 목표달성이 좌절되면 폭력충동을 느끼는데, 그것이 욕구를 좌절시킨 대상을 향한 폭력행동으로 표현된다. 즉 욕구좌절이 공격성의 주요 원인이라는 것이다.

그러나 이 이론과 관련해 두 가지 생각해볼 점이 있다.

첫째, '욕구좌절-폭력이론'은 모든 공격행동을 설명하지 못한다. 공격성은 사회적인 요인에 의한 것도 있고 개인적인 요인에 의한 것도 있다. 서부개척시기 미군의 인디언 학살전쟁, 식민지나 석유자원 등을 차지하려는 이권을 위한 침략전쟁, 정치나 종교적 신념의 차이에 따른 갈등, 제국주의 세력의 침략에 맞선 자위적인 전쟁 등이 사회적 요인에 의한 공격적 행동들이다. 이런 공격적 행동은 개인심리로부터 출발한 것이 아니라 주로는 사회집단의 이해관계와 요구에서 비롯되기 때문에 욕구좌절-폭력이론으로 설명할 수 없다. 게다가 사회적 요인에 의한 공격행동 중에는 정의로운 것도 있기 때문에, 폭력의 질적 차이를 무시하고 모든 공격행동을 '공격성'에 따른 것이라고 주장해서는 안 될 것이다. 또한 개인 단위의 공격행동이라고 하더라도 돈을 뺏기 위한 깡패의 폭력행동과 그 깡패를 잡기 위한 경찰의 무력사용을 동일한 공격적 행동으로 볼 수는 없다. 이렇게 개인차원의 공격행동에도 나쁜 것, 반사회적인 것도 있지만 반드시 필요한 친사회적인 것도 있다. 따라서 욕구좌절-폭력이론은 특정한 개인적이고 특수한 폭력행위에만 국한해 적용되어야 할 것이다.

둘째, 욕구좌절은 공격성의 충분조건이 아니다. 왜냐하면 욕구가 좌절된 모든 사람이 공격행동을 하지는 않기 때문이다. 어떤 이는 욕구좌절을 노력의 계기로 삼기도 하고 또 다른 이는 그것을 새로운 경험으로 받아들이기도 한다. 그러나 반복적인 혹은 중대한 욕구좌절은 보편적으로 분노감정을 유발하므로 그것은 공격성의 원인이 될 수 있다. 그리고 이 공격성은 타인을 비롯한 사회를 향할 수도 있고 자기 자신을 향할 수도 있다. 전자의 경우에는 외부의 대상에 대한 공격행동으로 표출되지만 후자의 경우에는 '우울증'으로 귀결된다. 어쨌든 욕구좌절이 분노감정 혹은 적어도 부정적인 감정을 유발하는 것은 분명하므로 그것은 항상 폭력행동으로 이어질 개연성을 가진다.

이런 점에서 인간의 공격성을 없애려면 기본적으로 침략 혹은 공격행위를 유발하는 사회모순 그리고 사회구성원들의 정당한 욕구와 요구를 좌절시키는 부정의한 사회를 개혁해야 한다. 그리고 개인적인 차원에서는 분노감정이 쌓이지 않도록 노력하며 누적된 분노감정을 건강한 방향으로 발산할 수 있도록 해야 할 것이다.

사람은 사회를 야수들의 싸움터로 만들 만한 폭력적인 본성을 가지고 있지는 않다. 오히려 공격성은 기본적으로 잘못된 사회의 결과물이며 분노감정이 심하게 누적된 사람의 특성이라고 보는 것이 타당하다.

(2) 성선설과 이타성

성악설이 사실이 아니라면 성선설은 옳은가? 이 질문은 심리학의 '이타성'에 대한 연구와 밀접히 관련된다.

이타성 혹은 사회성은 동물들에게서도 흔히 관찰된다. 팩커(Packer, 1977)는 비비원숭이 수컷들이 난폭한 침입자에 대항하기 위해 서로서로 도와주는 장면들을 관찰했다. 그에 의하면 한번이라도 도움을 받았던 수컷은 나중에 다른 원숭이를 돕는 경향성이 훨씬 더 많아졌다고 한다. 아마도 '은혜 갚은 까치'처럼 동물들에게도 누군가의 도움을 받으면 그것에 보답하려는 본능이 있는 것 같다. 앞서 지적했듯이 서로를 도와주는 행동은 궁극적으로 구성원 모두에게 이익이 되고 이런 이타행동은 종의 생존가능성을 높여주므로 동물들이 이를 굳이 마다할 이유가 없을 것이다.

그렇다면 사람의 이타성도 이와 동일한 것일까? 아마 사회생물학의 창시자인 윌슨(Wilson)이라면 그렇다고 대답할 것이다. 그는 이타행동은 종의 생존을 높이기 위한 것이므로 유전적으로 밀접할수록 이타행동이 증가할 것이라고 주장했다. 이런 맥락에서 동물과 사람을 본질적으로 동일하다고 보는 사회생물학은 인간도 유전적으로 가장 가까운 친척들에게 가장 이타적이 될 것이라고 예언한다. 그러나 샬리온스(Shalions, 1976)가 다양한 문화권에서 수행한 연구들은 이런 사회생물학의 예언이 잘못임을 증명하고 있다. 그 연구들에 의하면 사람의 이타행동은 유전적 거리, 즉 가까운 혈연적 인척관계가 아니라 심리적으로 얼마나 가깝게 지내고 있고 친밀한 사람으로 간주하느냐에 따라 유발된다.

글라이트만(Gleitman, 1995)은 사회생물학으로는 사람의 이타행동을 제대로 설명할 수 없다면서 "인간의 사회행동은 유전보다는 주로 문화에 따른다. … 인간의 이타주의를 이해하기 위해서는 우리 자신의 사회적 용어를 가지고 이해할 수밖에 없다."고 말했다.

그가 지적한 대로 사람의 이타행동은 동물의 이타행동과는 질적으로 다르다. 동물의 이타행동은 무의식적 본능에 따르는 맹목적인 행동일 뿐이다. 생명까지 바쳐가며 무리를 보호하는 이타행동은 저급한 동물들에게서 더 많이 나타나며 고급동물일수록 그 빈도가 줄어든다. 개미나 새와 같은 저급한 동물들은 '나'라는 개체에 대한 자각이 약한 대신 '우리'라는 종에 대한 자각이 강하다. 그러므로 포식자가 공격해올 때에도 '나'보다는 '우리'를 기준으로 반응한다. 어떤 의미에서는 이런 저급한 동물들에게는 '나'라는 의식이 존재하지 않는다고도 볼 수 있다. 그러나 고급동물들일수록 '나'에 대한 자각이 상대적으로 더 커지므로 무리를 위해 용감하게 자기 생명을 바치는 행동은 현저히 줄어든다. 늑대나 원숭이의 경우 집단이 위험에 처하면 위험신호를 보내거나 공동대응을 하기는 하지만 한 마리가 앞에 나서서 목숨을 바쳐 무리를 보호하려고는 하지 않는다. 아무리 무리가 중요하더라도 개체적 생존욕구를 포기하기가 쉽지 않기 때문이다. 따라서 자연법칙에 비춰볼 때 '나'에 대한 의식이 최고조로 발달된 사람의 생명을 건 이타행동은 아주 특이한 예외에 해당된다. '나'에 대한 의식이 없는 개미는 개체적 생존욕구가 거의 없을 것이므로 집단을 위해 희생하는 게 그리 어렵지 않다. 그러나 '나'에 대한 의식이 뚜렷하고 개인적 생존욕구가 매우 강한 사람이 집단이나 사회를 위해 순교하는 것은 분명히 아주 어려운 일이다. 그럼에도 불구하고 인류역사와 오늘의 세상에는 타인을 위해 목숨까지 바치는 아름다운 사람들이 분명히 존재하지 않는가.

동물로서는 도저히 흉내낼 수 없는 사람의 고귀한 이타행동은 도대체 어디에서 비롯되는 것일까?

그것은 첫째로 이타주의적인 '사상과 신념'이다. 이타행동은 집단과 개인의 관계, 집단의 이익과 개인의 이익 간의 관계에 대한 자각에 의존한다. '나라 없는 백성은 상갓집 개만도 못하다.'는 속담은 집단이 개인보다 더 중요하다는 입장을 대변한다. 집단이 개인보다 더 소중하다는 사상과 신념을 가진 사람은 이타행동에 적극적일 것이다. 나라가 위기에 처하거나 식민지로 전락되었을 때 수많은 사람들이 나라를 위해 개인의 목숨을 초개처럼 버렸던 것도 이런 이유 때문이다. 반면에 개인이 집단보다 더 중요하다는 입장을 가진 사람은 이타행동에 소극적일 것이다. 이타행동의 원인은 두 번째로 '양심'이다. 사람은 양심에 따라 살아가려는 욕구를 가지고 있다. 양심에 부합되는 행동은 뿌듯함과 보람, 자부심 등을 안겨주지만 양심에 위배되는 행동은 심한 죄의식과 죄책감을 남긴다. 따라서 양심이 살아 있는 사람은 이타행동에 적극적인 반면 양심이 불량한 사람은 이타행동에 소극적일 것이다.

개인적인 차원에서 이타주의적 사상이나 신념, 양심 등이 사람의 이타행동에 영향을 미치기는 하지만 미국이나 한국 같은 사회에서 이타행동은 체계적으로 감소해왔고 지금도 빠르게 감소하고 있다. 그 주된 이유는 세계적으로 퍼져나가는 미국식 자본주의가 개인이기주의를 적극적으로 장려하기 때문이다.

달리와 라타네(Darley & Latané, 1968; 1981)의 방관자 실험이 이를 잘 보여준다. 그들의 연구를 촉발시킨 것은 1964년에 발생했던 살인사건이었다. 뉴욕시에서 한 여성이 새벽에 괴한의 습격을 받고 사망하는 사건이 일어났는데, 그 여성은 30분 동안이나 비명을 지르며 저항했다. 그러나 38명이나 되는 사람들이 창문을 통해 그 소리를 들었지만 그 누구도 도우려고 하지 않았으며 경찰에 신고하지도 않았다. 38명이나 되는 사람들이 한결같이 왜 그런 이기적인 행동을 했는지 알아보기 위해 달리와 라타네는 다음과 같은 실험을 진행했다.

실험참가자에게는 대학생활에 대한 집단토론(집단의 크기는 실험에 따라 각기 다르다)을 하는 연구라고 거짓말을 하고는 그를 개인용 칸막이 방에 앉게 한다. 실험참가자는 스피커를 통해 다른 사람들이 말하는 걸 들을 수 있었고 자기 차례가 되면 마이크에 대고 얘기를 하게 되어 있었다. 그러나 다른 실험참가자들은 실제로는 존재하지 않았으며 그들의 목소리는 모두 녹음된 것이었다. 그리고는 순서대로 토론이 진행되는 중에 실험협조자(계획된 연기를 하도록 고용된 배우)는 간질발작을 일으킨 것처럼 거짓 연기를 한다. 여기서 연구자들이 관심을 가진 것은 실험참가자들이 위험에 빠진 실험협조자를 돕기 위해 방을 나서는지의 여부였다. 이 실험을 비롯한 유사한 연구들은 자기가 속한 집단의 크기가 커질수록 실험참가자의 도움행동은 줄어든다는 것을 보여주었다. 즉 실험참가자들은 자기 주위에 사람이 많다고 느낄수록 '다른 사람이 도와주겠지.'라며 위험에 빠진 사람을 수수방관한 것이다. 실험참가자들은 자신 말고는 아무도 위험에 처한 이를 도와줄 사람이 없는 심적으로 몹시 부담스러운 상황이 되어서야 행동에 나서곤 했다.

심리학자들은 이렇게 다수가 있을수록 이타행동이 줄어드는 현상의 원인을 두 가지로 설명한다. 그것은 우선 '다수로 인한 무지(pluralistic ignorance)' 때문이다. 사람은 명확한 판단을 내리기 어려운 상황에서는 다수의 의견을 따르는 경향을 보인다. 따라서 자신이 행동을 해야 할 상황인지 아닌지가 애매한 경우 다른 사람들이 별 반응을 안 보이면 '별 일 아니구나.'라고 판단할 것이므로 이타행동은 줄어들 수밖에 없다. 그것은 다음으로 '책임감 분산(diffusion of responsibility)' 때문이다. 위험에 빠진 이를 도와줄 사람이 많으면 책임감이 분산되어 한 개인이 느끼는 책임감은 그만큼 줄어든다. 이 경우에는 '내가 아니더라도 누군가가 도와주겠지.'라는 생각 때문에 도움행동에 잘 나서지도 않을 뿐 아니라 일이 잘못 되어도 '나 혼자 책임질 일이 아니야.'라고 자기합리화를 할 수 있으므로 죄책감도 덜 느끼게 된다.

어쨌든 이런 실험들은 미국인들이 이타행동에 매우 인색하다는 사실을 보여주었고 일부 심리학자들은 이를 근거로 '인간은 이기적인 존재이다.'라고 목소리를 높이기도 했다. 그러나 개인이기주의가 심화될 수밖에 없는 미국식 자본주의라는 환경조건을 무시하고 이런 실험결과를 인간의 본성인양 확대해석하는 것은 잘못이다.

나는 『스키너의 심리상자 닫기』(2007)에서 미국인들의 심리에 영향을 미치는 중요한 환경조건을 다음과 같이 제시한 바 있다.

첫째, 극우보수화된 미국정치. 미국을 특징짓는 것은 진보운동 혹은 좌익운동의 부재로 인한 사회의 심각한 우경화이다. 유럽 등과는 달리 미국에는 자본가계급을 대변하는 보수정당인 공화당과 민주당만이 있을 뿐 영향력 있는 진보정당이 존재하지 않는다.

둘째, 우민화된 대중. 교육, 문화, 언론매체 등을 장악한 극우자본가집단의 지속적이고 체계적인 선전선동과 여론조작 그리고 이에 맞설 진보역량의 부재로 인해 대중은 계속 탈정치화되고 우민화되어왔다.

셋째, 극대화된 개인이기주의. 극심한 빈부격차, 열악한 사회보장제도와 극단적인 무한경쟁은 경쟁에서 낙오되면 끝장이라는 공포감을 유포시킨다. 따라서 개인화된 사회구성원들은 수단과 방법을 가리지 않고 돈을 모으고 경쟁에서 승리해야만 한다는 강박관념을 가지게 된다. 이런 조건에서는 타인이나 이웃을 생각할 여유 따위가 발을 붙이기 힘들다.

넷째, 3가지 공포. ① 정치권력에 대한 공포. 여기에는 진보운동의 실패 그리고 대중지도자들에 대한 반복적인 암살이 큰 영향을 미쳤다. 마틴 루터 킹, 말콤 엑스, 존 F. 케네디 대통령, 존 레논 등 기성체제에 위협을 가할 수 있는 인물들은 예외 없이 암살을 당했다. 이런 반복적인 암살사건으로 인해 미국인들은 2008년 민주당의 버락 오바마가 최초의 흑인대통령이 될 가능성이 높아지자 그 또한 암살당할지도 모른다는 공포감에 시달리고 있다. 이와 관련해 영국 일간 텔레그래프 4월 4일자는 미국 흑인들 사이에 오바마에 대한 '희망과 공포'가 교차한다고 보도하기도 했다. 빌리 카일스 목사(73세)는 "오바마가 (대통령에) 가까워질수록 (암살의) 가능성은 더 높아질 수 있다."고 말했으며, 노동자인 그레고리 질스(44세)는 "만약 그에게 무슨 일이 생긴다면 이는 미국이 전혀 진보하지 못했다는 증거가 될 것"이라는 우려를 표명했다. 또한 일리노이 지역신문인 록퍼드 레지스터 스타 4월 3일자는 "상당수 미국인들이 유세현장에서 군중을 몰고 다니는 오바마를 보며 암살의 불안감을 느낀다."고 보도했다. 일리노이 주민 조지 앤 더켓(68세)은 "오바마의 대선출마 소식을 듣자마자 스친 생각은 '오 주여! 사람들이 그를 죽일 거예요'였다."고 말했다(경향신문, 2008년 4월 5일). 해방 이후 한국에서도 김구, 여운형, 장준하 등의 대중정치인들은 암살 혹은 의문의 죽음을 당했다. 김대중 전 대통령도 암살당할 위기를 겪어야만 했다. 그러나 한국에서는 1960년의 4·19혁명, 1980년의 5월 광주민중항쟁, 1987년의 6월민주항쟁 등의 성공으로 저명인사에 대한 암살은 자취를 감추게 된다. 왜냐하면 대중지도자에 대한 암살은 민중항쟁을 촉발시켜 정권을 잃게 만들 수도 있다는 것을 권력자들이 배웠기 때문이다. ② 죄의식으로 인한 공포. 인디언 학살, 흑인노예에 대한 가혹한 착취와 탄압, 탐욕스러운 해외침략 등 결코 아름답지 못한 추한 역사는 아무리 부정하더라도 미국인들의 무의식 속에 원죄처럼 자리 잡고 있다. 이로 인해 미국인들은 벌을 받거나 보복당할지도 모른다는 공포감을 가지게 되었다. 부시정권이 테러를 당할지도 모른다는 공포감을 조장해 대중을 입맛에 맞게 요리할 수 있었던 것도 이 때문이다. 마이클 무어 감독의 '볼링 포 콜럼바인(Bowling For Columbine, 2002)'이 이 문제를 잘 다루고 있으니 참조하면 좋을 것이다. ③ 범죄에 대한 공포. 건강하지 못한 사회일수록 사회구성원들을 정신적으로 더 많이 병들게 한다. 그 결과 그런 사회에는 부정의하고 부도덕한 사상문화가 범람하고 범죄자와 정신병자가 대량생산된다. 그리고 그 피해는 사회구성원들 특히 힘없고 돈 없는 약자들에게 가장 크게 돌아온다. 아마 미국인들이 느끼는 공포와 불안은 거의 세계 으뜸수준일 것이다. 그런데 공포와 불안이야말로 심리적 병의 기본원인이므로 미국인들의 정신건강이 매우 나쁠 것임은 능히 짐작할 수 있을 것이다.

다섯째, 미국인의 성격특성. 여러 연구들은 미국인의 다수가 외향형(E)이라고 보고하고 있다. 반면에 한국 같은 경우에는 내향형(I)이 다수이다. 따라서 미국인을 이해하려면 외향형(E)의 심리적 특성을 고려할 필요가 있다.

개인의 사상이나 도덕, 심리 등은 사회역사의 영향을 받아 끊임없이 변화한다. 사회역사를 배제한 개인심리나 사람의 본성이란 존재할 수 없으므로 심리학은 이를 반드시 감안해야 한다. 따라서 달리와 라타네 등의 실험결과를 사회역사와 분리해 영구불변하는 인간본성인 것처럼 묘사하는 것은 지나친 확대해석이며 학문적 왜곡이라 할 수 있다.

이타성과 양심의 내용도 시대와 환경에 따라 변화한다. 우리 옛 조상들은 길 가던 나그네를 재워주고 먹여주지 않으면 양심의 가책을 느꼈을 것이다. 당시에는 그것이 보편적인 세상인심이고 풍습이었기 때문이다. 그러나 오늘날에는 정신 나간 사람이 아니고서는 낯선 이를 재워주거나 먹여주지 않으며 그 일로 인해 양심의 가책을 느끼지도 않는다. 80년대만 하더라도 차를 몰고 가다가 어린이를 보면 '어디 가니? 차에 타라.'고 말할 수 있었고 아이들도 기꺼이 차에 오르곤 했다. 그러나 요즘 그런 친절을 베풀었다가는 유괴범으로 몰리기 십상이다. 90년대 초만 해도 어두운 골목길에서 우연히 여자가 앞서고 남자가 뒤따르게 되면 둘의 가슴은 두근두근 뛰었다. 앞서는 여자는 '나를 좋아해서 저 남자가 따라오나?' 하며 얼굴이 붉어지고 뒤따르는 남자는 '데이트 신청을 위해 일부러 따라가는 걸로 오해받으면 어쩌나?' 하며 곤란해 한다. 그러나 현재 시점에서 동일한 상황이 발생하면 얘기가 전혀 달라진다. 두 사람의 가슴이 뛰는 것까지는 똑같지만 앞서는 여자는 '저 놈이 나를 해치려는 게 아닐까?'라고 걱정하며 종종걸음을 치고 뒤따르는 남자는 '이것 참, 치한으로 몰리면 어쩌지?' 하며 당혹감을 느낀다. 요즘에는 문을 이중삼중으로 잠그지 않고는 안심하지 못하고, 으슥한 밤에는 한적한 길을 걷기조차 두려우며, 아이들에게는 어른을 믿지 말라고 가르쳐야 하고, 자살하는 부모는 세상을 믿지 못해 자식들까지 데리고 죽는다. 이렇게 세상이 변하면 인심도 변하고 양심도 변한다. 이런 점에서 미국이나 한국 같은 사회의 구성원들이 점점 이기적으로 변해가고 그 사회에서 이타행동이 급격히 줄어드는 것을 두고 개개인만을 탓하는 것은 초점을 한참 빗나간 일이 될 것이다.

사람은 반사회적이기보다는 친사회적이다. 그러나 사회는 반사회적일 수도 있고 친사회적일 수도 있다. 따라서 본질적으로 친사회적인 사람이 반사회적인 사회 속에서 살게 되면 그의 정당한 욕구실현은 좌절되고 정신적 고통이 심화되어 정신적, 육체적으로 병들게 될 수밖에 없다. 이 딜레마를 해결할 수 있는가 없는가가 아마 인류의 미래를 규정할 것이다. 그러므로 나는 친사회적인 사람에게 걸맞은 친사회적인 사회를 만드는 것이야말로 현 시점에서 인류 앞에 제기된 초미의 과제라고 생각한다. 비록 날이 갈수록 탐욕과 개인이기주의가 기승을 부리고 있지만 참담한 사회현실을 기적처럼 뚫고 나오는 아름다운 사람들은 여전히 우리의 마음을 훈훈하게 덥혀준다. 그래서인지는 몰라도, 나는 아직까지도 우리에게는 희망이 남아 있다고 믿고 싶다.

2. 타인에 대한 이해

사람은 자신을 통해 세상을 본다. 대부분의 사람은 자신의 사회적 처지와 신념 등에 따라 세상을 이해하는데, 그것은 많건 적건 타인의 마음에 대한 이해에도 적용된다. 즉 우리들은 내가 보고 듣고 느끼는 것과 거의 비슷하게 타인들도 보고 듣고 느낀다는 신념을 가지고 있는 것이다. 이는 '사람들은 모두 기본적으로 비슷하다.'는 사람의 보편성에 대한 믿음에서 비롯된 것인데, 때때로 이러한 과도한 동일시는 개인의 특수성을 무시하게 만들어 잘못된 해석을 낳기도 한다. 예를 들어 돈 중심의 사고를 하는 사람은 다른 사람들도 모두 그럴 거라고 생각해 돈으로 매수하면 뭐든지 할 수 있다는 믿음을 가지기도 한다. 그러나 타인에 대한 무분별한 매수공작은 사람들에게 심한 모욕감을 줘서 격렬한 분노와 반발을 불러올 수도 있다. 따라서 타인의 마음을 제대로 이해하려면 자신과 타인이 비슷할 것이라는 '보편성'에 대한 신념에 더해 자신과 타인이 다를 수 있다는 '특수성'에 대한 고려가 더해져야 한다.

그렇다면 사람들은 자신의 해석에 자신이 없으면 어떻게 할까? 앞서 달리와 라타네의 실험에서도 언급했지만 이 경우에 사람들은 타인의 의견을 참작한다. 다른 사람들, 특히 다수의 판단은 자신의 눈이나 손으로 얻는 정보 대신으로 사용할 수 있기 때문이다. 어떤 상황을 제대로 평가하기 위해서는 더 많은 정보가 필요한데, 자신이 그 정보들을 얻을 수 없다면 우리는 타인을 통해 그 부족한 정보를 얻으려고 하는 것이다. 예로 사람들이 영화평이나 구매평 등을 참작하는 것을 들 수 있다. 이는 사람들이 애매한 상황에 직면했을 때, 왜 타인의 의견을 알려고 하는지를 설명해준다. 이렇게 애매한 상황에서 자신의 반응을 타인의 반응과 비교하는 것을 '사회비교(social comparison)'라고 한다. 사람들이 다수의 의견을 존중하고 신뢰하는 것은 자신의 판단력을 신뢰하듯이 타인의 판단력도 신뢰하기 때문인 것 같다. 즉 우리들은 기본적으로 사람의 판단력을 신뢰하므로 다수, 민주주의에 대해서도 신뢰하는 경향성을 가진다.

사람은 자동적인 반응기계가 아니므로 어떤 식으로든 사회현상 그리고 타인의 마음에 대해 먼저 해석을 한 뒤에 그에 따라 행동한다.

(1) 암묵적인 성격이론과 인상형성

사람은 누구나 자기만의 심리학을 가지고 있다. 어린아이들도 타인의 심리를 추정하는 자기만의 '마음의 이론(theory of mind)'을 가지고 있다. 마음의 이론은 사회적 상호작용을 가능하게 해주는 필수적 전제이다. 왜냐하면 타인의 마음이 어떨 것인지 전혀 짐작할 수 없다면 적절한 사회적 반응을 할 수 없기 때문이다. 그런데 이런 마음의 이론은 어른이 되면서는 점차 '암묵적인 성격이론(implicit theory of personality)'으로 발전해나간다. 암묵적인 성격이론이란 어떤 특성에 근거해 거의 자동적으로 '타인을 유형화'하며 그 사람이 자신의 유형에 부합되는 다른 특성들도 함께 가지고 있을 거라고 믿는 경향성을 말한다.

암묵적인 성격이론에는 두 가지 신념이 포함되어 있다.

첫째, 사람에게는 '상대적으로 불변하는 일관성 있는 심리적 특성'이 존재한다는 믿음이다. 제9장에서도 지적했듯이 우리는 타인을 보면 어떤 특정 순간의 모습과는 관계없이 그 사람의 실상 혹은 본질에 대한 판단을 하려 한다. 예를 들면 조그만 식당에 가서 밥을 먹을 때 주인이 음식그릇을 거칠게 놓고 가면, 그 한 가지 정보만 가지고도 '식당주인이 몹시 불친절하고 못되먹은 사람'이라고 판단하는 식이다. 이렇게 사람들은 여러 상황에서 어떤 이의 행동을 일관성 있게 만드는 '불변하는 특성'이 있다는 신념을 가지고 있기 때문에 그것을 빨리 찾아내려 한다. 우리는 성격이론을 검토하면서 사람에게는 타고나는 성격적 특성이 있다는 점을 확인했다. 그런데 이 성격적 특성들은 오늘날의 사람들에게만이 아니라 먼 옛날부터 인류에게 반복적으로 인식되어왔을 것이다. 그 결과 인류는 오랜 기간의 경험을 통해 사람에게는 성격적 항상성이 있다는 신념을 간직하고 그것을 후대에 전해왔을 것이라 짐작된다. 따라서 우리가 타인의 불변하는 심리적 특성을 이해하기 위해 그가 여러 상황에서 보여주는 모습들 속에서 일관성을 찾아내려고 노력하는 것은 전혀 놀랄 만한 일이 못 된다.

둘째, 특정한 유형에는 이러저러한 심리적 특성들이 함께 속한다는 믿음이다. 우리는 어떤 식으로든 타인을 분류하고 유형화하려는 경향성을 가지고 있다. 왜냐하면 '심리적 유형'이 실제로 존재하기 때문이다. 나아가 사람들은 심리적 유형에 대한 정확한 이해가 없더라도 인생경험을 통해 자기 나름대로 유형화 기준을 만들고는 그것에 기초해 타인을 이해하려고 시도한다. 애쉬(Asch, 1964)의 연구는 이러한 경향성을 잘 보여준다. 그에 의하면 타인에 대한 인상형성에서는 중심특성(central traits)이 중요한 영향을 미친다. 중심특성이란 인상형성에 큰 영향력을 갖는 특성들을 의미한다. 예를 들면 애쉬의 연구에서는 '온화하다(warm: 따뜻한)-냉정하다(cold: 차가운)'는 특성이 타인에 대한 인상을 형성할 때 구심점의 역할을 하였다. 실험참가자들은 '온화한 사람'에 대해 '남에게 이로운 무엇인가를 해주고자 하는 소망에 따라 행동하는 사람', '너그럽고 행복하고 성품이 좋은 사람'으로 묘사했다. 반면에 '냉정한 사람'에 대해서는 '잘난 체하고 계산적이며 동정심이 없는 사람'처럼 부정적으로 묘사했다. 그러나 '온화하다-냉정하다'는 중심특성이 다른 특성들을 끌고 다니는 것과는 달리 '공손하다.', '성실하다.', '무례하다.', '지능이 높다.'와 같은 특성들은 다른 특성들을 규제하지 않았다. 이렇게 실험참가자들은 '온화함'이란 특성을 기준으로 유형화를 하고는 이타심, 너그러움, 행복감, 좋은 성품 등을 그 유형에 포함시켰다.

'온화하다-냉정하다'가 중심특성의 역할을 하는 이유는 우선 사람들이 관계중심적 특성들에 매우 민감하기 때문이다. 사람들 간의 관계에 가장 큰 영향을 미치는 것은 '감정형(F)-사고형(T)'의 심리적 특성들이다. 온화함, 너그러움, 관계지향성, 타인에 대한 배려, 공감능력 등이 전형적인 감정형(F)의 특성들이라면 냉정함, 원칙성, 과업지향성, 논리성, 따지는 경향 등은 전형적인 사고형(T)의 특성들이다. 그런데 이 '감정(F)-사고(T)'의 특성들은 내향(I)-외향(E), 감각(S)-직관(N), 실천(J)-인식(P)의 특성들보다 훨씬 더 많이 사람들 사이의 갈등을 유발한다. 지적인 수준의 차이는 관계에 그리 큰 영향을 미치지 않는다. 그러나 냉정하고 차가운 사람은 관계를 피곤하고 힘들게 만들 수 있다. 사람은 사회적 관계 속에서 살아가므로 타인에 대한 인상을 형성할 때 대인관계와 관련된 특성들에 민감할 수밖에 없을 것이다.

'온화하다-냉정하다'가 중심특성의 역할을 하는 이유는 다음으로 사람들이 도덕성을 매우 중시하기 때문이다. '온화하다-냉정하다'는 특성은 성격특성만이 아니라 도덕성과도 관련된다. 사회통념에 기초해볼 때 도덕적이고 인격수준이 높은 사람은 온화한 반면, 부도덕하고 인격수준이 낮은 사람은 냉정하다고 평가된다. 지적으로 무지하거나 능력이 부족한 것은 너그럽게 봐줄 수 있어도 부도덕성은 그렇지 못하다. 우리는 부도덕한 사람을 보면 몹시 화가 나며 그런 사람은 사회에 그리고 나에게 피해를 줄 가능성이 많다. 그러므로 사람들은 도덕성과 관련된 특성들에 가중치를 부과하는 것이다.

사람들을 유형화하고 중심특성 혹은 근본특성에 다른 특성들을 귀속시키는 '암묵적인 성격이론'은 '심리적 유형론'의 대중적 버전이라 할 수 있을 것 같다. 암묵적 성격이론은 대개 순수한 성격적 특성에 기초해 사람들을 유형화하지는 않는다. 또한 개인의 주관적 경험에 기초해 비과학적으로 유형화를 하기도 한다. 그러나 암묵적 성격이론은 아무런 객관적 기초가 없는 상태에서 주관적으로 꾸며진 허무맹랑한 망상이 아니다. 그것은 실제로 존재하는 심리적 유형, 과학적 성격이론을 일정하게 부분적으로 반영하고 있다. 아마도 이런 이유 때문에 인류가 사람들을 유형화하고 그 유형에 여러 특성들을 귀속시키는 강한 경향성을 간직해왔을 것이라 생각된다.

'인상형성(印象形成: impression formation)' 역시 타인의 유형과 일관된 성격특성을 찾아내려는 시도와 관련된다. 사람들은 제한된 정보에도 불구하고 매우 빠르게 타인에 대한 인상을 형성한다. 즉 우리는 '한 번만 봐도 어떤 사람인지 훤하게 알 수 있지.'라고 말하는 명탐정 셜록 홈즈처럼 상당히 제한된 정보만을 가지고도 전반적인 인상을 형성하는 일반적인 경향성을 가지고 있다. 물론 홈즈와는 달리 그 판단이 틀리는 경우도 많지만.

그러면 사람들은 무엇에 기초해 타인에 대한 인상을 형성할까?

인상형성에는 사회적 통념이 큰 영향을 미친다. 나라나 민족, 상류층이나 하류층, 소수인종 혹은 여성, 특정 직업집단이나 사회집단에 대한 통념 등이 여기에 속한다. 예를 들어 옛 한국어에서 '왜놈'은 '일본인은 키가 작고 못생기고 미개하다.'는 사회적 통념을 반영하고 있다. 또한 '호떡집에 불났다.'는 표현은 중국인의 외향적 특성을 지칭하는 말이다. 한때 미국 공포영화에서 주로 괴물이나 살인마 역을 하층 블루칼라 계급이 맡고 잔인한 살인극의 현장으로 공장이 자주 등장했던 것도 하층계급에 대한 미국 지식인들의 사회적 통념과 무관하지 않을 것 같다. 그러나 특정 집단에 속하는 사람들은 모두 이러저러한 특성을 갖고 있다는 식의 믿음인 고정관념(stereotype)이나 사회적 통념은 엉터리인 경우가 많다. 그래서 그것은 왕왕 왜곡된 고정관념을 근거로 특정 집단을 나쁘게 보는 편견(prejudice)으로 귀결되기도 한다.

인상형성에는 개인의 인생체험과 동기 등도 영향을 미친다. 행복한 인생을 경험한 사람은 타인에 대해 긍정적인 인상을, 불우한 인생을 산 사람은 타인에 대해 부정적인 인상을 형성할 가능성이 높을 것이다. 또한 사람들은 자신의 욕구와 요구에 근거한 우선적인 관심사에 따라 인상을 형성하기도 한다. 예를 들면 영업사원은 물건을 잘 구매할 것인가 그렇지 않을 것인가, 임상심리학자는 정신건강이 양호한가 그렇지 않은가라는 기준에 따라 인상을 형성할 수 있다. 이 경우 인상의 정확도는 전문가일수록 높을 가능성이 많겠지만 그 인상은 특정 기준이나 측면에 치우친 일면적인 유형화일 수 있다.

인상형성에는 '중심특성'이 영향을 미친다. 애쉬의 연구에서처럼 사람들은 중심특성을 기준으로 타인을 유형화하고 그가 자기 유형에 속하는 다른 특성들도 가지고 있을 거라고 생각한다. 따라서 인상형성에 있어서도 사람들은 여타의 특성들에 비해 중심특성을 더 중요하게 우선적으로 고려한다.

'첫인상의 중요성'도 이런 맥락에서 이해할 수 있다. '첫눈에 반했다.'는 말처럼 때때로 첫인상은 아주 강렬해서 그 이후에 다른 정보들이 제시되어도 그 첫인상은 거의 변하지 않기도 한다. 왜 이런 현상이 나타날까? 그것은 우선 사람들이 제한된 정보에 기초해 첫인상을 형성할 때 특정 정보들에 가중치를 부여하기 때문이다. 즉 사람들은 관계나 도덕성 등과 관련된 중심특성들은 매우 중요시하는 반면 나머지 특성들은 덜 중요하게 생각한다. 또한 사람들은 자신의 소망이나 주요 관심사를 기준으로 여타의 정보들을 통합하기도 한다. 예를 들면 연애에 관심이 있는 사람은 자신이 원하는 배우자의 이상적인 모습을 기준으로 첫인상을 형성하고, 환경운동을 하는 사람은 타인의 환경문제에 대한 태도에 기초해 첫인상을 형성하는 식이다. 따라서 첫인상이 강력한 것은 사람들이 이미 초기단계에서 가중치를 부여하는 중심특성을 찾아내고 그것에 기초해 타인에 대한 판단을 내리기 때문인 것 같다.

첫인상이 잘 변하지 않는 것은 다음으로 첫인상이 감정반응과 결합되는 경우가 많기 때문이다. 첫인상 혹은 인상은 다량의 정보를 무차별적으로 받아들여 그것들을 기계적으로 평균함으로써 형성되지 않는다. 인상은 자신의 욕구와 요구, 이해관계 등에 기초해 중심특성을 핵으로 나머지 정보를 체계화함으로써 능동적으로 형성하는 것이다. 이런 이유로 첫인상이나 인상은 특정한 감정반응과 결합되는 경우가 많다. 자신의 욕구에 부합되는 특성을 가진 사람에 대해서는 긍정적인 감정을 그 반대의 경우에는 부정적인 감정을 느낀다. 그런데 감정은 자동적 '가치판단' 기능을 하므로 특정한 감정반응과 연합되어 형성된 인상은 상대적으로 공고하게 유지될 수밖에 없다. 예를 들면 첫인상이 상당히 불쾌한 감정반응과 연합되었다면 이후에 다른 긍정적인 정보들을 접하더라도 첫인상과 연합된 감정 때문에 그 첫인상은 잘 변하지 않는 것이다. 인상형성에 긍정적 정보보다 부정적 정보가 더 큰 영향을 미치는 것도 부정적인 중심특성과 연합된 감정반응 때문일 것으로 생각된다.

(2) 귀인(歸因: attribution)

우리는 타인이 어떤 행동을 했을 때, 그가 왜 그런 행동을 했는지를 추리하려고 한다. 이때 그 행동의 원인을 '외부환경'으로 돌리느냐 아니면 '당사자'에게 돌리느냐 하는 것을 '귀인'이라고 한다. 예를 들어 극장에서 영화를 보는데 어떤 사람이 '으악!' 하며 큰 소리를 냈다고 해보자. 이때 그 행동의 원인을 '영화에 무서운 장면이 나왔기 때문'이라며 외부환경에 돌리는 것을 '외부귀인(external attribution)'이라고 한다. 반면에 그것을 '원래 겁 많은 인간' 혹은 '공중도덕을 모르는 무례한 인간'이라며 당사자의 내부적 원인으로 돌리는 것을 '내부귀인(internal attribution)'이라고 한다. 외부환경에는 사회관계, 상황, 특정 자극, 타인, 운 등이 내부적 원인에는 당사자의 인격, 사상, 도덕성, 성격, 능력, 동기 등이 포함된다.

일반적으로 사람들은 어떤 행동의 원인을 규명할 때 마치 과학자가 가설을 검증하는 것처럼 매우 논리적으로 추리를 한다. 즉 그 행동이 발생한 환경과 선행사건 그리고 당사자에 대한 정보를 종합적으로 고려해 판단하는 것이다.

켈리(Kelley, 1967)는 사람들이 귀인을 할 때 다음의 세 가지 정보를 고려한다고 주장했다. 첫째, 합치성 정보(consensus information). '행위 당사자 외에 다른 이들도 같은 행동을 했는가?'에 관한 정보이다. 위의 예에서는 만일 극장에서 비명을 지른 사람이 많았다면 사람들은 '영화가 무서워서'라며 외부귀인을 할 것이다. 둘째, 특이성 정보(distinctiveness information). '행위자가 다른 자극들에 대해서도 같은 반응을 보였는가?'에 관한 정보이다. 사람들은 극장에서 비명을 지른 이가 다른 상황에서도 자주 비명을 질러댔다는 정보를 입수한다면 '저 사람은 겁쟁이야.'라며 내부귀인을 할 것이다. 셋째, 일관성 정보(consistency information). '행위자가 동일한 자극에 대해 다른 시간과 장소에서도 똑같은 행동을 보였는가?'에 관한 정보이다. 만약 어떤 사람이 빨간 신호등이 켜질 때마다 욕을 한다면 우리는 '그의 성품이 매우 고약하다.'며 내부귀인을 할 것이다. 반면에 다른 때는 그러지 않았는데 오늘만 유독 빨간 신호등을 보고 욕을 하면 '그에게 뭔가 좋지 않은 일이 있었나보다.'라며 외부귀인을 할 것이다.

사람은 이성적 사고능력을 가지고 있으므로 일반적으로는 귀인을 정확하게 하는 편이다. 그러나 우리는 이 과정에서 때때로 오류를 범하기도 한다.

우선 사람들은 타인의 행동을 판단함에 있어서 상황적 요인들을 충분히 고려하지 않는 경향이 있다. 즉 외부환경의 역할을 과소평가하는 반면 당사자의 성향적 자질 등에 과대하게 귀인하는 편향이 있다. 예를 들어 운동경기를 하던 중 어떤 선수가 감독의 지시에 따라 의도적인 반칙을 하더라도 사람들은 '저 놈 참 성질 못됐네.'라며 내부귀인을 하곤 한다. 이것은 가장 흔하게 나타나는 귀인오류이기 때문에 '기본적 귀인오류(fundamental attribution error)'라고도 한다. 사람들이 타인의 행동에 대해 내부귀인을 많이 하는 것은 아마도 '사람은 자기 운명을 통제할 수 있고 또 마땅히 통제해야 한다.'는 운명통제에 대한 강한 욕구 때문인 것 같다.

또한 사람들은 자신의 행동에 대해서는 외부귀인을 하지만 타인의 행동에 대해서는 내부귀인을 하는 경향이 많다. 이는 '행위자-관찰자 편향' 때문이다. 즉 관찰자에게는 행동하는 사람이 특출한 자극으로 돌출되기 때문에 행위자에게 귀인을 하는 반면, 자신이 행동할 때는 스스로가 아니라 주로 외부환경이 보이기 때문에 그것에 귀인을 하는 것이다.

마지막으로 어떤 행위의 결과가 좋으면 자신에게 귀인하고 그 결과가 좋지 않으면 외부요인에 귀인하는 편향을 자아고양 편파(self-serving bias)라고 한다. 한 마디로 '잘 되면 내 탓이요, 잘못되면 조상 탓'을 하는 것이다. 이런 귀인오류는 인지적인 원인보다는 주로 인격수준이나 심리적 건강성과 관련된다. 즉 '명필이 붓을 탓하랴.'는 말처럼 일이 잘못되었을 때 자기 자신보다는 조건 탓을 하는 것은 인격적, 심리적으로 건강하지 못한 사람들에게서 주로 나타난다.

3. 태 도

(1) 태도(attitude)

'태도'란 간단히 말해 어떤 대상에 대한 마음의 입장이라고 정의할 수 있다. 여기서 '대상'에는 이념이나 생각, 사물, 타인 등 모든 것이 포함될 수 있다. 반면에 마음의 입장은 기본적으로 '좋으냐(好)-나쁘냐(惡)'에 대한 평가와 관련된 한 가지 차원으로 집약된다. 예를 들면 한국인들의 '남북통일'에 대한 태도는 '좋다-싫다'로 나뉠 수 있고 '좋다'는 태도는 다시 '매우 좋다, 상당히 좋다, 좋다, 약간 좋다'는 식으로 세분화될 수 있다.

태도는 감정형성의 기초이다. 감정은 태도에 기초해 형성되는 신체적 변화를 수반하는 주관적 체험이기 때문이다. 따라서 사람은 자신의 태도에 따라 긍정적 감정 혹은 부정적 감정을 느끼며 이것은 어떤 대상에 대한 호의적 혹은 비호의적 반응이나 행동으로 이어진다.

태도는 아무런 기초 없이 주관적으로 제멋대로 결정되지 않는다. 우리는 제3장에서 태도가 다음과 같은 요인들에 의해 규정된다는 점을 확인했다.

첫째, 태도는 사람의 욕구와 요구 그리고 그에 기초한 지향과 목표에 따라 결정된다. 요즘 한국사회에서는 특정 지역에 혐오시설이 들어선다고 하면 주민들이 격렬히 반대하는 모습을 자주 볼 수 있다. 그들이 혐오시설 유치를 반대하는 것은 무엇보다도 땅값이 떨어질지도 모른다는 우려 때문이다. 이렇게 혐오시설은 돈에 대한 욕구를 방해하는 대상으로 간주되므로 부정적인 태도와 감정을 유발한다. 물론 돈에 대한 욕구를 중심에 두지 않는다면 다른 태도가 형성될 수 있다.

둘째, 태도는 사상, 신념, 가치관, 문화 등에 따라 결정된다. 동물보호주의자는 모피코트에 대해 매우 부정적인 태도를 가질 것이다.

셋째, 태도는 개인의 고유한 취향이나 심리적 특성들에 의해 결정된다. 사람은 누구나 자기만의 독특한 정신문화적 욕구와 성격 등을 가지고 있다. 단정하고 깔끔한 디자인을 선호하는 미적 취향을 가진 사람은 복잡한 모양이나 여러 가지 색이 사용된 물건에 대해 비호의적인 태도를 가질 것이다. 또한 사람들은 자신의 심리적 유형이 가지는 성격적 특성에 기초해 이러저러하게 태도를 결정하기도 한다.

정치사회적 견해들은 특정한 사회집단의 이해관계나 요구와 관련되는 경우가 많다. 따라서 사람들은 정치사회적 견해들에 대해서는 태도를 가지며 여기에는 필연적으로 감정반응이 뒤따르곤 한다. 그러나 자신의 관심권 밖에 있는 대상들 혹은 자신과 밀접하게 관련된다는 자각이 없는 대상들에 대해서는 뚜렷한 태도를 형성하지 않는 경우도 많다. '달이 지구 주위를 돈다.'는 객관적인 진리는 일반인들의 욕구실현과는 거의 관련이 없으므로 이런 견해들에 대해서는 이렇다 할 태도가 형성되지 않으며 감정반응도 나타나지 않는다. 또한 자본가의 이익을 대변하는 보수정당의 집권이 노동자계급의 요구 실현을 좌절시킨다는 자각이 없는 노동자는 정치에 무관심하거나 보수정당에 대해 우호적 태도를 가질 수도 있다. 이렇게 태도는 자신의 이해관계, 욕구와 요구, 사상과 신념 등에 기초해 대상의 유익성이나 쓸모, 가치를 능동적으로 평가함으로써 가지게 되는 사람중심적인 마음의 입장이다.

일반적으로 동일한 사회집단은 공동의 요구를 가지므로 공통적인 태도를 가질 가능성이 높다. 그러나 이 경우에도 태도에는 개인차가 있을 수 있다. 따라서 사람들은 자신의 태도에 따라 동일한 사회현상을 서로 다르게 해석할 수 있고 다른 감정반응을 보일 수 있다.

(2) 태도변화

태도를 어떻게 하면 바꿀 수 있을까?

행동주의자들은 고전적 조건형성 원리에 기초해 '반복노출' 기법을 제안한다. 한 마디로 무의식적인 세뇌를 하자는 주장이다. 반복노출이 효과가 있는 것은 같은 메시지를 반복적으로 접하면 그것이 무의식에 축적되어 '익숙함'과 '친근감'을 유발할 수 있기 때문이다(제6장 참조). 실제로 이런 기법은 광고 등에서 흔히 사용되고 있다.

프리드만과 프레이저(Freedman & Fraser, 1966)는 영업사원들이 잘 사용하는 '문안에 발 들여놓기(foot-in-the-door)' 기법을 제안하기도 했다. 그들은 한 연구에서 교외의 개인주택 소유자들에게 그들의 창문에 조그만 크기의 교통안전 표지를 붙여달라는 사소한 부탁을 했다. 그리고는 일정한 시간이 지난 후에 집주인들에게 집의 대부분을 가릴 만큼 아주 큰 '운전주의'라는 글이 씌어진 입간판을 잔디밭에 세우게 해달라고 요청했다. 그 결과 처음의 사소한 부탁을 허용했던 집주인들이 그것에 뒤따르는 무리한 요청도 허용하는 경향이 매우 높게 나타났다. 이는 마치 땅따먹기를 하는 식으로 조금씩 밀고 들어가 태도변화를 유도하는 수법이라 할 수 있다. 처음에 작은 부탁을 들어주었던 사람들이 이후에 더 큰 부탁을 들어줄 가능성이 높아지는 것은 다음과 같은 이유에서이다. 사람들은 자신의 행동에 부합되도록 자기 개념을 변경하기도 한다. 처음에 교통안전 표지를 붙이도록 허용한 행위는 집주인들로 하여금 '나는 교통안전에 관심이 많아.'라든가 '나는 공공의 이익을 중시하는 사람이야.'라고 생각하게끔 만들었을 수 있다. 따라서 그러한 자기개념의 변화는 그 후에 더 큰 표지판을 허용하도록 했을 것이다. 이렇게 행동이나 실천은 어떤 식으로든 사람에게 영향을 미친다. 특히 아름답고 선한 행동은 '아! 그런 일을 하니까 참 좋구나.'라는 기쁨과 만족감을 주기 때문에 그것이 태도변화로 이어질 가능성이 많다.

그러나 '반복노출'이나 '문안에 발 들여놓기'는 지극히 제한적인 범위에서만 사용가능하다. 즉 그런 기법들은 태도가 분명하고 뚜렷하게 형성되어 있지 않은 경우에만 효과적이다. 앞의 예에서 집주인들이 자기 집에 교통안전 표지판을 세우는 문제에 대한 태도를 이미 가지고 있었다고 보기는 어렵다. 따라서 최초의 허용으로 인한 자기개념의 변화는 '태도변화'가 아니라 '태도형성'을 불러왔다고 보는 게 더 정확할 것이다. 우리는 모든 대상들이나 문제들에 대해서까지 일일이 태도를 갖고 있지는 않다. 즉 우리는 자신에게 덜 중요한 사소한 것들 혹은 평소에 별로 관심을 가지지 않은 것들에 대해서는 이렇다 할 태도를 가지지 않는다. 이렇게 태도가 확실히 형성되지 않은 문제들에 대해서는 '반복노출'이나 '문안에 발 들여놓기' 같은 기법들이 어느 정도 효과를 가질 수 있다. 그러나 그런 기법들은 이미 태도가 형성되어 있는 문제들에 대해서는 그리 효과적이지 못하다. 노-사가 임금협상을 할 때 노동조합 대표들이 '반복노출'이나 '문안에 발 들여놓기' 기법을 사용한다고 해서 사측 대표들이 태도를 바꿔 임금을 대폭 올려줄 리는 만무하지 않은가. 또 독실한 불교신자에게 그런 기법을 사용한다고 해서 그를 개종시키기는 상당히 어려울 것이다. 이런 점에서 반복노출이나 문안에 발 들여놓기 기법은 사람들이 부차적이고 사소하게 여기는 문제들과 관련된 태도 혹은 아예 태도가 없는 경우에만 효력을 발휘할 수 있다고 봐야 할 것이다.

페스팅거(Festinger, 1957; 1959)의 인지부조화(cognitive dissonance) 이론도 같은 맥락에서 평가할 수 있다. 그는 한 실험에서 실험참가자들에게 나사를 한 개씩 4분의 1바퀴만큼 돌리는 것과 같은 매우 단조롭고 지루한 작업을 하게 하였다. 그리고는 작업이 다 끝난 후에 그들에게 자신이 했던 작업이 아주 재미있었다고 다른 실험참가자들(똑같은 작업을 수행하기로 되어있는 사람들)에게 말하도록 유도하였다. 그들은 거짓말을 한 대가로 1달러 혹은 20달러를 받았다. 그런데 나중에 그 작업이 얼마나 재미있는지를 묻자 20달러를 받은 사람들은 '재미없었다.'고 대답한 반면, 1달러를 받은 사람들은 '아주 재미있었다.'고 대답했다. 페스팅거는 이러한 결과가 나온 것이 인지와 행동 간의 부조화 때문이라고 설명했다. 즉 1달러는 '내가 고작 1달러 때문에 거짓말을 했단 말인가.'라는 생각을 하게 만듦으로써 부조화 상태를 일으켰다(1달러와 거짓말을 한 행위 사이의 부조화). 반면에 20달러는 '20달러나 주는데 누가 거짓말을 안 하겠어.'라고 생각하게 하므로 부조화가 일어나지 않는다(20달러와 거짓말을 한 행위 사이의 조화). 1달러를 받고 거짓말을 한 사람들은 이러한 부조화 상태를 해결해야 한다. 그러나 이미 거짓말을 해버린 뒤이므로 그 행동은 돌이킬 수가 없다. 따라서 이 경우에 부조화를 해결할 수 있는 유일한 방법은 자신의 신념을 바꾸는 것뿐이므로 '그 작업은 정말 재미있었다.'고 자기합리화를 할 수밖에 없다는 것이다. 초기에 인지부조화 이론은 주로 인지적인 부조화만을 강조했다. 그러나 이후에 그 이론은 사람들이 지식, 감정, 행동의 제 측면들 가운데 어떤 불일치를 느끼면 불쾌한 내적 상태, 즉 부조화를 경험하며 그 부조화 상태를 해소하려 한다는 것으로 확장되었다.

신념과 반대되는 행동을 하면 그 행동에 일치하는 방향으로 신념이 변화할 수 있다는 주장은 나름대로 타당성이 있다. 실천이 이론을 검증하고 발전시키듯이 행동도 생각을 검증하고 발전시킬 수 있기 때문이다. 예를 들어 인터넷 중독에 빠져 있는 아이에게 '밖에 나가서 친구들과 축구를 하며 노는 게 더 재미있다.'고 아무리 말해줘도 소용이 없는 경우를 생각해보자. 그 아이를 잘 구슬려 단 한 번이라도 축구를 하게 만들면 의외의 효과를 볼 수도 있다. 만일 축구를 한 경험이 아주 좋았다면 그 아이는 '야! 축구가 게임보다 더 재미있네.'라며 자신의 생각을 바꿀 수도 있기 때문이다. 이런 식으로 실천이나 행동은 생각의 변화를 이끄는 강력한 매개체 구실을 한다.

그러나 비자발적인 행동은 신념이나 태도의 변화를 유도하는 데 한계를 가진다. 과거 80년대 학생운동이 활발했을 때, 일부 선배들은 '영화 보여주겠다.', '시내에 나가서 커피나 한잔 하자.'는 식으로 거짓말을 하고는 서클(동아리) 후배들을 가두시위가 벌어질 장소로 데리고 나가기도 했다. 그리고는 시위가 시작되면 후배들의 손을 붙들고 거리로 뛰어나갔다. 일부 학생들은 이런 식으로 얼떨결에 가두시위에 참여하며 학생운동을 시작하기도 했다. 물론 그런 이들 중에도 점차 신념을 확고히 다져가며 학생운동을 열심히 한 사람도 있기는 하다. 그러나 내가 경험한 바로는 그런 식으로 얼떨결에 학생운동을 시작한 학생들은 '발목 잡혔다.'는 느낌을 떨치지 못한 채 수동적으로 활동하는 경우가 많았고 실제로 그들은 대부분 얼마 못 가 중도하차했다. 이런 사례는 자발적이고 목적의식적인 행동과는 달리 억지스러운 비자발적 행동은 근본적인 태도변화를 일으키는 데 한계가 있음을 보여준다.

그렇다면 페스팅거의 연구결과를 어떻게 이해해야 할까? 그의 연구에서는 실험참가들이 비자발적 행동을 하고도 분명히 자신의 신념을 바꾸지 않았는가? 우리는 페스팅거가 단기간의 실험실 상황에서 사람들에게 그다지 중요하지 않은 신념의 변화만을 다루고 있음에 주목해야 한다. 거짓말을 한 대가로 1달러를 받자 당황한 실험참가자들이 얼떨결에 자기합리화를 한 것을 두고 그들의 신념이 변화되었다고 단정하기는 어려울 것 같다. 즉 그 실험참가자들이 실험실을 떠난 뒤에까지 계속 자신이 했던 작업을 '재미있었다.'고 생각할지는 의문이다. 아마도 그들 중 상당수는 자신이 어이없는 합리화를 했다는 점을 알고 있었을 것이다. 또한 페스팅거의 실험에서 인지부조화로 인해 바뀐 신념(그 작업은 재미있다)은 사람들에게 그리 중요하지 않은 문제일 뿐이다. 실험실에서 한 단순작업에 대해 이렇게 얘기하든 저렇게 얘기하든 무슨 상관이 있겠는가. 그러나 인지부조화를 일으켜 민주당원들을 공화당 지지자로 만들거나, 알 카에다 조직원들을 친미주의자로 만드는 실험을 해보면 당연히 신통치 않은 결과가 나올 것이다.

또한 페스팅거의 연구에서 1달러를 받은 실험참가자들이 대부분 '자기합리화'를 한 것을 전형적인 부조화 해결방법으로 간주할 수도 없다. 무엇보다 인지부조화를 자기합리화로 해결하는 정도가 사회마다 다를 수 있다는 증거가 있다. 리버먼(Lieberman)은 앞에서 제시된 페스팅거의 실험을 동아시아인들을 대상으로 진행한 결과 자기합리화 비율이 훨씬 더 적게 나타났다고 보고하기도 했다.

그렇다면 페스팅거의 실험에 참가한 미국인들이 인지부조화를 '자기합리화'로 해결한 것은 무엇 때문일까? 그것은 미국인들이 동아시아인들보다 심리적으로 불건강하거나 정서적인 문제를 더 많이 가지고 있다고 해석할 수밖에 없을 것 같다.

아론슨(Aronson, 1969)이나 김태형(2007)은 인지부조화를 자기합리화로 해결하는 것은 주로 정서적인 문제 때문이라고 지적했다. 페스팅거의 실험에서 고작 1달러를 받고 거짓말을 한 실험참가자들은 너무 낯이 없고 부끄러워할 수 없이 자기합리화를 했다는 것이다. 결론적으로 말해 정서적 문제가 심한 사람은 인지 부조화를 겪을 때 자기합리화를 심하게 하지만, 건강한 심리를 가진 사람은 '반성'을 하거나 '지식을 축적'한다(김태형, 2007)고 말할 수 있다.

인지와 인지, 인지와 행동, 인지와 감정, 행동과 감정 간의 부조화는 분명히 태도변화를 촉발할 수 있다. 그러나 부조화의 해결이 대부분 '자기합리화'로 귀결된다는 주장은 오류이다(자기합리화라는 방어기제를 남용하면 정신적으로 불건강해진다). 따라서 심리적으로 건강한 정상인에게 있어서 '자발적인 실천'이나 '부조화'는 진리탐구의 중요한 동력으로 작용한다고 봐야 할 것이다.

지금까지 우리는 사람들이 별로 중요하게 여기지 않는 문제들과 관련된 태도변화에 대해 살펴보았다. '반복노출', '문안에 발 들여놓기', '비자발적 인지부조화' 등의 기법은 자잘한 문제들과 관련된 태도의 형성 혹은 변화를 이끌어낼 수 있다. 그러나 그런 기법들은 사람들이 정말로 중요하게 여기는 문제들과 관련된 태도를 변화시키는 데는 별 효과가 없다. 그렇다면 그런 핵심적인 태도들을 변화시키려면 어떻게 해야 할까?

가장 좋은 방법 중의 하나가 바로 합리적인 설득일 것이다. 설득이 성공하려면 어떤 조건들이 필요한지 간단히 살펴보기로 하자.

첫째, 논리적인 주장을 펴거나 새로운 정보나 사실을 제공하면 효과적이다. 이런 설득방법은 인격적, 심리적으로 건강한 사람에게 특히 유효하다.

둘째, 설득을 하는 사람이 전문가일수록 그 효과가 높다. 정치문제는 수학자가 설득하는 것보다는 역시 정치전문가가 설득하는 게 더 효과적일 것이다.

셋째, 설득하는 사람에게 진실성이 있어야 한다. 상대방을 설득하겠다는 의도가 드러나면 설득의 효과는 떨어진다. 왜냐하면 설득의도의 노출은 설득당하는 사람의 경계심을 자극할 수 있기 때문이다. 특히 자본주의사회에 사는 사람들은 상대방이 물건을 팔아먹으려 하지는 않은지 항상 촉각을 곤두세우고 있으므로 그런 의도가 드러나면 설득이 잘 되지 않는다.

넷째, 강한 감정을 유발하거나 도덕성을 자극하면 효과가 있다. 태도와 감정은 서로 불가분의 관계에 있다. 감정은 태도에 기초해 형성되므로 두 가지는 일치하는 경향이 있다. 따라서 태도와 반대되는 감정의 체험이나 누적은 태도변화를 불러올 수 있다. 가슴 뭉클한 감동을 준다든가 반대로 가슴이 철렁 내려앉게 만들면 그런 강렬한 감정체험은 태도변화로 이어질 수도 있는 것이다. 또한 감정의 누적도 중요하다. 부정적 감정이 긍정적 감정을 압도하게 될 때 혹은 그 반대의 경우에는 극적인 태도변화가 올 수 있다. 도덕성을 건드리는 것도 감정반응을 유발하므로 설득에 효과적이다.

다섯째, 사람들의 욕구와 요구에 부합되는 내용으로 설득해야 한다. 지구온난화 방지는 전체 인류의 요구이다. 그러나 사회집단이나 개인에 따라 그것에 부정적인 태도를 가진 경우도 있을 수 있다. 1인당 오염물질 배출량이 세계 최고인 지구온난화의 주범이면서도 극우보수적인 공화당이 집권한 미국이 지구온난화 방지에 매우 미온적인 것도 한 예일 것이다. 그러나 지구온난화를 막아야 한다는 주장은 인류의 요구에 부합되므로 궁극적으로는 거의 모든 사람들에게 설득이 가능할 것이다. 반면에 사회의 욕구와 요구에 반대되는 주의주장은 한때는 통할지 몰라도 궁극적으로는 대중설득에 실패할 수밖에 없다. 따라서 설득하려는 대상의 욕구와 요구에 부합되는 내용을 찾아내고 그것을 상대방의 눈높이에 맞춰 설득하면 가장 효과적일 것이다.

설득도 효과적이긴 하지만 태도변화의 가장 중요한 수단은 '실천적 체험'이다. 교묘한 여론조작으로 선거에서 승리한 반민중적 정권은 어느 정도 시간이 흐른 뒤에는 필연적으로 강력한 민중적 저항에 부딪히곤 한다. 왜냐하면 민중들이 실천적 체험을 통해 집권세력의 정체를 파악하고 태도를 바꾸기 때문이다. 실천적 체험을 통해 획득한 태도는 상당히 공고해 거의 변하지 않는다.

태도는 객관적 진리보다는 사람을 중심으로 한 가치평가에 의해 결정된다. 따라서 태도나 그것을 기초로 형성되는 감정은 인지적 요인들에 비해 상대적으로 더 공고하고 불변하는 특성을 가진다. 한번 미운털이 박히고 나면 긍정적인 정보들이 제시되더라도 태도나 감정은 잘 변하지 않는 것이다.

4. 사회적 관계

(1) 개인과 개인의 관계

모든 개인은 타인들과 끊임없이 상호작용을 하면서 타인으로부터 영향을 받는 동시에 타인에게 영향을 미친다. 이때 사람들은 어떤 원칙에 근거해 타인들을 상대하고 그들과 인간관계를 맺어나갈까?

티보와 켈리(Thibaut & Kelley, 1959; 1978)의 사회교환이론(social exchange theory)은 사람들은 서로에게 이익이 되는 견지에서 타인들과의 관계를 형성한다고 주장한다. 즉 내가 상대방에게 무언가를 주면 반대급부로 무언가를 받기를 기대한다는 것인데 모든 인간관계의 기저에는 이러한 주고받기(Give & Take) 성질이 깔려 있다는 것이다. 사회교환이론은 사람이란 기본적으로 이기적인 존재이므로 인간관계도 자신에게 이익이 되는 방향으로 맺어나간다고 본다.

그러나 사회교환이론은 전형적이고 피상적인 자본주의적 인간관계는 잘 묘사하고 있지만 그 외의 인간관계들은 제대로 설명하지 못한다. 예를 들면 부모들은 자기 아이들이 머리가 나쁘거나 말썽을 부린다고 해서 관계를 끊거나 다른 아이로 갈아치울 수 없다. 또한 사회교환이론의 '주고받기'라는 개념은 지나치게 추상적이고 다의적이며 모호하다. 주고받기의 내용에는 돈과 같은 금전적인 것들뿐만 아니라 사랑, 만족, 기쁨 등 심리적인 것들도 포함되기 때문이다. 이렇게 주고받기에는 그 어떤 것도 포함될 수 있으므로 사회교환이론은 '예수는 인류에게 사랑을 주는 대신 그들로부터 감사와 존경을 받았다.'는 식으로 모든 사회적 관계를 주고받기로 억지스럽게 설명할 수는 있을 것이다. 그러나 그런 설명이 과연 타당한지 또 이론적 가치가 있는지는 매우 의심스럽다.

사회교환 이론가들이 인간관계를 실리적 계산에 기초한 것으로 보았다면 다수의 심리학자들은 인간관계의 기초에 '호감(liking)'이 있다고 본다. 즉 우리는 호감이 가는 사람들과는 관계를 형성하지만 반감이 느껴지는 사람들은 멀리 한다는 것이다. 그렇다면 호감을 불러일으키는 조건에는 무엇이 있을까?

첫째, 물리적 근접과 친숙성은 호감을 불러일으킨다. '이웃사촌'이란 말처럼 물리적으로 가까운 곳에 있는 사람은 자주 부대낄 것이므로 빨리 친숙해지고 그 결과 호감을 높여줄 가능성이 많다. 물론 가까운 곳에 살고 있더라도 만날 때마다 다툰다면 호감이 생기지는 않겠지만 이런 특수한 경우를 제외한다면 일반적으로 얼굴을 자주 보는 것은 호감을 높여줄 것이다.

둘째, 유사성도 호감을 불러일으킨다. '유유상종'이나 '늑대는 늑대끼리 노루는 노루끼리'라는 속담처럼 비슷한 사람들은 서로 호감을 가지며 잘 친해진다. 무엇보다 자신과 비슷한 사회적 신분, 신념과 견해, 태도, 감정, 취미 등을 가진 사람들과는 여러 문제에서 의견일치를 볼 가능성이 많으며 서로가 서로를 지지해줄 가능성이 많다. 예를 들면 서로 다른 종교를 믿는 사람들보다는 같은 종교를 믿는 사람들 간의 관계가 훨씬 더 매끄러울 것이다. 한편에서 '샬롬.'이라고 인사할 때 다른 편에서 '성불하십시오.'라고 대답한다고 상상해보라. 나아가 우리는 자신과 비슷한 사람들 속에 있는 그 자체만으로도 편안함을 느낄 수 있다. 홍일점이나 청일점의 신세보다는 같은 성별의 사람들 속에 있는 게 훨씬 더 편안하다. 그러나 유사성이 아니라 차별성 혹은 반대되는 심리적 특성이 호감을 불러일으키는 경우도 존재한다. 이런 현상이 나타나는 것은 심리적인 상호보완에 대한 욕구, 즉 자신에게 부족한 것을 상대방을 통해 채우려고 하는 욕구 때문인 것 같다. 차별성 혹은 반대되는 특성에 끌리는 경향은 신념이나 견해의 차이 같은 것들보다는 주로 성격적 특성에서 두드러진다. 예를 들면 보수주의자가 진보주의자에게 호감을 가질 가능성은 희박하지만 활달한 외향적인 여성은 벤치에 홀로 앉아 고독을 씹는 남성에게 강한 매력을 느낄 수 있다. 서로 다르거나 반대되는 사람들 간의 결합은 결혼관계나 직장에서의 동료관계처럼 반대되는 특성이 상호간에 보완이 되어 모두에게 도움을 줄 때 특히 유익하고 생산적이다.

셋째, 외모를 포함한 신체적 매력 등도 호감을 불러일으킨다. 사람들은 외모가 출중한 사람을 좋아할 뿐 아니라 그가 단지 외모뿐만 아니라 다른 장점들까지도 가지고 있을 거라고 생각하는 경향이 있다. 잘생긴 사람은 마음씨도 착하고 예의 바르고 싹싹하며 머리도 좋고 유능하다고 보는 식이다(일부 예외를 제외하면 여러 전래설화나 문학작품들에서도 착한 사람은 잘생긴 사람으로 악인은 추한 사람으로 묘사되어 왔다). 이렇게 외모가 주는 부가적인 효과를 후광효과(halo effect)라고도 한다. 후광효과는 예전부터 있었을 것이지만 과거에는 단순히 타고난 얼굴 생김새만이 아니라 눈빛이나 풍모, 걸음걸이 등과 같은 후천적인 요인들에 의해 형성되는 신체적 특징들도 상당히 중요시했다. 그러나 자본주의제도가 지속되면서 사람의 노동력만이 아니라 신체까지 상품화되자 그것이 자연산이든 인공산이든 상관없이 정신적인 측면은 배제한 채 단지 얼굴과 몸의 생김새만을 따지는 풍조가 만연되는 추세이다. 준수한 외모에 대한 객관적인 기준이 존재하기는 하지만 외모에 대한 평가기준은 시대와 조건에 따라 바뀔 수 있다. 실제로 한국에서도 잘생긴 얼굴이나 체형의 기준은 계속 변화되어 왔다. 특히 미국의 세계지배가 가속화된 현대 자본주의사회에서는 서구식 외모기준이 점차 보편화되고 있다.

호감이 인간관계에 큰 영향을 미친다는 점은 의심할 바 없는 사실이다. 그러나 상류층에 속하는 처녀가 남편감을 고르는 경우를 한번 생각해보자. '물리적으로 근접'한 이웃집에 세 들어 사는 청년과는 아침마다 인사를 나눠 아주 '친숙'하다. 게다가 그는 자신과 같은 종교를 가지고 있고 영화감상과 독서를 좋아하는 식으로 취향이나 성품까지도 유사하며, 외모도 준수하고 매력적이다. 이 청년은 물리적 근접성과 친숙성, 유사성, 신체적 매력을 모두 가지고 있으므로 처녀는 그에 대해 아주 강한 호감을 가지리라고 예상할 수 있을 것이다. 반면에 물리적으로 멀리 떨어진 미국에 유학중인 청년은 몇 번밖에 본 적이 없어 별로 친숙하지 않다. 그와는 종교도 다르고 취미나 성품도 판이해 유사성도 거의 없다. 나아가 비록 얼굴이 괴물 같지는 않지만 결코 매력적이지도 않다. 이 청년에게는 물리적 근접성과 친숙성, 유사성, 신체적 매력 모두가 부족하므로 처녀가 그에게 호감을 가질 가능성은 아주 낮을 거라고 짐작할 수 있다. 그러나 이때 전자의 청년이 그 부잣집 마을의 정원을 손질해주는 정원사인 반면 후자의 청년이 재벌 2세라면 어떨까? 영화나 소설이 아닌 현실에서라면 그 처녀는 아마 이웃집 청년보다는 미국에 유학중인 청년에게 더 큰 호감을 가지고 그를 남편감 후보로 여길 것이다. 왜냐하면 사회적 신분격차가 크거나 계급계층 간의 이동이 자유롭지 못한 사회에서는 '유유상종'이 기본적으로 동일한 계급계층 내에서만 가능하기 때문이다. 물론 가난한 기생집 딸인 춘향이와 양반집 아들인 이도령의 아름다운 사랑이 완전히 불가능하다고 단정할 수는 없겠지만 그것이 매우 극단적인 사례라는 점만은 확실히 말할 수 있다.

사회관계는 사람들의 사회적 지위와 역할을 규정한다. 즉 사회관계 그리고 그것의 공고한 체계인 사회제도에 따라 사람들은 특정한 계급계층에 속해 살아간다. 서로 밀접히 연관되어 있는 사회의 정치적, 경제적, 문화적 관계들의 총체인 사회관계를 떠나서 살아갈 수 있는 사람이란 없다. 마찬가지로 사회관계, 계급계층의 차이를 뛰어넘는 '호감'도 존재하기 힘들다. 이런 점에서 계급관계 등을 고려하지 않은 순수한 인간관계를 전제로 한 심리학 이론은 고의적이든 아니든 결과적으로 현실상황을 곡해할 위험이 있다. 분명히 유사성에는 계급계층, 사상과 신념, 종교, 가치관, 취미, 성격특성 등이 모두 영향을 미친다. 그러나 이 다양한 요인들은 단순 병렬적으로 나열될 수 없다. 즉 그 요인들 모두가 동일한 영향력을 가지지는 않는다는 것이다. 그러므로 우리는 적어도 현재의 한국과 같이 양극화된 계급사회에서는 계급계층이라는 요인이 취미나 성격특성과 같은 요인들보다 유사성이나 호감형성에 훨씬 더 중요하고 결정적인 영향을 미친다는 점을 간과해서는 안 될 것 같다.

(2) 개인에 대한 집단의 영향

사회적 촉진과 억제

알포트(Allport, 1920)는 사람이 혼자 일을 할 때보다 집단 속에서 일을 할 때 과제수행의 능률이 더 증진된다면서 이를 사회적 촉진(social facilitation)이라고 정의했다. 즉 혼자서 달리기를 하거나 수학문제를 풀지 않고 여러 명이 같이 과제를 수행하면 더 빨리 달릴 수 있고 수학문제도 더 잘 풀 수 있다는 것이다. 그러나 반대로 타인의 존재가 오히려 수행능률을 저하시키는 경우도 있는데 이는 사회적 억제(social inhibition)라고 한다.

왜 타인의 존재가 이렇게 상반되는 결과를 낳는 것일까? 자욘(Zajonc, 1965; 1980)은 타인의 존재가 수행 그 자체가 아니라 추동이나 각성의 상태를 증대시킬 뿐이라고 제안한다. 따라서 감정적 흥분 혹은 각성상태는 수행능률을 증가시킬 수도 있고 감소시킬 수도 있다. 여기에는 과제의 난이도가 영향을 미친다. 만일 수행과제가 간단하거나 익숙한 것이라면 수행능률이 오를 것이다. 반대로 수행과제가 복잡하거나 생소한 것이라면 오히려 능률은 저하된다. 음악가나 연주자, 운동선수 등이 관중 앞에서 놀라운 기량을 발휘하는 것이 전자에 해당된다면 얼떨결에 노래자랑 무대에 오른 참석자가 평소보다 노래를 훨씬 더 못하는 것은 후자에 해당될 것이다.

정상적인 사람은 누구나 공감능력을 가지고 있기 때문에 개인은 군중의 감정에 동화된다. 흥분한 군중들 속에 있으면서 혼자 침착성을 유지하기란 그리 쉽지 않다. 따라서 군중의 존재는 개인의 감정을 고양시켜 심리적 긴장도 혹은 각성수준을 높이고 이것은 과제수행을 촉진하거나 억제하는 요인으로 작용한다. 또한 자기 자신과 동일한 목적을 공유하고 있는 군중의 존재는 '집단의 힘'에 대한 자각을 불러일으켜 개인의 심리적 에너지를 증가시킬 수 있다. 예를 들면 대규모의 집회나 시위에 참여한 개인들은 '야! 이렇게 많은 사람이 다 우리 편이구나. 우리가 못 해낼 일이 있겠는가?'라는 자각을 하게 됨으로써 평소에는 불가능했던 영웅적인 행동을 할 수도 있다.

동 조

개인은 때때로 집단에 동조(conformity)하기도 한다. 애쉬(Asch, 1956)는 9~10명의 실험참가자들에게 일련의 카드를 보여주었다(1명만 빼고 나머지는 모두 가짜 실험참가자인 실험협조자들이다). 그 중 하나의 카드에는 검은 기준선분 A가 그려져 있었다. 다른 카드들에는 A 선분과 길이가 다른 B와 C, 그리고 A와 길이가 똑같은 D라는 세 가지 선분이 그려져 있었다. 실험참가자들한테 A와 비슷한 길이의 선분을 골라내라고 하고는 그 결과를 한 사람씩 차례대로 크게 말하라고 했다. 사실 B, C 선분의 길이는 눈으로 아주 쉽게 확인할 수 있을 정도로 A와 차이가 나므로 정답인 D를 찾아내는 그 과제는 지극히 간단한 것이었다. 그러나 이때 실험협조자들이 먼저 차례대로 말하게 하고 진짜 실험참가자는 맨 뒤에 말하도록 순서를 배치하자 의외의 결과가 나타났다. 실험참가자로 위장한 실험협조자들이 일부러 계속 틀린 답을 말하자 실험참가자들 중 33%는 일관되게 틀린 답을 말했고 74%는 12번의 시행 중 1번 이상 틀린 답을 말했던 것이다. 그런데 실험참가자들은 실험이 끝난 뒤에 정답이 헷갈릴 정도로 문제가 어렵지는 않았으며, 자신이 틀린 답을 말했음에도 불구하고 여전히 자기 눈에는 A가 D와 비슷하게 보였다고 말했다. 사정이 이러함에도 그들은 왜 다른 사람들에게 동조했을까?

첫째, 실험참가자들이 순간적으로 혼란상태에 빠졌기 때문이다. 사람에게는 다수의 판단능력을 신뢰하는 경향성이 있다. 그런데 너무나 뻔하게 보이는 문제를 다수가 모두 틀리게 답하자, 순간적으로 '이거, 내 정신이 이상해진 거 아닌가?' 하는 혼란상태에 빠진 것이다. 눈앞에 '개'가 지나가는데 주위에 있는 사람들이 한결같이 그 개를 '고양이'라고 말하는 황당하고 특이한 경험은 흔하게 할 수 없다. 따라서 그런 특수한 상황에 처했을 때, 순간적으로 혼란상태에 빠지는 것은 어쩌면 당연한 일일지도 모른다. 실제로 일부 실험참가자들은 자신이 옳은지 혼란을 느꼈으며 자신의 시력이나 정신상태가 말짱한 것인지 겁이 났다고 말하기도 했다. 이는 정서적 혼란이 이성적 판단능력에 장애를 초래하는 전형적인 예라고 할 수 있다.

둘째, 실험참가자들이 자기 혼자만 일탈자가 되는 데 대해 큰 심리적 부담을 느꼈기 때문이다. 사람은 타인들로부터 사랑받고 사회에 소속되려고 하는 욕구를 가지고 있기 때문에 사회 혹은 집단으로부터 고립되거나 버림받는 것을 매우 두려워한다. 사람은 또한 자존감의 욕구를 가지고 있기 때문에 타인들로부터 비웃음을 사거나 바보라는 소리를 듣기 싫어한다. 따라서 실험참가자들은 별 것도 아닌 '선분의 길이 맞추기' 따위와 '일탈자의 신세'를 맞바꾸는 것은 손해라고 판단했고, 자신이 일탈자임을 공개적으로 표현하는 데 대해 심리적으로 큰 부담을 느꼈을 것이다.

그러나 만장일치의 효과는 그것을 깨는 단 한 명의 이탈자라도 존재하면 사라진다. 애쉬의 실험에서 실험협조자들 중 한 명이 만장일치를 깨고 정답을 말하자 실험참가자들의 동조율은 33%에서 5%로 크게 떨어졌다. 만장일치를 깨는 이탈자가 반드시 정답을 말하지 않더라도 상관없다. 그런 경우에도 동조 행동은 큰 폭으로 감소한다. 정답을 말하든 아니든 간에 단한 명이라도 이탈자가 있다는 사실은 '내 정신이 이상해진 게 아니었군.'이라는 확신을 가지게 해줌으로써 정서적 안정을 되찾게 해주기 때문이다. 또 그 한 명의 이탈자는 자기 혼자만 외톨이로 손가락질 받거나 고립될지도 모른다는 심리적 부담감을 크게 줄여줄 것이다.

비록 애쉬의 실험이 흥미롭기는 하지만 그것을 '대다수의 사람은 남 따라 하는 바보'라는 식으로 확대해석하면 곤란하다. 왜냐하면 사람들이 가진 다수의 판단을 신뢰하고 사회집단으로부터 고립되지 않으려고 하는 경향성은 대체로 긍정적인 친사회적인 기능을 수행하기 때문이다. 만일 다수의 판단을 불신하고 사회집단으로부터 고립되기를 원하는 경향이 지배적이라면 사회가 정상적으로 유지되고 발전하기는 매우 힘들 것이다. 또한 애쉬는 사람들에게 그다지 중요하지 않은 문제를 가지고 실험을 했기 때문에 그 결과를 폭넓게 일반화하기는 어렵다. 만일 사람들이 매우 중요하게 여기는 문제들, 예컨대 정치나 종교적 신념 등을 가지고 실험을 하면 동조율이 상당한 폭으로 떨어질 것이라 예상되기 때문이다. 실험실에 있는 다수의 사람들이 모두 미국의 이라크전쟁을 지지한다고 말했다고 해서 반전평화주의자가 '이라크전을 지지한다.'고 말할 가능성은 별로 없지 않을까?

동조에는 개인차도 영향을 미친다. 자아가 강하거나 타인들보다 자신이 더 유능하고 지식이 많다고 믿는 사람의 경우에는 동조할 개연성이 떨어진다. 자아가 강한 사람은 다수의 판단에 맹목적으로 휘둘리지 않으며 경우에 따라서는 고립자가 되는 것도 기꺼이 감수할 것이다. 또한 자기 식견에 대해 자신이 있는 전문가들은 다수의 대중이 악평을 해대더라도 꿋꿋이 자기 주장을 할 가능성이 많다.

복 종

개인은 합법적 권위를 가진 사회집단 혹은 조직에 대해서 복종하는 경향이 있다. 밀그램(Milgram, 1963)은 사회집단의 명령에 개인이 어느 정도로 복종(obedience)하는지를 연구했다. 연구자들은 지방신문에다 기억에 관한 연구에 참가하면 4달러 50센트를 준다고 광고를 해서 실험참가자들을 모집했다. 물론 '기억에 관한 연구'라는 설명은 거짓말이다. 실험참가자들은 조작된 제비뽑기를 통해 학생이 암기과제에서 틀릴 때마다 그에게 전기충격을 가해 처벌을 하는 선생의 역할을 맡게 되었다. 반대로 가짜 실험참가자인 실험협조자는 의자에 묶여 전기충격을 받는 학생의 역할을 수행했다. 이들은 고통 받는 연기를 능숙하게 수행할 수 있는 배우였고 실제로는 그 어떤 전기충격도 받지 않는다. 전기충격기에는 15볼트에서 450볼트까지의 충격강도가 표시된 30개의 스위치가 달려 있었다. 선생 역할을 맡은 실험참가자들은 학생이 받는 전기충격의 강도를 가늠해볼 수 있도록 시험적으로 3단계인 45볼트의 전기충격을 받았는데, 이 충격조차도 몸을 움찔하게 만들 만큼 불쾌한 것이었다. 실험이 진행되면서 선생 역할을 맡은 실험참가자들은 전기충격의 강도를 계속 올려야 했고 그때마다 학생 역할을 맡은 배우는 고통에 몸부림쳤다. 실험참가자들은 그때마다 연구자를 쳐다보며 지시를 기다리곤 했는데, 연구자는 "충격이 고통스러울지는 몰라도 인체조직에 영구적으로 해를 주지는 않는다."고 말하면서 실험을 계속 진행하라고 지시했다. 그리고는 실험결과에 대한 책임은 모두 자신이 지겠다고 말해주었다. 밀그램의 실험 결과 실험참가자의 65% 정도가 가장 높은 강도의 충격을 주는 데까지 실험자의 지시에 복종하였다.

실험참가자들은 왜 자기 눈으로 타인이 고통 받는 것을 보면서도 연구자의 지시에 복종했을까?

밀그램은 우선 그 원인을 사람들이 '합법적 권위'에 복종하도록 사회화되기 때문이라고 설명했다. 즉 개인은 처음에는 가정 그리고 학교, 나중에는 사회의 여러 조직 속에서 합법적 권위에 복종하도록 훈련받고 사회화되기 때문이라는 것이다. 우리는 어려서부터 부모님과 선생님을 비롯한 어른들 그리고 사회기관이나 국가기관 등에 복종하도록 교육받고 실제로 그렇게 행동하면서 성장한다. 이런 점에서 건강한 복종은 보편적인 사회문화적 규범에 부합되는 행위라고 할 수 있을 것이다. 만일 합법적 권위에 대한 불복종이나 저항이 보편적이라면 이 세상에는 폭동이나 소란이 하루도 끊이지 않고 발생할지도 모른다.

밀그램은 또한 그 원인을 실험참가자들이 스스로를 단순한 도구일 뿐이라고 생각했기에 개인적 책임감을 크게 느끼지 않았기 때문이라고 설명했다. 실제로 다른 연구들은 개인적으로 무기력감을 크게 느끼거나 책임을 면제받을 수 있다는 자기합리화가 가능할 경우에는 복종행동이 증가함을 보여준다.

이 외에도 밀그램의 실험에 대해서는 여러 가지 반론과 해석들이 존재한다. 좀더 세부적인 논의는 『스키너의 심리상자 닫기』(김태형, 2007)를 참조하기 바란다.

사람들이 합법적 권위나 사회집단에 복종하는 것은 사회가 유지되기 위해 반드시 필요한 일이다. 외적이 침입해왔을 때 병사들이 지휘관의 명령에 복종하지 않는다면 어떻게 되겠는가? 다만 밀그램의 실험에서처럼 합법적 권위가 비도덕적인 행위를 하도록 강제할 경우에는 나쁜 결과가 나올 수 있다. 글라이트만(Gleitman, 1995)은 "정당한 권위에 복종하는 경향성은 사회를 결속시켜주는 중요한 접합제"라고 지적했다. 그러나 그는 "나치의 죽음의 캠프, 캄보디아의 학살, 그리고 보스니아에서의 인종말살은 복종하는 성향이 우리의 인간 존중사상을 파괴하는 부식성 독약도 될 수 있음을 보여주는 가공할 만한 증거이다."라는 우려를 표명했다. 또한 한국의 심리학자들이 공저한 『심리학의 이해』(2007)도 "제2차 세계대전 중에 나치 독일의 유태인 수용소에서 일어난 간수의 가혹행위나, 월남전에서 있었던 미군의 미라이 양민학살사건 등은 권위에 대한 복종이 빚어낸 참극의 대표적인 예"라고 지적하고 있다. 이런 식으로 다수의 심리학자들은 인류사를 피로 얼룩지게 만든 비극적인 사건들의 원인으로 '사람의 복종성향'을 지목하고 있다. 그러나 이런 주장은 밀그램의 실험결과에 대한 지나친 확대해석이고 사회현상에 대한 개인(심리) 환원주의적 설명이다.

첫째, 참극에 대한 일차적 책임은 부당한 명령에 대한 복종이 아니라 부당한 명령 그 자체에 있다. 살인을 한 범인도 나쁘지만 살인교사범은 더 나쁘다. 살인교사야말로 살인의 일차적 원인으로서 그것이 없었다면 살인은 일어나지 않았을 것이기 때문이다. 18~19세기 대영제국을 비롯한 유럽 선진자본주의 나라들의 해외식민지 개척과정에서의 원주민 학살, 2차에 걸친 세계대전과 베트남전 등이 만들어낸 비극을 모두 병사들의 복종성향 때문이라고 주장하는 것은 확실히 주객이 전도된 어리석은 발상이다. 사람의 복종성향은 사회제도나 정치권력의 성격에 따라 정의로운 힘으로 사용될 수도 있고 인종학살의 수단으로 쓰일 수도 있다. 일제 식민지시대에 일본군에 강제로 끌려간 한국인들이나 일본 병사 모두에게 침략전쟁의 책임을 묻지 않았던 것은 이런 이유 때문이다.

둘째, 부당한 권력에 대한 개인적인 저항은 매우 어렵다. 종교재판에 회부된 갈릴레오가 어쩔 수 없이 천동설을 인정하고는 법정을 나서면서 '그래도 지구는 돈다.'고 중얼거렸다는 일화는 유명하다. 혹자는 '진리를 위해서는 목숨도 바쳐야 된다.'며 그를 비겁자라고 손가락질 할지도 모르지만 대부분의 사람들은 그의 행동을 이해해줄 것이다. 국가권력에 개인적으로 맞서는 것은 몹시 어려운 일일뿐 아니라 때로는 무의미한 일이기도 하기 때문이다. 4 · 19혁명의 성과가 군홧발에 짓밟힌 후 지속적으로 전개되어온 한국 민중의 반독재민주화운동은 참으로 많은 희생자를 냈고 국민들은 너무나 많은 시련과 고난을 겪어야만 했다. 아마 그 시대를 살았던 사람들은 개인이 군사독재정권에 대항해 불복종하는 것이 얼마나 힘들고 어려운 일인지를 뼈저리게 느꼈을 것이다. 국가권력에 대한 개인의 불복종 혹은 저항이란 결코 쉬운 일이 아니기 때문에 그만큼 값진 것이며 그것은 만인을 불러일으키는 불씨가 되기도 한다. 국가권력에 대한 개인적 저항은 세상을 바꿀 힘이 될 수 없으므로 그것은 조직적 차원에서 전개되어야 한다. 따라서 갈릴레오가 수구세력에 맞서는 진보정당의 구성원이었다면 자신의 신념을 고수한 채 기꺼이 죽음을 맞이했을지도 모르며 그것은 의미 있는 행동이 될 수 있었을지도 모른다.

잘못된 국가권력은 하루아침에 등장하지 않는다. 제1차 세계대전 이후 독일에서 히틀러정권이 등장할 수 있었던 데에는 여러 가지 원인이 작용했다. 전쟁에서의 패배로 인한 식민지 상실과 막대한 배상금 부담으로 인한 경제불황을 타개하기 위한 독점자본가들의 해외침략 요구, 독점자본가 계급의 이익을 대변한 히틀러의 교묘한 전체주의적이고 인종우월주의적 선전선동과 여론조작, 극심한 좌절감과 무력감 그리고 분노감에 휩싸인 독일국민의 히틀러에 대한 맹목적 의존심, 잘못된 정치권력의 등장을 견제하고 비판할 수 있는 좌익운동과 진보운동의 실패 등. 그리고 여기에 국가권력의 잘못된 명령을 거부하지 못한 병사들과 국민 개개인의 복종성향이 추가될 수 있다. 이렇게 독일사회 전체가 잘못된 수렁 속으로 깊숙이 빠져들어가고 있는 상황에서 개인이 국가권력에 불복종한다는 것은 정말 어려운 일이다. 그러나 다행히도 독일 국민들은 자신들의 잘못과 어리석음을 깨닫고 반성을 했기에 '히틀러'가 재등장할 가능성은 크게 줄어들었다(반면에 반성을 하지 않는 일본이 다시 군국주의화할 가능성은 매우 크다).

사람의 복종성향보다 훨씬 더 중요한 것은 올바른 사회제도와 정치권력 그리고 대중의 올바른 정치적, 도덕적 판단능력과 그것을 지켜낼 수 있는 정치세력화의 성공 유무이다. 이런 점에서 밀그램의 실험결과에 근거해 '복종성향'을 인류사적 비극의 주범으로 몰아세우는 것은 학문적 오류일 뿐 아니라 본의 아니게 잘못된 사회제도나 정치권력에 면죄부를 주는 행위가 될 수 있다. 물론 부당한 명령에 저항하지 않은 개인들의 책임이 완전히 면제될 수는 없겠으나 살인교사범은 놔둔 채 심부름센터 직원만 처벌해서는 곤란할 것이다.

개인은 집단 속에 있으면 감정이 고양되고 집단에 속하기 위해 동조행동을 하며 합법적 권위에 대해서는 복종하는 경향이 있다. 이러한 경향성들은 모두 사회적 존재인 사람이 반사회적이 아니라 친사회적임을 보여주는 증거들이다.

(3) 집단에 대한 개인의 영향

개인은 집단으로부터 일방적으로 지배당하기만 하는 존재가 아니다. 개인 또한 크건 작건 간에 집단에 대해 영향을 미친다.

우선 '선구자 효과' 혹은 '동맹자 효과'를 들 수 있다. 우리는 앞서 애쉬(Asch)의 실험에서 만장일치에 저항하는 단 한 명의 이탈자가 동조율을 크게 감소시켰다는 사실을 확인했다. 이렇게 단 한 명뿐일지라도 그는 잘못된 다수에 맞설 수 있도록 우리를 지탱해주고 용기를 줄 수 있다. 특히 참혹한 시기 부도덕하고 부정의한 권력과 지배세력에게 지배당하고 착취당하는 약자들에게는 '한 점의 불씨가 되어 광야를 태우는 선구자'만큼 소중한 존재는 없다.

선구자보다 집단에 좀더 극적이고 커다란 영향을 미치는 개인들도 있다. 대중의 열렬한 지지를 받거나 혁명을 성공으로 이끄는 지도자들이 대표적이다. 1917년 세계 최초로 사회주의혁명(볼셰비키 혁명)을 성공시켰던 '레닌'이나 1959년 미국의 턱 밑에서 반미혁명을 승리로 이끌었던 쿠바의 '카스트로' 같은 지도자는 집단에 대해 지대한 영향력을 행사한 역사적 인물들이다.

지도자와 대중의 관계는 무척 관심을 끄는 주제이지만 그것을 온전히 규명하는 것은 사회심리학의 범위를 넘어선다. 이런 점에서 다음과 같은 글라이트만(Gleitman, 1995)의 지적은 매우 예리하고 정확하다.

> "아돌프 히틀러 없이 독일에서 나치운동이 맹위를 떨칠 수 있었을까? 처칠의 연설이 없었어도 영국이 계속해서 싸울 수 있었을까? 사회심리학은 이런 류의 중요한 물음에 분명한 답을 할 수 없다. 답을 하려 하는 것조차 지나치게 주제넘은 것일 수 있다. 그 이유는 이러한 문제들은 반드시 모든 사회과학 즉 인류학, 경제학, 역사학, 정치과학, 사회심리학, 사회학 등의 결집된 노력을 필요로 하기 때문이다."

우리는 다만 여기에서 심리학 분야에서 진행된 리더십(leadership)에 대한 연구들에 기초해 바람직한 리더십의 조건에 대해서만 간략히 살펴보기로 하자.

첫째, 지도자가 상당한 권위를 가지고 있어야 한다. 이때의 권위란 당연히 강압적인 권위가 아니라 정치적, 도덕적인 권위를 말한다.

둘째, 지도자는 집단의 과제를 분명히 제시할 수 있어야 한다. 지도자는 사회 혹은 특정 집단의 공동의 목표를 제시할 수 있는 능력이 있어야 한다. 올바른 목표 제시는 집단성원들이 자신의 욕구와 요구를 의식하고 신념화하게 하며 집단의 심리적 에너지를 발동시킨다.

셋째, 집단성원들 상호 간에 그리고 지도자와 집단성원들 간에 사이가 좋아야 한다. 지도자는 과제수행에 적합한 조직을 건설하고 그것을 능숙하게 운영할 수 있는 자질이 있어야 하며 반복적인 실천과정을 통해 구성원들을 단결시켜야 한다. 공동의 목표를 실현하기 위해 뭉친 동료라는 자각과 그것에 기반한 동료애 그리고 실천 속에서의 신뢰감 상승은 단결을 강화함으로써 집단의 위력을 배가시킨다.

넷째, 지도자는 전략전술적 능력을 발휘함으로써 성과를 축적하고 목표의 실현가능성을 증명해야 한다. 집단을 더욱 강하게 결속시키고 자신감을 고조시키려면 '우리가 하는 일은 계란으로 바위치기처럼 무모하고 비현실적이다.'라는 대중적 우려를 불식시켜야 한다. 아무리 멋진 목표라 하더라도 실현가능성이 보이지 않으면 사람들은 그것에 귀를 기울이지 않기 때문이다. 2008년 미국에서 최초의 유색인종 대통령 후보로 나선 '오바마'에 대해 상당수의 미국인들이 처음에는 '설마 되겠냐.', '그는 너무 이상주의적이야.'라며 방관하는 태도를 보이다가 '당선 가능성'이 가시화되자 적극 지지로 돌아섰던 것도 이와 부분적으로 관련된다.

5. 집단심리

우리는 지금까지 개인과 집단의 관계를 살펴보았는데, 그것은 주로 개인에게 초점을 맞춘 것이었다. 즉 타인들 혹은 집단과의 관계 속에서 개인은 어떻게 생각하고 느끼고 행동하는지에 관심을 가졌다. 반면에 지금부터는 집단에 초점을 맞추고 집단이 만들어내는 집단심리와 그것에 기초한 집단행동에 대해 살펴볼 것이다.

사회적 집단에는 씨족, 종족, 민족, 가족 등의 공동체 그리고 연령집단, 직업집단, 지역집단, 취미집단 등이 모두 포함된다. 또한 정당, 경제문화기관, 계급, 계층, 국가 등도 사회적 집단에 속한다.

(1) 군중심리

군중 속에 있는 개인이 혼자 있을 때와는 다르게 행동할 수 있다는 점에는 의심의 여지가 없다. 군중심리 연구에 큰 영향을 미친 구스타프 르봉(Gustav Le Bon: 1841~1931)은 1895년에 발표한 『군중심리』라는 저작을 통해 "군중은 폭도이다."라고 주장했다. 보수주의자였던 르봉은 사회와 문명발전을 위해 주도적 역할을 해온 지적인 귀족계급과 대립되는 평민집단으로서의 군중을 부정적으로 보고 멸시했다. 그에 의하면 군중 속의 개인은 평상시에는 억제되어 있던 원초적 충동의 지배를 받아 거칠고 어리석고 비이성적으로 된다. 군중감정은 타인들에게 전염되는데 군중의 수가 늘어날수록 감정상태는 더욱 고조된다. 그 결과 군중은 공포에 질려 테러를 자행하고 적개심을 살기 띤 분노로 바꿔 야수 같은 난폭한 공격성을 표출한다. 군중 속의 개인은 개성을 완전히 상실하므로 그들은 모두 원시적인 야만인이 된다. 한 마디로 르봉은 군중이 개인을 완전히 변형시켜서 자신의 독자성을 상실하게 하고 감정을 폭발시켜 비이성적으로 만든다고 보았다.

'군중은 본질적으로 광기에 휩싸인 폭도'라는 그의 견해는 많은 심리학자들에 의해 수용되었다.

무의식에 포악한 동물적 본능이 살고 있다고 생각했던 프로이트는 "집단 속의 개인은 무의식적 충동을 억제하지 않아도 되는 상황에 놓여 있다."고 주장했다. 따라서 그는 군중의 광기란 "인간의 마음속에 있는 온갖 나쁜 요소들"을 담고 있는 무의식의 표출일 뿐이라고 보았다(Freud, 1921).

융도 마찬가지로 "백 명의 수재가 모이면 하나의 얼간이가 된다(Jung, 1935)."면서 군중은 지적 수준을 저하시킨다고 주장했다. 그는 "역사적으로 위대한 행동들은 '지도자가 된 인격들'에게서 나올 뿐이며 '조금만 움직이려 해도 선동정치가가 필요한 언제나 이류인 나태한 대중'에게서는 나온 적이 없다(Jung, 1932)"며 군중을 경멸하였다. 나아가 그는 "우리를 위협하는 전쟁과 혁명들은 심리적 전염병들에 지나지 않는다. 언제라도 수백만 명이 망상에 빠질 수 있고 그러면 세계전쟁이나 파멸적 혁명이 닥쳐오는 것이다(Jung, 1932)."라며 비극적 사회현상이 발생하는 책임을 군중에게 돌리기까지 했다.

군중이 때때로 매우 비이성적이고 야수적인 행동을 하는 경우가 있기는 하다. 그러나 그것을 과연 군중 나아가 집단의 본질이라고 말할 수 있을까? 사실 인류역사를 피로 물들였던 야만성과 광기는 무정부적인 군중보다는 합법적인 국가권력이 자행했던 폭력 속에서 훨씬 더 많이 발견된다. 일찍이 르봉이 찬양해 마지않았던 귀족계급이 지배했던 대영제국의 식민지 민중들에 대한 가혹한 탄압과 착취, 나치 독일이나 일본 군국주의의 침략전쟁과 양민학살, 미국의 원주민 학살과 흑인노예에 대한 수탈 그리고 해외침략, 두 개의 도시에 거주하던 남녀노소를 모조리 불태워 죽인 미국의 원자폭탄 투하 등이 보여준 광기와 야만성은 폭도화된 군중의 수준을 훨씬 뛰어넘고도 남는다. 그러므로 광기와 야만성은 일정한 조건만 형성된다면 군중만이 아니라 합법적인 국가권력도 능히 가질 수 있다고 봐야 할 것이다.

군중 속의 개인들은 정서적으로 고양되며 '집단의 위력과 힘'을 느끼기 때문에 군중은 강한 집단적 힘을 발휘할 수 있다. 그런데 이 힘은 반드시 나쁜 방향으로만 사용되는 것일까? 혹시 그것이 좋은 방향으로 사용될 수도 있지 않을까? 이 질문에 대해 프로이트는 '그럴 수 있다.'고 대답할 것이다. 그는 "집단도 욕망을 자제하고 이기심을 버리고 이상에 헌신할 수 있다. 고립된 개인의 경우에는 개인적 이익이 거의 유일한 동인이지만 집단의 경우에는 개인적 이익이 두드러지는 경우가 드물다. 집단은 개인의 도덕기준을 더 높이 끌어올린다고 말할 수도 있다."고 말했다. 또한 "집단의 윤리적 행동은 개인의 윤리보다 훨씬 낮게 떨어질 수도 있는 반면 개인의 윤리보다 더 높이 올라갈 수도 있다(Freud, 1921)."고 지적하기도 했다. 1980년의 광주민중항쟁은 군중의 에너지와 힘이 바람직한 방향으로도 능히 사용될 수 있음을 잘 보여주고 있다. 당시에 광주시민들은 '반독재민주화'라는 공동의 목표를 실현하기 위해 개인적 이익뿐만 아니라 생명까지도 바쳐가며 불의에 대항해 싸웠다. 병원에는 자발적으로 헌혈을 하려고 모여든 시민들이 길게 줄을 서 있었고 장사를 하던 사람들은 항쟁자들에게 음식을 비롯한 물품들을 아낌없이 제공했다. 뿐만 아니라 항쟁기간 동안 광주시민들은 고상한 형제애를 발휘하며 서로를 위해주고 아껴주었으며 각종 사리사욕과 사회범죄가 자취를 감췄다. 광주민중항쟁은 군중이 집단의 이익을 위해 개인적 이기심을 버릴 수 있으며 집단의 윤리가 개인의 윤리보다 더 높이 고양될 수도 있다는 프로이트의 주장이 사실임을 증명해주는 생생한 증거이다. 인류역사에는 이렇게 아름다운 군중의 모습도 아주 많이 등장한다.

군중은 간혹 폭도가 되기도 하지만 사회역사를 이끌고 나가는 창조자의 역할을 수행할 수도 있다. 그렇다면 무엇이 군중을 폭도 혹은 역사의 창조자로 만드는가? 정의롭고 건강한 사회, 바람직한 지도자와 정치조직, 고상한 이념이나 목표 등이 군중과 결합된다면 군중은 아름답고 고상하게 행동할 수 있으며 역사의 창조자가 될 수 있다. 반대의 경우라면 군중은 승냥

이 떼처럼 될 수도 있을 것이다. 따라서 광기와 야만성을 군중의 본질이라고 주장하는 것은 잘못이다.

일반적으로 건강한 사회의 군중은 건강한 행동을 하지만 병든 사회의 군중은 병적인 행동을 하므로 군중은 그들이 살고 있는 사회를 대변할 뿐이다. 1789년의 프랑스대혁명 시기에 단두대로 상징되는 공포정치가 등장할 수 있었던 것은 일차적으로는 이전 시기에 지속적으로 누적된 왕족, 귀족계급에 대한 평민계급의 분노와 원한이 있었기 때문이다. 그리고 이차적으로는 일부 병적인 사람들이 이런 군중의 적개심을 이용해 잔인한 행동을 주도하고 선동했기 때문이다. 따라서 만일 봉건왕조가 지배하던 18세기의 프랑스에서 봉건세력이 평민계급을 억압하거나 착취하지 않고 서로 사이좋게 지냈다면 프랑스대혁명도 발발하지 않았을 것이고 공포정치도 등장하지 않았을 것이다(일부 부정적인 면들을 보여주기는 했으나 프랑스대혁명이 절대다수의 유럽인들에게 희망과 용기를 준 긍정적이고 진보적인 역사적 사건이라는 것을 간과하지 말아야 한다).

군중은 특정한 사회역사적 조건 속에서만 '폭도'가 되는 것이지 본질적으로 야수는 아니다. 개인의 심리와 행동을 그가 살고 있는 사회역사를 배제하고서는 제대로 이해할 수 없듯이 군중의 심리와 행동도 그들이 살고 있는 사회역사를 배제하고서는 결코 이해할 수 없다.

⑵ 공 황

군중은 그 누구도 예상하거나 바라지 않았던 재앙을 초래하는 부적응적인 행동을 하는 경우가 있는데 이를 '공황'이라고 한다. 극장이나 공연장 등에서 화재가 나면 겁에 질린 군중이 한꺼번에 출구로 몰려들어 불에 타 죽는 사람보다 오히려 깔리거나 밟혀죽는 사람이 더 많이 발생하는 참혹한 상황을 연출하는 것을 예로 들 수 있을 것이다. 군중은 항상 비이성적으로 사고하고 행동한다는 견해들이 얼핏 보기에는 이러한 '공황'을 잘 설명하는 듯하다.

그러나 공황을 초래하는 군중행동이 적어도 부분적으로는 전체 상황에 대한 개인의 합리적인 인지적 판단에 따른 결과라고 주장하는 심리학자들도 있다. 스멜서(Smelser, 1963)는 르봉(Le Bon)이 주장한 것처럼 강렬한 공포 그 자체가 군중의 공황을 야기시키지는 않는다고 말했다. 왜냐하면 탄광 붕괴나 잠수함의 폭발사태처럼 탈출구가 없다고 판단되는 경우 군중은 전율이나 무감각한 좌절상태에 빠지기는 하지만 공황이 발생하지는 않기 때문이다. 그러므로 공황이 발생하려면 군중의 생존욕구 혹은 이기주의를 자극할 수 있도록 위험으로부터 도피할 출구가 제한되어 있어야 한다. 100명이 탄 배가 가라앉고 있는데 10명이 탈 수 있는 구명정이 단 하나만 있는 상황을 예로 들 수 있을 것이다. 이런 경우에 이기적인 개개인은 남들보다 빨리 달려가야만 내가 살 수 있다고 판단할 것이다. 그리고 만약 모든 사람이 이런 판단을 하고 행동을 개시한다면 공황이 초래된다.

공황에 대한 인지적 해석은 군중 속의 개인이 결코 어리석거나 비이성적이지는 않다고 강조한다. 오히려 개인은 이기주의에 기초해 최상의 합리적인 판단을 내린다. 그러나 결과적으로는 모든 군중이 똑같이 이기적으로 판단하고 행동하기 때문에 공황이 발생할 뿐이라는 것이다.

공황에 대한 인지적 해석은 루스와 라이파(Luce & Raiffa, 1957)의 '죄수의 딜레마(prisoner' s dilemma)'라는 문제상황과 일맥상통한다. 죄수의 딜레마란 예를 들자면 다음과 같은 것이다.

강도짓을 한 두 명의 범죄자를 체포한 검사는 그들로부터 자백을 받아내기 위해 다음과 같은 책략을 사용한다. 그는 두 사람을 따로 떼어놓고는 다음 중 하나를 선택하라고 말한다.

① 둘 다 자백을 한다: 각각 8년 형

② 둘 다 묵비권을 행사한다: 각각 1년 형

③ 한 사람은 자백했는데 다른 사람은 자백하지 않는다: 자백한 사람은 석방, 묵비권을 행사한 사람은 20년 형

그러면 딜레마에 빠진 죄수들은 어느 것을 선택할까? 관찰자의 입장에서는 둘 다 묵비권을 행사해서 각각 1년 형을 받는 ②번을 선택하는 게 가장 좋은 것처럼 보인다. 그런데 범죄자들은 도저히 그것을 선택할 수 없다. 왜냐하면 자신이 묵비권을 행사할 때, 만약 상대방이 자백을 해버리면 자기만 고스란히 20년 형을 받아야 하기 때문이다. 따라서 죄수들은 둘 다 자백을 하는 ①번을 선택한다. 두 범죄자가 모두 ①번을 선택한 것은 그것이 개인으로서 할 수 있는 최대한의 합리적인 판단이기 때문이다. 범죄자 사이의 신뢰나 의리는 그리 튼튼하지 않으므로 두 범죄자는 상대방을 좀처럼 믿을 수가 없다. 따라서 그들은 상대방이 묵비권을 행사하리라고 확신할 수 없었기에 차선책으로 자백하는 것을 선택한 것이다. 그러나 이러한 개개인의 '합리적 판단'은 결과적으로 이들이 공리(공동의 이익)를 선택했을 때 얻을 수 있는 최상의 결과인 1년 형 대신 공황에 비유할 수 있는 8년 형을 살게 만든다.

여기에서 중요한 점은 바로 개인의 합리적인 판단이 공황을 발생하게 만든다는 사실이다. 다시 극장이나 공연장에서 불이 난 상황을 생각해보자. 생존확률이 가장 높은 경우는 군중들이 출구로 질서정연하게 이동하는 것이다. 그러나 이기적인 개개인은 '분명히 다른 사람들은 출구로 먼저 달려갈 거야. 그러면 나만 손해를 볼 게 아닌가.'라고 생각한다. 그리고는 죽어라고 출구를 향해 달려 나간다. 그러나 안타깝게도 대부분의 사람들이 비슷한 생각을 하기 때문에 군중은 한꺼번에 출구로 몰려들게 되고 그 결과 참상이 빚어지게 된다. '죄수의 딜레마'는 개개인이 내린 최대한의 합리적인 판단이나 선택이 집단적인 차원에서는 공황으로 연결될 수도 있다는 점을 잘 보여준다.

그렇다면 공황에 대한 인지적 해석 혹은 '죄수의 딜레마'가 우리에게 주는 교훈은 무엇일까?

첫째, 공익추구는 사람들 간의 신뢰가 있을 때 가능하다. 만약 안중근 의사와 윤봉길 의사가 앞의 범죄자들과 같은 상황에 처하게 되었다면 어땠을까? 두 사람은 당연히 '묵비권'을 행사했을 것이다. 왜냐하면 상대방을 신뢰할 수 있으니까. 이는 사람들이 개인의 이익을 선택하지 않고 공익을 선택하려면 서로 간에 믿음과 신뢰가 전제되어야 한다는 것을 말해준다. 그러나 자본주의사회는 끊임없이 개인이기주의를 장려하기 때문에 사회구성원들 간에 상호불신을 조장한다. 즉 자본주의는 모든 사회구성원들에게 자신의 이익을 위해 타인을 짓밟는 경쟁을 하도록 강요하므로 '내가 공익을 추구하더라도 다른 사람들은 그러지 않을 것이다. 따라서 결국 나만 손해를 볼 것이다.'라는 대중적 신념을 강화하게 된다. 이런 조건에서 대다수의 사람들은 이기주의에 기초한 합리적 판단을 할 것이므로 그것이 사회적인 차원에서는 공황으로 귀결될 가능성이 매우 높다.

둘째, 개인의 이익 추구는 공멸로 이어진다. 자본가들은 최대한으로 열심히 이윤을 추구하고 모든 개개인은 최선을 다해 자기 이익을 위해 일한다면 행복한 세상이 올까? 죄수의 딜레마는 개개인의 이익이 한 골로 모이고 모이면 사회의 발전과 인류의 행복이 오는 것이 아니라 파멸과 재앙이 올 것임을 시사해준다. 이는 일찍이 마르크스도 예견했던 바이다. 그는 개별 자본가의 무제한적 이윤추구는 경제의 무정부성을 야기해 주기적인 공황을 폭발시킬 것이라고 주장했다. 사회심리학의 연구결과도 이와 본질적으로 같다. 자기 이익을 추구하는 개인의 합리적인 판단과 행동이 사회적으로는 공황상태를 연출할 것임을 보여주고 있기 때문이다.

이런 당혹스러운 결과 때문에 오벨 등(Orbell, van de Kragt & Dawes, 1988 ; Rapoport, 1988) 사회적 딜레마를 연구하는 학자들은 협동하는 것의 궁극적인 이득을 가르치고 다른 사람들이 자신을 착취하지 않는다는 믿음을 높여야 한다고 제안하기도 했다. 그러나 안타깝게도 그들의 제안은 실현 불가능할 뿐만 아니라 현실을 왜곡하는 것이기도 하다. 왜냐하면 죄수의 딜레마란 본질적으로 '자본주의의 딜레마'이기 때문이다.

자본주의 특히 미국식 자본주의는 불공정하고 잔인한 무한경쟁과 국내 민중에 대한 계급적 착취, 가난한 해외나라들에 대한 수탈을 통해서만 유지되는 부정의하고 불합리한 제도이다. 그러므로 한국사회가 계속 미국식 자본주의를 흉내내는 데 머무르는 한 지속적으로 발전가능한 사회, 행복한 사회를 꿈꾸는 것은 허황된 망상에 지나지 않을 것이다. 다수의 사람들이 공익을 우선시하며 살아가고 사회정의와 평등이 실현되어 모든 사람들 간에 신뢰와 믿음이 튼튼히 다져지는 세상이 될 때 인류는 비로소 공멸의 길에서 벗어날 수 있을 것이다.

(3) 집단사고

스토너(Stoner, 1961)는 개인적 의사결정과 집단적 의사결정을 비교한 연구를 통해 집단적 의사결정에서 모험적인 방안의 선택이 더 많이 나왔다고 보고했다. 이렇게 집단적인 의사결정이 모험적이거나 보수적인 극단적 방안의 선택으로 귀결되는 것은 극단이행(extremity shift) 현상으로 불리기도 한다.

왜 이런 현상이 나타나는 것일까? 우선 집단은 사람들의 감정을 고양시키고 집단의 힘에 대한 자각을 불러일으키기 때문이다. 그 결과 집단은 개인이라면 좀처럼 시도하기 힘든 모험을 선택할 수 있다. 다음으로 집단은 개인의 책임감을 분산시키기 때문이다. 개인적 의사결정의 결과는 고스란히 그 당사자인 개인이 책임져야 한다. 그러나 집단적 의사결정에서는 그 책임이 집단의 구성원들에게 분산될 수 있으므로 극단적 선택을 할 가능성을 높여준다.

일부 연구자들은 때때로 집단사고(groupthink)가 개인적 사고보다 훨씬 더 나쁜 결정을 내리기도 한다고 주장한다. 즉 특정한 상황에서는 가장 유능한 전문가들로 구성된 최선의 집단이 최악의 방안을 내놓기도 한다는 것이다. 이러한 집단사고의 문제점을 보여주는 사례로 흔히 1961년 미국이 쿠바의 카스트로 정권을 붕괴시키기 위해 감행했던 피그스만 상륙작전 계획이 제시되곤 한다. 당시에 그 계획은 케네디 대통령을 비롯한 최고의 엘리트들이 참여하여 쿠바에 대한 상세한 정보를 참고해 수립했다. 그럼에도 불구하고 그 계획은 1,400명의 상륙부대 중 200명이 사망하고 나머지는 포로로 잡히는 큰 실패로 귀결되었다. 그러나 이러한 사례는 집단사고의 문제점을 보여주는 적절한 증거가 되기 힘든 것 같다. 왜냐하면 비록 쿠바 침공계획을 수립하는 집단사고에 참여한 이들이 미국에서 엄선된 최고의 엘리트 집단이라고는 해도 미국 정치권력의 속성상 그들은 모두 친자본가적이고 보수반공적인 이데올로기를 가진 동질적인 사람들이었을 가능성이 높기 때문이다. 다시 말해 그들은 쿠바에 우호적이거나 미국의 제국주의적 대외정책에 비판적인 사람들 그리고 중립적인 태도를 가진 사람들을 제외한 이념적 스펙트럼상 다소 극단적인 정치세력에 속한 인물들이었을 것이다. 그러므로 이 사례에서 집단사고에 참여한 이들은 다양한 부류의 사람들 속에서 골고루 선발된 게 아니라 매우 동질적인 사람들로만 구성되어 있었다. 그런데 이렇게 동일한 이해관계와 요구를 가진 극단적인 사람들만 모아놓고 집단사고를 하면 좋은 결과가 나오기는 어렵지 않을까? 18세기 프랑스대혁명 전야의 프랑스 절대왕정, 히틀러 집권기의 독일, 군국주의가 지배하던 시기의 일본, 과거 한국의 군사독재정권 등이 아무리 최고의 엘리트를 선발해 집단사고를 해봐야 그 결과는 대부분 역사의 순리를 거스르는 비도덕적이고 극단적인 선택이 되었을 것이다.

사실 이러한 문제를 제외하더라도 '집단사고'라는 개념은 상당히 애매하다. 즉 슈퍼컴퓨터처럼 여러 개인들의 뇌를 통신망으로 연결해서 하나처럼 사고하는 게 아니라면 과연 집단사고라는 게 가능한 것일까 하는 의문이 제기될 수 있다. 대부분의 집단적 의사결정 조직에는 지도자 혹은 최종적인 결정권자가 있는 경우가 많다. 그렇다면 집단적 토론을 거쳐 지도자가 최종결정을 해도 그것을 집단사고로 봐야 할까? 아니면 최종 결정권자가 없는 상황에서 다수결 혹은 만장일치로 결정하는 것만 집단사고로 봐야 할까? 나아가 집단토론이라면 몰라도 과연 집단사고라는 게 가능하기는 한 것인가? 이런 의문점들을 해소하기 위해서는 아무래도 집단사고라는 개념에 대해 좀더 정확하고 세밀한 정의가 뒤따라야 할 것 같다.

집단사고가 존재한다고 인정하더라도 그것에는 여러 요인들이 영향을 미칠 수 있다. 우선 집단의 성격이 어떠냐 하는 것이 집단사고에 영향을 미칠 수 있다. 즉 집단의 구성원들이 지도자의 눈치만 보는 아부꾼들인지 아니면 당당하게 자기 주장을 펼 수 있는 충신들인지에 따라 집단사고의 질이 달라질 수 있다. 또한 해결과제가 집단의 구성원들에게 얼마나 중요한 것인지, 그 과제를 해결할 시간적 여유가 얼마나 있는지 등도 집단사고에 영향을 미칠 수 있다. 이러한 복잡한 변수들을 감안해볼 때 집단이 개인에 비해 극단적인 사고를 할 가능성이 높다고 섣불리 단정할 수는 없을 것 같다.

집단사고가 극단적이라는 주장은 '군중이 개인에 비해 지적으로 열등하다.'는 견해의 연장선상에 있다. 그러나 의식의 영역에서 집단과 개인은 명확하게 분리될 수 없으며 개인의 사고는 어떤 경우에도 사회역사적 집단이 창조해낸 성과물에 기초하고 있다는 점을 반드시 기억해야 한다.

> "집단심리도 지성의 영역에서 창조력을 발휘할 수 있다. 무엇보다도 먼저 언어 자체가 이를 입증하고 있으며, 그 밖에 민요와 민담 따위도 집단의 창조력을 보여준다. 게다가 개개의 사상가나 작가가 자신이 속해 있는 집단의 자극에 얼마나 많은 신세를 지고 있는지, 사상가나 작가는 다른 사람들이 동시에 참여한 정신적 작업을 마무리하는 데 불과한 것은 아닌지는 여전히 숙제로 남아 있다(Freud, 1921)."

프로이트의 예리한 지적처럼 위대한 천재의 사고능력이나 창조능력은 사회역사적 집단과 떼어놓고 생각할 수 없다. 따라서 개인은 위대하고 집단은 우매하다는 편견은 인위적으로 개인과 집단을 분리해 서로를 대립시키는 비과학적이며 반민중적인 주장이다.

(4) 집단심리

프로이트는 "수많은 조직이 집단이라는 용어로 통합되었을 테고, 따라서 그것들을 좀더 세밀하게 분류할 필요가 있을지도 모른다."면서 집단이라는 용어를 군중과 혼동해서는 안 된다고 지적했다. 즉 비조직적인 군중만이 아니라 '사회제도 속에 통합되어 있는 안정된 집단이나 조직'도 마땅히 연구되어야 하는데, 그 이유는 우리가 '이런 집단이나 조직 속에서 일생'을 보내기 때문이라는 것이다. 그는 군중과 안정된 사회집단의 관계를 '높은 삼각파도'와 '잔잔한 여파'에 비유하기도 했다(Freud, 1921).

프로이트가 적절하게 지적했듯이 우리는 생의 대부분을 광기어린 군중들 속에서가 아니라 안정된 사회집단 속에서 보낸다. 즉 대부분의 사람들은 가치와 생활조건 등을 공유하는 비교적 안정된 사회집단에 속해 있다. 그럼에도 불구하고 안정된 사회집단이 가지는 집단심리에 대한 연구는 아쉽게도 그다지 진척된 바가 없다. 비록 에리히 프롬(Erich Fromm: 1900~1980) 등의 선구적 연구가 있기는 하지만 이러한 불균형적 상황을 반영해서인지 심리학에서는 집단을 비관적으로 보는 견해에 비해 다양한 사회집단의 노력에 의해 사회가 발전하고 있으며 선진적이고 창조적인 사회집단이 역사발전의 주역이라는 객관적 사실은 홀대받는 편이다. 그러므로 심리학자들은 안정적인 집단 나아가 창조적인 집단이 가진 집단심리에 대한 연구를 보다 심화시킬 필요가 있을 것 같다.

'집단심리'란 일정한 집단에게 고유한 심리적 특성을 말한다. 이 집단심리에는 민족심리, 계급심리, 군인이나 교사와 같은 직업집단의 심리, 연령집단의 심리 등이 모두 포함된다. 여기에서 우리는 집단심리에 영향을 미치는 요인들에 대해서만 간단히 점검해보기로 하자.

첫째, 집단심리에는 집단의 사회계급적 처지, 이해관계와 요구, 목표 등이 반영된다. 사회적으로 압박받고 착취당하는 처지에 있는 집단은 저항심 혹은 복종심을 가질 수 있고 서로를 위하고 아껴주는 동병상련의 마음을 가질 수 있다. 반대로 자본가계급처럼 이윤추구를 절대절명의 요구로 가지고 있는 집단은 탐욕심이 강할 수밖에 없을 것이다. 집단은 자신의 사회계급적 처지, 이해관계와 요구에 기초한 공동의 목표를 가진다. 가족, 씨족 같은 자생적인 혈연집단을 제외하고는 대부분의 사회집단은 공동의 목표를 실현하기 위해 목적의식적으로 결합된 사람들로 이루어진다. 예를 들면 정당은 공동의 이념에 기초한 정치적 목표를 실현하기 위해 사람들이 목적의식적으로 결합한 정치집단이다. 따라서 특정 정당의 구성원들은 동일한 정치이념 등을 가지는데 파시스트적인 극우정당의 경우 그 구성원들은 타민족이나 소수자에 대한 배타적 심리를 가질 것이다. 이러한 집단심리는 사회계급적 처지, 이해관계와 요구, 목표가 달라지는 데 따라 변화할 수 있다.

둘째, 집단심리에는 유사한 생활조건과 공동의 역사체험이 영향을 미친다. 각각의 집단들은 장시간 동안 유사한 생활조건에서 살아가면서 동일한 역사적 경험을 한다. 그 결과 집단성원들은 생활감정과 재능, 품성 등에서 공통적인 심리적 특성을 가질 수 있다. 우리 민족은 단일한 언어와 문화를 사용하고 동일한 생활조건에서 살아오면서 공동의 역사를 체험해왔다. 우리 민족은 수천 년에 걸쳐 외래침략자들을 반대하고 민족적 독립을 고수하기 위해 용감하게 투쟁해왔으며 수준 높은 민족문화를 창조하고 발전시켜왔기에 우수하고 강한 민족심리를 가진다. 용감성과 불굴의 기상, 민족에 대한 사랑과 외세에 대한 증오심, 높은 민족적 자존심과 자부심 등이 그것이다. 이 때문에 우리 민족은 주변 민족들에게서 흔히 발견되는 열등감을 거의 가지고 있지 않다. 또한 우리 민족은 현대에 들어서기 전까지는 타민족을 억압하거나 괴롭힌 전력이 없어 죄의식이나 죄책감을 가지고 있지 않다. 옛날부터 해적질과 노략질을 빈번하게 해왔고 중세뿐만 아니라 근대에 들어서도 해외침략을 자행해 이웃 민족들에게 엄청난 고통을 안겨준 일본과 비교해보라. 어쨌든 우리 조상님들이 후손에게 열등감이나 죄의식을 원죄처럼 물려주지 않고 높은 자존감과 자부심을 가질 수 있게 해준 것은 참으로 다행스러운 일이며 그것은 억만금을 주고도 살 수 없는 우리 민족의 귀중한 자산이다. 이 점에 대해서는 정말 조상님들께 엎드려 절이라도 하고 싶은 심정이다.

셋째, 집단심리에는 성격적 다수파도 영향을 미칠 것으로 예상된다. 어떤 집단에 특정 성격이 다수를 점한다면 그 다수파의 성격적 특성이 집단심리에 영향을 미칠 가능성이 있다. 아마 미국인의 다수가 외향형(E)이라는 사실과 외향적인 미국문화는 어떤 식으로든 관련이 있을 것이다. 마찬가지로 한국인의 다수가 내향감정형(IF)이라는 점도 우리 민족의 심리에 일정하게 영향을 미칠 수 있다. 많은 외국인들이 공통적으로 한국인을 몹시 친절하고 따뜻하다고 표현하는 것이나 사람과 정을 유난히도 중시하는 한국인의 심리적 특성이 이와 관련되는 것 같다. 특정 성격을 가진 사람은 특정 직업을 선호하는 경향이 있으므로 성격적 다수파의 영향은 직업집단에서 특히 많이 나타날 가능성이 있다.

집단심리는 집단성원들의 생활과 활동에서 발현되고 집단의 단합과 발전을 이끄는 역할을 한다. 또한 "집단 속의 개인들이 하나의 통일체로 결합된다면, 그 개인들을 결합시켜 주는 무언가가 있을 게 분명하다. 개인들을 묶어주는 이 무언가는 바로 그 집단의 특징일 것이다(Freud, 1921)."라는 프로이트의 말처럼 집단심리는 집단의 특성을 규정하는 중요한 요인이기도 하다.

집단심리는 일반적으로 그 집단의 구성원들이 대부분 가지게 되지만 그것에는 개인차가 존재한다.

6. 사회심리학과 실험

실험법은 심리학의 중요한 연구방법 중 하나이다. 그러나 심리학은 자연과학과는 달리 사람을 연구대상으로 하는 학문이므로 실험이 차지하는 지위와 역할이 자연과학과 똑같을 수는 없다. 어떤 실험실에서 H(수소)분자 두 개와 O(산소)분자 한 개를 결합시켜 H_2O(물)를 만들었다고 해보자. 만일 다른 실험실에서 이와 동일한 실험을 진행했을 때 같은 결과가 나오면 '물은 수소분자 두 개와 산소분자 한 개의 결합이다.'라는 명제는 진리로 인정할 수 있다. 왜냐하면 자연과학에서는 어떤 실험실에서, 어느 연구자가 실험을 하든 H나 O라는 분자는 완전히 동일한 것으로 간주되기 때문이다. 그러나 엄격한 의미에서 심리학의 실험대상인 사람에 대해서는 그런 가정을 하기 어렵다. 분자 같은 단순한 물질과 최고로 발달된 물질적 존재인 사람이 같을 수 없기 때문이다. 따라서 A라는 실험에 참가한 실험참가자와 B라는 실험에 참가한 실험참가자가 모두 '사람'인 것은 분명하지만 그 두 사람이 완전히 동일하다고는 볼 수 없다.

역사학, 경제학, 인류학, 사회학 등을 비롯한 대부분의 인문사회과학은 실험법을 기본 연구방법으로 채택하기 힘들다. 사회역사를 실험실에 집어넣어 조작하는 것이 원천적으로 불가능하기 때문이다. 그러나 심리학은 다른 인문사회과학 분야와는 달리 사회를 연구하는 경우에도 그것을 사람 특히 개인을 통해 연구하기 때문에 실험법을 보다 폭넓게 이용할 수 있다. 심리학자들은 이런 가능성을 적극 활용해왔고 그 결과 심리학은 점점 더 실험법을 중요시하게 되었다. 그러나 사람은 매우 복잡한 사회역사적 존재이며 사람의 심리에는 무수히 많은 요인들이 영향을 미친다. 실험실에서 이러한 복잡성과 다양한 요인들을 모두 통제한다는 것은 불가능하다. 즉 심리학자들은 개인을 실험실에 넣어 통제할 수는 있겠지만 그 개인에게 영향을 미치는 사회역사까지 실험실에 넣어 통제하지는 못하는 것이다. 이러한 딜레마를 극복하기 위해 심리학자들은 실험참가자를 정밀하게 추출해내고, 연구과제를 사회역사의 영향을 덜 받는 협소한 영역으로 한정하며, 동일한 실험을 여러 문화권에 걸쳐 실시하기도 한다. 그러나 많은 보완책들과 정교한 실험기법들에도 불구하고 여전히 사람을 대상으로 하는 실험에는 여러 가지 어려움이 뒤따를 수 있다. 특히 그 어려움은 생리나 인지심리학 같은 분야보다는 사회적 행동을 연구하는 사회심리학 분야에서 더 커진다. 따라서 사회심리학 연구에서는 다음과 같은 문제점들을 염두에 두고 실험법을 올바르게 활용해야 할 것이다.

(1) 실험설계의 문제

심리학 연구에서 실험법을 사용할 것인지 아니면 다른 방법을 사용할 것인지는 전적으로 연구자의 재량에 속한다. 왜냐하면 연구방법이란 연구과제에 가장 적합한 것을 선택하거나 개발하는 문제이기 때문이다. 그럼에도 불구하고 한국의 대학들 중에는 실험법을 사용하지 않으면 아예 연구논문으로 인정하지 않는 곳들도 많이 있다. 하지만 이런 관행은 지적 상상력, 학문적 상상력을 위축시키고 연구범위를 축소시킬 수 있으므로 전혀 바람직하지 않다. 그것은 연구자들에게 일종의 사전검열처럼 작용함으로써 실험법을 사용할 수 없는 연구주제를 원천적으로 배제시킬 위험이 있기 때문이다. 만일 심리학적으로 중요한 연구과제임에도 불구하고 그것이 실험법을 통해서는 연구할 수 없는 것이라면 어떻게 해야 하는가? 실험법에 대한 과도한 집착은 실험실로 가지고 들어올 수 없는 다양한 연구과제들을 자기 영역에서 추방함으로써 심리학이 지나치게 협소한 주제들에만 매달리게 만들 수 있다. 최근에 심리학이 점점 더 생물학주의에 경도되고 '사람'에 대한 거시적 이론이 아닌 단기적이고 협소한 인간행동에 관한 연구에 매몰되고 있는 것도 이런 사정과 무관치 않을 것이다.

실험설계에는 연구자의 가치관과 신념, 소망과 편견 등이 영향을 미칠 수 있다(이는 단지 실험법만이 아니라 모든 연구방법에도 해당된다). 물론 자신이 원하는 가설을 세우고 그것을 증명하는 실험을 설계하는 것은 연구자의 권리이다. 그러나 연구자는 자신의 세계관을 명확하게 의식함으로써 그것이 학문연구에 어떻게 그리고 어떤 방식으로 관여하고 있는지를 가능한 한 알고 있어야 한다. 연구자가 자신의 세계관이나 정치사상적 입장을 억지로 숨기고 억압하려고 하면 할수록 그것은 오히려 병적으로 변질되어 연구의 객관성을 해치게 된다. 즉 의식화되지 못한 억압된 신념이나 소망 등은 실험주제를 선택하는 데서부터 실험결과를 해석하는 데까지 의식화된 경우보다 더 많이 암묵적으로 영향을 미칠 수 있다. 그러므로 학자는 자신을 끊임없이 되돌아보고 반성함으로써 연구의 질과 객관성을 높여나가야 할 것이다.

특히 연구자들은 확증편향(confirmation bias)의 유혹을 경계해야 한다. 확증편향이란 사람들이 일반적으로 자기 가설을 확증하는 증거들을 찾는 반면 그 가설이 틀렸다는 증거들은 적극적으로 찾지 않는 경향을 말한다. 사람은 자기 가설을 확증하고 싶어 하는 강한 동기를 가지고 있기 때문에 연구자는 자신이 원하는 결과가 나오도록 무의식적으로 실험에 영향을 미칠 수도 있다. 일부 여론조사에서 편향적인 결과가 나오도록 질문이나 표본을 조작하다가 문제가 되곤 하는 것도 하나의 예가 될 수 있을 것이다. 그러므로 연구자들은 자기 가설에 반대되는 이론이나 입장들도 충분히 고려해보고 반대증거가 없는지도 면밀히 조사해봐야 한다.

(2) 인위적 상황의 문제

자연과학이 연구하는 대상들은 많은 경우 실험실에 무리 없이 집어넣을 수 있다. 그러나 심리학은 자신의 연구대상인 개인들을 실험실에 집어넣을 수는 있지만 그들이 생활하는 환경조건까지 실험실에 넣을 수는 없다. 실험실은 아무리 실제처럼 꾸민다고 해도 분명히 현실세상과는 다른 인위적 환경조건이다. 예를 들어 우리는 일상에서는 수많은 사회관계 속에서 생활하지만 실험실에서는 홀로 고립된다.

밀림에 있는 호랑이와 철창 속의 호랑이가 똑같은 마음을 가지고 똑같은 행동을 하리라고 단정하기 힘든 것처럼 익숙한 사회환경 속의 개인과 실험실 안의 개인이 똑같은 행동을 할 거라고 단정하기 힘들다. 즉 실제 세상이 아닌 인위적인 실험실 상황은 실험참가자의 반응을 왜곡시킬 수 있다는 것이다. 이러한 반응왜곡의 대표적인 예로 실험자의 의도에 부응하는 태도를 취하거나 정서적 혼란으로 인해 평소와는 다른 반응을 보이는 것을 들 수 있다. 융이 "우리가 흔히 실험상황이라고 부르는 심리적 조건이 실험과 정신과정 사이에 끼어든다는 사실은 실험심리학, 무엇보다도 정신병리학 분야에서 이미 오래 전부터 인식하고 있었다(Jung, 1934)."고 표현했던 것도 이와 관련된다. 따라서 연구자들은 자연스럽지 못한 인위적인 상황으로 인해 실험참가자의 반응이 왜곡되지 않도록 실험을 치밀하게 설계하고 진행하고 평가해야 한다.

(3) 해석(일반화)의 문제

사회심리학 분야에서 실험이 가지는 가장 큰 문제는 결과에 대한 '해석'과 관련된다. 실험 그 자체는 진리를 주지 않으므로 실험결과는 반드시 일정한 해석을 필요로 한다. 연구자들은 자신의 실험결과가 가능한 한 폭넓게 일반화되어 더 많은 사회적 현상이나 행동을 설명하기를 원한다. 만약 페스팅거의 인지부조화 실험의 결과가 단지 '1달러를 받은 미국의 실험참가자들은 자기합리화를 많이 했다.'는 진리만을 확증하는 데 그친다면 그의 실험은 아무런 이론적 가치도 가질 수 없을 것이다. 따라서 그의 실험에서 '1달러'는 인지부조화를 일으키는 요인으로, '미국의 실험참가자들'은 사람 일반으로, '자기합리화를 많이 한 것'은 보편적인 사람의 경향성으로 일반화되고 해석된다. 페스팅거는 이렇게 자신의 구체적인 실험결과를 일반화하고 해석함으로써 '사람은 인지 부조화를 해결하려고 한다.'는 보편적인 이론을 제시하려고 했다. 이런 식으로 모든 실험결과는 반드시 이러저러하게 해석되어야 하고 그것에 기초해 일반화된다. 그런데 바로 이 실험결과의 해석과 일반화에서 오류가 자주 발생한다.

실험결과의 해석에서 범할 수 있는 가장 큰 오류는 '과잉일반화'이다.

앞서 지적했듯이 페스팅거의 실험을 동아시아인을 대상으로 진행했을 때 그들은 자기합리화를 많이 하지 않았다. 이는 '미국의 실험참가자'를 아무런 의심 없이 '모든 사람'으로 일반화해서는 안 된다는 것을 의미한다. 이런 이유로 인해 게르겜 등(Gergem, 1973; Johada, 1979)은 사회심리학의 연구결과들을 미국이라는 자본주의사회를 넘어서서 일반화하는 데 신중해야 한다고 제안하기도 했다.

"사회심리학은 우리에게 기본적인 인간본성에 대한 이해에 보다 가까이 다가가게 해주는가 아니면 현재 우리가 살고 있는 이 시간과 이 장소에 국한되는 것인가? 일부 저자들은 현대 사회심리학의 발견들은 우리의 사회와 문화적인 환경에 한정되어서 이를 넘어서서는 일반화될 수 없다고 주장한다. 아마도 일관성, 동기에 대한 귀인, 자기지각, 복종, 책임감 분산 등은 20세기의 산업화된 사회, 특히 현대의 북미사회에 특수한 행동의 유형들일 것이다. 그렇다면 현대 사회심리학의 발견들은 사람들이 다른 장소와 다른 시간대에서 행동하고 생각하는 방식을 설명할 수 없을지도 모른다(Gergem, 1973; Johada, 1979)."

미국에 사는 사람은 그 사회의 영향을 받아 특정한 심리를 가지게 될 것이다. 그렇다면 자본주의국가에 사는 미국인들을 대상으로 한 실험결과는 쿠바 같은 사회주의국가나 아프리카 오지의 원시부족에게까지 일반화할 수 없을지도 모른다. 나아가 그것을 인간본성이라고 말하기는 더욱 어려울 것이다. 물론 미국의 세계지배, 세계의 미국화가 가속화되고 있으므로 점점 더 많은 인류가 미국인들처럼 변해갈 것이라 일반화의 범위가 빠르게 확대되기는 하겠지만.

그렇다면 사회심리학이 실험을 통해 증명한 결과는 인간본성을 전혀 설명하지 못하는 것일까? 기본적으로 미국인들을 대상으로 한 사회심리학의 실험들은 현재의 역사적 시점에서 미국이라는 사회가 사람들을 어떻게 만들고 있는지를 잘 보여준다고 할 수 있다. 그러나 아무리 미국인들을 대상으로 한 실험이라고 해도 그것이 인류역사를 관통하는 인간본성을 보여줄 가능성도 분명히 존재한다. 다만 그것이 가능하려면 사회, 역사, 문화적 환경을 배제하더라도 동일한 실험결과가 나올 것이라는 확신을 가질 수 있어야 할 것이다.

실험결과의 해석과 관련된 또 다른 문제는 동일한 실험결과가 이론가에 따라 자기의 학문적 입장에 유리하게 해석될 수 있다는 점이다. 실제로 사회심리학의 실험결과들은 연구자들이 가진 세계관에 따라 이렇게도 혹은 저렇게도 해석된다. 예를 들면 밀그램의 복종실험을 어떤 심리학자는 복종이 아니라 '연구자의 선의에 대한 믿음'을 보여준 것이라고 해석하기도 했다. 이는 구체적인 실험결과를 추상적인 진리로 일반화하기가 얼마나 어려운지를 단적으로 보여준다.

마지막으로 실험이 가진 또 하나의 중요한 문제는 어떤 연구자가 심혈을 기울여 실험한 결과라 하더라도 그것이 다른 심리학자들에 의해 무시당하거나 거부당할 수도 있다는 사실이다. 왜 실험결과가 진리를 확증하는 것으로 받아들여지지 않고 거부당하기도 하는 것일까? 그것은 실험이란 귀납적인 진리증명 방법이기 때문이다(제5장 참조). 즉 구체적인 실험결과들은 원칙적으로 일반적인 이론이나 진리를 증명하기 위한 하나의 사례 혹은 증거이다. 그런데 귀납추리에서 하나 혹 몇 개의 구체적인 증거(실험결과)는 단지 가설이 진리일 가능성을 조금 높여줄 뿐 그 가설을 진리라고 확증하지는 못한다. 그러므로 설혹 여러 개의 동일한 실험결과를 제시하더라도 '그걸로는 아직 부족해.'라고 말하며 거부해도 논리적으로는 하자가 없다. 귀납적 추리란 원래 그런 것이니까. 이런 이유 때문에 사회심리학 분야에서는 실험이 논란의 종지부를 찍는 것이 아니라 논란의 시발점이 되는 일도 많으며 하나의 실험결과를 둘러싼 논쟁이 좀처럼 결론이 나지 않는 경우도 있다. 예를 들면 한 연구자가 어떤 이론을 증명하는 실험을 하면 다른 연구자가 그 이론을 반박하는 실험결과를 제시하기도 한다. 그러나 상대보다 더 많은 실험결과를 증거로 제시한다고 해서 그가 반드시 굴복하는 것도 아니다. 오죽하면 글라이트만(Gleitman, 1995)이 "결과나 해석에 있어서 반박될 수 없는 연구는 단 하나도 없으며 반론이 없는 이론이 하나도 없다."라고까지 했겠는가.

통상적으로 자연과학에서 진리의 검증기준이 실험이라면 인문사회과학에서 진리의 검증 기준은 사회적 실천이라고 할 수 있다. 예를 들면 어떤 경제이론의 진리성은 실험실에서 확증될 수 없으며 그 이론에 기초한 경제정책을 실제 상황에 적용해봄으로써 비로소 확증될 수 있다. 사회심리학 이론들도 역시 마찬가지가 아닐까?

무엇보다도 심리학 이론은 현실 속의 사람을 설명할 수 있는 설명능력과 예언능력을 가져야 한다. 소수의 사람들만이 아니라 인류 모두를 그리고 과거와 오늘만이 아니라 미래까지 포괄할 수 있는 설명능력과 예언능력은 이론의 진리성을 증명하는 유력한 기준이 될 수 있기 때문이다. 나아가 이론의 진리성은 그것이 현실사회에 적용되어 위력을 발휘할 때 궁극적으로 확증될 수 있을 것이다. 그러므로 적어도 사회심리학 분야에 있어서는 실험으로 증명하면 모든 사람이 자신의 주장을 진리로 인정해줄 거라는 안이한 희망은 접어야 하며 실험법에 대한 과도한 숭배와 집착도 버려야 한다.

사회심리학이 매우 가치 있는 연구결과들을 세상에 내놓고는 있지만 사람의 인생과 사회적 행동은 절대로 심리학이 단독으로 설명하지 못한다. 이런 맥락에서 펩티온 등(Peptione, 1976; Price-Williams, 1985)은 "사회적 행동에 대한 심리학의 진정한 과학화는 인류학, 사회학, 경제학, 정치학 그리고 역사학과 같은 다른 사회과학 분야와 고립되어서 발달될 수 없으며" "개인이 직면하는 사회상황을 이해하기 위해서는 개인을 능가하는 많은 문화적인 또는 사회적이거나 역사적이거나 정치 · 경제적인 요인들을 거론해야 한다."고 주장했다. 나로서는 그들의 상식적이고 합리적인 주장이 참으로 반가울 뿐이다.

제11장

나는 정신적으로 건강한가

— 정신장애

몸이 병에 걸리는 것처럼 마음에도 병이 들 수 있다. 신체적 질병이 고통스럽듯이 마음의 병도 우리를 아프게 한다. 그러나 신체적 병은 많은 경우 본인 스스로 어렵지 않게 자각할 수 있고 비교적 쉽게 진단과 치료가 가능한 반면 마음의 병은 그렇지 못하다. 게다가 한국사회에는 마음의 병이 있는 사람들을 '정신병자', '미친 사람'으로 치부하는 풍토가 있어 병에 걸린 당사자들은 그것을 쉽게 드러내고 치료를 받지 않으려 한다. 그러나 현대 한국사회에서 사는 사람치고 마음의 병에서 완전히 자유로운 사람은 거의 없다. 누구나 잔병치레를 하며 살아가듯 대부분의 사람들이 정도의 차이가 있을 뿐 마음의 상처와 병을 떠안고 힘겹게 세상을 살아가고 있기 때문이다.

의학이 신체적 병을 연구하고 치료하려고 노력해왔다면 심리학은 마음의 병을 연구하고 치료하기 위해 노력해왔다. 물론 마음과 몸이 하나라는 말처럼 양자는 밀접하게 연관되어 있다. 신체적 병과 마음의 병은 상호 전화되기도 하고 하나가 다른 하나의 원인이 되기도 한다. 의학에서 마음의 병을 다루는 분야가 정신의학이라면 그것은 심리학에서는 주로 임상심리학과 이상심리학이 담당한다. 정신의학은 마음의 병에 대해 기본적으로 생리학적 접근을 하지만 심리학은 주로 마음을 통해 접근해나간다.

1. 이상심리(정신장애)

마음의 병을 다루는 데 있어서 우선적으로 제기되는 것은 '과연 무엇을 기준으로 정상(normal)과 이상(abnormal), 건강과 불건강을 구분할 것인가'의 문제이다.

먼저 정상과 이상을 통계적인 일탈의 문제로 볼 수 있는지부터 살펴보기로 하자. 통계적으로 대다수인 사회구성원들을 정상이라고 간주한다면 그들과 차이가 나는 통계적으로 (극)소수인 사람들을 이상이라고 할 수 있을 것이다. 많은 경우 이런 통계적 구분이 상당히 유효하기는 하다. 일반적으로 정신병에 걸린 사람들은 인구비례로 볼 때 소수이기 때문이다. 그러나 이상심리는 단순한 통계적인 일탈의 문제는 아니다. 미국에서는 비만에 걸린 사람이 빠르게 늘어나고 있어서 조만간 인구의 대다수를 점할 가능성이 커지고 있다. 그러면 미래에는 비만인 사람을 정상으로 보통 몸무게를 가진 사람을 이상이라고 규정해야 할까? 만일 전염병이 창궐하여 대다수의 사람들이 병에 걸린다면 그들을 정상이라고 하고 병에 걸리지 않은 소수의 사람들을 이상이라고 해야 할까? 이런 문제 때문에 통계적인 일탈은 절대적인 기준이 될 수 없다. 어떤 증상이나 행동유형은 그것이 아무리 흔한 것이더라도 정신장애일 수가 있기 때문이다.

그렇다면 이상심리는 어떤 기준에 의해 규정되는가? 그것은 크게는 개인적인 고통, 사회에 대한 적응능력, 전문적 기준에 의해 규정된다.

첫째, 이상심리는 개인적 고통을 수반한다. 개인이 주관적으로 우울한 기분이나 불안, 죄책감을 심하게 느끼는 등 고통을 호소하는 경우가 이에 해당된다. 개인적으로 전혀 고통을 받지 않는 상태를 정신장애로 규정하기는 힘들 것이다. 그러나 간혹 심각한 마음의 병에 걸린 사람들은 본인 스스로는 고통을 느끼지 못할 정도로 무감각해질 수도 있기 때문에 이 기준만으로 이상심리를 규정할 수는 없다.

둘째, 이상심리는 사회에 대한 부적응적 행동으로 표현된다. 대인관계에서 어려움을 겪거나 타인과의 상호작용 과정에서 부적절한 행동을 하는 것 그리고 사회생활을 기피하는 것 등이 여기에 해당된다. 만약 사회생활을 거의 할 수 없는 상황이라면 심한 정신적 문제가 있다고 봐야 할 것이다. 그러나 이 기준도 절대적이지는 않다. 특수한 경우에 있어서는 사회에 대한 부적응이 오히려 정상일 수도 있기 때문이다. 히틀러가 통치하던 시기 독일의 유대인 수용소에 근무하던 병사들이나 1980년 광주민중항쟁을 무력으로 진압하기 위해 동원된 부대에 적응을 못했던 병사들을 '이상'으로 보기는 힘들지 않겠는가?

셋째, 이상심리에 대한 판단은 잘 훈련된 전문가에 의해서도 내려질 수 있다. 즉 심리학적 혹은 정신과적 진단방법에 의해 이상 여부를 판단할 수 있는 전문가의 진단도 하나의 기준이 될 수 있는 것이다. 예를 들면 임상심리학자는 여러 가지 진단도구와 면접, 관찰 등에 기초해 정상과 이상을 판단할 수 있다. 물론 선무당이 생사람 잡는 황당한 경우를 예방하기 위해서 진단은 반드시 이론적 수준이 높고 경험이 풍부하며 잘 훈련된 전문가에 의해 내려져야 할 것이다.

지금까지 언급한 세 가지 기준을 종합적으로 고려해볼 때 이상심리 혹은 정신장애는 '일상생활을 유지하는 데 지속적인 문제를 초래하는 심리적 장애와 고통'이라고 규정할 수 있을 것 같다. 참고로 미국정신의학회가 발행한 『정신장애의 진단 및 통계 요강 제4판』(DSM-IV: Diagnostic and Statistical Manual of Mental Disorder. Fourth Edition, 1994)은 정신장애를 "고통이나 기능손상, 죽음 및 무능력과 같은 위험을 수반하거나 심각한 자유의 손상 등과 같은 임상적으로 의미 있는 행동 또는 심리적 증상 및 유형"으로 정의하고 있다.

2. 정신장애의 종류

정신장애에는 어떤 것들이 있을까? 정신장애는 크게 기분장애, 불안장애(정서장애), 사고장애, 인격장애로 나누어진다.

(1) 기분장애

'기분장애'란 비교적 오랫동안 기분이 우울하거나 고양되는 것이 주된 특징으로 나타나는 정신장애이다. 기분장애에는 우울장애와 양극성 장애가 있다.

① 우울장애

가장 흔한 정신장애 중 하나이다. 정서적으로 우울한 기분이 지속되어 활기가 사라져 세상사에 대한 관심과 흥미를 상실한다. 일반적으로 식욕저하, 체중감소, 수면장애, 정력감소, 피로감, 정신활동 장애 등을 수반한다. 우울한 기분은 사고능력을 저하시키고 생각도 비관적으로 만든다. 그 결과 우울증 환자들은 사고나 주의집중, 의사결정에서 곤란을 겪고 무력감, 무가치감이나 죄책감을 심하게 가지며 절망감에 젖어 자살을 생각하거나 시도하기도 한다. 그러나 실제적인 자살은 우울증에서 서서히 벗어나기 시작할 때, 예컨대 병원으로부터 벗어나는 주말 휴가나 퇴원 직후의 시기에 가장 많이 발생한다. 왜냐하면 우울증이 아주 심할 때는 자살할 기력조차 없기 때문이다. 우울증 환자들은 또한 타인이나 사회적 관계에 대해 관심이 없으며 사회활동을 기피한다. 서구사회의 우울증 환자들은 특징적으로 '원죄감'을 많이 가지는데 이는 기독교 문화의 영향 때문인 것 같다.

우울증은 표면적으로는 사랑하는 대상과의 이별, 상실, 좌절 등 심한 스트레스를 주는 사건들에 의해 유발된다. 그러나 심리적으로 건강한 사람들은 일회적인 스트레스로 인한 우울증을 비교적 잘 극복한다. 따라서 우울증에 취약하고 그것에서 잘 빠져나오지 못하는 이들에게는 좀더 뿌리 깊은 심리적 문제가 있다고 봐야 한다.

우울증을 유발하는 요인들에는 다음과 같은 것들이 있다.

첫째, 분노감정 혹은 나쁜 감정의 누적. 어린 시절에 부적절한 양육을 받을 경우 부모에 대한 분노감정이 누적되는데 이것이 건강하게 해소되지 않으면 우울증을 유발할 수 있다. 또한 반복적인 욕구좌절도 분노감정이나 불쾌한 감정을 누적시킨다. 사랑에 대한 욕구, 운명통제 욕구, 자존감의 욕구 등이 반복적으로 좌절될 경우 세상에 대한 불신감, 고독감과 무력감, 무가치감 등을 심하게 느끼며 점차 우울해질 수 있다. 자본주의적 경쟁에서의 계속적인 낙오는 욕구좌절을 심화시키는 주범이다.

둘째, 자아 손상. 누적된 분노감정이 정상적으로 해소될 수 있는 길이 차단되어 그것이 자기 자신을 공격하게 되면 자아가 손상된다. 프로이트가 말했던 '자아로의 리비도 퇴행'이 바로 여기에 해당된다(Freud, 1917). 또한 메탈스키 등(Metalsky Etc, 1982; Metalsky, Halberstadt, & Abramson, 1987)은 우울해지는 성향이 귀인 방식과 연관된다고 주장했다. 즉 불행한 사건을 자신이 '못생겨서' 혹은 '머리가 나빠서'라는 식으로 내부귀인을 하는 사람들이 우울증에 더 취약하다는 것이다. 그것을 어떤 식으로 표현하든 간에 확실히 내부귀인은 외부귀인에 비해 분노감정을 자아로 향하게 할 가능성을 높여준다.

셋째, 성격적 특성. 내향형(I)과 감정형(F)이 우울증에 특히 취약하다. 내향형(I)은 감정표현을 잘 하지 않고 그것을 속으로 쌓아두는 경향이 있다. 그리고 감정형(F)은 타인의 마음을 아프게 하는 말을 잘 못해 억울하거나 화가 나도 많이 참는 편이고, 관계 지향적이어서 대인관계로부터 상처를 가장 잘 입는다. 그러므로 성격적으로 볼 때 내향감정형(IF)이 우울증에 가장 취약하다. 이런 점에서 한국인들이 우울증에 매우 취약하며, 한국에서 우울증이 빠르게 확산되고 있는 원인 중의 하나가 한국인의 다수가 내향감정형(IF)이기 때문이라고 말하는 것이 결코 무리는 아닐 것이다. 또한 미국에서는 소득과 사회경제적 수준에서의 차이를 감안하더라도 남성과 비교해볼 때 여성이 약 두 배 정도 더 많이 우울증 진단을 받는다고 한다. 이런 특이한 결과에는 미국 남성의 다수가 사고형(T)인 데 반해 미국 여성의 다수가 감정형(F)이라는 사정도 일정하게 영향을 미치는 것 같다.

개인적인 발병요인은 사회의 건강성에 따라 치유될 수도 있고 더 심하게 악화될 수도 있다. 우선 불건강한 사회는 불건강한 가정과 직결되므로 양육과정에서 점점 더 많은 사람들이 우울증의 소인을 갖게 될 것이다. 또한 불건강한 사회일수록 심한 욕구좌절을 강제하므로 이 역시 우울증을 대중화하는 데 기여할 것이다. '국민건강보험공단'의 2006년 통계에 의하면 비정규직 비율이 높은 직종에 우울증 환자가 더 많다고 한다. 이를 비롯해 많은 자료들과 연구들은 우울증이 사회문제와 밀접히 관련된다는 것을 보여준다. 그러므로 개인적 치료도 중요하지만 궁극적으로 사회의 건강성이 회복되지 않는 한 우울증으로 고통 받는 사람은 점점 더 많아질 거라는 우울한 예상을 할 수밖에 없을 것 같다.

그러면 우울증을 치료하려면 어떻게 해야 하는가?

첫째, 우울증의 원인을 알아야 한다. 당연한 말이지만 우울의 원인을 모르는 것보다는 아는 것이 치료에 훨씬 더 도움이 된다(심지어는 자기가 우울증에 걸려 있다는 사실, 그리고 그 원인을 아는 것만으로도 치유가 되는 경우가 있다). 만일 우울의 원인이 유년기의 경험에 뿌리를 두고 있다면 그것을 기억해내서 분노감정을 해소해야 하며 우울의 원인이 욕구좌절을 강제하는 미시적인 주변환경에 있다면 그것을 적극적으로 변화시켜야 할 것이다. 그러나 우울의 원인이 사람들에게 좌절과 스트레스를 잔뜩 덮어씌우는 한국사회에 있다면 어쩔 것인가? 사실 이것이야말로 대부분의 한국인들을 우울하게 만드는 주요 원인일 텐데…. 물론 사회개혁을 통해 한국사회를 뜯어고치면 좋겠지만 그것은 그리 쉽지도 단기간에 가능하지도 않다. 그렇다고 해서 살만한 세상이 올 때까지 내내 우울증에 빠져 있을 수만도 없다. 현실적으로는 한국사회의 모순이 무엇인지 알고 그것을 해결하기 위한 방도를 모색하며 적극적으로 실천을 해나간다면 우울증을 완화시키는 데 큰 도움이 될 것이다. 과거 일제 식민지시대에 독립운동가들이 거의 우울증에 걸리지 않았던 것은 그들이 살았던 세상이 건강해서가 아니라 그들이 결코 희망을 포기하지 않고 미래를 위해 투쟁했기 때문이다. 이런 점에서 한국인들이 올바른 사상과 가치관, 공동의 정치목표로 의식화되고 조직화된다면 우울증이 많이 치료될 것 같다.

둘째, 자기 존재가치를 회복해야 한다. 대부분의 우울증 환자들은 자신을 저평가하고 욕하며 싫어하는 경향이 있다. 즉 자아가 손상되어 있는 것이다. 따라서 우울증에서 벗어나려면 자기를 객관적으로 재평가하고 가감

없이 수용해야 한다. 그리하여 자기를 신뢰하고 사랑해야 한다. 그래야 분노감정이 자신의 자아로 향하는 것을 막을 수 있다. 그러나 자신의 장점에 대한 지나친 과대평가나 단점에 대한 과소평가는 위험하다. 왜냐하면 그것은 사실에 기반을 두지 않은 허위의식이므로 나중에 증상을 더 악화시킬 수 있기 때문이다. 크든 작든 간에 '나는 이 세상에 필요한 사람이다.'라며 자기 존재가치를 회복하는 것이야말로 우울에서 탈출할 수 있는 기본열쇠이다.

셋째, 죽을힘을 다해 최대한으로 사회활동을 하며 건강한 대인관계를 유지해야 한다. '세상으로부터 버림받았다.', '이 세상에는 나를 아끼고 사랑해주는 사람이 하나도 없다.'는 고독감과 외로움은 우울증을 심화시키는 주범이다. 따라서 우울해질 때 혼자 술 마시며 고독을 씹는 건 절대금물이다. 그것보다는 자기 존재감을 조금이라도 확인할 수 있는 친목모임이나 취미모임에라도 나가는 것이 낫다. 물론 단 한 명일지라도 자신의 존재가치를 알아주고 아낌없는 지지와 격려를 보내주는 누군가를 만나게 된다면 더할 나위 없이 좋을 것이다.

우울증은 보통 혼자 힘으로 극복하기 힘들며 병을 앓고 있는 당사자는 병원에 가려고 하지 않는다. 따라서 우울증이 의심되는 사람이 있다면 주위 사람들이 그를 적극적으로 도와줄 필요가 있다.

우울증은 일반적으로 현실과의 접촉을 완전히 상실하지는 않으나 그것이 심화되면 더 심각한 정신장애로 진행될 수 있으므로 조기에 치료해야 한다.

② 양극성 장애(조울증)

양 극단의 기분 사이를 오락가락하는 장애이다. 우울한 기분과 들뜬 기분이 반복되며 그 사이에 간헐적으로 정상적인 기간이 찾아온다.

조증이란 비정상적으로 고양되거나 확장된 혹은 흥분된 기분을 말한다.

정서적으로는 유쾌한 기분이 고양되어 생기와 활기가 넘치고 쾌활하며 지나치게 정력적이다. 그러나 한편으로는 하찮은 욕구좌절이나 방해자극에도 초조감을 느끼는 상태로 급변한다. 정신적으로도 붕뜬 상태가 되어 언어가 빨라지고 수다스러워지며 과장된 자아 존중감을 드러낸다. 논리적 비약이 심해져 이 계획에서 저 계획으로 널뛰듯이 옮겨 다니고 이 화제에서 저 화제로 건너뛰며, 사회적으로 금지된 것이 무엇인지 개인적으로 금해야 할 것이 무엇인지 잘 알지 못하며 허황된 상상을 한다. 또한 잠시도 지긋하게 앉아 있지 못하고 왔다갔다하며 과도한 목표지향적 활동을 수행하고 고통스러운 결과를 가져오는 쾌락활동에 과도하게 참여하기도 한다. 증상이 심해지면 쉬지도 않고 잠도 거의 자지 않으므로 건강이 심하게 나빠질 수 있다.

조증을 우울한 기분을 억지로 부정하려는 시도 혹은 억압된 외향성의 주기적 표출로 이해한다면 양극성 장애를 우울증의 한 형태로 볼 수도 있을 것 같다. 특히 우울증에 걸린 심한 외향형(E)들은 억압된 외향성을 주기적으로 폭발시킬 수 있다. 반면 내향형(I)에게서는 양극성 장애가 거의 나타나지 않기 때문에 내향형이 다수인 한국인에게서 이 장애는 우울증에 비해 드물게 나타난다.

(2) 불안장애(anxiety disorder): 정서장애

정신장애나 심리적 병의 기본원인을 공포와 불안이라고 해도 과언이 아닐 것이다. 불안은 만성화된 공포라고 할 수 있다. 왜냐하면 불안은 매우 공포스러운 사건 혹은 아주 나쁜 일이 닥쳐올 것이라는 막연한 예감에 기초해 생겨나는 감정이기 때문이다. 이런 이유로 인해 불안을 느끼는 사람은 불쾌하고 나쁜 기분을 지속적으로 느끼지만 그 원인을 뚜렷하게 알지는 못한다. 그러나 공포감정을 야기하는 대상을 보면 무조건 도망치려고 하듯이 사람은 불안해지면 그것을 내몰기 위한 방어행동에 필사적으로 매달리게 된다. 즉 불안한 사람은 만성적인 근심 속에 살고 최악의 사태가 발생할 것이라는 두려움에 사로잡혀 촉각을 곤두세워 그것을 방어하려고 하는 것이다.

불안장애는 때로는 심각한 비탄을 야기하고 개인의 기능을 손상시키지만 일반적으로 사람을 정신병환자로 만들 만큼 극단적으로 되지는 않는다. 불안은 신체적으로 두통, 발한, 심계항진, 가슴압박감, 위장의 가벼운 불편감 같은 증상을 동반한다. 불안장애에는 공포증, 강박장애, 일반불안장애, 공황장애, 외상후 스트레스 장애 등이 있다.

① **공포증**(phobia)

어떤 대상이나 상황에 대한 강렬하고 비합리적인 두려움이 특징이다. 고소공포증, 폐쇄공포증, 군중공포증, 불결공포증, 고양이공포증, 13공포증(서구사회에 해당) 등의 공포증은 공포감정을 유발하는 대상이 구체적으로 존재하기는 한다. 그러나 이때의 공포는 실제적으로는 위험하지 않거나 그 위험이 터무니없이 과장되어 있다는 점에서 불합리하다. 공포증 환자들은 대부분 자신이 느끼는 공포감정이 근거가 없다는 것을 알지만 그래도 계속 두려워하며 그 불합리한 공포감정으로 인해 모든 생활에서 엄청난 불편을 겪는다. 특히 공포증 환자들은 항상 그의 공포증에 마음을 빼앗기고 있기 때문에 정상적인 사회생활을 하기 힘들다. 공포증은 더 넓은 범위로 확대되는 경향이 있다.

② **강박장애**(obsessive-compulsive disorder)

강박관념(obsession)이란 집밖에 나갔다 돌아와서는 자기 손에 세균이나 독이 묻었을 거라고 생각하는 식으로 특정한 사고나 생각에서 좀처럼 벗어나지 못하는 것을 말한다. 강박행동(compulsion)이란 자신의 의지와는 무관하게 계속해서 손을 씻거나 끊임없이 돈을 계산하는 것 같은 특정한 행동을 반복하는 걸 의미한다.

강박장애의 기저에는 내적 불안이 깔려 있다. 강박관념이나 행동은 특정한 생각이나 욕망 등에 의해 유발된 불안에 저항하고 그것을 방어하기 위해 만들어진다. 즉 생각해서는 안 되는 것, 일어나서는 안 되는 것을 억누르려는 생각이나 행동이 강박적인 사고나 행동을 낳는 것이다.

강박장애 환자들은 자신의 생각이나 행동이 비합리적이라는 것을 자각할 수 있지만 스스로는 그것을 억제할 수 없다. 강박관념과 행동은 환자를 사로잡는 중요한 관심거리가 되기 때문에 정상적 생활에 막대한 지장을 초래한다. 일반적으로 강박장애는 치료하지 않으면 갈수록 악화되며 우울 정신병을 동반하게 된다.

③ **일반불안장애**(generalized anxiety disorder)

일반불안장애는 가장 흔한 불안장애로서 '불안이 널리 깔려 있으며 자유부동한다.'고 표현되기도 한다. 공포증 환자들이 구체적 대상에 대해 공포와 불안을 느낀다면 일반불안장애 환자들은 뚜렷한 원인 없이 공포와 불안을 느낀다고 할 수 있다. 그들은 끊임없이 긴장하고 걱정하며, 부적절하다고 느끼고 과민하며, 주의집중이 어렵고 결단을 내릴 수 없으며 불면증으로 시달린다. 여기에는 통상 빠른 심장박동, 불규칙적 호흡, 과도한 발한, 빈번한 배뇨, 만성적 설사 등 불편한 신체적 증상들이 수반된다.

일반불안장애는 불안이 매우 심하기는 하지만 그 원인을 알 수 없는 경우에 나타난다. 정체를 아는 적보다 베일에 싸인 적이 더 무서운 것처럼 원인을 알 수 없는 불안은 시작과 끝을 가늠할 수 없이 막연하고 모호하며 만성적이다. 또한 불안의 원인을 모르면 그것을 방어하려고 시도하기조차 어렵다. 따라서 일반불안장애를 치료하려면 당사자가 의식하지 못하는 무의식적 불안유발 원인을 찾아내야 한다.

④ **공황장애**

공황장애는 불안반응이 구체적인 대상과 관련되지 않는다는 점에서 일반불안장애와 유사하다. 그러나 공황장애는 일반불안장애에 비해 정서반응의 빈도와 강도가 훨씬 더 강하다. 공황장애 환자들은 만성적 긴장과 근심으로 시달리지는 않지만 간헐적으로 죽음의 임박감을 수반하는 극심한 공포와 불안에 휩싸이곤 한다. 즉 갑작스런 공황이 엄습하면 이들은 자신이 죽을지도 모른다는 두려움을 강렬하게 체험한다. 이런 공황이 일주일에 한 번 혹은 그 이상으로 닥쳐오면 공황장애로 본다.

공황장애 환자들은 공황내습에 대한 심한 공포 때문에 스스로가 지정한 안전한 장소, 예를 들면 집 혹은 침실 밖으로 나서지 못한다. 그 결과 공황장애는 종종 광장공포증으로 진행되기도 한다. 공황장애 환자들은 공황내습에 대한 두려움 때문에 사회생활을 제대로 하지 못한다.

⑤ **외상후 스트레스 장애**(post-traumatic stress disorder)

전쟁이나 대형사고 같은 극심한 정서적 충격을 주는 사건을 체험한 뒤에 생기는 장애이다.

충격적인 사건을 경험한 직후에는 사람들은 멍한 상태에 놓인다. 즉 자신이 세상과 완전히 동떨어졌다고 느끼고 타인을 비롯한 사회적 자극에 반응을 보이지 않으며 주변에서 일어나는 상황들에 이상하리만치 영향을 받지 않는 해리(dissociation) 반응을 보인다. 마치 세상과 연결된 모든 통로를 차단한 것처럼. 그러나 어느 정도 시간이 지난 다음부터는 정신적 외상을 준 사건과 관련된 생생한 악몽을 반복적으로 꾸며 깨어 있을 때에도 그 사건들에 대한 기억이 번뜩번뜩 되살아난다.

PTSD 환자들은 증상이 나타날 때면 순간적으로 또다시 자신이 그 충격적인 상황 속에 있는 것으로 믿는다. 또한 사고의 생존자가 소수일 때는 자기만 살아남은 데 대한 죄책감에 시달리기도 한다.

(3) 사고장애

지금까지 살펴본 장애들은 기본적으로 감정, 정서와 관련된다. 반면에 사고장애는 감정이나 정서만이 아니라 사고 기능까지 손상되는 장애이다. 통상적으로 감정 영역의 장애가 아주 심하거나 오래 지속되면 사고영역에서도 장애가 나타난다. 사고장애에는 해리장애와 정신분열증이 있다.

① 해리장애(dissociative disorder)

해리장애란 인식과 사고가 정상적으로 통합되지 못하고 혼란을 보이는 장애이다. 해리장애 환자들은 환경에 대한 지각 기능이나 기억, 정체감 등을 하나로 통합하지 못해 혼란에 빠져 있다.

해리성 기억상실(dissociative amnesia)은 자기 생애의 어떤 시기를 기억 못하거나 자신의 신분을 포함해 과거의 모든 사건들을 기억할 수 없는 것을 말한다. 그러나 이런 증상은 보통 일주일 이상을 가지 않는다.

해리성 둔주(dissociative fugue)란 집을 떠나 돌아다니다가 며칠, 몇 주 혹은 몇 해 후에 갑자기 그 상태에서 벗어나 자기가 낯선 곳에 있다는 것을 인식하는 것이다. 당사자는 어떻게 해서 자기가 그곳에 왔는지도 모르며 집을 떠난 이후의 기간에 대해서 전체적인 기억상실에 빠진다.

정체감 해리장애(dissociative identity disorder)란 자아가 두 개 혹은 그 이상의 인격으로 분열되는 것이다. 흔히 다중인격이라고 불린다. 이는 매우 희귀한 장애로서 한 개인 속의 여러 인격들은 기분과 태도만이 아니라 서로 다른 정체감이나 기술을 가지고 있기도 하다. 또한 여러 인격은 서로에 대해 알 수도 있고 서로에 대한 기억을 상실하기도 하며 서로에 대해 아는 정도가 뒤섞이기도 한다.

해리장애는 일반적으로 심한 스트레스 상황 때문에 생기는 것으로 알려져 있다. 해리성 기억상실 사례의 대부분은 외상후 스트레스 장애를 유발하는 것과 유사한 재앙을 만난 뒤에 생긴다. 푸트만 등(Putman Etc, 1986)은 정체감 해리장애의 원인이 생애 초기의 심각한 스트레스 상황에 있다고 주장했다. 예를 들면 아동기에 처참한 신체적, 성적 학대 특히 반복적인 근친상간 등을 경험하는 것이다.

또한 자아가 약한 사람들이 해리장애에 취약하다. 가나웨이(Ganaway, 1989)는 해리장애 환자들이 다른 사람들보다 최면에 잘 걸린다고 말했다. 그리고 블리스(Bliss, 1980)의 연구에 의하면 해리장애 환자들, 특히 정체감 해리장애 환자들은 아동기 때 자기최면에 아주 잘 빠져들었고 충격적인 사건으로부터 도피하기 위해 최면에 걸린 동안 새로운 인격을 지어내곤 했다고 한다.

결론적으로 해리장애는 맨정신으로는 도저히 감당하거나 직면할 수 없는 고통스러운 어떤 것을 방어하기 위해 발생한다고 볼 수 있을 것 같다. 예를 들면 일부 강간피해자들은 그들이 자신의 신체 밖으로 나와서 강간당하고 있는 자신을 지켜보고 있었다는 보고를 한다. 자기 집이 불타고 있는 것을 지켜보았던 일부 사람들의 보고도 이와 유사하다. 그들은 때때로 매우 기이한 평온함을 경험하며 '이것이 실제로 내게 일어나는 일이 아닌 것 같다.'는 느낌이 든다고 보고한다(Gleitman, 1995). 즉 이런 사람들은 자신에게 그런 끔찍한 재앙이 닥쳤다는 사실을 도저히 감당할 수 없어 일부 기억을 지워버리거나 아예 자기 자신을 마치 타인처럼 객체화시키는 것이다. 혹은 자기 안에 또 다른 자아를 만들어 그 자아에게 '이 상황은 네가 감당해.'라고 고통을 떠넘기기도 한다. 그러므로 해리장애란 프로이트 식으로 말하자면 기억 나아가 자아까지도 무의식에 억압되는 장애인 것이다. 그는 정체성 해리장애를 극심한 고통으로 분열된 자아가 무의식에 억압되어 있다가 의식에 교대로 출현하는 것으로 설명하기도 했다(Freud, 1915).

② 정신분열증

정신분열증은 더 이상 나빠질 수 없는 심리적 병의 종착역이라고도 할 수 있다.

정신분열증 환자들의 정서는 와해되고 분열되어 있다. 발병 초기에는 극히 사소한 거부나 자극에도 아주 부적절하게 폭발적으로 화를 내는 식으로 극단적 반응을 촉발시키는 뚜렷한 정서적 과민성이 흔하게 나타난다. 그러나 중기부터는 정서적 과민성은 정상 이하로 떨어지고 마침내 외부자극 그리고 자신이나 타인의 운명에 대해 아주 무관심해진다. 이런 증상은 만성 정신분열증 환자에게서 아주 뚜렷한데 감정반응의 소거는 얼굴의 무표정화에서도 쉽게 드러난다.

정신분열증에서 특징적인 것은 역시 인식과 사고기능의 와해이다. 인식기능이 현실성을 상실하여 외부세계를 인식할 때 전반적으로 왜곡현상이 나타난다. 환각, 환청 등을 경험하며 선택적 주의집중을 잘 하지 못한다. 또한 망상이 심해지고 비논리적인 사고를 하며 전반적으로 사고능력이 저하된다. 전반적인 사고의 혼란과 논리성의 붕괴로 인해 통일적이고 정돈된 사고를 유지하지 못하고 한 가지 생각에서 또 다른 생각으로 비약한다. 질서정연하게 생각을 이어가지 못하고 자기 내부에서 솟아오르는 서로 관계없는 생각들을 억제하는 데 어려움이 있다. 그 결과 정신분열증 환자는 조리가 없는 종잡을 수 없는 말을 하며 기괴한 행동을 한다.

정신분열증의 증상은 신체적 행동을 통해서도 드러난다. 걸음걸이가 달라지고 정상적인 동작과 행동에서도 혼란이 일어난다. 괴상한 신체운동을 하거나 똑같은 단순행동을 반복하기도 하고 장시간 동안 꼼짝도 않고 한 자세로 고정되어 있기도 한다. 그러다가 예고도 없이 격앙되어 마구 날뛰고 의미가 없는 소리를 질러대고 난폭하게 행동하기도 한다.

정신분열증 환자들은 사회생활을 전혀 혹은 거의 할 수 없다. 그들은 자기를 돌보지 않으므로 종종 극심하게 황폐해지지만 그런 모습에 대해서 전혀 개의치 않는다. 또한 증세가 심할 경우 사람들 앞에서 대소변을 보는 등 사회의 가장 기초적인 규범조차 무시한다. 이렇게 정신분열증 환자는 사회적 관계를 형성하고 유지할 수 있는 능력을 상실하기 때문에 대인접촉도 거의 하지 않는다. 그들에게는 친구가 거의 없으며 이성과의 접촉도 아주 적거나 거의 없다. 사회적 관계로부터의 단절은 그들을 점점 더 자신만의 사적인 세계에 틀어박히게 만들고 그것이 증세를 더 악화시키는 악순환이 반복된다. 정신분열증 환자는 결국 의식의 현실성 유지기능이 심하게 파괴되어 자기 내면의 상상이나 공상을 외부적인 실제현실과 구분할 수 없는 상태가 되어 세상과의 접촉능력을 완전히 상실하게 된다. 그들은 이제 더 이상 자기 마음속의 목소리와 외부에서 들리는 목소리를 구분하지 못한다.

정신분열증의 발병원인에는 다음과 같은 것들이 있다.

첫째, 유전적 요인. 정신분열증에는 유전적 요인이 상당한 영향을 미친다. 가계조사 결과들에 의하면 정신분열증 환자가 있었던 집안에서 또다시 환자가 나올 확률이 매우 높다고 한다. 그러나 한국의 경우만 하더라도 과거에 비해 환자의 비율이 계속 늘어나고 그 범위도 점차 어린이에게까지 확대되고 있는데, 이는 정신분열증에는 환경적 요인도 영향을 미친다는 점을 시사해준다.

둘째, 태내기 환경. 캐논 등(Cannon & Zorilla, 1995; Sham et al, 1992)은 임신이나 출산 중의 다양한 합병증이나 산모의 바이러스 감염이 아이에게 커다란 환경적 스트레스가 되어 잠재적인 유전적 요인들이 마침내 정신분열증으로 발병하게끔 만들 확률을 높인다고 주장했다.

셋째, 부모의 잘못된 양육. 아리에티(Arieti, 1959)는 정신분열증 환자의 부모에게 문제가 있다고 주장했다. 즉 환자들은 거부적이고 냉담하며 지배적이고 새침데기인 차갑고 힘센 어머니 그리고 거리감이 있고 유머가 없으며 약하고 수동적인 힘없고 무표정한 아버지 밑에서 자라난 경우가 많다는 것이다. 한 마디로 부모가 모두 나쁘다는 것인데, 나쁜 부모는 태내기 때에도 스트레스를 주고 양육도 부적절하게 하는 등 정신분열증이 발병하기에 유리한 환경을 제공할 것이다. 다른 정신장애 환자들이 생애 초기에 겪어야만 했던 불우한 가정환경을 -100이라고 했을 때, 정신분열증 환자들의 가정환경은 -1,000이라고 할 정도로 정신분열증 환자들은 3대를 거슬러 올라가기도 하는 처절하고 비극적인 가족사를 가지고 있는 경우가 많다.

넷째, 내향직관형(IN)의 문제. 직관형(N)은 상상력은 풍부한 반면 감각형(S)과는 달리 현실감각, 현실성은 부족하다. 그리고 내향형(I)은 외향형(E)에 비해 현실과의 접촉빈도가 낮다. 이런 이유로 심리적 균형감이 부족한 심한 내향직관형(IN)의 사고는 왕왕 비현실적이고 비논리적인 특성을 보인다. 따라서 이런 내향직관형(IN)이 정신분열증을 유발할 수 있는 다른 요인들까지 가질 경우 발병할 확률이 특히 높을 것이다. 전반적으로 감각형(S)보다는 직관형(N)이 정신분열증에 더 취약하며 증세도 더 심각하다.

통상적으로 감정적, 정서적 문제로부터 시작된 정신장애가 궁극적으로 '의식기능'까지 고장 내면 정신분열증으로 귀착된다고 볼 수 있을 것 같다. 왜냐하면 정신분열증의 증상들은 의식기능의 붕괴를 전형적으로 보여주고 있기 때문이다. 아마 프로이트가 "정신병의 경우에만 의식(조직)은 그 통제력을 상실하고 만다."라고 말했던 것도 이와 관련될 것이다(Freud, 1915). 의식은 사고활동과 신체운동에 대한 지휘통제, 현실성 유지, 감정과 욕구를 조절 · 통제하는 기능을 가진다. 그런데 정신분열증 환자들은 사고와 신체운동을 자기 의사대로 통제하는 데 어려움을 겪거나 전혀 통제하지 못한다. 감정과 욕구에 대해서도 마찬가지이다. 특히 정신분열증에서는 '현실과 비현실을 구별'하고 '시공간 개념'과 '사고의 논리성'을 담보하는 '현실성을 유지하는 의식기능'이 정상적으로 작동하지 않는다. 이런 점에서 정신분열증은 '의식기능'의 붕괴가 초래하는 현상들을 집약적으로 보여주는 셈이다.

그렇다면 왜 의식기능이 붕괴되는 것일까? 이 질문에 대한 답을 하기 위해서는 의식이 왜 필요한지를 다시 한 번 생각해봐야 할 것 같다. 의식은 사람을 세상과 소통하게 해주고 사회와 연결되게 해준다. 다시 말해 의식을 가지고 있기 때문에 사람은 비로소 사회적 존재가 될 수 있다는 것이다. 만일 의식이 없다면 사람은 식물인간이 되어 타인의 도움을 받아 육체적 생명만 근근이 유지할 수 있을 뿐 사회적으로는 죽은 목숨이 된다.

극심한 정신적 고통에 시달리는 사람은 빈번하게 '자살하고 싶다.'는 충동을 느낄 것이다. 그런데 사람이 자살을 하는 방법에는 두 가지가 있다. 그 하나는 육체적 생명을 끊어버려 자동적으로 정신까지 죽이는 것이고 다른 하나는 '정신만 놓아버리는 것'이다. 즉 의식기능을 파괴해버리는 것이다. 세상살이가 너무나도 고통스러운 사람들 중에 차마 육체적 생명을 끊을 수 없는 이들은 아마도 후자의 길을 택할 수밖에 없지 않을까? 사실 의외로 많은 사람들이 즉시 자기 목숨을 끊어버리는 '급진적 자살' 대신 서서히 자신의 몸과 마음을 학대하고 파괴함으로써 죽음을 향해 다가가는 '점진적 자살'의 대열에 들어서 있다. 이런 맥락에서 지독한 마음의 고통을 겪다가 정신분열증에 걸리는 것 그리고 엄청난 정신적 충격을 받아 갑자기 미쳐버리는 것을 우리는 '정신적 사망'으로 봐야 할 것이다. 세상과 사회로부터 자신을 격리하고 사회적 존재로서의 삶을 포기하는 데 있어 실로 '의식기능의 폐쇄'만큼 효과적이고 확실한 방법이 또 있을까?

스스로 세상으로부터 후퇴하고 사회적 존재이기를 포기하려는 무의식적 소망을 대변하는 병이라 그런지 정신분열증은 치료하기가 매우 어렵다. 지금까지 알려진 바로는 환자에게 진정으로 관심을 기울여주는 사랑하는 사람의 간호가 가장 좋은 효과를 낳는다고 한다. 왜 그렇지 않겠는가? 그런 이의 존재는 하늘에서 내려온 구원의 동아줄처럼 세상으로 다시 복귀해야 할, 사회적 존재로서의 삶을 계속 이어가야 할 이유를 제공해줄 것이다.

"치료에서 무엇보다도 중요한 것은 치료하는 사람의 개인적인 관여, 진지한 의도와 열의, 그리고 헌신이다. 나는 이해성이 많은 간병인과 비전문가가 개인적인 용기와 헌신으로 환자와 정신적인 의사소통을 회복하여 놀랄 만한 치료효과를 얻게 된, 몇 사람의 기적 같은 성과를 목격한 일이 있다(Jung, 1958)."

(4) 인격장애(personality disorders)

인격장애(personality disorder)란 간단히 말하자면 자신의 심리적 특성이나 행동양식을 유연하게 수정하지 못해 사회적으로 부적절한 행동이나 혼란스러운 내적 경험이 지속되는 것을 말한다. 예를 들면 히스테리성 인격장애가 심한 여성은 때와 장소를 불문하고 지나치게 화려하거나 눈에 띄는 차림새를 하고 나타나 과다한 감정표현을 남발해 다른 이들을 곤혹스럽게 만들 수 있다. 인격장애자들은 사회생활을 할 수는 있으나 타인들로부터 환영받지 못하며 때로는 남들에게 큰 피해를 주기도 한다. 인격장애의 증상은 청소년기나 성인 초기에 본격적으로 나타나 그 이후에도 공고하게 지속되며 혼란이나 손상을 가져오는 특징이 있다.

인격장애에는 다음과 같은 것들이 있다[표 11-1].

여러 가지 인격장애 중 반사회적 인격장애, 즉 사이코패스(psychopath)는 최근 들어 극악무도한 범죄행위로 인해 세간의 주목을 받고 있다. 반사회적 인격장애자는 종종 정신적 장애를 가진 사람인 동시에 인간성을 상실한 악한 사람으로 간주되어왔다. 그들은 매우 이기적이고 냉담하며 충동적이고 무책임해서 타인 및 사회에 끊임없이 해를 끼친다. 그러나 사이코패스는 대체로 영리해서 평균 이상의 지능을 가지고 있으며 흔히 매력도 있다. 게다가 뛰어난 사교능력과 처세술을 지니고 있는 경우도 있어서 타인을 능숙하게 속이며 일시적으로는 사람들로부터 환영받기까지 한다.

범죄를 저지르는 사이코패스들은 도덕이나 법 개념을 잘 알고 있다. 즉 자신이 하는 일이 나쁜 범죄행위이며 그것으로 인해 감옥에 갈 수도 있다는 사실을 똑똑히 알고 있는 것이다. 그러나 그들은 비록 '도덕이란 이러한

[표 11-1] 인격장애의 종류와 특징

인격장애의 종류	주요 특징
편집성(paranoid) 인격장애	타인에 대한 전반적인 의심과 불신 / 호전적이고 예민함
분열성(schizoid) 인격장애	사회적 관계형성 능력의 결함, 사회적 고립 / 감정적 냉담함
정신분열형(schizotypal) 인격장애	사고와 언어의 왜곡 / 사회적 부적응과 대인관계 손상 / 부적절하거나 제한된 감정표현
반사회적(antisocial) 인격장애	도덕감정을 비롯한 전반적인 감정의 결핍 / 공감능력 부재 / 타인의 권리를 무시하거나 침해하는 행동을 반복
경계성(borderline) 인격장애	감정, 행동, 자아개념의 불안정성과 충동성 / 타인에 대한 평가나 기대가 급변함 / 변덕스러운 감정
자기애성(narcissistic) 인격장애	무한한 성공, 권력욕 / 자신의 중요성에 대한 과장된 지각 / 인정에 대한 과도한 욕구 / 자신의 목적을 위해 타인을 이용
히스테리성(histrionic) 인격장애	자기 과시 / 과장된 정서반응과 표현 / 피상적인 대인관계 / 애정과 관심을 받으려는 강한 욕구
회피성(avoidant) 인격장애	거절에 대한 공포로 인한 사회적 위축 / 낮은 자존감(자신에 대한 부정적인 평가) / 타인의 평가에 지나치게 예민함
의존성(dependent) 인격장애	타인에게 의존하려는 강한 욕구 / 주체성과 자기 확신 결여 / 버림받을지도 모른다는 두려움에 기인한 자발적인 복종성향
강박성(obsessive-compulsive) 인격장애	몰인정함 / 지나친 완벽주의와 융통성 부족(전체를 보지 못하고 미세한 데 집착) / 일중독 / 수직적 인간관계

것이다.'라는 도덕의식은 가지고 있으나 도덕감정은 가지고 있지 않다. 양심이 도덕의식과 도덕감정으로 구성된다는 점에 비추어보면 사이코패스에게는 반쪽짜리 양심 혹은 고장 난 양심밖에 없는 셈이다. 따라서 그들은 자신이 범죄를 저질렀다는 기억은 가지고 있지만 죄책감을 느끼지 못하므로

죄에 뒤따르는 고통스러운 감정들을 체험하지 못한다. 사이코패스의 사전에 거짓말과 가식적인 사과는 있지만 반성이 없는 것도 이런 사정과 관련된다. 마음이 전혀 쓰리거나 아프지 않은데 반성이 될 리 없는 것이다.

그렇다면 사이코패스는 어떻게 탄생하는가?

사이코패스는 기본적으로 감정발달에 심한 장애가 있는 사람들로 추정된다. 아마도 그들은 태내기나 유아기의 감정발달 단계에서부터 커다란 손상을 입었을 것이다. 즉 '쾌-불쾌'의 원초적인 감정 분화와 발달조차 제대로 이루어지지 못함으로써 그것에 기초해 형성 · 발달하는 다양한 감정들이 정상적으로 개발되지 못한 것이다. 리퍼트와 센터(Lippert & Senter, 1966)는 전기충격을 기다리는 실험참가자들의 감정반응을 연구했는데 일반인들과는 달리 사이코패스들은 전기충격을 받는 시점이 다가오더라도 거의 두려워하지 않았다. 이 실험결과는 그들에게는 겁, 특히 예기적 공포가 거의 없다는 것을 보여준다. 클레클리(Cleckley, 1964) 등의 연구 또한 대부분의 사람들이 동요를 일으킬 수 있는 상황에서도 사이코패스들은 '비상한 평정', '신체적 평안감', '비교적 평온감'을 느낀다고 보고하고 있다. 이렇게 반사회적 인격장애자들은 감정, 정서발달에 심한 장애가 있기 때문에 일반인들과는 달리 정상적인 감정체험을 하지 못한다. 그들은 애틋함, 연민, 동정, 쓰라림, 아련함 같은 단어를 머리로는 알지만 그런 감정들을 결코 느낄 수는 없는 불구자인 셈이다. 자기감정조차 제대로 느낄 수 없는 사이코패스가 타인의 감정에 반응하는 공감능력을 가질 리 없다는 것도 자연스럽게 추측할 수 있을 것이다.

사이코패스의 탄생에는 부모의 양육도 한몫을 한다. 생애 초기의 감정발달에 회복불가능한 손상을 준 사이코패스의 부모가 양육인들 제대로 하겠는가? 로빈스(Robins, 1966)에 의하면 사이코패스의 아버지가 똑같은 사이코패스이거나 알코올중독자인 비율이 정상인보다 높다고 한다. 그리고 그들은 아동기에 일관성 없는 훈육을 경험하거나 방치당하고 자란 경우가 많았다. 한국사회를 떠들썩하게 만든 사이코패스형 연쇄살인범들도 거의 다 매우 불우한 어린 시절을 보낸 것으로 보고되고 있다. 끔찍한 부모 밑에서 자란 아이들이 모두 사이코패스가 되지는 않겠지만 최소한 좋은 부모 슬하에서는 절대로 사이코패스가 나오지 않는다.

사이코패스에는 성격적 특성도 일부분 영향을 미칠 가능성이 있다. 감정형(F)의 특성을 심각하게 결여한 극단적인 사고형(T)은 정서가 메마르고 공감능력이 부족할 수 있다. 따라서 만일 사고형(T)이 감정발달에 장애를 겪을 경우 그 부작용은 감정형(F)에 비할 수 없을 것이다. 병적인 사고형(T) 부모 밑에서 자란 사고형(T) 아이가 감정능력이나 공감능력을 습득하기는 참으로 어려울 것 같다.

이 외에도 사이코패스의 탄생에는 다른 유전적, 환경적 요인들도 영향을 미칠 수 있다.

지금까지 언급했던 장애들 외에도 '신체형 장애'나 '정신생리적 장애'들도 있다. 신체형 장애는 일반적인 의학적 원인이나 다른 정신장애에 의해서는 충분히 설명될 수 없는 신체적 증상을 특징으로 가진다. 건강염려증, 신체화장애, 동통장애, 전환장애, 신체기형장애 등이 여기에 속한다. 정신생리적 장애는 심리적인 문제로 인해 신체가 파괴되는 것으로서 관상동맥심장병, 위궤양 등이 여기에 해당된다.

3. 정신병리에 대한 이론

마음의 병이 존재하며 그것이 어떤 증상들을 가지고 있는지에 대해서는 심리학자들 사이에 별다른 이견이 없다. 그러나 마음의 병이 왜 생기는지 또 그것을 치료하려면 어떻게 해야 하는지에 대해서는 서로 의견을 달리한다. 여기서는 마음의 병, 정신병리 현상에 대한 다양한 심리학 이론들을 살펴보기로 하자.

(1) 정신분석학

프로이트주의는 정신장애를 심인(心因)성 질병으로 이해한다. 정신분석학적 입장에 의하면 대개 어린 시절에 뿌리를 두고 있는 무의식에 억압되어 있는 기억이나 갈등이 정신장애의 원인이다. 따라서 프로이트주의의 치료방법은 '통찰' 혹은 '의식화'에 방점이 찍혀 있다. 어떤 것이 무의식에 억압되어 있다는 것은 그것이 현재 마음의 병을 유발하고는 있지만 그것을 좀처럼 의식화할 수는 없다는 의미이다. 어린 시절에 어머니로부터 반복해 버림받은 적이 있는 사람은 여성 나아가 세상에 대한 지독한 불신감이나 또다시 버림받을지도 모른다는 두려움으로 인해 정신장애를 가질 수 있다. 그러나 그는 어린 시절의 비참한 경험이 너무 고통스러워 그것을 기억하지 못하기도 한다. 이럴 경우 어린 시절의 상처는 의식화되지 못한 채 무의식 속에 남아 있으면서 계속 불쾌한 감정을 유발하고 무의식의 내용을 규정함으로써 마음의 병을 악화시킨다. 만일 이 억압된 기억을 의식화하면 그것을 통제할 수 있게 되고 그것과 결부된 나쁜 감정을 건강하게 해소할 수 있기 때문에 병이 나을 것이다.

프로이트주의의 치료과정을 도식화해보면 다음과 같다. 우선 치료자는 자유연상 기법이나 꿈 분석을 통해 환자의 무의식으로 접근해나간다. 그러면 환자의 무의식적 저항이 나타나기도 하는데, 이것은 상처부위에 제대로 접근하고 있다는 징조로 간주된다. 저항은 대화 도중 갑자기 주제를 바꾸거나 뭔가를 말하려고 했다가 잊어버리는 등 여러 가지 양상으로 나타나는데 치료자는 이러한 저항을 슬기롭게 극복해야 한다. 정신분석 과정에서는 환자와 치료자 사이에 전이관계가 형성된다. 전이란, 예를 들면 환자가 어린 시절 아버지에 대해 가졌던 생각이나 감정을 그대로 남성분석가에게로 이동시켜 그를 마치 아버지처럼 느끼고 대하는 것이다. 치료자가 전이를 적절히 활용하여 분석을 심화시키면 환자는 마침내 무의식에 억압되었던 기억을 의식화할 수 있게 되어 자신의 내적 갈등에 대한 통찰을 얻게 된다.

전통적인 프로이트주의가 성욕을 강조하는 데 비해 신프로이트주의는 성욕만이 아닌 다양한 무의식적 갈등 특히 가족관계나 부모관계 등을 질병의 원인으로 이해한다. 또한 병의 증상은 불안으로 대표되는 불쾌한 감정에 대항하기 위해 생성된 부적응적 방어기제에 의해 규정된다고 본다. 따라서 치료는 환자의 과거사와 무의식에 대한 지나친 탐색보다는 인간관계 요인과 사회문화적 요인을 중심으로 현재의 심리적 문제들을 해결하는 데 주력한다.

만일 성욕설에 지나치게 집착하지만 않는다면 정신분석학은 많은 정신병리를 설명할 수 있는 유용한 이론적 틀을 제공해준다. 현재는 과거의 결과이며 대부분의 정신병리는 어린 시절에 뿌리를 두고 있기 때문이다. 또한 정신분석학적 치료는 환자 스스로의 통찰을 강조하기 때문에 제대로만 적용되면 환자의 자아를 강화하는 긍정적 효과가 있다.

그러나 정신분석학적 치료는 문제점도 가지고 있다.

첫째, 치료대상이 제한적이다. 정신분석학적 치료는 기본적으로 언어적 대화와 분석을 통해 이루어지므로 환자는 어느 정도 지적이고 영리해야 한다. 그래서 그것은 어린아이, 지적 이해력이 부족한 사람, 정신분열증 환자 등에게는 부적합하다. 또한 정신분석학적 치료는 의식의 힘을 강화해 무의식에 대한 의식의 통제력을 회복시키는 것이므로 자아가 지나치게 약해진 사람들에게도 맞지 않는다. 자아가 약한 사람들은 치료자에게 의존하려 하고 그가 하는 말을 모두 맹신하는 경향이 있으므로 잘못된 분석까지도 받아들일 위험이 있다.

둘째, 치료기간이 비교적 긴 편이다. 정신분석학적 치료는 겉으로 드러나는 증상만 제거하지 않고 병의 뿌리를 들어내려고 하기 때문에 흔히 어린 시절의 기억을 뒤지기도 한다. 이러한 시도가 적중하면 병의 재발을 원천적으로 방지하는 커다란 치료효과를 낳을 수 있겠지만 그것은 확실히 시간과 노력이 많이 든다. 요즘은 '빨리빨리', '간단하게', '한 방에'를 외치는 시대라 그런지 정신분석학적 치료는 그리 환영받지 못하는 것 같다.

셋째, 현실적으로 치료비가 아주 많이 든다. 한국의 경우 약을 쓰지 않는 심리치료에는 보험이 적용되지 않으므로 경제적 여유가 없는 사람들에게는 정신분석적 치료의 문턱이 너무 높다.

마지막으로 한 가지만 첨가하고 싶은 것은 프로이트가 주장했던 고전적인 정신분석기법을 절대화해 그것을 도식적으로 적용해서는 곤란하다는 것이다. 정신분석적 치료의 본령은 환자가 자각하지 못하고 있는 무의식적 병인을 의식화하는 것이므로 치료자가 환자들의 개인적 특성에 맞게 창조적인 치료방법을 구사해야 치료효율이 극대화될 수 있을 것이다.

⑵ 행동주의

행동주의는 정신장애를 고전적, 도구적 조건형성에 의한 부적응적인 학습의 결과라고 주장한다. 예를 들면 뱀한테 물려 고생한 사람은 뱀에 대한 공포반응을 학습할 것이다. 그런데 뱀이라는 위험자극이 지렁이나 뱀장어, 미꾸라지 같은 것들과 연합되면 그 사람은 미꾸라지만 보더라도 공포반응을 일으킬 것이다. 행동주의는 대부분의 정신장애가 이런 식으로 학습된 것이라고 본다. 따라서 행동주의 치료는 조건형성 원리를 이용해 부적응적인 학습내용을 제거하는 것에 집중된다. 즉 자극과 행동 간의 연합을 바꾸거나 바람직한 행동에 대해 강화를 해줌으로써 부적응적 행동을 수정하는 것이다. 대표적인 행동주의의 치료기법을 소개하면 [표 11-2]와 같다.

행동요법은 때때로 증상의 빠른 개선을 불러온다. 술을 먹을 때마다 강렬한 전기충격을 가하면 술을 먹는 행동은 확연히 감소할 것이다. 또한 그것은 단순한 운동기능을 수정하는 데에도 효과적이다. 예를 들면 행동요법은 심한 정신병 환자들에게 옷을 입거나 숟가락질을 하는 등의 기본적인 운동기능을 훈련시킬 때 이용된다. 이런 점에서 행동치료는 지적 수준

[표 11-2] 행동주의의 치료기법

종 류	내 용	예
체계적 둔감화 (systematic desensitization)	불안을 유발하는 상황을 이완된 상태와 경합시킴으로써 불안을 경감시킴	뱀 사진을 보고 이완훈련 → 뱀 모형을 보고 이완훈련 → 뱀을 보고 이완훈련 → 뱀을 만지면서 이완훈련
정적 강화법 (positive reinforcement)	변화시키고자 하는 표적행동이 발생할 때마다 정적 강화를 줌	뱀을 보고 놀라지 않으면 사탕을 줌 → 뱀을 만지면 장난감을 줌
혐오치료 (aversive therapy)	이상행동과 혐오적인 자극을 연합시킴	술을 마시면 전기충격을 가함, 술에 쓴 맛이 나는 약을 섞음

이 낮을수록, 자아의 힘이 약하고 의존적일수록, 정신건강이 나쁠수록 더 효과적이라고 말할 수 있다.

그러나 정신병리에 대한 행동주의 이론은 많은 문제점을 가지고 있다.

첫째, 행동요법은 비교적 단순하고 가벼운 병만 치료할 수 있다. 개에게 물리거나 교통사고를 당해 생긴 공포증처럼 병의 원인이 명백하고 단순한 경우에는 행동요법이 종종 효과를 발휘하기도 한다. 그러나 심각한 정신장애일수록 "일반적으로 증상은 단 한 번의 외상적 장면의 결과물이 아니라 수많은 비슷한 상황이 더해진 결과(Freud, 1925)"이다. 이런 경우에는 어떤 아이가 개에게 물리는 것은 정신장애의 우연한 촉발요인일 수 있다. 즉 그 아이는 정신장애의 유발요인을 원래부터 지니고 있었는데 개에게 물린 사건이 계기가 되어 그것이 단지 표면화되었을 뿐이라는 것이다. 심각한 마음의 병일수록 그것은 단지 한두 번의 사건이 아니라 누적된 심리적 상처에 의해 생겨난다. 이렇게 병의 뿌리가 깊은 경우 행동요법은 '고약으로 속병을 고치지 못한다.'는 속담처럼 치료효과가 거의 없다. 어린 시절부터 시작된 우울증이 사탕이라는 강화물을 몇 드럼 받는다고 해서 치료될 수는 없지 않은가? 게다가 곰곰이 생각해보면 때때로 행동요법이 효과를 가지는 이유

중의 하나는 바로 통찰과 감정방출 때문인 것 같다. 뱀 공포증을 가진 환자에게 뱀을 볼 때마다 강화를 준다고 해보자. 그 과정이 반복되면 환자는 매 치료시기마다 부정적 감정을 조금씩 방출하고 마침내 '뱀이 그렇게 무섭거나 위험하지는 않구나.'라는 통찰을 얻을 것이다. 비록 행동주의자들은 부인할지도 모르지만 행동치료를 받는 환자의 마음속에서는 뭔가가 일어나고 있는 것이다. 즉 행동치료 속에서도 통찰과 감정해소는 이루어진다!

둘째, 행동주의는 정신장애의 원인에 대해 거의 설명을 하지 못한다. 행동주의는 사람의 외현적인 행동에 대해서만 관심을 가질 뿐 내면의 심리에 대해서는 무관심하다. 정신장애에 대한 행동주의의 입장 또한 마찬가지이다. 단지 증상에만 관심을 가질 뿐 병의 원인은 무시한다. 그러나 병의 원인을 정확히 알지 못하는데 제대로 된 치료가 가능할 리 없다. 때때로 자기도 모르게 눈을 반복적으로 깜빡거리는 '틱 장애'가 어린 시절 매를 자주 때렸던 아버지에 대한 공포로부터 비롯되었다고 가정해보자. 이때 눈을 깜빡일 때마다 전기충격을 주거나 눈을 깜빡이지 않으면 사탕을 줌으로써 그 행동을 없앨 수 있을지도 모른다. 그러나 '아버지에 대한 공포'를 극복하지 못한다면 눈을 깜빡이는 증상 대신 손발을 떨거나 손톱을 물어뜯는 등의 새로운 증상이 나타날 가능성이 크다. 만약 그 새로운 증상을 없애기 위해 또 행동치료를 한다면 그것은 밑빠진 독에 물을 부어대는 식의 어리석은 행동이 될 것이다. 프로이트는 병의 근본원인을 정확히 진단하고 그것을 제거해야 하는 중요성에 대해 다음과 같이 말했다.

> "병인론(病因論)의 관점을 등한시하면 겉보기에 아주 만족스러운 치료도 순간적인 것이 되어버리고, 나중에 보복을 당하게 된다. … 의사가 마약에 대한 절대적인 욕구의 근원을 퇴치하지 않고 환자에게 마약을 빼앗는 것으로 만족하는 것은 피상적인 성공일 뿐이다(Freud, 1898)."

셋째, 환자를 수동적이고 무기력하게 만들 위험이 있다. 행동요법은 원칙적으로 환자에게 자기 증상의 기원에 대한 통찰을 제공해주지 않는다. 이는 마치 패스트푸드를 즐겨 먹고 운동을 하지 않아서 비만해진 환자에게 살이 찔 수밖에 없는 원인을 깨우쳐주지 않고 살 빼는 약만 주는 것과도 같다. 그 결과 환자는 잘못된 생활습관을 스스로 고칠 기회를 가질 수 없으므로 얼마 지나지 않아 다시 살이 찔 것이고 또 약을 찾을 것이다. 이렇게 자기 자신에 대한 성찰 그리고 그것에 기초한 본인 스스로의 노력을 등한시하는 치료방법은 환자의 자아를 강화하기보다는 그를 수동적이고 무기력하게 만들 위험성이 있다.

(3) 인지-행동주의

다수의 정신장애는 불안을 유발하는 구체적인 자극이 없거나 증상이 부적응적인 외현적 행동으로 드러나지 않는다. 지금은 기억할 수 없는 유년기의 상처로 인해 불안이 생겼거나 몹시 우울하지만 문제행동은 거의 하지 않는 사람들이 있다. 또한 강박장애처럼 환자 자신의 사고와 감정에 의해 유발되는 불안 때문에 장애가 생기는 경우들도 있다. 고전적인 행동주의 이론은 이런 정신장애들에 대해서는 설명도 치료도 하지 못하므로 인지-행동주의가 등장하게 되었다.

인지-행동주의는 왜곡된 인지과정에 의해 부적응적인 행동이 나타난다고 주장한다. 즉 극단적이고 비합리적인 신념을 가진 사람은 매사에 사태를 부정적으로 해석하므로 빈번하게 좌절을 경험하게 되어 우울하고 불안해지게 된다는 것이다. 예를 들면 자신과 주위 세계를 부정적으로 인식하는 사고방식을 가진 사람은 자신을 무가치하게 보고 세상을 비관적으로 볼 것이므로 우울증에 빠지기 쉽다. 따라서 인지-행동치료는 자기 자신과 주변 환경에 대해 생각하는 방식을 변화시키려고 한다. 즉 환자가 가진 자동화된 인지도식을 변화시키거나 비합리적인 신념을 합리적인 신념으로 바꾸려고 하는 것이다.

인지치료의 목적은 환자가 자각하지 못하고 있는 불합리한 신념을 의식화하여 교정하는 데 있다. 이 점에서 인지치료는 통찰을 추구하는 정신분석적 치료와 형식적으로는 비슷하다고도 할 수 있다. 그러나 인지치료의 치료기법들은 의연히 행동주의적이어서 매우 지시적이며 때로는 환자에게 숙제를 내주기도 한다. 인지치료자들은 환자의 사고방식을 정면에서 공격하기도 하고 적극적으로 논박하기도 한다. 또한 인지치료는 프로이트주의와는 달리 과거가 아니라 현재 그리고 감정이 아니라 신념이나 사고방식에 주목한다.

인지-행동주의는 정신장애의 원인이 주변 환경만이 아니라 사람 안에도 있을 수 있다는 사실을 인정한다는 점에서 행동주의보다 한 걸음 더 나아갔다고 할 수 있다.

그러나 인지-행동주의 또한 여전히 많은 문제를 가지고 있다.

첫째, 정신장애의 원인을 올바로 설명하지 못한다. 인지-행동주의가 병의 원인을 제대로 규명하지 못하는 것은 비합리적인 신념이 왜 생겨나는지, 환자들은 왜 모든 것을 부정적으로 볼 수밖에 없는지에 대해서 파고들지 않기 때문이다. 비합리적 신념이 부적응적 행동의 직접적인 원인이 될 수는 있다. 그러나 환자가 비합리적인 신념이나 사고방식을 가지게 되고 그것을 좀처럼 수정하지 못한 것에는 분명히 어떤 원인이 있을 것이다. 이런 맥락에서 보면 비합리적 신념은 정신장애의 원인이 아니라 결과 혹은 증상일 수 있다. 즉 '나는 못난 사람이다.'라는 비합리적 신념이 병을 유발한 게 아니라 마음의 병이 그런 비합리적이고 부정적인 신념을 만든 것일 수 있다는 것이다. 그러므로 이런 경우에는 비합리적 신념을 논박해 그것을 억지로 바꾼다고 해서 마음의 병이 치료될 가능성은 희박하다. 병의 원인을 그대로 둔 채 어떤 비합리적 신념을 논박해 그것을 교정하면 환자는 또 다른 비합리적 신념을 만들어내지 않겠는가?

둘째, 감정, 정서 문제의 중요성을 지나치게 무시하고 있다. 꼭 프로이트주의에 입각하지 않더라도 순수한 인지적 문제 때문에 정신장애가 생기는 경우란 거의 없다고 말할 수 있다. 정신장애를 유발하는 원인은 다양하겠지만 그것은 기본적으로 감정, 정서 영역의 문제로부터 시작되며 그 문제가 해결됨으로써 치유의 길로 들어서는 것이다.

셋째, 치료효과가 제한적이다. 인지치료는 불안이 심하거나, 자아가 약하거나, 화가 많이 나있는 환자들 그리고 중증 환자들에게는 나쁜 영향을 줄 수도 있다. 불안이 심하거나 자아가 약한 환자들의 신념을 공격하면 그들의 상태가 더 악화될 가능성이 농후하다. 프로이트가 절대로 그래서는 안 된다고 당부했듯이 우울증이 심한 환자에 대한 비판은 그에게 치료효과가 아니라 커다란 고통만을 안겨줄 수도 있다. 나아가 화가 많이 나 있는 환자들에 대한 섣부른 논박은 폭력사태를 자초할지도 모른다.

정신장애의 근본원인을 제거하지 않고 눈에 쉽게 드러나는 피상적인 원인이나 증상만 건드린다는 점에서 행동주의와 인지-행동주의는 오십 보 백 보이다. 상당수의 정신장애가 먼 과거에까지 뻗어 있는 뿌리를 가지고 있으며 마음의 병은 기본적으로 인지가 아니라 감정, 정서 문제에서 비롯된다는 점을 고려해볼 때 이 두 가지 이론은 모두 명백한 한계를 가지고 있다.

(4) 현상학적 이론: 인본주의

현상학적 이론은 모든 인간이 자아실현, 자기발전을 할 수 있는 능동적 힘을 가지고 있다고 가정한다. 이런 시각에서 현상학적 이론은 자아실현 혹은 자기발전을 방해하는 것들이 정신장애를 유발한다고 본다. 매슬로(Maslow)는 사람에게는 일련의 욕구들이 있다고 주장했는데 그것이 정상적으로 충족되지 못하면 사람들은 욕구실현에 집착하게 되므로 궁극적인 자아실현이 어려워진다고 말하기도 했다.

현상학적 이론은 다음과 같은 치료적 입장을 강조한다.

첫째, 내담자중심 치료(client-centered therapy). 치료자는 '모든 사람이 자신의 잠재능력을 완전히 실현하고자 하는 선천적인 동기를 가지고 있다.'

는 믿음을 가지고 환자가 스스로 자신의 문제를 해결하도록 해야 한다. 환자가 자신의 성장잠재력을 회복할 수 있게끔 마음의 힘을 북돋워주면 그는 병으로부터 스스로 회복해나갈 것이다.

둘째, 공감적 이해(empathic understanding). 환자의 눈에 비친 세상의 모습, 환자의 욕구와 감정을 치료자가 충분히 이해하고 공감하고 있으며, 치료자가 환자를 하나의 인격체로서 수용하고 존중하고 있다는 것을 환자가 알게 해야 한다. 올바른 치료적 관계가 형성되어 환자가 치료자에 의해 전폭적으로 수용되고 지지받는 경험을 하면 그의 위축된 자아는 기지개를 켜기 시작할 것이다.

셋째, 무조건적인 긍정적 존중(unconditional positive regardness). 현상학적 이론은 치료자의 판단이나 해석을 금기시한다. 치료자가 판단이나 해석, 비판이 아니라 환자의 마음을 긍정적으로 존중해줘야 환자가 방어적 자세에서 벗어나 치료자를 믿고 내면의 문제를 공개할 수 있다고 보기 때문이다. 치료자는 자신의 생각과 감정을 내담자에게 솔직하게 드러내고 스스로의 생각과 행동을 일치시키는 진실성(congruence)을 통해 환자의 긍정적인 변화를 촉진해야 한다.

정신장애의 주요한 원인 중의 하나가 바로 '사회적 고립'이다. 따라서 현상학적 치료에서 강조하는 전폭적인 수용이나 친밀하고 신뢰로운 치료관계의 형성은 환자가 세상에 대한 신뢰와 자신감을 회복하도록 도와주는 촉진제가 될 수 있다. 이런 점에서 현상학적 치료는 자아가 위축된 사람, 우울감이나 고립감에 깊이 빠져 있는 사람, 공포와 불안이 심한 사람에 대한 초기단계의 치료에 매우 효과적일 것 같다.

그러나 현상학적 치료 역시 몇 가지 문제점들을 가지고 있다.

첫째, 치료효과가 제한적이다. 현상학적 이론은 좀 심하게 말하면 환자를 인격적으로 존중하는 것 외에는 별다른 치료기법이 없다. 물론 세상풍파에 이리 밀리고 저리 밀려왔던 환자는 단 한 번이라 할지라도 누군가에게 전적으로 수용되고 사랑받는 경험을 함으로써 극적으로 회복될 수도 있다. 그러나 그런 자기치유가 어느 정도까지 계속될 것인지 또 사회에 복귀해서도 그 치료효과가 유지될지는 의문이다. 현상학적 치료는 심한 공포증 때문에 사회생활을 못해 잔뜩 위축되어 있는 환자가 기력을 회복하게끔 만들 수는 있다. 하지만 그 이후부터의 과정, 즉 공포증의 원인을 규명하고 적극적인 치료대책을 세워 치료적 실천을 해나가는 과정은 모두 환자가 알아서 해야 한다. 이렇게 마음의 병을 치료하는 데 기여하는 치료자의 몫이 미약하고 구체적인 치료방법이 없기 때문에 현상학적 이론의 치료능력을 높게 평가하기는 어렵다. 또한 현상학적 이론이 환자를 인격적으로 존중해야 한다고 강조한 것은 분명 가치 있는 일이지만 그렇다고 해서 다른 이론들의 치료방법이 환자를 인격적으로 존중하지 않는다고 단정할 수도 없다. 정신분석학적 치료도 환자를 인격적으로 존중하며 그를 지지하고 격려해 의식의 힘을 강화함으로써 치료목적을 달성하려고 하지 않는가.

둘째, 치료자의 전폭적인 지지나 공감은 때때로 아주 나쁜 결과로 이어질 수 있다. 융은 이런 위험성에 대해 다음과 같이 말하기도 했다. "자신의 몰이해를 제때에 통찰하는 것은 치료에서 엄청나게 중요하다. 왜냐하면 환자에게는 그가 항상 이해받는다는 것 이상으로 해로운 것은 없기 때문이다. … 환자는 의사의 확신 있는, 깊은 이해에 글자 그대로 이주하여 모든 현실감각을 잃어버리고 집요한 전이에 빠지게 되며 치료성과를 지연시킨다(Jung, 1931)." 매를 한 대 때리면 바로 넘어질 듯한 환자에게는 무엇보다도 무조건적인 지지와 격려가 필요할 수도 있다. 그러나 지금까지도 자각하지 못했던 자신의 심리적 문제를 스스로 통찰한다는 게 그리 만만한 일이 아니다. 그것이 쉽다면 무엇 때문에 심리검사를 하고 장기간에 걸쳐 면담을 하며 때로는 과거를 뒤지고 꿈을 분석하겠는가? '용기를 줄 테니 그 다음부터는 당신이 알아서 하시오.'라는 식의 치료는 결과적으로 환자를 방치해 그를 막막하게 만들 수 있다. 또한 매를 때려야 할 때는 정신이 번쩍 나게 때려야만 치료가 제대로 진전된다. 적시에 제공되는 치료자의 한 마디 말이나 비판은 환자에게 크나큰 통찰과 카타르시스를 안겨줄 수 있다. 아이의 자율성을 침해할 정도로 지나치게 간섭하며 지시를 하는 부모도 그렇지만 이런들 어떠하리 저런들 어떠하리 하며 무조건 등을 토닥이는 부모도 아이를 망친다. 만약 근거 없이 남을 의심하는 편집증 환자나 모든 것을 자기중심적으로 해석하는 사람의 잘못을 따끔하게 지적하지 않고 무조건 수용해준다면 과연 치료가 되겠는가? 문제는 환자가 수용할 수 있는 적절한 시점에 설득이 가능한 효과적인 방법으로 다가가는 것이지 판단과 비판을 금지하는 데 있지 않다.

앞에서도 지적했듯이 현상학은 개인을 사회로부터 인위적으로 고립시켜 관념적으로 고찰하기 때문에 자아실현을 추상적으로 이해한다. 그러나 사람은 끝내 사회 속에 수용되고 싶어 하며 사회적으로 가치 있는 존재가 되고 싶어 한다. 현상학이 이 문제를 정면으로 다루지 않고 회피하면서 환자에게 '속세를 떠난 도 닦는 사람'처럼 되라고 요구한다면 과연 치료가 될 수 있을지 의문이다. 심리치료의 목적은 결국 환자를 사회에 성공적으로 복귀시켜 그가 가치 있는 삶, 행복한 인생을 살아갈 수 있게 하는데 있다. 따라서 심리치료는 어쩔 수 없이 사회문제를 다뤄야만 하고 환자가 사회생활에서 야기되는 문제들을 슬기롭게 해결할 수 있도록 능력이 되는 만큼 도와주어야 한다.

지금까지 살펴보았던 정신병리에 대한 심리학 이론들을 비교해보면 [표 11-3]과 같다.

이 외에도 정신병리에 대한 심리학 이론에는 다음과 같은 것들이 있다.

- 융의 분석심리학 이론: 정신장애의 원인을 주로 의식과 무의식 사이의 불일치로 보고 이를 일치시키려고 한다.
- 실존주의적 치료기법: 죽음, 자유, 고립, 무의미성 등과 같은 실존적 갈등에서 비롯된 불안을 다루고 인간의 자유의지를 강조한다.
- 게슈탈트 치료기법: 자기 관찰, '빈 의자 기법' 등을 이용해 자신의 무의식적 갈등을 통찰하도록 돕는다.

[표 11-3] 정신병리에 대한 심리학 이론들

	정신분석학	행동주의	인지-행동주의	현상학적 이론
병의 원인	무의식적 갈등(정신적 외상을 준 사건 등)	외부 자극	비합리적 신념	자아실현 좌절
관심 시점	주로 과거	현재	현재	현재
치료 목표	통찰 : 억압된 무의식을 의식화함	잘못된 행동 수정	잘못된 신념 수정	잠재력 개발을 통한 인격발달
치료 방법	자유연상, 꿈 분석 등	조건화 방법 응용	논리적 반박	내담자 중심의 치료
치료자의 역할	해석, 조언	보상과 처벌(훈련)	논박, 지시, 과제 제시	이해, 수용, 공감

4. 집단치료

심리치료는 전통적으로 개인을 대상으로 진행되었으나 점차 집단을 대상으로 하는 치료방법들이 개발되어 많이 활용되고 있다.

(1) 가족치료

많은 심리학자들은 가족을 정신장애와 사회문제가 시작되고 집중적으로 표출되는 정서적 단위로 간주한다. 가족치료는 가파른 이혼율, 아동 및 배우자 학대, 편부모 가정의 증가로 상징되는 가족붕괴의 시대상황을 반영해 나왔는데 그 중요성이 점차 부각되고 있다. 실제로 아이들에 대한 치료는 부모에 대한 치료가 동반되지 않으면 불가능한 경우가 대부분이다. 또한 건강한 가정환경에서 심한 정신장애를 가진 가족구성원이 홀연히 출현하기란 매우 어렵다. 즉 마음이 병든 개인의 뒤에는 거의 다 병든 가족이 있는 것이다. 이런 이유로 개인에 대한 치료는 자연스럽게 가족치료와 연결되고 가족치료는 개인을 치료하는 효과적인 수단이 된다.

가족치료자들은 가족관계, 특히 부모-자식 관계에 초점을 맞춘다. 개개인의 심리적 병은 건강하지 못한 가족관계를 형성하고 가족구성원들 사이의 상호작용 방식을 왜곡시킨다. 동시에 병적인 가족관계와 상호관계 방식은 개인의 병을 통해 집중적으로 표현되고 그것을 더 악화시킨다. 따라서 가족치료는 가족관계 혹은 구성원들 사이의 상호작용 방식을 건강하게 변화시킴으로써 궁극적으로 모든 가족의 마음속 병을 치료하려고 한다.

가족치료는 개인의 문제가 가족이라는 집단과 불가분의 관계에 있다는 긍정적인 견해에 입각하고 있다. 그러나 가족치료를 피상적으로 이해하고 적용하면 가족들 간의 단순한 상호작용 방식, 예를 들면 가족끼리 서로 대화하는 방식이나 언어와 감정표현 기술 등을 교정하는 데 머무를 수도 있다. 그러나 '내일부터는 아이에게 이런 식으로 얘기해보세요.'라는 식의 피상적이고 기술적인 처방으로는 심리적 병의 원인을 규명하지도 치료하지도 못한다. 따라서 가족치료는 정신병리 이론에 대한 폭넓고 깊은 이해 그리고 풍부한 임상적 경험과 결합되어야만 효과를 발휘할 수 있다.

또 하나. 개인의 병이 가족으로부터 올 수 있다는 점에 동의한다면 가족의 병 혹은 개인의 병이 사회로부터 올 수도 있다는 사실도 인정해야 할 것이다. 그러나 치료자는 가족 나아가 특정한 사회집단을 치료할 수는 있지만 사회 자체는 치료할 수 없다. 심리치료를 하는 사람들은 이런 딜레마에 계속 봉착하게 될 것이므로 여기에 대해 나름대로 정리된 입장을 가지고 있어야 할 것이다.

⑵ 집단치료

집단치료란 한 사람(혹은 두 사람)의 치료자가 집단치료를 목표로 해서 조직된 집단을 대상으로 치료를 진행하는 것이다. 치료자는 집단치료 구성원들이 자기 이해와 수용능력을 향상시키고 사회적 기술과 대인관계 능력을 개발하도록 도와줌으로써 그들의 인간적 성장을 도모한다.

집단치료에서는 구성원들 상호간에도 치료적 관계가 형성된다. 치료집단의 구성원들은 '이 세상에는 나 같은 이들이 존재한다.', '남들도 나와 똑같은 고통을 겪고 있다.'는 사실을 깨달음으로써 개인적 고립감과 외로움을 해소하고 적극적인 치료동기를 가질 수 있다. 또한 치료집단에는 서로 간의 유사성에 기초해 공동체 의식이 형성되므로 구성원들은 소속감을 느낄 수 있고 타인들로부터 아낌없는 지지와 격려도 받을 수 있다. 나아가 그들은 별다른 두려움 없이 대인관계, 사회관계를 체험하고 연습해볼 수 있다.

현대 자본주의사회에서 살아가는 개인들은 대부분 홀로 떨어져 외롭게 살아간다. 따라서 치료집단은 가족이나 농촌마을 같은 전통적인 공동체적 유대의 상실로 인한 공허감을 적어도 일시적으로나마 채워주는 것 같다. 그러나 집단치료는 심도 있는 집중적 치료가 필요한 환자에게는 적당하지 않다.

5. 심리치료의 효과

군대에 복무할 때 의무병으로 근무했던 사람한테 이런 얘기를 들은 적이 있다. 당시에는 군대에 의약품이 거의 없어서 빨간약과 소화제밖에 없었다고 한다. 그래서 병사들이 두통 때문에 오든, 콧물감기에 걸려서 오든 아니면 근육통으로 오든 무조건 소화제를 줬다고 한다. 물론 그때마다 소화제를 아주 효과가 좋은 두통약, 감기약, 진통제라고 거짓말을 했다. 그런데 좀 과장이 섞였겠지만 그 소화제를 먹은 병사들은 대부분 상태가 아주 호전되었다고 말하면서 자리에서 벌떡 일어나 이리저리 뛰어다녔다고 한다. 그 사람은 이런 경험을 근거로 '모든 건 다 자기 마음먹기에 달려 있다.'고 강조하곤 했다. 이런 심리적 치료효과를 보통 플라시보 효과(placebo effect) 혹은 '가짜 약 효과'라고 한다. 요즘에는 플라시보 효과를 증명하는 연구결과들이 많이 있고 심리상태에 따라 자연치유에 도움이 되는 엔돌핀 같은 물질이 분비된다는 증거들도 속속 발견되고 있다. 그러니 위의 사례에서 병사들이 엉터리 약을 먹고도 병이 나았던 데는 나름대로 과학적 근거가 있는 셈이다.

어쨌든 플라시보 효과는 긍정적 심리가 몸의 상태를 개선시킬 수 있다는 것을 보여주는 하나의 증거로 간주된다(플라시보 효과는 생물학적, 심리적 치료 모두에 작용한다). 물론 반대의 경우도 성립할 것이다. 부정적 심리는 몸을 병들게 하고 나아가 마음의 생리적 기초인 뇌를 손상시킬 수도 있다. 즉 몸과 마음은 하나라는 것이다.

(1) 정신과 뇌의 관계

생물학주의자들은 심리적 병이 뇌의 이상 때문에 생긴다고 주장하기도 한다. 그들은 이러한 주장의 근거로 정신장애가 있는 사람들에게는 특정 영역의 뇌손상 혹은 뇌기능 이상이 발견된다는 사실을 제시한다. 그러나 이것은 마치 닭이 먼저냐 아니면 달걀이 먼저냐 하는 문제와도 같다. 뇌의 이상이 정신장애의 원인이냐 아니면 정신장애가 뇌 이상의 원인이냐 그것도 아니면 두 가지가 동시에 진행되는 것이냐에 대해서는 여전히 논란이 계속되고 있다. 물론 어떤 장애는 뇌 이상으로부터 비롯되고 또 다른 장애는 마음의 문제로부터 비롯될 수 있을 것이다.

매일같이 장시간 동안 컴퓨터 게임을 하는 학생에게서 눈이 뻑뻑해지고 피로해지는 증상이 나타났다. 병원에 가서 검사를 해보니 눈물샘에 이상이 생겨 안구가 건조해졌다는 진단을 받았다. 그러면 눈병의 원인은 무엇인가? 장시간의 컴퓨터 게임인가 아니면 눈물샘 이상인가?

대학을 졸업하고도 벌써 5년째 직장을 구하지 못해 비정규직을 전전하고 있는 청년이 있었다. 식욕이 없고 머리가 너무 무거운데다 아침에 일어나기조차 힘들어 병원에 갔더니 우울증 진단을 받았다. 그가 우울증에 걸린 이유는 무엇인가? 극심한 스트레스 때문인가 아니면 뇌 기능의 이상 때문인가?

아무리 너그럽게 해석하더라도 심적 고통이 뇌 이상을 일으킬 수 있는 가능성은 배제할 수 없다. 우리가 새로운 경험을 하면 뉴런(신경세포) 간의 시냅스 연결이 변화된다. 공포나 분노가 소화기 질병을 초래하고 성행동에도 나쁜 영향을 준다는 것은 하나의 상식에 속한다. 학습된 무기력은 신체의 면역체계(immune system)를 약화시킨다. 무기력한 상황에 처한 쥐에게서는 인체에 유해한 종양을 파괴하는 킬러세포(killer cell)의 생산이 감소했고 종양에 대한 감수성은 증가했다(Visintainer, Volpicelli & Seligman, 1982; Maier, Laudenslager & Ryan, 1985). 이런 증거들은 마음의 병이 뇌를 포함한 신체에 어떤 식으로든 나쁜 영향을 미친다는 것을 강력히 시사해준다.

그렇다면 반대의 경우도 가능할까? 즉 심리치료가 뇌를 비롯해 신체의 병까지도 낫게 해줄 수 있을까? 그 원인이 무엇이든 이미 신체가 많이 손상되었다면 그것을 심리치료만으로 회복시키는 것은 아마도 무척이나 어려울 것이다. 따라서 이 경우에는 생물학적 치료가 병행되어야 한다. 그러나 뇌와 신체가 심하게 손상되지 않았다면 심리치료만으로도 그것을 회복시킬 수 있다. 왜냐하면 비록 시간이 오래 걸리더라도 마음의 고통이 뇌를 손상시켰던 메커니즘이 그대로 존재하는 이상 마음의 행복과 평화는 뇌를 치유하리라고 기대하는 게 순리에 맞기 때문이다. 따라서 이런 경우에는 되도록 약물을 쓰지 않는 게 좋다. 비만을 치료할 때 생활습관 교정과 운동을 통해 살을 빼야 후유증이 없고 그 상태를 계속 유지할 수 있는 것과 똑같은 이유에서이다. 특히 전환장애나 정신생리적 장애 같은 명백한 심인성 병은 반드시 심리치료를 통해 고쳐야 한다. 설혹 그런 병을 약물을 통해 고친다고 해도 또 다른 병과 증상으로 재발할 가능성이 매우 높기 때문이다.

혼과 피카드 등(Horne & Picard, 1979; Shekelle Etc, 1981)의 의학적 연구에 의하면 희망을 상실하고 우울에 빠진 사람은 병에 대해 적극적이고 낙관적인 태도를 가진 사람보다 중병에 잘 걸리며 죽을 가능성도 높다. 그래서 사랑하는 사람의 상실로 고통 받는 사람은 그렇지 않은 동일 연령층의 사람보다 사별 후 1년 이내에 사망할 가능성이 높다고 한다. 또한 중요한 개인적 실패에 직면하여 느끼는 절망과 무기력은 그 다음 해에 암에 걸릴 위험성을 증가시킨다는 증거도 있다.

정신장애의 원인이 마음에 있다고 보는 심리학 이론들은 마음과 몸이 하나라는 심신(心身) 일체론을 배경으로 하고 있다. 따라서 마음이 병들면 몸도 병들 것이고 마음이 나으면 몸도 나을 것이라는 전제 하에 심리치료를 진행한다. 즉 사람에게는 정신장애의 생리적 원인으로 간주되는 뇌 이상을 스스로 치유할 수 있는 자연치유력이 있다고 보는 것이다. 이런 관점을 가진 심리학자들은 점점 더 좋은 신약들이 개발되고 있음에도 불구하고 사람이 가진 잠재적 치유능력을 과소평가하거나 훼손하지 않기 위해 적극적으로 노력하고 있다.

(2) 생물학적 치료

심리적 병은 뇌 기능이나 신경전달물질의 이상과 관련이 있다. 그래서 생물학적 치료는 이러한 뇌 기능이나 신경전달물질의 작용을 직접적으로 조절하고 통제함으로써 심리적 병을 고치려고 한다. 대표적인 생물학적 치료법에는 약물치료, 뇌수술, 전기경련치료 등이 있다.

① 약물치료

약물은 증상을 억제하거나 완화시키는 데 상당한 효과가 있으므로 중증환자들의 경우에는 대부분 약물치료를 병행한다. 그러나 약물은 단지 증상을 억제하거나 완화시킬 수 있을 뿐 심리적 병을 치료하지는 못한다. 그러므로 순수한 의학적 원인에 의한 병이 아니라면 시간과 노력이 들더라도 심리치료를 병행하는 것이 좋다. 약물이 가진 가장 큰 문제는 부작용이다. 현재 시점에서 부작용이 거의 없다고 알려진 약물이더라도 상당한 잠복기간이 지난 후 그것이 부작용을 낳을 가능성이 있다. 약물의 지속적 복용은 종종 다른 병을 앓게 만들며 전반적으로 몸과 마음에 좋지 않은 영향을 미친다. 또한 약을 장기 복용하는 환자들은 내성으로 인해 약효가 떨어져 점점 더 많은 양의 약을 먹어야만 하는 상황에 처할 수도 있다. 마지막으로 약에 대한 의존은 자신에 대한 성찰을 회피하는 수단이 될 수도 있다. 그러나 약에 매달려 자기문제를 회피할 경우에 심신의 병은 더 악화되는 경향이 있다.

② 뇌수술

다소 막연한 가설에 근거해서 사용하는 최후의 극단적 방법이다. 간단히 말해 정신장애와 관련이 있다고 추정되는 뇌 부위를 잘라내는 것으로서 어떠한 치료도 효과가 없을 것으로 예상되는 환자를 대상으로 시도된다.

③ 전기경련치료(electroconvulsive therapy: ECT)

환자에게 전기충격을 가하는 치료법이다. 왜 그런지는 아직 정확히 알지 못하지만 우울증에 상당한 치료효과가 있다.

(3) 심리치료의 효과

과연 심리치료는 효과가 있을까? 여러 치료방법 중에 무엇이 더 좋을까?

이런 질문에 대해 딱 부러지는 답을 할 수는 없다. 다만 '도깨비는 방망이로 떼고 귀신은 경으로 뗀다.'는 속담처럼 정신장애의 종류에 따라 그에 알맞은 치료방법을 사용하는 게 좋다는 데에는 대부분의 심리학자들이 동의하고 있다. 그런데 이런 실용주의는 어떤 치료방법도 모두 나름대로 쓰임새가 있어서 버릴 게 없으며 절대적으로 우월한 치료방법이란 없다는 의미처럼 들린다. 사실 심리치료란 본질적으로 의학적 치료와 같아서 병의 원인을 정확하게 찾아내는 데 핵심이 있다. 청진기를 쓰든 소변검사를 하든 엑스레이를 찍든 상관없이 병의 원인을 정확히 찾아내야 그것을 치료할 수 있기 때문이다. 이런 점에서 정신병리에 대한 심리학 이론의 가치는 병의 원인을 정확하게 찾아낼 수 있는 능력에 의해 규정되어야 할 것이다.

일단 병의 원인을 정확히 찾아내면 의학적 치료방법은 다양하게 사용할 수 있다. 수술, 약물치료, 방사선치료, 식이요법 등. 심리학 또한 마찬가지가 아닐까? 정신장애의 원인이 정확히 규명된다면 환자의 상태와 특성에 따라 다양한 치료방법들을 적절히 활용할 수 있을 것이다. 나아가 새로운 치료기법들도 계속 개발해야 한다. 어디까지나 치료기법은 병을 치료하는 수단일 뿐이므로(일부 기법들은 병을 진단하는 수단으로 사용되기도 한다), 치료기법을 지나치게 절대화하거나 도식화하는 것은 잘못이다.

치료기법을 창조적으로 활용하기 위해서는 여러 가지 치료기법들에 녹아들어 있는 긍정점 혹은 공통점을 이해하면 좋을 것이다. 실제로 다양한 심리치료 방법들이 공유하는 몇 가지 긍정점이 존재한다.

첫째, 플라시보 효과를 극대화시킨다(이는 생물학적인 치료에도 그대로 적용된다). 심리치료를 받겠다고 결심한 환자는 무엇보다 자신의 병을 고치겠다는 동기를 가지고 있는 사람이다. 따라서 신뢰할 수 있는 치료자를 만나 병이 나을 수 있다는 희망의 메시지를 접하게 되면 그의 치료의지는 더 강해지고 기분이 개선될 것이다. 이는 병의 치료와 회복에 아주 긍정적인 역할을 할 수 있다.

둘째, 부정적인 감정의 방출과 건강한 해소가 이루어진다. 치료과정에서는 억압되고 누적된 부정적 감정들이 안전한 조건 속에서 공개적이고 의도적으로 다뤄진다. 그 결과 정신적 외상과 연결되어 있던 감정적 에너지가 건강한 방식으로 방출되고 해소될 수 있다. 이러한 감정 방출과 해소는 앞에서도 지적했듯이 의도한 바는 아니지만 행동주의 치료에 있어서도 크건 작건 존재한다.

셋째, 자기 성장이 동반된다. 환자들은 병리적인 환경 혹은 자신의 문제를 돌아볼 수 없는 조건 속에서 살아왔을 가능성이 많다. 임상전문가가 한 번만 봐도 금방 알 수 있을 정도로 부적절한 가족관계 속에서 살고 있으면서도 당사자는 그것을 지극히 정상적인 것으로 여기고 있는 경우도 허다하다. 따라서 환자들에게는 마음이 따뜻하고 공정하고 객관적인 판단과 조언을 해줄 수 있는 치료자를 만나는 것 자체가 하나의 정신적 충격일 수도 있다. 환자들은 치료과정에서 새로운 가치관과 사고방식, 감정표현 방식, 문제에 대처하는 방식 등을 배울 수 있다. 또한 자기 자신을 깊숙이 들여다보게 되므로 자기 인식이 심화된다. 사실 인생을 살아가면서 심리적 에너지를 자신에게 온전히 집중할 수 있는 기회란 그리 흔치 않다. 마음의 병과 심리치료는 그 흔치 않은 소중한 기회를 제공해준다.

넷째, 친밀하고 신뢰로운 대인관계를 경험한다. 환자는 치료자를 만남으로써 어느 정도 고립감과 소외감을 극복하고 사람과 세상에 대한 신뢰감을 회복할 수 있다. 또한 건강한 인간관계를 몸소 체험하고 사회관계를 형성하고 발전시키는 데 필요한 지혜를 배울 수 있다.

다섯째, 실천을 통해 체질화하는 과정이 수반된다. 환자는 치료과정 속에서 통찰한 내용들을 실천을 통해 자기 것으로 소화해야 한다. 예를 들면 직장상사를 비롯해 윗사람들에게 단 한 번도 마음속 말을 꺼내보지 못했던 환자가 분석을 통해 그 원인이 지나치게 권위적이었던 아버지에게 있었다는 것을 통찰했다고 해보자. 그 환자는 문제의 원인에 대한 통찰로 상당한 용기를 얻기는 했겠지만 그것만으로는 부족하다. 그는 실제 사회생활에서 만나는 윗사람들 앞에서 마음속 말을 꺼내놓는 실천과정을 반드시 계속 진행해야 한다. 이렇게 통찰의 결과를 실천을 통해 소화하지 않으면 애써 얻은 치료효과가 사라질 수도 있다.

치료자의 인격과 전문성 문제는 다루기가 껄끄럽기는 하지만 매우 중요한 문제이므로 짚고 넘어가야 할 것 같다. 훌륭한 치료자도 존재하지만 자신의 심리적 문제조차 해결하지 못해 환자로부터 자기를 방어하기에 급급한 치료자, 공정성을 상실한 편협하고 옹졸한 치료자, 돈벌이에 혈안이 된 치료자, 실력은 없고 겉멋만 든 사이비 치료자 등도 분명히 존재한다. 물론 이런 치료자들이 마음의 병을 제대로 치료할 수는 없을 것이다.

융은 치료자는 자신이 도달한 수준만큼만 환자를 치료(Jung, 1951)할 수 있기 때문에 치료자의 인격수양이 매우 중요하며(Jung, 1935), 치료자는 반드시 "제한된 분야에 국한된 순수한 의학지식이 아니라 인간의 모든 측면에 대한 포괄적인 지식(Jung, 1921)"을 가지고 있어야 한다고 강조했다. 또한 정신분석학의 창시자인 프로이트는 "모든 분석가는 주기적으로 부끄러워하지 말고 분석을 다시 받아야 한다. 따라서 그것이 의미하는 바는, 환자에 대한 치료분석뿐만 아니라 분석가에 대한 개인분석도 끝이 있는 작업에서 끝이 없는 작업으로 바뀌어야 한다는 것이다(Freud, 1937)."라고 말했다. 그는 이 외에도 치료자에게 다음과 같은 여러 가지 자질을 요구하고 있다.

> "분석가는 분석작업의 특수한 조건으로 말미암아, 환자의 상황을 정확히 파악하고 거기에 효과적으로 대응해야 할 때, 오히려 자신의 결점으로 혼란에 빠질 수 있다. 따라서 분석가에게 자격조건으로, 상당한 정도의 정상성과 공정성을 요구하는 것은 정당하다. 게다가 분석가는 어떤 분석상황에서는 환자의 모델로, 또 어떤 상황에서는 선생으로 행동할 수 있을 만큼 탁월함을 갖고 있어야 한다. 그리고 마지막으로 분석적 관계는 진실에 대한 사랑, 다시 말해 현실의 인식에 기초해야 하며, 온갖 위장과 속임수를 배제해야 한다는 사실을 잊지 말아야 한다(Freud, 1937)."

프로이트와 융의 말을 듣다 보면 훌륭한 치료자가 되는 일이 그리 녹록치 않게 느껴질 것이다. 그렇지만 나는 한 가지 요구사항을 더 추가하고 싶다. 심리치료자는 단지 도덕적일 뿐만 아니라 과학적이고 건강한 세계관과 사회의식을 가지고 있어야 한다. 왜냐하면 환자는 과거와 가족 속에서만 사는 존재가 아니라 현재와 사회 속에서도 사는 존재이며, 환자의 병은 전자에서만 오는 게 아니라 후자에서도 오기 때문이다. 나아가 치료의 성과는 단지 가정생활에 국한되어서는 안 되며 반드시 환자의 사회생활에서도 나타나야 하기 때문이다. 동시대의 사람들이 과거에 살아왔고 현재 살고 있으며 미래에도 살아갈 '사회'에 대해 무지한 치료자는 환자들을 비현실적인 관념적 유희 속으로만 끌고 다닐 뿐 그들이 사회 속에서 살아 숨 쉴 수 있도록 도와주지는 못한다. 심리치료란 생물학적 치료와 달라서 상처 부위만 잘라내면 되는 게 아니라 사회역사 속에서 살아가는 사람을 치료하는 것이다.

6. 정신병리와 사회

사회의 건강성이 정신병리 현상을 좌우한다는 상식적인 주장에 대해 최근에는 많은 심리학자들이 동의하고 있다. 명명백백한 현실이 그것을 부정할 수 없게 만들고 있기 때문이다.

얼마 전 일본열도는 '히키코모리(은둔형 외톨이)'들의 무차별적인 살인이 이어져 한동안 떠들썩했다. 일본 NHK 복지네트워크의 최근 조사에 의하면 히키코모리는 160만 명 정도인데, 거의 외출을 하지 않는 넓은 의미의 히키코모리를 포함하면 그 수가 무려 300만 명에 달한다고 한다(경향신문, 2008년 3월 28일). 일본의 전문가들은 히키코모리의 급증이 '일본의 자본주의사회에 압도되고 인생에 절망해 아무 것도 하지 못하는 자신의 상태를 남에게 보이고 싶지 않은, 방 안에 틀어박히는 것만이 옳은 선택이라고 믿는 자기합리화 현상' 때문이라고 설명하기도 한다. 그런데 이 같은 병리현상은 신자유주의가 세계화됨에 따라 한국은 물론 미국, 영국, 호주,

대만, 홍콩 등 많은 선진국에서 공통적으로 나타나고 있다(월간 말, 2008년 5월호).

미국식 사회발전 모델을 무비판적으로 추종하는 한국에서도 사람들의 정신건강은 빠르게 악화되고 있다. 2006년 보건복지부의 '정신질환 실태 역학조사' 결과에 따르면 우울장애를 1년 동안 한 차례라도 경험하는 비율이 5년 새 껑충 뛰었다고 한다. 우울장애는 특히 소득수준이 낮을수록 쉽게 발병하는 것으로 나타났다. 또한 한국은 알코올 의존의 평생유병률이 18.6%인 미국에 이어 전 세계에서 두 번째로 높았다(한겨레신문, 2008년 2월 1일). 오죽하면 미국의 〈워싱턴 포스트〉지가 한국인은 '일 중독, 자녀교육 중독'에 걸려 있다고 비꼬았겠는가. 한국은 OECD 회원국 중 자살률 1위, 1인당 사교육비 지출 1위, 출산율 꼴찌라는 낯 뜨거운 기록을 보유하고 있다(한겨레신문, 2008년 5월 12일).

현대 자본주의사회에서 정신병리 현상은 지속적으로 증가하고 있으며, 새로운 분류법과 진단명이 계속 만들어져야 할 정도로 다양화되고 있다. 미국의 세계지배, 즉 미국식 자본주의의 세계화와 정신병리의 세계화가 나란히 진행되는 이유는 무엇 때문일까? 그것은 기본적으로 미국식 자본주의 모델이 가지는 결함과 관련된다. 미국식 모델을 채택한 나라들에서는 날이 갈수록 양극화가 심화되어 사회는 분열되고 사람들은 이기적으로 변해가고 있다. 또한 흉악범죄가 점점 더 기승을 부리고 인정이 메말라 사람들이 정신적으로 병들어가고 있다. 여기에서 미국식 자본주의모델이 가지는 문제점을 모두 다 논할 수는 없다. 다만 미국식 모델의 중심가치인 '경쟁'을 중심으로 그것이 사람들의 심리를 어떻게 황폐화시키는지만 간단히 짚어보기로 하자.

미국식 경쟁의 변종인 '한국식 경쟁'은 크게 다음과 같은 특징을 가진다.

첫째, 승자독식의 경쟁. 5명이 빵 100개를 얻기 위해 100미터 달리기를 한다고 해보자. 1등이 빵 90개를 독차지하고 나머지 4명이 10개의 빵을 나눠가져야 한다면 그 4명은 굶어죽을지도 모른다는 공포와 불안을 느낄 수밖에 없다. 반면에 1등이 빵 30개를 가지고 나머지 4명이 70개의 빵을 나눠가지는 식의 경쟁이라면 패배자인 4명은 웃으면서 '앞으로는 더 열심히 해야지.'라고 생각할 수 있을 것이다. 한국식 경쟁은 경쟁에서의 승리자가 대부분의 빵을 독차지하고 패배자는 죽든 말든 상관하지 않는 경쟁 다시 말해 패배자에 대한 배려가 없는 경쟁이다. 반면에 선의의 경쟁은 승리자에게 더 많은 빵을 주기는 하지만 패배자에게도 최소한의 살 길을 열어주는 경쟁이다. 그런데 패배자에 대한 배려가 있느냐 없느냐 하는 문제는 사람들로 하여금 매우 다른 심리를 가지게 만든다. 끊임없는 경제적 파산과 해고 등의 위험에도 불구하고 사회적 안전망이 거의 없는 한국식 경쟁은 '경쟁에서 지면 끝장이다.', '경쟁에서의 낙오는 곧 죽음이다.', '경쟁에서 뒤떨어지면 그 누구도 나를 도와주지 않는다.'는 생각을 갖게 한다. 그 결과 경쟁에서의 낙오는 생존위협과 직결되고 자신과 가족의 생명에 대한 위협은 필연적으로 극심한 공포와 불안을 야기한다. 이런 경쟁 속에는 마음의 여유와 타인에 대한 배려 따위가 끼어들 틈이 없다. 한국인들이 강박적으로 돈에 집착하고 경쟁에서 낙오되지 않기 위해 필사적으로 뛰어다니는 것은 바로 이것 때문이다. 한국인들의 경쟁양상이 극렬성을 띠는 것도 마찬가지다. 막다른 구석에 몰린 쥐가 고양이를 물듯이 죽음의 낭떠러지로 떨어지지 않기 위한 처절한 경쟁은 극렬성을 띠게 마련이다. 결론적으로 한국식 경쟁은 본질적으로 공포와 불안을 수단으로 즉 겁을 줘서 사람들을 미친 듯이 달리도록 만드는 경쟁이다.

둘째, 불공정한 경쟁. 100미터 달리기를 하는데 1명은 90미터 지점에서 출발하고 나머지 4명은 0미터 지점에서 출발한다면 사람들은 그런 경쟁을 공정하다고 인정하지 않을 것이다. 한국처럼 빈익빈 부익부가 고착화되어 부잣집에서 태어나느냐 아니면 가난한 집에서 태어나느냐가 평생의 운명을 좌우하고 '유전무죄, 무전유죄'가 일상화된 사회에서는 공정한 경쟁이 이루어지기 힘들다. 극소수 상위층이 땅을 비롯한 부를 독점한 채 돈놀이를 하고 비리와 편법을 저지르며, 대기업이 중소기업을 착취하는 것도 결코 공정하다고 할 수 없다. 이런 불공정한 경쟁은 '나는 결과에 절대 승복할 수 없어.', '어떤 수단을 쓰더라도 무조건 이기고 봐야 해.'라는 신념을 사회적으로 확산시킨다. 그 결과 사람들의 마음속에는 세상에 대한 분노 감정과 적대감이 가득 쌓여가고 양심은 휴지조각보다 못한 것처럼 천대받게 된다. '능력만 있으면 도덕성은 어떠해도 좋다.'라든가 '도덕이 밥 먹여주냐.'는 풍토 속에서 도덕은 점점 더 발 붙일 곳을 잃어간다. 그러나 공정한 경쟁은 결과에 대한 깨끗한 승복과 승자를 존중하고 그의 모범을 따라 배우려는 건전한 풍토를 조성한다. 영국 프로리그에서 뛰는 박지성이 돈을 많이 번다고 욕하는 사람은 없지 않은가? 왜냐하면 그는 아기 때부터 무진장한 축구사교육을 받지도 않았고 맨유에 빽을 써서 입단하지도 않았으며 편법을 사용해 오늘의 자리에 오르지도 않았기 때문이다.

셋째, 개인이기주의에 기초한 경쟁. 축구팀 선수들이 팀 승리가 아니라 개인의 몸값을 올리기 위해 경기를 한다고 생각해보자. 수비수가 수비는 안 하고 골을 넣기 위해 상대편 골문 앞을 어슬렁거리고 측면 공격수가 센터링은 안 하고 계속 자기 혼자 독수리 슛을 남발한다면 어떻게 되겠는가. 팀 승리는 둘째 치더라도 선수들 사이가 극도로 험악해질 것이다. 한국식 경쟁은 표면적으로는 아무리 그럴싸한 명분을 내세우더라도 본질적으로 개인의 이익을 위한 경쟁이다. 따라서 그것은 사람들에게 자기만을 위한 인생을 살도록 강요하고 남들을 짓밟고 오르도록 장려함으로써 개인들에게는 죄책감과 허무감을 가지게 만들고 사회구성원들 간에는 불신과 증오를 부추긴다. 현대 자본주의사회에서 인간 증오사상과 허무주의를 주장하는 철학이나 이론이 유행을 타는 것도 이와 관련될 것이다. 반면에 개인의 이익이 아닌 공동의 이익을 위한 경쟁은 기본적으로 사람들 사이를 화목하게 만든다.

한국식 경쟁이 낳은 결과에 대해 표로 간단히 정리하면 [표 11-4]와 같다.

한 마디로 한국식 경쟁은 '사람 잡는 경쟁'이다. 그러므로 만일 이러한 경쟁이 지속된다면 우리의 몸과 마음은 하루가 다르게 병들어가고 인간으

[표 11-4] 한국식 경쟁이 한국인의 심리에 미치는 영향

	신념과 가치관	심리(감정)	비 고
승자독식	경쟁에서의 낙오는 곧 죽음이다	공포와 불안, 강박적 탐욕심	경쟁의 극렬성
불공정성	결과에 승복할 수 없다, 수단과 방법을 가리지 말자	분노감정, 적개심, 양심 손상	반사회적 증오범죄, 도덕성 상실
개인 이기주의	나 먼저 살고 볼 일이다, 남들을 짓밟아야 산다	죄책감, 허무감, 사람에 대한 불신과 증오	인간증오사상, 허무한 인생

로서의 존엄성은 무참하게 파괴될 것이다. 한국에서 살면서 정신적으로 건강하기를 바라는 것을 독가스가 뿜어져 나오는 밀폐된 방에 갇힌 채 독가스를 마시지 않으려고 몸부림치는 것에 비유한다면 너무 심한 것일까?

다른 인문사회과학들처럼 심리학도 사회개혁의 필요성을 강조할 수밖에 없다. 왜냐하면 정신병리로부터의 진정한 자유란 올바른 사회개혁 없이는 불가능하기 때문이다. "신경증 환자들이 현실에 등을 돌리는 이유는 현실 전체 혹은 현실의 어떤 부분을 견뎌낼 수 없기 때문이다(Freud, 1911)."라는 프로이트의 말처럼 마음의 병이란 본질적으로 현실을 감당할 수 없기 때문에 생기는 것이다. 고통스러운 현실은 가벼운 신경증을 야기할 뿐이지만 감당할 수 없는 참혹한 현실은 훨씬 더 심한 정신장애를 낳는다. 그 결과 사람들은 우울증에 걸려 점진적 자살의 길에 들어서기도 하고 정신분열증의 경우처럼 사회적 존재로서의 삶을 포기하기 위해 자신의 의식기능을 폐쇄해버리기도 한다. 즉 사회적으로 죽어버리는 것이다.

올바른 사회개혁이 대다수 사람들의 정신건강에 결정적으로 중요하기는 하지만 그렇다고 해서 살 만한 세상이 오기 전까지 마음의 병을 속수무책으로 끌어안고 있을 수만도 없다. 따라서 우리는 호랑이굴 속에 있음에도 불구하고 최선을 다해 마음의 병을 치료하고 정신건강을 유지하기 위해 노력해야 한다. 그러기 위해서는 어떻게 해야 할까?

첫째, 고통을 순순히 받아들이지 말고 그것의 원인을 정확히 파악해야 한다. 이를 위해서는 자기 자신, 가족, 사회 나아가 세계에 대해 잘 알아야 한다. 심리학은 자기 자신과 가족 속에 뿌리를 둔 고통에 대한 통찰에 많은 도움을 줄 수 있다. 또한 실력 있는 심리치료자로부터 심리분석과 치료를 받는 것도 괜찮을 것이다. 그러나 잘못된 사회와 세계로부터 오는 고통에 대한 통찰을 얻기 위해서는 더 많은 것들이 필요하다.

둘째, 고통의 원인을 제거하기 위해 적극적으로 실천해야 한다. 개인적 고통의 원인을 제거하기 위해 과감하게 실천하는 동시에 사회적 고통의 원인을 제거하기 위해서도 노력해야 한다. 정신건강에 가장 나쁜 것은 세상풍파에 맹목적으로 쓸려 다니며 무기력하게 스트레스를 받는 것이다. 고통의 원인을 모르는 것도 나쁘지만 고통의 원인을 알면서도 그것을 해결하려 하지 않고 회피하는 것은 더 나쁘다. 이와는 반대로 짧은 시간 내에 뚜렷한 성과가 나오지 않더라도 미래에 대한 청사진을 가지고 현명하고 정의로우며 용감한 실천을 해나가는 것은 정신건강에 정말 크게 도움이 된다.

셋째, 진정한 벗을 구하고 자기 주변에 건강한 사회관계를 만들어가야 한다. 혼탁한 세상이지만 이해타산을 떠나 자신을 진정으로 이해하고 수용하며 사랑해주는 벗이 있다면 한결 살기가 수월할 것이다. 과거에는 개인의 심리적 마지노선, 피난처의 역할을 주로 가족이 해주곤 했으나 요즘에는 가족도 병이 많이 들어 그 역할을 제대로 해주지 못하는 경우가 많다. 그러므로 자신을 치료하는 동시에 가족을 치료하든 배우자를 치료하든 그것도 안 되면 친구를 치료해서라도 최소한의 건강한 인간관계, 사회적 관계를 확보해야 한다. 단 한 명이라 할지라도 그런 관계를 맺을 수 있는 사람이 있는 것과 없는 것은 어마어마하게 다르다. 다수의 사람들과 올바른 사회개혁이라는 공동의 목표를 실현하기 위해 노력한다면 건강한 사회관계를 형성하고 발전시키는 데 매우 유리할 것이다.

지금까지 호랑이굴 속에서 정신을 차리는 방법에 대해 살펴보았다. 몸의 병도 그렇지만 마음의 병도 그것을 치료할 수 있는 궁극적인 힘은 자기 자신에게 있다. 따라서 본인이 스스로 노력하는 만큼 정신이 건강해지고 인생은 아름다워질 것이다. 우리 모두는 자신을 방치하거나 포기하지 말고 미래에 대한 희망을 접지도 말자.

아! 그리고 정신이 맑아지거든 언젠가는 사람들과 힘을 합쳐 호랑이를 잡든가 아니면 호랑이굴에서 빠져나와야 한다는 중차대한 목표도 잊지 말자.

●참고문헌 목록●

본 저서에서 인용된 주요한 실험과 연구들에 대한 좀더 자세한 설명과 논의는 글라이트만의 『심리학』을 참고하길 바란다.

– 글라이트만, 1995, 『심리학』(장현갑 외 6인 공역, 시그마프레스, 1995)
– 김태형, 2008, 〈두 가지 경쟁〉(월간 말, 2008년 6월호)
– 김태형, 2007, 〈소설 『살인의 해석』과 오이디푸스 콤플렉스〉(http://blog.hani.co. kr/saeddeul/18506)
– 김태형, 2007, 『스키너의 심리상자 닫기』(세창미디어, 2007)
– 김태형, 2007, 〈자기중심주의와 이기주의〉(월간 말, 2007년 12월호)
– 김태형, 2008, 〈죄수의 딜레마와 공황〉(월간 말, 2008년 3월호)
– 김태형, 2007, 〈우울증과 한국사회〉(http://blog.hani.co.kr/saeddeul/ 18936)
– 김태형, 2008, 〈의존심의 극복을 향해〉(월간 말, 2008년 2월호)
– 김태형, 2007, MBTI의 문제점과 과제(『베토벤 심리상담보고서』, 부키, 2008)
– 김태형 · 전양숙, 2005, 『부모-나 관계의 비밀』(새뜰심리상담소, 2005)
– 김태형 · 전양숙, 2007, 『성격과 심리학』(새뜰심리상담소, 2007)
– 미셸, 1986, 『성격심리학(Introduction to Personality)』(손정락 역, 교육과학사, 1994)
– 배병삼, 2005, 『논어, 사람의 길을 열다』(사계절, 2005)
– 슬레이터, 2004, 『스키너의 심리상자 열기』(조증열 역, 에코의 서재, 2005)
– 에릭슨, 1963, 『아동기와 사회(Childhood and society)』(New York, Norton, 1963)
– 윤가현 외 15인, 2007, 『심리학의 이해』(학지사, 2007)
– 융, 1921, 제반응(除反應)의 치료적 가치(이부영 역, 『융 기본저작집 1』, 솔, 2001)
– 융, 1921, 심리적 유형에 관한 개설(홍숙기 역, 『융 기본저작집 1』, 솔, 2001)
– 융, 1925, 심리학적 관계로서의 결혼(홍숙기 역, 『융 기본저작집 9』, 솔, 2004)
– 융, 1928, 꿈의 심리학에 관한 일반적 관점(이부영 역, 『융 기본저작집 1』, 솔, 2001)

- 융, 1929, 정신치료의 목표(이죽내 역, 『융 기본저작집 1』, 솔, 2001)
- 융, 1929, 유럽의 여성(이보섭 역, 『융 기본저작집 9』, 솔, 2004)
- 융, 1931, 꿈 분석의 실용성(이부영 역, 『융 기본저작집 1』, 솔, 2001)
- 융, 1931, 심리학적 관계로서의 결혼(홍숙기 역, 『융 기본저작집 9』, 솔, 2004)
- 융, 1931, 생의 전환기(한오수 역, 『융 기본저작집 9』, 솔, 2004)
- 융, 1932, 인격의 형성(홍숙기 역, 『융 기본저작집 9』, 솔, 2004)
- 융, 1934, 심혼과 죽음(이부영 역, 『융 기본저작집 9〉, 솔, 2004)
- 융, 1934, 콤플렉스 학설의 개요(이유경 역, 『융 기본저작집 1』, 솔, 2001)
- 융, 1935, 실제 정신치료의 기본원칙(한오수 역, 『융 기본저작집 1』, 솔, 2001)
- 융, 1941, 정신치료의 현재(한오수 역, 『융 기본저작집 1』, 솔, 2001)
- 융, 1942, 정신치료와 세계관(이부영 역, 『융 기본저작집 1』, 솔, 2001)
- 융, 1945, 꿈의 특성에 관하여(이부영 역, 『융 기본저작집 1』, 솔, 2001)
- 융, 1951, 정신치료의 기본문제(한오수 역, 『융 기본저작집 1』, 솔, 2001)
- 융, 1958, 심리학적 관점에서 본 양심(이부영 역, 『융 기본저작집 9』, 솔, 2004)
- 융, 1958, 정신분열증(이부영 역, 『융 기본저작집 1』, 솔, 2001)
- 융, 1961, 무의식에의 접근(이윤기 역, 『인간과 상징』, 열린책들, 1997)
- 이덕일, 2007, 가운은 기울어 위대한 역사서를 낳다(『한겨레 21』, 2007년 10월 2일자)
- 이순신, 1598, 난중일기(송찬섭 엮어옮김, 『난중일기』, 서해문집, 2004)
- 프로이트, 1898, 신경증의 병인으로서의 성욕(임진수 역, 『끝이 있는 분석과 끝이 없는 분석』, 열린책들, 2005)
- 프로이트, 1899, 덮개-기억에 대하여(임진수 역, 『끝이 있는 분석과 끝이 없는 분석』, 열린책들, 2005)
- 프로이트, 1899, 실현된 예시의 꿈(임진수 역, 『끝이 있는 분석과 끝이 없는 분석』, 열린책들, 2005)
- 프로이트, 1901, 꿈에 대하여(임진수 역, 『끝이 있는 분석과 끝이 없는 분석』, 열린책들, 2005)
- 프로이트, 1910, 정신분석에 대하여(임진수 역, 『끝이 있는 분석과 끝이 없는 분석』,

열린책들, 2005)
– 프로이트, 1911, 정신적 기능의 두 가지 원칙(윤희기 역, 『프로이트 전집 13』, 열린책들, 1988)
– 프로이트, 1912, 정신분석에서의 무의식에 관한 노트(윤희기 역, 『프로이트 전집 13』, 열린책들, 1988)
– 프로이트, 1914, 나르시시즘에 관한 서론(윤희기 역, 『프로이트 전집 13』, 열린책들, 1988)
– 프로이트, 1915, 본능과 본능의 변화(윤희기 역, 『프로이트 전집 13』, 열린책들, 1988)
– 프로이트, 1915, 억압에 관하여(윤희기 역, 『프로이트 전집 13』, 열린책들, 1988)
– 프로이트, 1915, 무의식에 관하여(윤희기 역, 『프로이트 전집 13』, 열린책들, 1988)
– 프로이트, 1917, 꿈-이론과 초심리학(윤희기 역, 『프로이트 전집 13』, 열린책들, 1988)
– 프로이트, 1917, 슬픔과 우울증(윤희기 역, 『프로이트 전집 13』, 열린책들, 1988)
– 프로이트, 1921, 집단심리학과 자아 분석(김석희 역, 『프로이트 전집 15』, 열린책들, 1988)
– 프로이트, 1924, 정신분석학 소론(한승완 역, 『프로이트 전집 20』, 열린책들, 1988)
– 프로이트, 1925, 나의 이력서(한승완 역, 『프로이트 전집 20』, 열린책들, 1988)
– 프로이트, 1937, 끝이 있는 분석과 끝이 없는 분석(임진수 역, 『끝이 있는 분석과 끝이 없는 분석』, 열린책들, 2005)
– 프로이트, 1937, 분석에 있어서 구성의 문제(임진수 역, 『끝이 있는 분석과 끝이 없는 분석』, 열린책들, 2005)
– 프로이트, 1940, 정신분석학 개요(한승완 역, 『프로이트 전집 20』, 열린책들, 1988)
– 프롬, 1941, 『자유로부터의 도피』(범우사, 1993)
– 프롬, 1956, 『사랑의 기술』(문예출판사, 2006)

새로 쓴 심리학

찾아보기

ㄴ

ㅇ

ㅍ

ㅎ